Vive les 11-25

Joël-Yves Le Bigot
Isabelle Porton-Deterne
Catherine Lott-Vernet

Vive les 11-25

EYROLLES

Éditions d'Organisation
Eyrolles
1, rue Thénard
75240 Paris Cedex 05

Consultez notre site :
www.editions-organisation.com

ISBN : 2-7081-3108-7

LES 11-25

On a assisté au cours des dernières années à un important développement de la presse et des ouvrages traitant de l'adolescence « catastrophe » et de ses maux qui nous rendent malades et nous polluent – *Pourquoi les ados font-ils la loi ?, la drogue..., les sectes, en mal de vivre... ils se suicident...* –. On y reviendra et... on en reviendra ! Ces descriptions fournissent un éclairage peu flatteur sur cette période adolescente, et la montrent sous un angle extrêmement réducteur – « *Elle est malade, tellement malade.* » (comme dit la chanson !) – et volontiers passéiste – « c'était tellement mieux avant ».

Il s'agit là d'une vision étrange et sombre qui n'éveille guère l'envie de s'intéresser à cette espèce en apparence décadente. Cet éclairage ressemble plutôt à un polar de série noire qui rend les instances éducatives et les décideurs encore plus craintifs et pessimistes à l'égard de l'adolescence. Dans ces circonstances, *Le vilain petit canard* du conte de H.C. Andersen ne deviendra hélas jamais un beau cygne...

Il faut pourtant se méfier de ce type d'idée préconçue en se basant sur les contes de fée car certains vilains crapauds sont devenus de jolis et charmants princes ; adultes de surcroît puisqu'ils devenaient rois. Nous avons tous en tête des histoires magiques qui se sont vraiment réalisées...

À nos enfants – Julien, Leslie, Marianne, Frédéric, Hanneke, Julia, Clara et Justine – qui représentent les plus beaux projets de nos vies et aux jeunes du monde entier qui nous apportent tant et qui nous aprennent chaque jour.

SOMMAIRE

Pionnier de la Sociologie Générationnelle Jeune avec la création de l'Institut de l'Enfant, du réseau Youth Opinion International et de Génération 2020, Joël-Yves Le Bigot a exercé tous les métiers de la sphère éducative - chercheur, enseignant, auteur, éditeur, animateur d'équipes pédagogiques, responsable de sociétés - pour développer le management et la communication junior en France et dans le monde.

Catherine Lott-Vernet, après avoir exercé son activité dans l'univers de la finance, elle opère un virage à 180° en prenant en 2000 la présidence de l'agence Junium, créée par le groupe de communication ALTAVIA, qui a su appréhender l'énorme potentiel des publics jeunes. Sa rencontre avec Joël-Yves Le Bigot, à l'occasion de l'intégration de l'Institut de l'Enfant au sein de Junium, lui a permis de « faire grandir » sa passion pour le marketing générationnel jeune. Elle s'efforce avec Junium, agence spécialisée dans la communication auprès des 0-25 ans, d'accompagner les jeunes, pas seulement dans l'exercice éclairé de leur rôle de consommateur averti, mais plus généralement dans leur construction en futur adulte.

Isabelle Porton-Deterne est Docteur en Psychologie, psychanaliste, expert à la Cour d'Appel de Versailles et attachée de cours à Paris V depuis 1990. Elle exerce en libéral depuis 2000.

A partir d'une idée originale de Joël-Yves Le Bigot, cet ouvrage a été rédigé par trois coauteurs :

- l'ouverture *(Témoignages : la parole donnée aux jeunes)* a été écrite par Isabelle Porton-Deterne.
- les chapitres 1 et 2 ont été écrits par Isabelle Porton-Deterne et Joël-Yves Le Bigot.
- les chapitres 3, 4, 5, 6, 7, 8, 9, 10 et 11 par Joël-Yves Le Bigot.
- les chapitres 12 et 13 par Catherine Lott-Vernet.
- et la synthèse *(Les clefs de l'Eldor'ado !)* par les trois auteurs réunis.

OUVERTURE : LA PAROLE DONNÉE AUX JEUNES

La question un peu dérangeante que je suis assez souvent amenée à poser dans le cadre de mes consultations (puisque je suis psychologue du développement et psychanalyste) est : *« Qui se plaint exactement de votre adolescent ? Et sur quoi portent ces plaintes ? »*

Selon les réponses données, je pointe des « lieux » et des interlocuteurs qui n'ont rien à reprocher à l'adolescent supposé « malade ». Les familles me regardent alors d'un air étonné et découvrent leur ado sous un autre éclairage moins systématiquement catastrophique : puisqu'il y a aussi du bon, tout n'est pas perdu ou à jeter.

Les parents se posent et se relâchent un peu après ce constat moins dramatique. Mais la principale transformation concerne l'adolescent dès qu'il constate qu'on lui trouve autre chose que des maux et des anomalies et que l'on s'intéresse aussi – et d'abord – à ses qualités, et à tout ce qu'il y a de bon et d'intéressant en lui. Chez tout adolescent, il y a du matériel (ré)utilisable. Il faut savoir partir du bon, du positif qu'il a en lui et de ses qualités pour construire, reconstruire ou réparer ce qui ne marche pas ; ou plus.

- Valentin (12 ans) met le bazar en classe mais... il est brillant ; simplement il s'ennuie.
- Hélène (14 ans) s'enferme dans sa chambre pour s'éloigner du reste de la famille, elle travaille tard dans la nuit et arrive au petit déjeuner avec un teint blafard et une susceptibilité à fleur de peau mais... elle veut réussir ses études pour devenir quelqu'un, un jour.
- Damien (16 ans) est dysgraphique mais... il se situe bien dans l'espace et veut devenir géomètre.
- Julia (12 ans) est maladroite comme un éléphant mais elle rédige à merveille avec son imagination débordante.
- Tom (11 ans) veut arrêter l'école mais... il dévore des livres à toute heure.

La formule américaine « *C'est très intéressant mais...* » constitue la règle et la coutume en ce lieu de rencontre ; elle est toujours suivie d'un objectif, ou d'une série d'objectifs, proposés à court et à moyen terme, accompagné d'outils passerelles et d'une liste d'interlocuteurs avec qui le jeune fera un bout de chemin.

- Marie (13 ans) possède un brillant potentiel MAIS elle ne sait pas l'utiliser – apprendre et travailler lui sont étrangers – alors elle ira passer un bilan de gestion mental POUR découvrir son mode d'apprentissage personnel et apprendra à l'exploiter.
- Gauthier (12 ans) se meurt dans la solitude et se sent rejeté par les élèves de sa classe qui le nomment Harry Potter MAIS Gauthier est hypersensible et un crac des sciences et des nouvelles technologies. Des activités à Altair – une association qui organise des activités scientifiques pour jeunes –, lui font découvrir des jeunes qui nourrissent la même passion. Gauthier va enfin découvrir que des amis, il y en a aussi pour lui.

Pourtant, les messages véhiculés par les médias et les opinions des institutions et instances éducatives, politiques et sociales sous-tendent un projet bien différent. Il faudrait inventer des moyens massifs et systématiques pour brider, parquer, étouffer « cette après-enfance » nommée adolescence qui est décrite comme dramatique, « maltournante », violente, toxique, suicidaire, troublée... Et qui semble empêcher les adultes de bien vivre leur vie ; tranquillement.

Ce regard « pathologisant » et erroné ne peut pas mener les protagonistes de l'éducation et les institutions à une plus grande compréhension de cette population jeune et encore moins à se rapprocher d'elle. Cette vision ressemble à un étiquetage condamnant et occultant la réalité globale des jeunes d'aujourd'hui.

Nier les maux de l'adolescence n'est pas non plus une bonne démarche. Certes, il y a des troubles du comportement, de la délinquance, de la toxicomanie et un désintérêt croissant pour l'école et les études. Les chiffres publiés ne sont pas pure invention. Ces maux, bien que réels, ne sont toutefois pas une fatalité : mais plutôt une symptomatologie d'une société décalée et anachronique par rapport à la réalité adolescente qui évolue dans une écologie autre que celle des générations passées.

Si l'adolescence – cette incomprise – nécessite qu'on lui consacre un autre ouvrage, c'est parce qu'elle ne peut être réduite aux maux qu'elle suggère actuellement. L'adolescence, c'est avant tout le gigantesque chantier d'un adulte à venir. C'est à cette période de la vie que l'individu dispose des moyens nécessaires à l'écriture du script de ce qu'il sera demain. Non seulement il doit pouvoir rêver sa vie ultérieure, mais il doit avoir aussi la possibilité de vivre ses rêves.

IL ÉTAIT UNE FOIS UN PSY AU PAYS DE L'ADOLESCENCE...

Je reçois et « j'entends » des adultes comme des jeunes – petits, moyens et grands – dans le cadre de mes activités professionnelles diverses : consultations, bilans, expertises pénales et civiles, enseignement, analyses...

Mais la priorité est réservée aux adolescents. Ils s'appellent Jules ou Julie, sont de toutes les couleurs, ont des looks multiples, viennent de tous horizons (milieu socio-économique, origine culturelle, religieuse, linguistique...), vivent dans des structures familiales diverses (famille nombreuse, nucléaire, monoparentale, recomposée...) ont entre 11 et 25 ans. Ils sont tous tellement différents mais ils ont en commun cet espace de parole et de possible.

À ce lieu se conjugue un temps qui leur est propre. Il ne s'agit ni d'une clinique, ni d'une récréation : ici on travaille ! Et croyez-moi, ce n'est pas de tout repos.

Ils viennent se chercher pour se découvrir, s'analyser pour se construire, faire évaluer ce qu'ils valent, trouver des réponses aux questions qu'ils se posent sur eux-mêmes, leur famille, la vie... le monde, pour rencontrer quelqu'un à qui parler et qui les écoute – sans aucun *a priori* ni préjugé – pour demander conseil ou avis, pour se poser (et se reposer d'un rythme frénétique qui parfois les envahit), pour s'étaler parce que bousculés par l'entourage, se déstresser car oppressés par la trop forte pression qu'on leur impose : pour déployer leurs ailes avant le grand départ !

Ils viennent ici mettre en mots leurs maux ; pour se guérir, s'en sortir, reprendre la vie et (re)grandir, se réaliser, s'envoler... apportant leurs émotions et cultivant leur ambition pour élaborer et réaliser un projet qui est le leur : leur vie à venir en tant qu'adulte demain dans ce monde qui se crée lui aussi tous les jours.

Il est étonnant de constater que ces soi-disant « taiseux et mollassons sans projets » qui ont tant de choses à dire n'arrivent pas à se faire entendre et comprendre à l'extérieur. Je les trouve plutôt volubiles et « tchatchants » ces ados à qui il faut rappeler – et plus d'une fois – que la séance est finie et que nous reprendrons tout cela dans une semaine. Ils oublient parfois qu'après eux un autre adolescent attend son temps/espace de parole. Dans ce sens, ils sont effectivement un peu égocentriques mais pourquoi parler ici est-il tellement important alors qu'échanger devrait être possible partout ?

Entre le dit et le pas dit, il y a le monde du non-dit... : un manque de volonté d'entendre « hors cabinet » ce que ces jeunes veulent exprimer, une négligence perceptive dans la vision de la spécificité de l'adolescence et très probablement une terreur adulte de jeter aux oubliettes les manuels un peu trop théoriques et dépassés [1] par rapport à cet adolescent qui est le leur aujourd'hui et qui ne répond

1. L. Pernoud, *J'élève mon enfant*, Horay, 2004, et B. Bettelheim, *Pour être des parents acceptables*, Pluriel/Poche, 1991.

plus aux critères du standard décrit dans le manuel enfant : trop grand et trop distant ; avec du sable dans les fondations et des nuages plein la tête, il sort du moule d'antan.

Travailler avec Jules et Julie, n'est certes pas de tout repos car chacun est unique et exige une approche différente : du « sur mesure ». La psychologie des adolescents, c'est un peu comme de la haute couture, à la différence qu'il ne s'agit pas de les faire défiler pour le plaisir des sens ou des parents mais de concevoir une multiplicité de collections privées de jeunes créateurs qui entreront demain en interaction pour « diriger » ce monde qui est et sera aussi le nôtre.

La majorité des rencontres avec des adolescents dans mon cabinet, m'a convaincue de l'existence d'un potentiel adolescent « for(t)midable » qui ne demande qu'à éclore et à faire ses preuves, mais qui reste souvent inexploité car étouffé. Mais si l'étouffée représente bien une technique de la cuisine française, ce n'est ni la seule, ni même la plus répandue !

Le travail de psychologue ressemble parfois à un vaste chantier archéologique : il faut creuser, déblayer, trier, interpréter au milieu d'une poussière encombrante et aveuglante produite par leur histoire et le monde environnant. Mais cette tâche est très valorisante car on découvre des trésors de compétences, des mines de brillance et des idées en or derrière ces chevelus boutonneux et « crisants » (cf. la crise) et au fond de ces âmes tourmentées et questionnantes : des compétences et des idées ils en ont beaucoup pour qui sait s'y intéresser et les mettre au jour !

Étouffer cette précieuse matière première, nuit non seulement aux adolescents d'aujourd'hui mais aussi à la cité et au monde socio-culturo-économique présent et futur. Bâillonner ces jeunes, négliger leur fécondité, c'est oublier que notre génération adulte sera tributaire demain de cette population qui (nous) gouvernera dans vingt ans.

QUELQUES IDÉES PRÉCONÇUES... QUI ONT LA VIE DURE

De très nombreuses consultations en cabinet auraient, me semble-t-il, pu être évitées si les adolescents avaient pu disposer en amont d'un environnement compréhensif, intelligent et efficient.

Les exemples cités sont tout simplement issus de mon travail et de mon expérience quotidienne auprès de cette population particulière qu'est l'adolescence.

Il est étrange de constater que, souvent traînés par les pieds chez les professionnels du développement, ces adolescents se posent et s'installent – voire s'incrustent pendant un (parfois long) moment – dès lors que nous avons levé certains tabous sur notre profession et pris la peine de leur expliciter nos objectifs et détailler nos méthodes de travail.

« Il est malade mon fils, docteur ? »

1. – Si les psys c'est pour les dingues, cela veut-il dire que je suis dingue moi aussi ?

– C'est tes parents qui t'ont dit ça ? Je vais te décevoir, tu me sembles très normal... très ado.

2. – C'est pour un bilan ou une consultation ?

– Je ne sais pas, docteur, mais ça ne peut plus continuer ainsi. On a fait tous les docteurs. Personne ne sait nous dire ce qu'il a. Il faut trouver...

– C'est quoi le problème ?

– On ne sait plus comment s'y prendre, rien ne marche.

3. – Mon fils est hyperactif ?

– Vous avez eu un diagnostic en neuropédiatrie ?

– C'est le professeur principal qui nous l'a dit.

– Le professeur principal est médecin ?

– Silence.

« Il a fallu le traîner chez un docteur et maintenant il ne veut plus le quitter »

1. – Georgio (11 ans) a rendez-vous au cabinet à 8 h 30. À 9 h 30 il me précise qu'il a encore tellement de choses à dire, qu'il a tout son temps car il ne reprend ses cours qu'à 10 h 30. Mais mon prochain patient ne va pas tarder à se manifester. Alors il faut bien terminer... !

2. – Maeva (11 ans) et ses parents sont venus en consultation. La discussion n'a pas été tendre : tout le système éducatif (formel, non formel et informel) a été disséqué et critiqué. Tout a été revu et doit être reconstruit. Constatant la mine ahurie et défaite des différents membres de la famille, j'avais classé cette visite comme la première et la dernière de cette famille à deux heures de route du cabinet. Six mois plus tard, la même famille rappelle pour me faire part des résultats positifs du remaniement. Ils veulent revenir dans le cadre d'un événement nouvellement survenu dans la famille pour adapter et mettre en place ce que je jugerai utile à l'avenir. La maman insiste pour le rendez-vous car Maeva a dit : « Isabelle (moi-même) aura certainement des idées sur la question. »

« On dirait qu'il a rien dans la tête, docteur ! » et « Il est sorti fatigué de chez vous »

Ils se montrent capables d'écouter et de parler : ils communiquent. Ils expriment des idées, des désirs, des passions. Ils formulent des projets. Ils se regardent, s'interrogent, se cherchent : ils esquissent un modèle en devenir. Ils regardent le monde environnant, l'analysent et le critiquent, et mesurent l'écart entre leur réalité et celle qui leur est proposée : ils reconstruisent le monde.

« Le psy, ça coûte cher et tout ça pour du blabla... »

Les séances avec les adolescents sont intenses, laborieuses mais véritablement passionnantes et constructives.

« Mais qu'est-ce qu'il a bien pu vous raconter, docteur ? »

Julien (11 ans) a fait la comptabilité des revenus familiaux – recettes et dépenses – et a décidé de renégocier son argent de poche. Son argumentation a convaincu ses parents : il a doublé son argent de poche pour la rentrée. Julien a voulu savoir combien « il valait » pour ses parents ; en d'autres termes à combien ils estimaient leur amour pour lui.

« Ça fait des lustres qu'on lui dit qu'il faut travailler à l'école mais il s'en fiche » et « Depuis la dernière fois chez vous, il travaille sans qu'on lui dise. On se demande bien ce que vous avez pu lui raconter. »

Maxime (16 ans) se demande pourquoi il devrait investir son brillant potentiel intellectuel dans ses devoirs alors qu'il est un pro des jeux vidéo. « Travailler, toujours travailler,... à quoi bon ? » L'étude de la question le mènera au final à faire le lien entre ses propres efforts et ceux de ses parents : Maxime sera crédité pour les points au-delà de la moyenne et débité pour les notes en deçà. Ainsi les crédits financeront les jeux vidéo et les débits exigeront qu'il travaille pour rembourser ses parents banquiers. Maxime a découvert qu'il pouvait investir son travail scolaire pour le plaisir.

« Mais qu'est-ce qu'il a mon fils ? Il a tout pour être heureux » et « Je n'imaginais pas qu'il se voyait comme ça »

1. *Jean (13 ans) est « scotché à sa mère » selon les propos tenus par cette dernière. Il n'a pas d'amis, ne sort jamais, ne parle pas... Ça ne peut pas durer. J'évoque à Jean le regard des autres... sur lui. Jean feint de ne pas comprendre : « Je ne vois pas. » Alors je prends ce grand gaillard par les épaules et je le place devant un miroir et lui demande « Qui vois-tu ? » Inquiet il me répond « moi ». Je lui demande : « Que penses-tu de cette personne ? As-tu envie d'aller vers lui, de lui parler, de l'inviter ? » Jean s'effondre et fait une crise d'angoisse. Il peut à peine respirer et encore moins me parler. Il me quittera en me lançant un regard noir de colère. Depuis cette rencontre, Jean est suivi en psychomotricité où il travaille sur sa corporalité. « Qui est ce nouveau corps d'adolescent, que vais-je et puis-je en faire ? Qui suis-je vraiment ? Est-ce que je/on m'aime ? » Telles sont les questions de l'instant dans la vie solitaire de Jean.*
2. *Clément (11 ans) se trouvait « moche », il évitait les miroirs – même pour se laver les dents. Au bout de quelques mois de psychothérapie et de psychomotricité, il s'est réapproprié sa corporalité. Le jour où il a quitté le cabinet – définitivement – il m'a laissé son portrait en me*

stipulant qu'il ne fallait pas le ranger dans son dossier mais qu'il fallait l'accrocher au centre de la porte d'entrée.

Ils sont ponctuels et occupent leur séance d'une heure avec énergie. Le dernier mot me revient pour dire que la séance est finie et que nous reprendrons à une date ultérieure – fixée ensemble. Ils sont avides et gourmands de ce travail sur eux-mêmes et ils respectent les règles du jeu sans discussion.

1. *Maxime (15 ans) pédale le lundi midi comme un vrai cycliste professionnel pour arriver à l'heure, et dernièrement il est venu une semaine plus tôt que prévu et est parti déçu car ce n'était pas sa séance.*
2. *Benjamin (16 ans) me téléphone pour s'excuser de ne pouvoir venir et renégocie un rendez-vous.*
3. *Jean-Baptiste (18 ans) est parti le sourire aux lèvres avec ma carte de visite sur laquelle se trouvent mes coordonnées et la date de son prochain rendez-vous. Il est allé jouer au golf, me dit sa mère, avec la carte de visite dans sa poche. « On ne sait jamais » a-t-il dit.*

« Ils n'ont pas de manières, ces jeunes d'aujourd'hui ! »

Luc (20 ans) enlève ses chaussures en entrant pour ne pas salir de boue la moquette du cabinet. Il est étonnant et touchant de constater leur courtoisie et leur respect de l'adulte à l'égard de l'espace-temps qui leur est proposé alors qu'on les dit tellement « sauvages » et « anarchistes », si je me fie aux dires de leurs parents.

L'ado n'est pas toujours le problème, il n'est parfois que le prétexte de consultation, le symptôme d'une autre histoire qui va mal.

1. *Alors maintenant que vous avez pu lui parler, vous allez me le prendre mon petit (garçon de 14 ans) pour le soigner ?*

– Non.

– Comment non ?

– Parce qu'il n'a rien. Mais vous, vous allez comment ?

2. C'est pas votre fille (13 ans) qui a un problème. C'est l'école qui n'est pas adaptée. Alors, on « change l'école » ou « on change d'école » ?

IL NE FAUT PAS CROIRE...

- **L'adolescence n'est pas une maladie, mais bien une étape importante de la vie.**
- **L'adolescence, ce n'est pas l'âge bête ; c'est au contraire l'apogée de la réflexion intelligente et de la créativité.**
- **L'adolescence n'est pas asociale ; elle est au contraire l'inscription dans le demain social de l'adulte.**
- **L'adolescence n'est pas destructrice ; elle conçoit les plans du monde de demain.**
- **L'adolescence n'est pas stérile ; c'est elle qui perpétuera notre espèce demain.**
- **L'adolescence coûte moins cher qu'elle ne nous apportera.**
- **L'adolescence n'est pas toute-puissante ; elle a encore besoin de nous.**
- **L'adolescence d'aujourd'hui représente l'avenir des adultes que nous sommes !**

POUR ÉVITER LES MALENTENDUS OU LES FAUSSES ATTENTES

Travailler avec les adolescents m'a convaincue de m'intéresser à eux autrement que comme on me l'avait appris au cours de mon cursus universitaire et de mes formations parallèles : le trajet était à réinventer – et il l'est constamment !

- **Quelle est l'essence de l'adolescence ?**
- **Qui sont les adolescents d'aujourd'hui** – j'ai constaté que cela avait sérieusement changé depuis « mon époque » ?

- **Comment travailler avec eux ou dans quelle position se placer pour réellement les accompagner ?**

On pourrait le dire autrement : « je les ai vus venir, je les ai regardés, et ils m'ont convaincue de faire du chemin avec eux. » Rien à voir donc avec César qui clamait : *« Veni, vidi, vici »* comme l'attendent de moi bien trop souvent les accompagnateurs de ces jeunes clients/patients.

Les premiers rendez-vous sont généralement demandés par les parents sollicités/poussés/motivés parfois eux-mêmes par des enseignants, des éducateurs… mais parfois aussi réclamés par les ados eux-mêmes. Tous ne déboucheront pas sur un travail suivi ou régulier ni même sur un rendez-vous concret. Si on peut traîner Jules ou Julie chez le dentiste ou le généraliste, il n'en va pas de même pour le psychologue ou le psychiatre. Cette phrase peut sembler un peu gratuite ; elle fait pourtant partie de ces malentendus auxquels nous devons faire face dans notre profession.

La démarche « psy » est très/trop souvent l'ultime étape : quand aucune des autres solutions considérées comme plus classiques – ultimatums divers et variés, sanctions, changement d'école, médecines traditionnelles et parallèles, etc. – n'a abouti. Le psychologue ou le psychiatre devient et reste la dernière chance. Ainsi, si le corps fonctionne et que les parents estiment avoir tout fait – et payé très cher – c'est que leur rejeton est forcément malade de la tête : il est déprimé ou anarchiste, victime ou tyran, immature ou pervers… Il est demandé au psychiatre d'expertiser le rebelle ou le malade, sous toutes les coutures, de trouver « le mal » et de remettre tout en place au plus vite ; de préférence une fois pour toutes.

Certains parents diront même « raisonnez-les », « faites-leur comprendre que… ». Et c'est sur ces étranges demandes souvent très confuses et disparates que des rendez-vous sont fixés et que le psychologue/psychiatre en arrive à rencontrer cette étrange espèce nommée ADO accompagnée de sa famille – souvent toute aussi singulière – le jour J à l'heure X, dans un lieu Y, pour une aventure particulière.

La première rencontre est un moment stratégique car il s'agit de cerner en quelques secondes le quoi, le pourquoi et le comment d'une rencontre où chacun devra trouver un espace et un objectif propre, acceptable et motivant.

- Philippe (13 ans) est issu d'une fratrie de cinq enfants. Il est décrit comme infernal, perturbant et nuisible pour l'équilibre familial. Philippe vient, accompagné de ses deux parents, comme littéralement traîné à l'échafaud ! Sa mère, très tendue, a apporté un lourd dossier et use d'arguments multiples, soutenue en tout par son conjoint, pour me présenter son « mauvais » adolescent. Ils ont même réalisé, sur Internet (?), un diagnostic d'hyperactivité. J'ai devant moi un ado qui regarde ses chaussures et se dandine sur une chaise en attendant que ses parents daignent lui laisser placer deux mots. Avant de nous laisser seuls pour faire un bilan d'aptitudes, ils me déclarent avoir l'intention de placer « le monstre » en internat ce qui leur semble, à tous les deux, la véritable solution. Attendent-ils mon approbation, en échange du prix de la consultation ? La situation est épique... et l'ado ressemble à un monstre de foire... en cage. Au moment où les parents sortent, Philippe me scrute attentivement. Je le comprends : quelle idée me suis-je fait de lui ? de quel côté suis-je ? quel sera mon verdict au retour de ses parents ? La tension est énorme et l'enjeu « une vie à construire » dans une famille qui « disjoncte ».

  Soixante-quinze minutes plus tard, à l'issue d'un bilan où je m'efforce de regarder Philippe de façon neutre et en lui parlant calmement, j'annonce aux parents que leur fils a un potentiel intellectuel normal – en accord avec son âge – avec une verbalité intéressante et une bonne intégration des normes sociales. Je leur déclare être étonnée par le diagnostic d'hyperactivité car il s'est montré posé, calme et réfléchi ; avec un contact social très positif. Les parents me foudroient du regard car je les déçois en tous points : ni génial, ni hyperactif, ni asocial. Philippe m'observe du coin de l'œil et ses yeux pétillent quand je fais allusion à la nervosité maternelle qui pourrait bien être contagieuse... et provocante. J'évoque ensuite le contexte éducatif familial – où tout se passe mal – par rapport au cadre scolaire dans lequel Philippe se montre irréprochable selon les propres dires des parents. Différentes pistes seront explorées... mais systématiquement rejetées par les parents. Philippe est coupable. La discussion se terminera sur la piste de l'internat mais cette fois pour protéger Philippe de sa famille avec une nécessité de faire un travail de thérapie familiale. Si globalement cette séance peut sembler négative, elle ne l'est pas vraiment car Philippe sait maintenant qu'il n'est pas malade ; et que l'internat est une solution pour lui, et pas pour la famille.

Chaque interlocuteur – adolescent, parent, fratrie, éducateur, enseignant... – doit avoir su trouver sa place et son positionnement. La place de chacun est à comprendre au sens large, comme au cours de toutes les étapes de la vie. Chez moi, les parents sont toujours présents à la première séance car ils font partie de la photo de famille.

Malgré la présence du psychologue, les relations sont discernables et je dirais même difficilement camouflables. En ce sens, la démarche de Boris Cyrulnick est très judicieuse : il faut faire preuve d'un regard très éthologique. Les comportements, expressions, modulations de voix, regards, distances... entre les différents membres de la famille sont très instructifs. Rien n'est, jamais, insignifiant ou aléatoire !

- Cela me rappelle cette mère qui de façon récurrente au cours de l'entretien avec son fils passait énergiquement sa main sur le cou et la tête de ce dernier qui se recroquevillait au fur et à mesure de ces étranges signes d'affection maternelle. Je n'ai pas pu résister à la tentation de faire remarquer à cette dame que je pensais que son fils semblait mal à l'aise par rapport à ce contact répété. Son fils a profité de l'occasion pour éloigner sa chaise et, droit comme un « i », a enfin pris part à la discussion en décrétant qu'il était grand maintenant. Mais oui, l'ado est une grande personne !

Dans la photo familiale, l'adolescent dévoile ce qu'il ressent à l'égard de ses parents et ceux-ci montrent comment, à leur tour, ils ressentent et considèrent leur enfant adolescent. C'est un strip-tease psychique à défaut de se mettre nu comme chez le médecin ainsi que je l'explique en expertise. Cela n'a rien d'exhibitionniste, c'est tout simplement parce que l'homme est doté d'émotions et voué au social. À partir de ce cliché, le professionnel doit se positionner lui aussi et fixer les règles du jeu et le territoire de chacun. Je consacre une place aux parents et à l'adolescent et je fixe des rencontres de synthèse aux deux parties en accord avec l'adolescent. Les parents restent des éducateurs et mon rôle consiste aussi à les accompagner et à les « co-éduquer » dans l'intérêt de l'épanouissement harmonieux de l'adolescent et de l'équilibre familial.

- Julien a décidé de ne pas venir à la réunion de synthèse annuelle mais nous avons établi une liste des messages à faire passer et des demandes à transmettre à ses parents concernant les vacances et l'année scolaire à venir. Les messages et listes ont été transmis et discutés ensemble. Et j'ai collecté les réponses des parents aux questions de Julien avant que Mr et Mme me fassent part de leurs réflexions conjointement préparées et notées par écrit. Comme convenu, j'ai appelé téléphoniquement Julien afin qu'il ait le « débrief » de la séance avant le retour de ses parents. Julien est satisfait. Je lui demande s'il ne regrette pas de ne pas être venu. Il me dit que non, car cela aura permis à ses parents de s'exprimer plus librement. Je le félicite ensuite de son évolution constructive au cours de cette année scolaire. Il me répond : « J'ai beaucoup changé mais ce n'est pas fini, j'ai encore du travail », et nous fixons l'agenda pour la rentrée prochaine avant les vacances thérapeutiques.

Je ne suis ni juge, ni avocat. Mon travail consiste à accompagner, à soutenir, à coordonner des histoires et à superviser des chantiers de vie en construction. Dans ce sens, je fais partie d'un réseau interprofessionnel – orthophonistes, psychomotriciens, généralistes, neuropédiatres, enseignants, psychologues scolaires, parents, avocats pour mineurs... – et je travaille dans une optique pluridisciplinaire. Je collabore avec les différents protagonistes qui encadrent le jeune et les institutions au sein desquelles il se développe.

Travailler ainsi est, à mon humble avis, le minimum nécessaire pour offrir un soutien et une aide cohérente à l'adolescent et pour garantir la sécurité physique et mentale de son développement. Cette position n'est en rien réductrice pour le psychologue – même si cela souligne ses limites, et c'est bien ainsi – car elle fixe la nécessité d'appréhender l'adolescent dans sa globalité physique, psychique et environnementale.

On peut être précoce, dyslexique, artiste et malheureux tout comme on peut être collégien, toxico et immature... On peut être adolescent de mille et une façons ; dans des lieux distincts, avec des individus différents et à des moments variés.

Accompagner un individu de la sorte, à l'heure où tant de choses sont en jeu comme on le verra, ne permet pas de fixer des priorités uniques. L'adolescent doit globalement avancer, grandir, éclore malgré son talon d'Achille ou sa « malentendance » passagère.

Il n'y a pas de mauvais adolescents, de mauvais parents ou de piètres enseignants de façon systématique mais de nombreuses erreurs d'aiguillage, des confusions d'itinéraires, des malentendus ou des perceptions et attentes divergentes. Les questions sur le bon adolescent normatif, les parents modèles ou les écoles à succès… sont de fausses interrogations.

Marcel Ruffo évoquait [1] la question du parent imaginaire et de l'écart entre ce personnage sublimé et les pauvres parents réels. Je trouve cette vision pertinente. Il faut mesurer un double écart : la distance entre l'adolescent que tous les partenaires de l'adolescent ont imaginé – parce que souhaité – et le vrai adolescent auquel ils sont confrontés, ainsi que la distance entre les éducateurs de l'adolescent tels qu'imaginés par l'adolescent et ce que ces hommes et ces femmes sont réellement.

Ces partenaires sont autant les parents que les pairs, la fratrie comme l'école… Quand on a identifié tous ces protagonistes et leurs images respectives – vraies ou fausses importe peu ! – on peut travailler sur cette cartographie et surfer enfin sur le réseau.

Dans ce sens, je travaille parfois sur l'organigramme de l'adolescent ou sur son réseau relationnel, qui peuvent évoluer de façon étonnante au cours d'un travail thérapeutique suivi. Il m'arrive aussi d'emprunter des langages plus imagés, comme ceux de l'informatique, du cinéma ou des jeux vidéo.

- Ainsi Julien (11 ans) tenait régulièrement à travailler sur son organigramme de pairs au cours de nos séances car « les copains ça change ; tu sais, il s'est passé des trucs depuis la dernière fois ».
- Quant à Clément (11 ans), il mettait dans la poubelle (informatique) tout ce qu'il n'aimait pas et allait le récupérer quand il s'était réconcilié avec… son image.

Travailler de la sorte avec les adolescents est dense et compliqué, cela revient à multiplier les interlocuteurs et les relations. Il faut savoir parler bien des langues car ils inventent des mots et des expressions. Mais c'est un pari que je ne regrette pas d'avoir pris.

1. M. Ruffo, *Œdipe toi-même*, Le Livre de Poche, Éditions Anne Carrière, 2000.

J'invite tous les partenaires de l'adolescence à oser et à s'y risquer car il est nécessaire – et passionnant – de travailler sur demain.

PSYCHOLOGIE ET MARKETING... UN PARADOXE ? [1]

La psychologie se définit comme l'étude des faits psychiques (du grec *psukhë* « âme » et *logos*, « science ») ou mieux encore, comme la « science de la conduite ». Par ses origines et son propos, elle est branchée directement sur la réalité humaine et pratique. Elle est née d'une inquiétude existentielle et vise à donner à chacun une plus grande lucidité, sur soi et sur les autres, afin d'augmenter l'efficacité de nos actions. Confondue initialement avec la philosophie dont l'origine, comme le dit Karl Jaspers (1883-1969), *« se trouve dans l'étonnement, le doute, la conscience que l'on a d'être perdu »* [2], elle s'en différencie désormais nettement par son souci d'être une science.

À cet effet, la psychologie s'est donnée pour objet, non plus la totalité du réel, mais un fragment de celui-ci, limité à la conduite humaine (entendue, non pas dans la seule acceptation de comportements objectivement observables ou d'actions sur l'entourage, mais plutôt comme interaction des conduites et actions sur le corps propre mettant en jeu des processus physiologiques conscients ou inconscients). Malgré cette évolution et sa spécialisation par rapport à la philosophie, la psychologie ne rejette pas totalement son passé. Au contraire, elle intègre les observations des philosophes et leurs réflexions comme la conception héraclitienne d'un univers en perpétuel devenir, la vision d'Aristote relative au rôle des images et des sensations de la pensée (*« Jamais l'âme ne pense sans images »*) ou la théorie de Leibniz, concernant les petites perceptions, qui préfigurent les théories psychologiques les plus modernes.

1. Source : Annuaire Guide de la psychologie/P. Duval et M.T. Estivill – Collection Hommes et Perspective - *Journal des Psychologues*, 1998.
2. K. Jaspers, *Introduction à la philosophie*, traduction française Jeanne Hersch, Paris, Plon, U.G.E., 1965.

Les images que j'utilise servent à illustrer et représenter ce qui est difficilement perceptible avec nos cinq sens : les sentiments, l'estime de soi, le potentiel, l'image de soi, la douleur, le sentiment d'échec, le désir d'indépendance, l'amour, le désir,... le développement de l'individu. La philosophie, ce n'est pas très palpable non plus et pourtant c'est ce qui est au cœur du développement de l'individu : « D'où je viens, où je vais, pourquoi ceci et cela ? » Toutes questions que les parents et éducateurs trouvent charmantes chez l'enfant mais qui, avec un adolescent, les fatiguent très vite et les dépassent car il devient de plus en plus difficile de trouver des réponses qui satisfassent aux pourquoi et comment de nos « grandissants ». Ils finissent par nous déconcerter, nous agacer, nous mettre mal à l'aise car ils remettent en question tout ce qui nous semblait évident jusque-là et ils chamboulent tous nos repères basiques. Mais ils changent, et leurs interrogations avec ; de même que leurs exigences et expressions. Les parents finissent par se demander si c'est toujours leur enfant tant il semble devenir de plus en plus étrange et étranger à l'image qu'ils s'en étaient faits.

Je ne retracerai pas ici l'histoire de la psychologie – sujet complexe et long – mais il faut toutefois rappeler qu'au fil de son évolution, elle s'est diversifiée, a migré et investi de multiples domaines du monde moderne : celui du travail, de la vie militaire, le secteur économique et social, l'éducation, la rééducation, le domaine de la santé, etc.

Aujourd'hui, il existe des psychologues spécialisés pour chaque tranche de la vie : accueil des bébés, protection maternelle et infantile, placement familial des enfants en accueil, maisons d'enfants à caractère social, psychologie de l'éducation, l'enfance inadaptée, protection judiciaire de la jeunesse, thérapie familiale et thérapie de couple, cabinets de conseil en ressources humaines, examens de sécurité, formation continue et gériatrie.

Les psychologues investissent tous les domaines professionnels : la justice, la police, l'aide aux victimes, l'environnement, le sport, la santé, la S.N.C.F., la commune, l'aéronautique, l'Éducation nationale, le système carcéral, la morgue, et... le marketing.

Le marketing et la psychologie sont beaucoup plus intimement liés que l'on ne pourrait l'imaginer car le psychologue d'aujourd'hui est inévitablement impliqué dans la société de consommation et de communication. Aussi, l'adolescent en consultation n'arrive-t-il pas déconnecté du monde ambiant : il y parle de l'école, de la justice, du sport, mais aussi de son look, de ses vêtements et marques préférées, de son argent de poche, du dernier film vu, d'un scooter à acquérir, de son acné à combattre, de sa copine qui exige « la capote ».

Il faut être réaliste ; le marketing est partout, y compris au cabinet, et se voiler la face serait jouer la politique de l'autruche.

- Le psychologue/psychiatre fait parfois du marketing sans le savoir quand il communique à propos de son métier ; à travers la participation à des articles de presse, des interviews à la radio ou des plateaux télé.
- Il fait occasionnellement exprès de faire du contre-marketing lorsqu'il aide des personnes ou des groupes à se déprendre d'idées reçues par un travail de conscientisation. Idées reçues justement par suite d'un marketing politique ou d'opinion trop « efficace ». Comme faire réfléchir sur l'éthique, le racisme et la discrimination, la justice et la peine de mort, l'influence des médias dans la violence des jeunes ; participation à des journées de réflexions pluridisciplinaires sur la violence, sur les mesures à prendre – au niveau européen – dans le domaine de la publicité face à l'enfant et l'adolescent.
- Le psychologue peut enfin, et c'est le cas d'un certain nombre de professionnels, intervenir en direct dans le cadre d'une stratégie marketing comme la diffusion d'une idée ou la distribution d'un produit ; avis sur des produits, des services ou des campagnes en cours de développement, pour les optimiser (les rendre plus efficaces tout en protégeant l'intérêt – à court, moyen et long termes – du jeune).

Dans le premier cas, le psychologue joue facilement le « candide », dans le second, il se pose en « accoucheur d'esprits » et dans le troisième, il est réputé être « intéressé » puisqu'il espère un fructueux retour d'investissement.

Aussi, travailler pour le marketing – comme j'aime l'expliquer à mes étudiants de D.E.S.S. du Développement de l'enfance et de l'adolescence – offre une extraordinaire possibilité de faire entendre ce que la psychologie a découvert et démontré au fil de ses recherches et de voir ainsi propager des concepts et réaliser des projets éthiquement justes et nécessaires pour un développement harmonieux de l'individu. Cela permet de « réfléchir en homme d'action et d'agir en homme de réflexion » comme le souhaitait le grand pédagogue saint Jean-Baptiste de la Salle.

Les annonceurs et publicitaires savent aujourd'hui mieux que jamais que vendre, n'importe quoi, n'importe comment, à n'importe qui, n'est plus possible aujourd'hui. Des investissements extrêmement lourds sont désormais requis pour un lancement et ils doivent être rentabilisés rapidement ; il faut donc réfléchir juste. Le consommateur est devenu très exigeant et l'erreur coûte trop cher. Le psychologue du marketing ne lit pas dans une boule de cristal mais il peut pronostiquer les bonnes et mauvaises aventures ; à qui veut bien l'entendre.

Mon apport à cet ouvrage sur l'adolescence, en tant que psychologue, n'est pas thérapeutique au sens classique du terme. Il est plutôt de l'ordre du témoignage, du retour aux connaissances de base et du pense-bête car si entre les quatre murs du cabinet la thérapie individuelle est centrale, elle reste de l'ordre du micro-dimensionnel et du travail superficiel, malgré les ambitions de la psychanalyse qui prétend travailler en profondeur ; « on bricole avec ce qu'on a » comme aime à le rappeler un collègue neuropédiatre hospitalier.

Travailler macro et en profondeur dans une perspective de traitement authentique – c'est-à-dire en prévention et à long terme – ne se limite pas simplement à une multiplication de psys et de psychothérapies. Il faut tout revisiter pour réviser ce qui doit l'être : les jeunes, leurs éducateurs (formels, informels et non formels), l'organisation spatio-temporelle du quotidien et les matériaux environnementaux ; sur un mode de travail pluridisciplinaire et interactionniste pour que la *Gestalt* de demain ait un sens vrai. Il faudra d'abord tout remettre en cause – « déconstruire » comme disent les petits – avant de se lancer dans la construction d'un grand édifice pour l'agora du troisième millénaire.

Dans ce sens, cet ouvrage interdisciplinaire et riche d'expériences de terrain et d'expérimentations dans des domaines variés, qui s'adresse aux différents interlocuteurs de l'éducation, est né d'une volonté de faire autrement *« pour que le monde demain soit meilleur, vraiment meilleur »* comme chantait le groupe d'adolescents les Poppies.

Par ailleurs, si nous avions moins de monde à soigner, nous pourrions faire plus de prévention ce qui est, il faut bien le dire, une démarche nettement plus constructive et efficace à moyen et à long terme. Et qui coûterait beaucoup moins cher !

PARTIE I

LA VÉRITÉ SUR LES 11-25
ÉTAT DES LIEUX

Je est un autre

© Les frustrés, de Claire Bretécher, 2004.

CHAPITRE 1

LES VRAIS ENJEUX

Pour être le plus concret possible – en préparation des propositions que nous présenterons à la fin du livre – et sortir des querelles d'écoles universitaires, nous nous intéresserons désormais essentiellement au jeune homme ou à la jeune femme en construction, plutôt que de proposer une théorie nouvelle de l'adolescence.

L'objectif de ce chapitre est d'examiner l'adolescent sur un axe temporel du développement, de résumer les acquis à l'issue de l'enfance qui s'est terminée, de cerner les cibles des métamorphoses de l'adolescence et leur dynamique au travers de différents observatoires et des modèles de compréhension dont on dispose.

Il ne s'agira pas d'accumuler – ou d'empiler – toutes les connaissances sur la physiologie pubertaire, la compréhension sociologique et culturelle de l'adolescence, l'apport de la psychanalyse ou de l'épistémologie génétique (cela représenterait une véritable bibliothèque), mais de montrer comment la compréhension théorique des sciences et l'observation des pratiques humaines se nourrissent, s'inspirent constamment de ces divers modèles ; et surtout combien ils représentent des pistes intéressantes pour mieux accompagner les adolescents.

ADOLESCENCE : CONCEPT OU RÉALITÉ ?

La sociologie s'intéresse à l'adolescence, d'une part comme une période d'insertion dans la vie sociale adulte, et d'autre part comme un groupe social en soi.

Selon l'époque, la culture et le milieu social, l'adolescence se déroule différemment. Elle a en quelque sorte toujours existé et correspondu à une période plus au moins repérable dans la vie de l'individu ; avec ses caractéristiques spécifiques selon l'espace et le temps. On observe toutefois que l'adolescence telle qu'elle est conçue actuellement, est un phénomène récent ; même si Jean-Jacques Rousseau avait dès 1762 constaté le phénomène, le premier écrivain à avoir utilisé le terme « adolescence » est Victor Hugo. Auparavant, l'enfant devenait tout de suite un petit adulte, habillé comme les hommes ou comme les femmes, et menant quasiment la même vie qu'eux, sans autre distinction que la taille. Plus près de nous, on peut vraiment dire que la recherche sur les adolescents a démarré au début du siècle dernier avec des psychologues américains comme Stanley Hall.

Aujourd'hui, l'adolescence est identifiée en tant que telle, la société la pose comme un état reconnu.

Du point de vue de **la sociologie actuelle**, l'adolescence est hétérogène. Deux éléments se dégagent :

1. **La rapidité des changements d'une génération d'adolescents à une autre.**
2. **La dimension culturelle a tendance à s'imposer transversalement par rapport aux variables personnelles et sociales.** La jeunesse devient culturellement et mondialement un groupe en soi comme en témoignent leurs cultures ; musicale, de look, et de marques fétiches.

L'organisation en classes d'âge (enfants, adolescents, adultes, vieillards) remplace probablement en partie l'ancienne hiérarchisation sociale qui a perdu de sa rigidité. La bande d'adolescents en est la caricature.

La psychanalyse, quant à elle, a tendance à considérer l'adolescence comme un processus psychologiquement assez homogène dans les différentes sociétés. Selon les auteurs, l'accent sera mis sur un aspect plus spécifique : l'excitation sexuelle et les modifications pulsionnelles, le corps, le deuil et la dépression, les moyens de défense, le narcissisme, l'idéal du moi, ou encore le problème de l'identité et des identifications. Mais pour tous, l'adolescence est caractérisée par tous ces éléments ; l'importance accordée à chacun varie selon les points de vue et évidemment selon l'adolescent lui-même.

Classiquement, l'adolescence est définie comme la période du développement au cours de laquelle s'opère le passage de l'enfance à l'âge adulte [1].

Du chantier à la construction...

L'adolescence est l'âge du changement, comme l'indique l'étymologie du mot *Adolescere* signifiant « grandir » en latin.

1. H. Rodriguez-Tome, S. Jackson, F. Bariaud, *Regards actuels sur l'adolescence, croissance de l'enfant – genèse de l'homme*, P.U.F., 1997.

Ainsi que le souligne E. Kestemberg, on a tort de dire que l'adolescence est à la fois un enfant (un grand enfant) ET un adulte (un petit adulte) ; en fait, il n'est *plus un enfant*, et n'est *pas encore un adulte*. Cette double négation, reniement de l'enfance d'un côté et recherche d'un statut stable adulte de l'autre, constitue l'essence même de la « crise », du *« processus psychique »* que tout adolescent traverse. L'adolescence ne constituerait alors finalement plus un passage – une transition – mais un état particulier, avec une suite d'étapes à franchir.

LA CRISE

Le terme de « crise d'adolescence » – terme très répandu mais fréquemment mal compris – **est un concept encore plus récent que celui de l'adolescence dans notre société.**

« La crise » est souvent pointée comme une spécificité adolescente que l'on associe à une période sensible et critique du développement de l'individu. Erickson ne la conçoit pas ainsi. Je rejoins d'ailleurs cette idée, au vu de mon expérience avec d'autres tranches d'âge au sein du cabinet. « La crise », au sens « développemental », représente le grandissement d'un individu, la capacité et la force que possède cette personne à dépasser une difficulté, à résoudre un problème, à trouver des solutions, à imaginer, à innover, à réaliser et à créer.

Les crises peuvent être multiples au cours de la vie d'un individu ; crise des deux ans, mais aussi de quarante ans, de cinquante ans... L'environnement concerné par la crise différera et ils seront donc plus ou moins nombreux à subir cette situation. Manifestement, l'être humain crise souvent !

- Marie (20 mois) dit NON à tout, elle veut montrer qu'elle est grande.
- Jean (20 ans) part en claquant la porte car il ne veut plus vivre chez papa-maman, veut son studio pour pouvoir rentrer quand il veut et ramener chez lui qui il veut, et vivre l'amour de sa vie.
- Jeanne (30 ans) a jeté le repas familial dans la poubelle. Elle en assez d'assurer quotidiennement repas et blanchisserie pour ses deux enfants et son mari. Elle veut du temps pour elle et ne plus voir sa vie réduite à l'esclavage domestique.
- Pierre (40 ans) a planté sa petite famille ce week-end au repas dominical chez les beaux parents. Il ne supporte plus la routine familiale et veut retrouver les saveurs et la spontanéité de sa vie de célibataire de vingt ans.
- Petra (50 ans) a fait ses valises, délaissant mari et grands ados. Elle a rencontré l'homme de sa vie : l'amour passionnel et une sexualité frétillante. Tout ce que son conjoint semblait lui avoir fait oublier depuis vingt-cinq ans.
- Maxime (veuf, 60 ans) a vendu sa boulangerie et est parti faire le tour du monde pour voir ce qui se passe ailleurs. Il a des petits-enfants qu'il adore mais il a surtout aujourd'hui le temps et l'argent qu'il n'avait pas auparavant, quand il avait à charge femme et enfants, et que sa boulangerie lui mettait trop de pain sur la planche.

Toutes les crises ont en commun le franchissement d'une étape, par la résolution d'un problème auquel l'individu a été confronté et qu'il s'est révélé capable de résoudre – d'une façon ou d'une autre – en prenant pour cela plus au moins de temps.

Certes, cette crise peut faire du bruit – crise/cri/crier – et prendre différentes formes et modes d'expression ; souvent elle déconcerte, voire insupporte. Mais ce bruit est nécessaire à la réflexion et à la résolution du problème qui se pose à l'individu concerné. Certains cris sont plus insupportables que d'autres.

- L'enfant brandit son pistolet en plastique, vocalise des cris d'indien et des « non » qui n'en finissent plus, et affiche désespérément ses larmes ; le tout au rythme de ses tapements de pieds, à l'adresse de papa-maman.
- L'adolescent brandit son poing, éructe des insultes et un langage ordurier, présente victorieusement le C.D. volé, le mégot de joint et les scarifications sur ses bras à l'adresse de ses « vieux » ; sur un fond sonore de musique qualifiée « pour des sauvages » par les adultes.

> – L'adulte brandit la carte de visite de son notaire et de son avocat, hurle ou se défile devant les explications, énumère tout ce qu'il emportera – pour en priver ceux qui restent – et tout ce qu'il n'emmènera pas – et qu'il discrédite et annule par cet acte – ; le tout au rythme d'une calculatrice qui attribue, à tout et à chacun, la valeur qu'il daigne accorder au monde matériel et humain dans lequel il a vécu jusqu'alors.

La notion de « crise d'adolescence » est aujourd'hui entrée dans le vocabulaire courant. On la considère comme un fait inévitable et naturel ; quasiment comme un passage obligé. En fait, c'est surtout l'étiquette caricaturale collée sur une génération qui doit nous amener à nous interroger sur ce que nous sommes. L'adolescence, ce n'est jamais que ce par quoi nous sommes passés pour devenir ce que nous sommes aujourd'hui, mais peut-être regrettons-nous, au fond de nous-mêmes, d'en être exclus désormais. Parallèlement, les jeunes n'ont jamais été autant sous les feux de l'actualité et au centre des préoccupations de notre société.

Alors nous éprouvons nostalgie ou admiration pour ce qu'ils sont réellement : ambitieux pour un autre monde qui sera aussi un peu le nôtre. Vont-ils réussir là où nous pourrions avoir échoué ?

Mais n'y a-t-il pas confusion et amalgame entre crise psychologique et crise économique dans toute sa négativité (le chômage, la Bourse,...) ? Pour le visionnaire, ce qui va mal aujourd'hui ne peut englober ce que sera demain ; il ne se préoccupe pas de la photo statique d'aujourd'hui – plus ou moins sombre, à tort ou à raison – mais bien plutôt de la dynamique d'action en cours chez les jeunes, leurs projets d'avenir et les créations de demain ; déjà en germe – voire en chantier – aujourd'hui pour qui veut bien les chercher !

Si certains considèrent la crise comme une impasse, au contraire « criser » est à considérer comme la démonstration et la preuve que le jeune sort de cette impasse sociologique pour s'envoler vers l'avenir. La crise de l'adolescence devient alors le véritable décollage vers le futur.

C'est un agir fort, à grand spectacle et qui peut faire du bruit comme les pneus de scooter qui crissent sur le gravier quand il prend son virage pour s'engager sur la route qui le mène droit devant ; vers l'inconnu qu'il veut découvrir. Cette autoroute ou ce petit chemin de campagne qu'il emprunte, c'est nous qui l'aurons dessiné !

Comme un enfant qui a appris à se mouvoir, à connaître le monde physique et social et que nous laissons aller à la découverte du terrain de jeu, l'ado qui connaît son code – ses éducateurs le lui ont appris –, qui a son casque – nous le lui avons fabriqué et fourni –, et a fait le plein d'essence – elle a été achetée honnêtement, cet ado part – naturellement (c'est-à-dire sans nous) – vers l'aventure de « l'adultité » et de ses lendemains.

Il n'y a là rien à craindre car il sait, sait faire et a déjà fait souvent sans même que nous ne nous en rendions compte – à condition que nous lui fassions confiance en ne lui barrant pas la route. Il vole comme Icare mais il ne se brûle pas les ailes : il vole plus loin, toujours plus haut...

ADOLESCENCE, OÙ ES-TU ?

Manque de repères

La différence fondamentale entre notre société et celles qui l'ont précédée est **le flou qui entoure, non pas le passage de l'adolescence à l'âge adulte**, **mais bien la définition de « l'adultité »** supposée être le point d'arrivée mythique, une sorte de Graal ! Du même coup, les grandes questions à résoudre deviennent les suivantes :

- qu'est-ce qu'un adulte aujourd'hui : un reproducteur, un actif, un citoyen,... ?
- quels sont les critères les plus pertinents pour le définir : l'âge, la maturité sexuelle, la scolarité, l'indépendance physique et financière, l'engagement familial ou civil ?

Les repères identitaires familiaux (« Tu seras comme ton père ou ta mère ! ») et sociétaires sont mis en difficulté par des réalités actuelles (insertion sur le marché économique, évolution des modèles familiaux, mélanges culturels...).

Dans le passé, notre société possédait encore des repères ou rites sacrés qui balisaient le passage pour passer à l'âge adulte. Le service militaire jouait encore ce rôle, pour les garçons, il y a quelques années mais il a disparu. Le seul rite immuable reste aujourd'hui, en Occident, la scolarité. Le « passe ton bac d'abord » reste ancré dans les esprits, même s'il est lui aussi de plus en plus dévalorisé ; ce que les ados ont bien compris avant leurs parents, leurs enseignants et leurs dirigeants : « Le bac, et alors ? » En effet, de nombreuses données et statistiques – actuelles mais récurrentes – tendent à démontrer l'inefficacité et l'échec d'un système éducatif aujourd'hui incapable de répondre à ses missions traditionnelles – comme le montrent les grandes manifestations de protestations des enseignants au cours des dernières années sous des gouvernements de gauche comme de droite – mais surtout déphasés par rapport aux vrais challenges pour demain.

Les faibles chiffres de taux d'activité des jeunes et les parcours chaotiques de leurs insertions professionnelles (cf. illustration N° 1) viennent alimenter leur démotivation face à leur scolarité et leur formation. « Que faire, pourquoi et pour qui ? » rétorquent-ils excédés. Sur quoi les adultes les disent sans projets, sans ambitions, amorphes ou intraitables, voire rebelles. Alors on va « dire bonjour au psy » ou parfois même « on s'en remet au juge des enfants » – dénomination qui une fois de plus témoigne de la non-reconnaissance de l'adolescence comme étape en soi – pour « raisonner » ces rebelles inéducables du XXIe siècle qui tentent d'échapper à un chemin sociopolitiquement imposé (cf. illustration N° 2).

L'adolescent d'aujourd'hui se trouve ainsi dans un contexte où il a peu de repères auxquels se référer pour savoir où il se situe dans son développement ; pour pouvoir mesurer à la fois le chemin parcouru et celui restant encore à parcourir. Il faut ajouter à cela la perte des repères familiaux avec les phénomènes de disparentalité, de schéma familial confus (cf. illustration N° 3), et disparition des idéaux et des modèles s'y rattachant (déclin de la religion et du militantisme politique).

Et pourtant, on en arrive à une situation où les adolescents n'ont jamais été aussi présents au sein de la société (allongement des études, multiplication de formations diverses et variées, marketing spécifiques, culture et mode préfabriquées...).

ADOLESCENCE SITUÉE

L'adolescence aujourd'hui prend du temps – beaucoup – et dure longtemps : elle commence plus tôt et se termine plus tard : elle naît à onze ans pour prendre fin à 23/25 ans (cf. illustration N° 4).

Elle occupe en outre de la place – beaucoup : la population adolescente représente près de 11 millions d'individus en France, soit 18 % de la population française (cf. illustration N° 5).

Les adolescents sont non seulement nombreux en termes d'individus mais ils représentent aussi une masse économique : « un sacré magot » (cf. illustration N° 6 et chapitre 4).

Ils s'intéressent à de très nombreux produits et des services marchands, dont ils représentent parfois une grande partie du marché (cf. illustration N° 7).

Aussi nombreux qu'il soient, ils n'ont jamais été aussi peu reconnus (dépendance des fonds parentaux, difficulté d'accéder au monde du travail...) : ils forment « une tribu géante de nains dans la société d'aujourd'hui ».

UN DÉVELOPPEMENT CONSTRUCTIF

Le développement

Dès la naissance et au cours des mois qui suivent, l'être humain va développer de multiples compétences. Celles-ci lui permettront d'entrer peu à peu en relation avec sa mère, ses proches et son environnement matériel. Ce développement est un processus de maturation générale de l'organisme. Il convient de s'y intéresser non seulement au plan physique (augmentation de la taille, du poids, l'évolution de la dentition), mais également au niveau psychologique (affectivité, psychomotricité, développement intellectuel).

Tous les êtres humains ne réalisent pas leurs différentes acquisitions physiques, intellectuelles et sociales au même rythme. Cette évolution obéit à un ordre spécifique, qui dépend de la maturation du système nerveux et des acquisitions antérieures. Par contre, l'apprentissage se fait généralement dans le même ordre chez tous les enfants. **Le développement psychomoteur** – le psychique (intelligence, langage, affectivité) et le moteur (mouvements du corps, des membres) évoluant de manière parallèle **– est étroitement lié à la maturation cérébrale de l'enfant, à la qualité de ses échanges affectifs (relation mère-enfant, son entourage humain) et à la stimulation de son environnement (rôle important du jeu dans son développement pour découvrir, tester, créer, toucher)**. L'environnement humain de l'individu peut assurément influencer son rythme de développement ; en le stimulant ou au contraire en le freinant. Cependant, il faut admettre que chacun évolue à son propre rythme.

Se développer ?... mais dans un but précis !

L'évolution motrice (postures, facultés de préhension) va permettre d'acquérir progressivement une certaine liberté de mouvements puis l'autonomie.

Le développement sensoriel de l'enfant se fait essentiellement au cours des trois premiers mois de la vie et enrichit en même temps les relations avec l'environnement humain et matériel.

Le développement du langage se réalise progressivement ; en passant d'une expression uniquement corporelle et non verbale à des associations de syllabes, de mots, pour énoncer ultérieurement des phrases de plus en plus élaborées afin de communiquer sur le monde, sur soi et les idées.

Le développement de l'intelligence passe par différentes étapes qui correspondent à des formes d'intelligence différentes. À la naissance, l'enfant utilise une « intelligence sensori-motrice » uniquement pratique se développant normalement par la manipulation des objets de son environnement et aussi par le jeu. Ultérieurement, il développera son « intelligence symbolique », celle qui s'appuie sur la pensée.

Le développement de la sexualité est également à prendre en compte. Celle-ci commence dès la naissance avec les premières tétées. Elle évoluera ensuite par stades successifs jusqu'à l'adolescence, avec des périodes sensibles très caractéristiques, pour aboutir à la sexualité adulte.

Où se situe l'adolescence dans le cours du développement ?

Dans tout processus dynamique il y a nécessairement un avant – qui prépare – et un après – qui prolonge. Dans le cas de l'adolescence, cet avant est l'enfance, et cet après l'âge adulte. **L'adolescence est une période charnière essentielle de l'existence**.

AUX PORTES DE L'ADOLESCENCE : L'ENFANT

De quels outils et compétences dispose l'enfant sur le plan physique, physiologique, psychomoteur et au niveau psychologique et social ?

- **À cinq ans, au terme de la petite enfance**, l'enfant commence par développer une intelligence sensori-motrice – fondée sur ce qu'il sent, voit, attrape, entend, goûte – pour ensuite aborder une intelligence intuitive, basée sur les apparences perceptibles.

  Il développe une coordination – par une mise en relation des données sensorielles – et accroît ainsi son potentiel moteur –

élémentaire puis plus élaboré – global et fin : il s'assoit, se lève, marche, saute sur deux pieds puis un, avance puis recule, court, s'arrête, fait du tricycle, des roulades et escalade tout ce qu'il peut, il shoote, il attrape une balle qu'on lui lance (manipulation d'objets, jeux d'empilement).

Ces compétences motrices grandissantes lui permettent d'occuper et d'accéder à un espace plus étendu. Il intègre quelques repères spatiaux : il peux faire des jeux de manipulation, ainsi que des parcours avec obstacles (notions de « sous », « sur », « entre »...).

Il sait manger seul et est devenu propre.

Il est conscient de lui mais encore peu des autres : il reste égocentrique.

Il accède à la communication et à la vie sociale à travers la relation affective avec sa mère, les jeux d'imitations et le langage. Mais il reste très dépendant de l'adulte dans son affectivité.

Il est incapable de comprendre un jeu collectif. Il n'accepte pas les règles et ne joue qu'avec une ou deux autres personnes.

Il acquiert ses premières connaissances – couleurs courantes et formes simples – et commence l'apprentissage des lettres et des chiffres. Sa connaissance du temps est cependant réduite : avant, maintenant, après.

– **À huit ans, au terme de la moyenne enfance**, l'enfant moyen sort d'une grosse crise de croissance qui l'a beaucoup fatigué. Les différences de capacités physiques entre filles et garçons apparaissent.

  Il a affiné ses capacités de motricité globale (rouler à vélo, pirouettes, sauts avec élan) et ses capacités de motricité fine – habileté et gestuelle – (dessin, écriture, manipulation d'objets ludiques et utilitaires).

  Il participe à des jeux collectifs (jeux de poursuites du type « poule-renard-vipère » et d'identification : gendarmes et voleurs, cow-boys et indiens...). Il prend conscience des « copains » et s'implique dans les jeux. Il est de plus en plus curieux à l'égard des autres ; pairs et adultes.

  Il apprend et comprend le réel. Il développe son esprit critique.

Il perfectionne les acquis de la petite enfance et apprend beaucoup – à l'école (lecture, mathématiques, matières d'éveil) et dans ses activités extrascolaires (jeux, activités artistiques, médias...) – : il est avide de savoir (les pourquoi ? Comment ? Alors ? fusent dans tous les sens au rythme de ses parcours dans le monde réel). Il développe sa mémoire (chansons plus longues, maîtrise des chiffres et des lettres).

Il intègre les représentations symboliques (lettres, chiffres, jeux de cartes...).

Il commence à se prendre en charge – début de l'autonomie et de la responsabilité – et devient indépendant : il mange, se lave et s'habille seul, prépare son cartable) mais la présence de l'adulte est toujours nécessaire pour aider, contrôler et rectifier.

– **À dix ans, au terme de la grande enfance**, le grand enfant a perfectionné sa motricité globale et fine, et intégré – compréhension et production – les notions temporelles et spatiales.

  Il a développé une autonomie et un sens de la responsabilité relatifs.

  Il dispose d'un esprit critique à l'égard de son environnement matériel relationnel.

  Il a pris conscience de la rivalité et peut se montrer méchant et rebelle à l'égard des autres, même si la moquerie des autres à son égard est encore mal intégrée.

Non, tout n'est pas joué avant six ans !

À l'entrée dans l'adolescence, beaucoup reste encore à faire, même si le « candidat à l'adultité » qu'est l'adolescent dispose déjà d'un intéressant bagage construit au cours des dix premières années de sa vie : les bases de sa socialisation sont posées (parents et adultes, amis), une certaine connaissance des choses et des personnes est intégrée et les apprentissages cognitifs fondamentaux (lire, écrire et calcul) sont assurés.

La base de l'individu est posée ! Reste maintenant à sculpter l'adulte qui dominera demain.

ADOLESCENCE : 1, 2, 3 : VU !

Une deuxième naissance sur le plan physique, physiologique, psychomoteur et au niveau psychologique affectif et social

L'adolescence est un moment de transformations biologiques (puberté, modifications corporelles), **de processus sociologiques** (passage du statut d'enfant à celui d'adulte) **entraînant des processus psychologiques** (cognitifs et affectifs) **pour aboutir**, au final, à **l'élaboration psychique d'une nouvelle identité**. Ces transformations sont tellement importantes que **l'on peut réellement parler de « re-naissance »**, ainsi que le pressentait déjà, en 1782, Jean-Jacques Rousseau quand il écrivait dans l'*Émile* : *« En fait on naît deux fois ; une première fois pour l'espèce* – un membre de plus dans la famille, la cité,... – *et une deuxième pour le sexe* – un homme ou une femme avec ses caractéristiques propres et sa personnalité spécifique (à l'adolescence). »

La scission des aspects physiques et psychologiques de l'adolescence peut paraître artificielle dans la mesure où l'on pourrait y associer les pulsions sexuelles, mais l'adolescence prend ses racines dans la puberté et donc dans les transformations biologiques et physiologiques qui vont mener à la morphologie adulte, ainsi que dans l'accès à la sexualité. Cette transformation va être source à la fois d'angoisse, de fierté et d'affirmation. Les réactions de l'entourage seront primordiales dans ce domaine : jalousie paternelle ou maternelle, jeu de séduction, accession à la pudeur, etc. représentent autant de réactions qui influeront sur l'adolescent.

Ce réveil des pulsions et des possibilités sexuelles va engendrer différents types de réactions abondamment décrites dans la littérature : ascétisme, répression des pulsions sexuelles, refus des plaisirs, intellectualisation (l'adolescence est le moment des questions existentielles et des interrogations philosophiques), sublimation (terme hérité des descriptions philosophiques), intransigeance (sorte d'affirmation par le refus et lutte contre ce qui peut être perçu comme un danger pour ses convictions ; donc pour son identité !).

Du biologique et de la physiologie... un corps qui bouillonne

La puberté se déroule généralement entre 11 et 15 ans, mais peut s'étendre au-delà comme débuter beaucoup plus tôt (mais cela est très rare).

La différenciation sexuelle pubertaire qui transforme les enfants en ados est le résultat d'une réaction hormonale complexe en chaîne. En moyenne, ce développement survient à date fixe : 10 ans et demie 11 ans chez la fille et 12 ans 12 ans et demie chez les garçons.

Il existe des variations chronologiques individuelles et collectives. Pour les variations individuelles, les limites extrêmes (8/14 ans chez la fille, 10/16 ans chez le garçon), sont considérées comme normales. Certains facteurs bien connus, comme la santé, l'alimentation, l'exercice physique et le niveau socio-économique, influent sur la date de la puberté (en plus ou en moins). Pour ce qui est des variations collectives, il faut souligner que l'avance pubertaire pose un vrai problème de civilisation. En effet, l'avance de la date de la puberté forme des jeunes gens à un âge où l'activité sexuelle est socialement réprimée, alors qu'il y a quelques siècles, le développement pubertaire était plus tardif et coïncidait pratiquement avec l'entrée dans la vie professionnelle. Ainsi, par exemple, la date des premières règles est passée de 17 à 13 ans en France en un peu plus d'un siècle. De nos jours, l'âge des premières règles est donc plus précoce tandis que l'âge moyen de rentrée dans la vie professionnelle tend à être plus élevé : on peut alors observer que l'évolution physiologique prend le contre-pied de l'évolution sociale, ce qui participe à distendre à l'extrême la période de l'adolescence. L'âge des premières règles n'a plus tendance à avancer : on observe une stabilisation – à treize ans – depuis les années 1980.

Ces transformations constituent un bouleversement majeur de l'adolescence. La puberté signe la transformation du corps d'enfant en corps d'adulte.

L'adolescent accède à deux capacités nouvelles : accès à la sexualité génitale adulte et à la procréation.

Il est difficile pour l'adolescent de s'adapter à ces transformations physiques. Il doit intégrer ces changements dans la représentation qu'il se fait de lui-même et, du même coup, remanier son image de soi. L'image qu'il a de son propre corps est bouleversée dans son rapport à l'environnement et il doit parvenir à utiliser ce corps de façon adaptée dans les activités physiques quotidiennes et dans ses relations. Ses gestes semblent souvent maladroits et ses attitudes et perceptions sont profondément modifiées. C'est le moment d'affirmer son identité féminine ou masculine.

- Juliette (15 ans) a beaucoup grossi et elle se cache dans des vêtements de plus en plus amples.
- Ruan (13 ans) évite les cours d'EPS (éducation physique et sportive) : en short ou en maillot, il ne peut plus supporter les moqueries des autres.
- Marie (13 ans) s'habille en petite femme pour faire vibrer les grands lycéens mais sa tête n'est pas prête à assumer les suites. Lolita à la mode, elle n'est qu'une petite fille dans sa tête.
- Max (14 ans) a des bras trop longs et des pieds énormes. Il devient maladroit et recherche des repères.

L'adolescent doit apprendre à faire face aux sensations nouvelles (émergence de désirs sexuels, forte poussée pulsionnelle) et réguler ses humeurs, ses impulsions (dues en partie aux transformations hormonales). Il lui faut également prendre conscience du désir de l'autre et engager des relations avec le sexe opposé. Il devrait intégrer – et non appréhender – les réactions de son entourage face à ses propres changements.

- Benjamin (16 ans) trouve les filles belles à toucher, croquer et « consommer ».
- Julia (12 ans) trouvait « sympas » les garçons de sa classe en sixième. Cette année, elle les classe en beau un peu, beaucoup, énormément, pas du tout et en chevalier ou homme de Cro-Magnon.
- Anis-Pierre (11 ans) a réalisé que les filles le trouvent beau. Ce doit être vrai si elles le disent toutes. Cela faisait pourtant longtemps que ses parents le lui répétaient…

À l'adolescence, le corps devient le lieu privilégié d'expression des conflits qui pourront se manifester sous différents aspects. L'adolescent peut développer certaines formes de somatisation. Son corps devient alors une source d'anxiété, d'angoisse ; à différents degrés selon les personnalités et les âges, il développe des maux par rejet de ce qu'il est et de ce qu'il devient (cf. illustration N° 8).

Ce corps qui devient théâtre, cette peau qui leur colle au « Moi », se retrouvent être le centre de leurs préoccupations : il faut être beau, sentir bon, avoir un gabarit parfait, décorer son corps et le mettre en scène. Les « indiens » partent alors faire leur marché dans vos placards, dévalisent les rayons des magasins et remplissent vos caddies, dévorent la publicité et déchirent vos magazines en quête de modèles.

Mode, cosmétiques et hygiène (corporelle et alimentaire) : ils ont besoin de ressembler à ce qu'ils veulent être et rencontrent beaucoup de difficultés à accepter les imperfections passagères du développement morphologique et hormonal. Ils veulent s'assurer qu'ils sont normaux (« mes seins n'ont pas la même taille ! », « j'ai des poils dans tous les sens », « j'ai pas la taille », « un bouton, c'est dégueulasse »...).

Alors, à défaut de pouvoir modeler ce corps à leur idée dans le temps désiré, ils se déguisent (fripes et fringues), se peinturlurent (les cheveux, les ongles et le visage), se re-sculptent (coupes de cheveux diverses et variées) et se font fort de trouver le look qui concilie leur personnalité et l'intégration dans un groupe d'appartenance (cf. illustration N° 9).

Du psychologique : la cognition et les affects

L'adolescence est une période de réactivation, de reviviscence, de réactualisation, de réveil des conflits antérieurs. Les désirs nouveaux vont venir fragiliser l'équilibre mis en place jusqu'alors. Les pulsions sexuelles et agressives augmentent au moment de la puberté. L'adolescent est submergé par ses pulsions, en résulte un conflit psychique entre « le ça » et « le moi ». Ce conflit se traduit par des manifestations d'angoisse, d'anxiété, d'excitation nerveuse, de morosité. D'un point de vue psychologique, les adolescents sont souvent en situation de déséquilibre, ils se montrent impulsifs, hypersensibles, susceptibles, impatients. Pour faire face à ces conflits, l'adolescent met en place un certain nombre de mécanismes de défense :

- **l'intellectualisation** (il théorise) : le contrôle des pulsions au niveau de la pensée, qui se traduit essentiellement par des discussions interminables pour refaire le monde, par l'adhésion à des théories philosophiques ou politiques [1].
- **l'ascétisme** (il s'interdit et ritualise) : le contrôle des pulsions au niveau du corps. L'adolescent s'impose des tâches ou des restrictions physiques plus ou moins draconiennes (s'interdire telle nourriture, courir un certain nombre de kilomètres, ne pas se vêtir chaudement, refuser toute satisfaction ou plaisir corporel...) [2].
- **le clivage et les mécanismes associés (il voit le monde en blanc et noir)** : l'opposition systématique entre « les bons » et « les méchants »,...
- la mise en **acte :** tendance à l'impulsivité dans les réalisations pour se sentir « acteur » : il peut devenir délinquant, toxicomane, quasiment sans s'en rendre compte.
- **l'activité créatrice** (il se déclare artiste, il devient inventeur,...) : création d'un journal intime par exemple.

Par ailleurs, l'adolescent est confronté à ce qui est souvent considéré comme des difficultés et qui nous paraissent au contraire des éléments porteurs pour l'avenir du jeune et pour l'élaboration de son projet de vie personnelle (cf. chapitre 10).

- **La place de l'idéal du Moi à l'adolescence**

  Le narcissisme légitime de l'adolescence – qui conditionne la confiance en soi dont nous verrons plus tard combien elle est essentielle pour réussir son adolescence – peut aussi dans certains cas conduire aux extrêmes que sont l'égoïsme et la mégalomanie. La difficulté réside dans le fait que l'adolescent doit apprendre à doser l'attention qu'il se porte à lui-même sans s'exclure – ou être exclu – par excès : « l'auto-admiration » – je suis le plus beau, le plus grand, le plus fort,... au risque de s'isoler.

1. A. Freud.
2. S. Freud.

– **L'identité-identification**
L'adolescence, c'est aussi la recherche d'un modèle à copier, d'une idole, qui peut d'ailleurs être composite (ce serait un bon indicateur de succès en fin d'adolescence !). Des travaux, comme ceux de Winnicott, ont mis en évidence la spécificité adolescente au niveau du bouleversement psychique que représente la lutte contre l'autorité parentale comme expression de la recherche identitaire.

La pensée adolescente selon Piaget

Selon la théorie piagétienne, l'adolescent atteint le stade des opérations formelles, il passe du concret à l'irréel (cf. illustration N° 10). Il est désormais capable de formuler des hypothèses, d'établir son propre système de théories. Il accède donc au raisonnement hypothético-déductif.

Il devient capable de formuler des idéaux, qui constituent des points de référence, des aspirations d'être.

L'adolescent développe la conscience de ces fonctionnements psychologiques, il est capable de réfléchir sur ses propres pensées, sentiments...

Il conçoit également que les autres aient des pensées, c'est ce que l'on nomme la pensée récursive.

C'est donc pendant l'adolescence que le potentiel de développement est optimal. Des chercheurs américains ont d'ailleurs mesuré que dès douze ans un jeune avait aujourd'hui accumulé dans sa mémoire plus d'informations que ses parents, quel que soit le niveau social et culturel de référence de la famille !

Du social... ou l'adolescent environné

Les adolescents se caractérisent par la constitution de groupes hétérosexuels et un intérêt nouveau pour le sexe opposé. Les réactions de leurs pairs sont très importantes pour eux. Les amis servent de point de comparaison, de repères, de modèles identificatoires. L'adhésion à un groupe, une bande prend une signification considérable à cette période. La reconnaissance de l'appartenance donne un sentiment d'existence.

La bande est pour l'ado le moyen grâce auquel il trouve :

- **une identification** (idéalisation d'un membre, idéologie), et **une protection** (par rapport aux adultes et pour lui-même) ;
- **une exaltation** (force du groupe par rapport à l'individu isolé) ;
- **un rôle social** (leader, suiveur, invité, ennemi...).

La dépendance de la bande est souvent extrême, mais Winnicot souligne – à juste titre d'ailleurs – que *« les jeunes ados sont des isolés rassemblés »* : leurs attachements sont souvent ponctuels et mouvants.

L'adolescence apparaît comme une phase de latence sociale. Cette phase est très présente dans notre société actuelle, avec la prolongation des études et le recul de l'entrée dans la vie active.

Homme/femme ; aujourd'hui et demain

Par la maturité sexuelle, l'adolescent accède à un nouveau statut social. Le comportement de son entourage à son égard se transforme, les attentes sont différentes. On lui donne de nouvelles responsabilités « d'adulte » mais beaucoup d'autres lui sont refusées, sa position est ambivalente (on veut qu'il agisse en adulte tout en ne lui accordant pas certaines permissions, le maintenant ainsi dans son statut d'enfant). Il doit s'intégrer dans un rôle social masculin ou féminin, mais également se préparer un statut professionnel. L'adolescent ne peut se comprendre sans référence à sa culture, aux attentes de la société et aux modes de socialisation. La socialisation fait acquérir à l'individu des modes de pensée et des normes. Tout ceci aide l'adolescent à se modeler. Les relations avec autrui évoluent. Il cherche une émancipation par rapport à la tutelle parentale (il effectue alors un travail de deuil des images parentales) et un rapprochement par rapport aux pairs (les jeunes de son âge). Son mode de relation aux autres se modifie. L'adolescent est préoccupé par le jugement des autres, il a besoin de se voir dans le regard d'autrui pour construire son identité.

POURQUOI CHANGER CE QUI NOUS A RÉUSSI ?

La « métamorphose de l'adolescence » est, comme nous l'avons dit, une période charnière de l'existence mais aussi le tremplin de l'avenir pour chaque individu. Et comme tout changement – l'homme serait-il casanier de nature ? – ce changement dérange comme un déménagement remet en question les objets et leur utilité éventuelle.

L'adolescence est ainsi un état gouverné par une double dynamique ; celle de l'adulte en construction et celle de l'avenir en marche.

Comprendre cette période de métamorphose, décrire les axes majeurs autour duquel ce bouleversement psychique et corporel s'ordonne peu à peu est un travail délicat d'équilibre – voire de funambule – entre un laisser-aller et un accompagnement fataliste et suiveur, et un encadrement rigide et souvent formaliste.

La solution ne réside pas toujours dans les modèles théoriques et les propositions d'action ne figurent pas souvent dans les livres. La question principale n'est d'ailleurs pas – nécessairement et essentiellement – le pourquoi du mal ou du déséquilibre mais bien « comment va-t-on faire pour mener vers demain cet être qui bouillonne ? ».

Cette période de la vie est souvent présentée comme une étape de la vie « complexe, critique, difficile et délicate à gérer » par de nombreux co-acteurs (éducateurs, formateurs et animateurs...) de vie des adolescents dans la cité, la politique, l'éducation et la vie socio-économique.

Les bonnes vieilles recettes de « conditionnement et de mise en forme d'adulte » ne semblent plus efficaces au vu des nombreuses données et statistiques actuelles reflétant l'échec d'un système qui semble à bout de souffle. Certains parents me disent, apparemment convaincus de leurs propos : « De mon temps, mes parents m'auraient filé un raclée », « mais voyez-vous mon fils m'a dit qu'il va me dénoncer pour maltraitance » ou « moi, j'aurais jamais osé de mon temps ».

Je ne suis pas certaine de toujours les croire car je me rappelle avoir aussi été adolescente à une certaine période de ma vie. Je crois me souvenir que je ne trouvais pas toutes roses les solutions de mes parents qui réutilisaient déjà à l'époque les recettes appliquées sur eux-mêmes par leurs propres parents qui pensaient bien faire.

Je crains qu'à la longue les soit-disant « solutions d'autorité et de sanctions traditionnelles » ne se soient démodées et que les moules – fendus et usés – soient désormais inutilisables. Si l'on interroge certains parents d'adolescents sur leurs souvenirs d'adolescence – en aparté bien sûr – on relève beaucoup d'incohérences entre les idées éducatives qu'ils revendiquent aujourd'hui à l'égard de leur progéniture et les critiques multiples qu'ils déclarent avoir formulé naguère – tout haut ou à voix basse – à l'égard des méthodes de leurs parents. On peut du même coup se poser la question suivante : « pourquoi avoir fait mai 68 si c'est pour revenir aux traditions, quarante ans après ? »

Ceci illustre le caractère éminemment et nécessairement évolutif des modèles éducatifs et la nécessité de les adapter en permanence.

De la reproduction de ces anciens systèmes « formatifs » (valeurs éducatives, structures et institutions « passéistes ») émane une population croissante d'adultes de moins en moins aptes à gérer l'actuel et à engendrer des lendemains profitables pour une société productive. Comment ne pas réaliser que la société se transforme, que les individus évoluent, que les idées changent, que les situations se diversifient. Et on voudrait continuer à éduquer les enfants comme à l'époque de Jules Ferry ? *Pourquoi j'ai mangé mon père* [1] est un roman tout à fait croquant sur le sujet qui souligne l'intérêt de penser aujourd'hui en fonction de demain. E. Kant le disait déjà dans ses *Réflexions sur l'éducation* [2] : *« On ne doit pas seulement éduquer les enfants d'après l'état présent de l'espèce humaine mais bien d'après son état possible et meilleur, c'est-à-dire conformément à l'idée de l'humanité et de sa destination finale. »* Mais l'idée ici n'est pas

1. R. Lewis, *Pourquoi j'ai mangé mon père,* Cactus Actes Sud, 1990.
2. E. Kant, *Réflexions sur l'éducation,* Éditions Vrin, 1974.

d'expliquer pourquoi nos parents nous ont bien ou mal préparés à être adulte mais bien de trouver comment nous allons faire pour ne pas condamner nos enfants/adolescents aujourd'hui à être scotchés pour un quart de siècle sur un divan de psychiatre ; à ressasser leur histoire pour comprendre pourquoi ils ont raté leur vie. Si cela peut satisfaire économiquement certains professionnels, « cela ne fera pas avancer le chmilblick » comme disait Coluche.

L'adolescent doit être compris dans sa réalité actuelle – extensive et changeante – et non dans une obstination à vouloir le faire rentrer dans un modèle d'antan. Le passé n'est pas totalement et radicalement dépassé, il doit être actualisé.

La question est de savoir s'il peut grandir plus vite et s'il ne faut pas imaginer et mettre en œuvre d'autres moyens – environnementaux et structuraux – pour l'aider dans sa quête et son désir de grandir afin de devenir un adulte prêt à affronter demain. Si la nature a son rythme propre, il semble difficile de lui fournir un turbo mais l'environnement, quant à lui, doit changer pour être plus approprié.

Si l'on admet que l'adolescent :

- n'est pas un Robinson seul sur une île déserte, mais un être voué au social qui, partant de sa famille, élargit ses liens aux bandes de copains pour rencontrer l'homme ou la femme avec qui il fondera une famille pour s'inscrire dans le réseau/tissu social ;
- vit dans un autre monde économique, dispose d'autres moyens technologiques, se trouve confronté à d'autres problématiques que celles que nous avons connues. Il est pris dans une dynamique de changement permanent, à vitesse accélérée ;
- est dépendant de son entourage : dépendance imaginaire et fantasmatique chez l'adolescent (à la différence de la dépendance physique chez le nourrisson, ou de la dépendance affective de l'enfant). L'adolescent s'inscrit progressivement dans une histoire d'abord transgénérationnelle, puis individuelle.

Alors il faudra tenir compte des évolutions de ces caractéristiques pour examiner ce que cet environnement peut offrir et comment la dépendance à la société et aux adultes de tous types pourra/devra être dépassée.

La « métamorphose de l'adolescence »
est une période charnière de l'existence
et le tremplin de l'avenir pour chaque individu.
Et comme tout changement ? ce changement
dérange comme un déménagement remet en
question les objets et leur utilité éventuelle.

L'adolescence n'est pas un phénomène universel.
Il existe un lien entre la nature de l'adolescence
et le degré de complexité d'une société : plus une
société est complexe, plus l'adolescence est
longue et conflictuelle.

La réalité de l'adolescence, c'est la re-naissance

L'adolescence est à l'âge adulte ce que la chrysalide est au papillon : un cocon abritant un potentiel – philosophe, créatif, stratège, économiste, politique ; passionné, ambitieux – qui peut changer le monde « en un monde meilleur » si nous le lui permettons.

L'adolescence n'est pas un phénomène universel comme le démontrent les travaux de Margaret Mead. Il semble exister un lien entre la nature de l'adolescence et le degré de complexité d'une société : plus une société est complexe, plus l'adolescence est longue et conflictuelle [1]. Dans cette approche, les caractéristiques varient au niveau de la durée, des méthodes adoptées pour la socialisation de l'individu (selon la culture prévalent différents lieux de socialisation (foyer familial restreint ou étendu), extra-familial, les pairs, lieux collectifs... il est intéressant de constater que, dans nos sociétés occidentales contemporaines, ces différents modes de socialisation existent potentiellement (séjour chez les grands-parents ou l'oncle et la tante, internat, foyer, communautés), au niveau du type de culture (cultures post-figuratives dans lesquelles les adultes initient les enfants, cultures co-figuratives où l'ado fait l'apprentissage avec ses pairs – très répandues au U.S.A. et en Israël, pays d'immigration, et les cultures préfiguratives – où l'adulte tire des leçons de ses enfants).

Pour J.-S. Bruner, la caractéristique essentielle de nos sociétés occidentales est que : *« pour la première fois peut-être, dans notre tradition culturelle, une place est faite à une génération intermédiaire qui a le pouvoir de proposer le modèle de formes nouvelles de conduite. »* [2] En effet, le groupe des adultes, par la complexité des tâches et l'abstraction de plus en plus grande de fonctions de chacun, s'avère incapable de proposer aux enfants des modèles identificateurs et un système de valeurs pédagogiques, professionnelles, morales, qui tiennent compte des changements permanents.

1. B. Malinowski, L. Kardiner, *Journal d'ethnographie*, Le Seuil, 1985.
2. J.S. Bruner, *Le développement de l'enfant. Savoir faire, savoir dire*, Paris, P.U.F., 1983.

C'est ainsi que l'adolescence actuelle : *« propose de nouveaux styles de vie mieux adaptés à ce qui est perçu comme des conditions nouvelles et changeantes, à des changements qu'elle affirme, à tort ou à raison, percevoir mieux que ceux qui se sont adaptés à l'état des choses antérieur. »* [1]

Ainsi selon Bruner, on assiste à une sorte de renversement de perspective : le monde traversant des changements permanents, l'adolescence, par sa caractéristique propre d'être une période de changements, devient une sorte de modèle social et culturel, tant pour les enfants que pour les adultes. La question essentielle qui surgit alors est de savoir *« si la génération intermédiaire peut réduire le degré d'incertitude inhérent au fait de grandir dans des conditions de changement imprévisibles et si elle peut fournir à la fois des maîtres à penser et des pourvoyeurs charismatiques de jeu paradoxal : promouvoir l'efficacité en même temps que l'adhésion ».* [2]

L'adolescent garantit l'avenir de la société : il est l'adulte de demain et le guide de nos actions présentes par sa capacité d'adaptation.

Ces « nouveaux adolescents » – à travers de nouveaux rapports au temps, à l'espace, à l'argent, à la citoyenneté – préfigurent de « nouveaux adultes » – au plan de la morale personnelle, de la société comme de l'économie – et de « nouveaux consomm'acteurs » – dans leur relation à l'entreprise, à la communication, aux marques, à la distribution, etc. – comme on le constatera à la lecture des chapitres 4, 5 et 6.

1. J.S. Bruner, *op. cit.*
2. J.S. Bruner, idem.

LES 11-25 EN CHIFFRES

Illustration N° 1

L'échec de la reproduction régressive

- Fort taux de « non-qualité » de l'Éducation nationale : exclusion du système scolaire = 20 % d'une classe d'âge + évaluation en seconde : entre 32,1 et 51,5 % de résultats négatifs selon les domaines.
- Focalisation sur formation initiale et diplôme (bac + X années) : 50 % d'abandon en cours de DEUG (les 2 premières années de fac).
- Très faible « taux d'activité » : 1 jeune de 15/24 ans sur 4 alors contre le double il y a vingt ans, 1 sur 2 en Allemagne aujourd'hui, 2 sur 3 en Grande-Bretagne et aux U.S.A.
- Fort taux de chômage chez les « jeunes formés » : 17,3 % pour les 18/24 ans (avril 2002) *vs* 8,1 % pour les 18/60 ans ; dont 6,7 % pour les 50 + (avril 2002).
- Les adolescents français sont les champions d'Europe des « conduites à risques » : alcoolisme, tabac, consommation de tranquillisants, suicides.

Illustration N°2

De onze ans à « l'adultité » : des étapes incontournables

- Le collège (11/14 ans) : unique ; démocratique et fusionnel (?).
- Le(s) lycée(s) (15/18 ans : la spécialisation éducative et professionnelle (statut).
- L'enseignement supérieur court (trois ans) ou long (sept ans) (19 ans/+) : l'orientation active ou passive.
- Le premier emploi (22 ans/+) : les premiers pas professionnels.

Illustration N° 3

Des parents actifs

- Familles bi-parentales 82 % *vs* familles monoparentales 18 %.
- 2,4 enfants par famille pour les 11/24 ans (*vs* 1,7 au total).
- 79 % des mamans ont une activité professionnelle.

Illustration N° 4

✔ Adolescent plus tôt (vers onze ans)...

- Une puberté précoce
  10/11 ans pour les filles et 12/13 pour les garçons.

✔ ... mais adulte plus tard (aux alentours de vingt-cinq ans)

- Les marqueurs modernes de l'« adultité » :
  Fin des études : 21 ans et 6 mois (21,1 Filles *vs* 21,10 Garçons).
  Entrée sur le marché du travail : 22 ans et 6 mois (22 Garçons *vs* 23 Filles).
  Abandon du domicile parental : 22 ans et 11 mois (22,3 Filles *vs* 24,8 Garçons).
  Mariage : 28 ans et 7 mois (27,7 Filles *vs* 29,8 Garçons).
  Naissance du premier enfant : 30 ans et 4 mois (29,4 Filles *vs* 31,5 Garçons).

Illustration N° 5

✔ Adolescents très présents

France : 10 743 275 en 2002 – stabilité pour l'avenir : 10 361 578 en 2010.

Europe des 15 : 63 598 012 jeunes de 11 à 24 ans dont 80 % dans 5 pays (Allemagne, France, Royaume-Uni, Italie et Espagne).

Population française	Total	Filles	Garçons
11/14 ans	3 041 020	1 553 308	1 478 712
15/17 ans	2 294 937	1 173 932	1 174 816
18/20 ans	2 406 904	1 232 088	1 174 816
21/24 ans	3 000 414	1 535 379	1 465 035

Illustration N° 6

✔ Pouvoir d'achat direct en France

33,1 milliards d'euros d'achats annuels :
- 2,850 pour les 11/17 ans ;
- 8,376 pour les 18/20 ans ;
- 21,876 pour les 21/24 ans.

7,2 milliards d'euros d'épargne annuelle (achats différés).

Source : Institut de l'enfant/Junium. Baromètres « Teen Generation » N° 23, 2001, pour les 11/17 ans et « Link Generation » N° 15, 2001, pour les 18/24 ans.

Illustration N° 7

Les secteurs de consommation privilégiés

- Look : vêtements, chaussures, accessoires, cosmétiques ;
- Équipement de loisirs : son, vidéo, photo, jeux ;
- Produits culturels : livres, BD, presse ;
- Équipement de sport ;
- Sorties : bar/café, cinéma, boîtes, restaurant ;
- Communication : téléphone, Internet ;
- Para et péri scolaire : fournitures ;
- Alimentation plaisir : snacking, gourmandise, boissons ;
- Évasion : cigarette, Française des Jeux ;
- Transport/voyages.

Illustration N° 8

Les possibilités de « rejets » de l'adolescence

Ado-naissance (11/14 ans) : troubles du comportement alimentaires.
Adolescence (15/17 ans) : toxicomanie.
Adu-lescence (18/24 ans) : tentatives de suicide.

Illustration N° 9

Quelques « tribus adolescentes »

Kitsch	Revivers
De grands enfants qui refusent la responsabilité *Mode Chupa Chups* *BD japonaises*	Retour aux années 1970, valeurs de fête et d'insouciance *Kiliwatch fripes ou Diesel (autodérision)*

Tout glisse	**Enrapés**
Sports de glisse, contact (responsabilité) prolongé à éviter Organisation tribale *Lunettes Bollé, Shoes Airwalk, Quiksilver*	Grands nerveux, engagés dans un combat, revendication valeurs d'égalité *En conflit avec les marques, récupération des marques de rappers célèbres*
Technonautes	**Branchouillards**
Avancées technologiques *Playstation, techno, Minidisc Sony, Internet...*	Désir d'être plus – cultivés, riches, fins, au courant,... – et qu'on le sache Design et signatures, garantie de rareté *Eden Park, Xuly Bêt*

Illustration N° 10

✔ « Tout est possible ! » Le développement de la pensée

- le déjà disponible : la logique du réel. *« Les tomates sont rouges. »*
- la logique du réel et du possible : la pensée hypothético-déductive. *« Si c'est rouge, ça peut être une tomate, une cerise ou... une voiture. »*
- spécialisation de l'intelligence et exercice (expérience). *« Puisque les tomates sont rouges, c'est qu'elles sont bonnes à manger. »*
- la pensée réfléchie : métacognition et pensée récursive. *« Je pense que tu ne le vois pas rouge. »*
- introspection et rêverie à l'origine d'une meilleure connaissance de soi, des autres et du monde. *« Si je te fais voir rouge, tu ne me laisseras pas sortir. »*
- une pensée créatrice : projets et originalité. *« Le bonheur, c'est comme une orange rouge. »*

N.B. : les notes les plus élevées aux tests d'intelligence sont obtenues au alentours de 17/20 ans.

EN BREF

Organisation temporelle de la durée de vie

- L'enfance : 0/10 ans
- L'adolescence : 10/11 ans – 23/25 ans
- L'adulte : 25 ans et plus

Organisation temporelle de l'enfance

- Petite enfance : 0/5 ans
- Moyenne enfance : 6/8 ans
- Grande enfance : 9/10 ans

Organisation temporelle de l'adolescence

- Ado-naissance : 11/13 ans
- Adolescence : 15/17 ans
- Adu-lescence : 18/25 ans

N.B. : les âges décrits sont à prendre comme de simples points de repère et ne sont donnés qu'à titre purement indicatif.

© Les frustrés, de Claire Bretécher, 2004.

CHAPITRE 2

DYNAMIQUE DE L'ADOLESCENCE

L'ADOLESCENCE « MODERNE » : RIEN N'EST JAMAIS FINI, TOUT EST EN DEVENIR !

Plus on parle des adolescents, moins on leur parle ! C'est peut-être d'ailleurs ici que se situe le nœud de la « crise de l'adolescence », par rapport à l'adolescence véritable.

Parfois l'adolescent cherche le conflit. Doit-on l'éviter systématiquement ? Faut-il au contraire s'efforcer de le comprendre ou simplement « signifier les limites » ? Certainement les deux. Mais dans quel ordre et comment ?

Ces questions ne se posent pas simplement au niveau familial, mais également à celui de la société. Toutes les actions de prévention devraient être imprégnées de cette problématique ! Pour ce qui est des adolescents au moins, la distinction entre prévention et répression est totalement absurde : tout programme de prévention doit intégrer la perspective de sanctions, en en précisant dès le départ l'éventualité et les modalités. La réciproque est également efficace.

Au cours de l'adolescence, la croissance physique et psychique implique des capacités d'adaptation aux situations de vulnérabilité, plus ou moins difficiles, qui entraînent des conflits psychiques transitoires. L'adolescent doit assimiler et intégrer dans les représentations de soi l'ensemble des changements physiques, psychologiques et relationnels dont il fait l'objet. Il doit, de plus, s'insérer dans une perspective temporelle personnalisée : se reconnaître dans un passé qui est le sien et qui fonde la certitude de la continuité de soi, mais aussi, en ayant conscience du caractère transitoire du présent, se rapporter à un avenir qu'il peut/doit essayer de construire.

La plupart des adolescents savent affronter tous ces changements et y font face de façon positive, même s'ils expriment parfois des conflits, des phases de morosité, des conduites agressives, des violations de la norme. Ces événements peuvent faire partie du développement normal de l'adolescent, dès lors que ces moments ou conduites ne deviennent ni trop fréquents ni l'unique moyen d'expression de ce jeune.

L'adolescent est un être complexe, n'évoluant pas toujours à la même vitesse que ses pairs, ne démarrant pas obligatoirement au même moment et ne s'arrêtant pas non plus nécessairement en même temps. Cette rythmicité et cette temporalité – signes de différences interindividuelles et intra-individuelles – déconcertent aussi bien l'adulte que l'adolescent en développement et peuvent être sources de difficultés passagères et transitoires. On observe des moments de « dysynchronies » fréquentes au cours de cette période de l'adolescence dont les uns diront qu'elle pollue et perturbe notre vie adulte voire notre société, alors que d'autres en rient et la trouvent touchante. Ces deux attitudes oscillent entre un « adultocentrisme » trop exigeant et une attitude infantilisante.

JEUNESSE DOIT SE CONSTRUIRE DANS LE TEMPS ET DANS L'ESPACE

Dans la phase d'adolescence, le jeune doit être respecté dans sa temporalité – pour bénéficier d'une horloge mouvante adaptée –, comme dans son espace – et donc disposer d'un cadre spatial mobile, modulable et sur mesure. C'est la période de la vie où l'espace et le temps doivent s'individualiser et intégrer la notion de privatisation du jeune pour que l'autonomie naisse. Sans ces notions de privé, d'autonomie, d'individuation, il ne pourra pas devenir adulte.

Le modèle suivant intègre l'importance de l'évolution de la temporalité et de la spacialité au cours de l'adolescence ; grâce aux 2 axes « présent/avenir » et « privé/public ». En effet, si l'enfant peut se cantonner au secteur privé/présent, l'adulte doit/devrait pouvoir maîtriser les 4 quartiles ; vie privée et espace public, au quotidien comme pour demain.

Public / savoir-être

Adolescence

Percevoir / présent ———— Métacognition ———— **Avenir / projeter**

Enfance

Privé / intimité

Il faudra, à l'adolescence, se préoccuper prioritairement des 2 quadrants concernés par l'avenir ; essentiellement le « public » sans pour autant négliger le « privé », en particulier au moment de l'ado-naissance. On comprend du même coup pourquoi la co-habitation familiale qui conforte tardivement le « privé/présent » peut être dangereuse pour l'épanouissement d'un futur adulte, et à l'inverse combien la « pédagogie du projet » – dans la perspective public/avenir –, dont on parlera dans le chapitre 10, favorise une dynamique positive tout au long des quinze années d'adolescence... et au-delà !

Il est difficile de trouver des repères fiables ou des modèles de références familiers dans les parcours des générations antérieures. Le monde – en constante évolution – n'offre ni les mêmes moyens, ni les mêmes références. Toutefois, ce n'est pas l'adolescence en soi qu'il faut repenser. Ce qu'est l'adolescent par essence, ce qui évolue en lui et ses questions fondamentales n'ont pas radicalement changé ; du coup les quelques manuels de psychologie de l'adolescence qui existent ne sont pas obligatoirement désuets au niveau de l'analyse du problème. Par contre, ils sont presque systématiquement obsolètes pour les solutions proposées par rapport à notre époque et aux challenges de demain : ils sont quasiment hors contexte. **L'environnement familial et éducatif dans lequel grandissent les adolescents actuels s'est profondément transformé au cours des dernières décennies !**

LA GRANDE ET LA PETITE HISTOIRE DES ADOS

Nés entre 1978 et 1992, ils ont eu dans le passé un parcours très différent de celui de leurs parents. Ils ont connu, entre autres :

- les « retours de l'histoire » : chute du mur de Berlin, guerre du Golfe, Kosovo, opérations américano-britanniques en Irak,...) ;
- le « tout-économie » avec ses mouvements de balancier : les années « fric et frime » et « la crise » (la bulle Internet, l'effondrement des bourses,...), la mise en place de l'euro ;
- les révolutions technologiques : l'ordinateur, Internet, le téléphone portable, le G.P.S. ;
- le « retour des grandes épidémies » : S.I.D.A., E.S.B. ;

- les « grandes peurs » : insécurité, catastrophes technologiques et écologiques ;
- la mondialisation de la consommation (alimentation, sport, musique, mode, voyages, voire scolarité), bien avant la globalisation de la production ;
- les références collectives – les *girls/boys bands*, *Friends*, les *Simpson's*,... – et les « grandes fêtes » ; fête de la musique, coupe du monde de Football,...
- l'évolution des rapports entre sexes – le passage de l'intimité à « l'extimité » – et entre générations – la remise en cause de l'expérience et de l'autorité ;
- le « virtu-réel » : les jeux vidéo, Internet ;
- mais aussi, comme le dit de façon très imagée Jean-Luc Excousseau dans son livre *La mosaïque des générations* [1] : *« la génération de l'ego au pouvoir »* (celle de leurs parents, nés entre 1950 et 1965) et qui représente une population introvertie (la cheminée, la véranda, le monospace,...) et idéaliste (la nature bienveillante, le bon sauvage,...).

J.-L. Excousseau découpe ainsi la société française : les adolescents actuels – qu'il qualifie de **« génération mosaïque »** – sont les petits frères et sœurs de la **« génération réseau »** (née entre 1968 et 1976), mais aussi les enfants de la **« génération naturel »** (qui a vu le jour entre 1940 et 1967), et enfin les petits-enfants de la **« génération héritage »** (naissance avant 1940). Le lecteur ne sera pas surpris que nous trouvions notre appellation « génération plus » plus positive et dynamique que celle de « génération mosaïque ».

La typologie admise généralement aux États-Unis reprend un découpage assez voisin en dissociant :

- la *« Silent Generation »*, née entre 1928 et 1945 ;
- la *« Boomers Generation »*, née de 1946 à 1965 ;
- la *« Generation X »* de 1966 à 1979 ;

1. J.-L. Excousseau, *La mosaïque des générations*, Éditions d'Organisation, 2002.

- et enfin la *« Generation Y »*, née entre 1980 et 1994. Pour cette dernière tranche, qui est celle qui intéresse le lecteur, on rencontrera d'autres désignations chez les auteurs américains ; *« Net Gen »* (la génération du Net), *« Echo Generation »* en tant que symétrique des *Boomers*, mais aussi *« Millenials Generation »* comme charnière entre le XXe et le XXIe siècles ou *« Generation 24/7 »* pour illustrer leur grande disponibilité (24 heures/7 jours par semaine). Certains ont même imaginé des formules compliquées du type *« Generation Version 1.2 »* – pour illustrer le fait qu'ils vont plus loin, plus vite que leurs parents – ou *« Age Compression Generation »* – pour symboliser ce que l'on appelle Outre-Atlantique le phénomène *« KGOY »* signifiant *« Kids Getting Older Younger »* (les enfants qui deviennent plus vieux, plus tôt).

Sociologiquement, on peut dire que les années 1980 et 1990 ont été caractérisées pour les adolescents par un double phénomène ; d'une part la prise de conscience d'une communauté de vie et de destin en construction et d'autre part une certaine forme d'affirmation par rapport aux générations précédentes :

- **« l'individualitarisme »** ; n'importe quel « individu lambda » peut aujourd'hui se rattacher à un réseau mondial.
- **la galaxie multimédia** qui entoure, plus ou moins, cette population.
- **une génération culturelle** ; avec une curiosité cumulative plutôt que basée sur l'histoire ou la culture.
- la désacralisation/désinstitutionnalisation des références et la **valorisation de la décontraction**.
- la reconnaissance absolue de **l'interaction** ; la continuité par la compil, le mixage, la négociation de préférence à la révolution,...

Par ailleurs, les challenges qui les attendent pour demain sont à la fois nouveaux et considérables. Nous n'en citerons que quelques-uns, à titre d'exemples :

- l'européanisation du cadre institutionnel politique de référence ;
- la moindre protection assurée par la « scolarisation à la française » (grandes écoles, E.N.A., secteur public,...) ;

- la concurrence croissante pour l'emploi : entre jeunes, entre générations, avec d'autres nationalités ;
- le développement de l'éducation permanente : rendue nécessaire à la fois par l'évolution rapide des connaissances et des compétences requises, et la moindre stabilité de l'emploi ;
- la mobilité géographique indispensable : pour aller à la rencontre des opportunités ;
- les parcours de vie personnel (famille, santé,...) et professionnel (alternance études/emploi/chômage, expatriation,...), plus chaotiques.

LA DYNAMIQUE DE L'ADOLESCENCE

Les champs physiologique, psychosocio-affectif et cognitif, définissent trois axes qui ne croissent ni en même temps ni au même rythme : tantôt l'un tantôt l'autre, parfois deux ensemble et occasionnellement les trois de concert. La question de chaque instant face à un adolescent est de savoir lequel des trois a grandi et ce que va donner cette nouvelle association ; équilibre ou déséquilibre ?

> Jules a grandi en taille mais il aime encore son ours et il se prend pour Einstein. Julie n'a pas pris un centimètre mais elle veut se mettre du rouge à lèvres pour plaire au père de la copine en lui racontant « les petites filles modèles ».

Il y a de quoi être déphasé pour l'adulte qui doit les affronter. Qui plus est, rien n'est jamais résolu une fois pour toutes, car un peu plus tard, ils auront encore changé et dans de nouvelles disproportions.

L'adolescence moderne représente un authentique concentré de la vie passée et future. Non seulement elle s'est depuis longtemps nourrie à la fois des acquis de l'enfance et des images et des projets de l'adulte, mais elle pourrait bien préfigurer ce que sera l'itinéraire d'un homme ou d'une femme demain ; moins linéaire, moins logique et moins séquentiel ! Notre existence à tous pourrait devenir une longue adolescence avec des phases d'action et d'autres de réflexion, des périodes de rêve et d'autres axées sur le réalisme, des vies familiales et des socialisations (mise en relations et établissement de réseaux relationnels) évolutives, etc.

C'est la raison pour laquelle nous avons proposé il y a déjà vingt ans de renouveler le discours sur cette évolution importante, en développant deux concepts soulignant l'extension de l'adolescence à ses extrémités et en les illustrant par des néologismes qui ont été ensuite largement repris ; pas toujours à bon escient et en omettant parfois d'en créditer l'origine :

- **« l'ado-naissance »** – entre 11 et 14 ans –, pour remplacer l'horrible terme de préadolescent qui privait les malheureux jeunes de cette tranche d'âge de la moindre reconnaissance ; si comme préados (ni enfant, ni ado !) ils ne sont rien, en tant qu'« ado-naissants » ils ont droit à la sollicitude dont on entoure normalement un nouveau-né. Les Anglo-Saxons insistent également, depuis quelques années, sur l'importance cruciale de cette population – qu'ils appellent habituellement les *« Tweens »* – avec une définition assez floue à la fois en termes d'âges (8/14 ans ou 9/15) et de scolarité *(elementary ou middle schools)*.
- **« l'adu-lescence »**, qui couvre la période de 18 à 25 ans environ en France. De la majorité légale jusqu'à l'entrée réelle et irréversible dans la vie adulte, différents critères peuvent être retenus : autonomie physique et financière, création d'un foyer ou d'une famille.

UN ENVIRONNEMENT RENOUVELÉ POUR UN DÉVELOPPEMENT HARMONIEUX

On peut dire que le découpage du système scolaire français – comme on le verra plus tard, il n'en va pas de même pour le contenu – correspond assez bien aux 3 étapes de l'adolescence moderne :

- **l'ado-naissance se vit au collège d'enseignement secondaire**, d'où l'expression « les années collège » ; de la sixième à onze ans à la troisième à quatorze, dans un moule conçu au départ pour être unique et uniforme.

- **à l'adolescence pure correspondent « les années lycées »** dans des établissements généraux, professionnels ou technologiques selon l'orientation choisie ou subie ; entre 15 et 17/18 ans de la seconde à la terminale.
- **l'adu-lescence se déroule à la fois dans l'enseignement supérieur** – court ou long – **et dans le monde professionnel**, soit à travers des stages soit pour un premier emploi.

Le tableau qui suit illustre le développement d'un adolescent – c'est-à-dire la construction progressive d'un adulte – dans les 4 domaines pertinents, au cours des 3 étapes évoquées ci-dessus.

	Bio-physiologique	**Cognitif**	**Affectif**	**Social**
Ado-naissant	Début de la puberté : fatigue physique. Maîtrise de tous les sports collectifs avec des règles complexes. Début de certaines compétitions.	Perfection-nement des acquis.	Début de recherche de sa personnalité. Les premiers flirts.	Changement de rythmes de vie : entrée au collège. Distanciation professeur/élèves (par rapport aux relations maître/élèves). Des parents et des copains ; beaucoup. Les premières boums.

	Bio-physiologique	**Cognitif**	**Affectif**	**Social**
Ado	Achèvement de la différenciation morphologique filles/garçons. Fort développement de la musculature chez le garçon. Fin de la puberté.	Nombreux questionnements.	Crise d'identité. Relations amoureuses/sexuelles expérimentales.	Pas près à être indépendant. Attirance pour le thème de la sexualité. Conflits avec les parents. Les copains d'abord : la bande… Petit(e)s copains/copines. Besoin d'indépendance.
Adu-lescent	Finalisation de l'ossification du squelette.	Régularisation des fonctions physiologiques. Ralentissement neurologique Q.I.	Sexualité indépendante. Recherche de la stabilité affective.	Réalisation de projets personnels. Passage de la bande aux réseaux. Majorité légale : il devient responsable par la force des choses. Projets sociaux : le couple. Expériences professionnelles.

Ce qui est décrit précédemment amène, très naturellement, à s'interroger doublement :

- considérer l'adolescence comme une sorte de pathologie et non comme une étape normale de la vie, **n'est-ce pas déjà refuser à l'adolescent toute identité spécifique pour le réduire à un état psychosociologique** ? Le 21 juin 2003, en ouverture d'une session du C.N.J. – Conseil national de la jeunesse – Michel Bullara, le chargé de mission Jeunesse du ministre de la Jeunesse, de l'Éducation nationale et de la Recherche, estimait encore utile de préciser : *« Non, la jeunesse n'est pas une maladie. Elle doit s'intéresser à tout et pas uniquement aux questions la concernant »*. Il allait même jusqu'à proposer la création d'un Conseil économique et social jeune, expert, qui prendrait position et qui pourrait s'auto-saisir !
- plus qu'un problème lié à un certain âge de la vie, « la crise de l'adolescence » ne serait-elle pas devenue **une véritable « crise sociale » d'accès au statut d'adulte ?** En effet, si les « révolutions » physiologiques, cognitives, affectives et sociales qui traversent et justifient l'adolescence existent depuis des lustres, l'environnement dans lequel elles se produisent s'est profondément transformé au cours des quarante dernières années et continuera à le faire dans le futur, probablement à un rythme accéléré ; dans sa fonction (qu'est-ce qu'un adulte ?), dans sa structuration (les différents milieux éducatifs, en parallèle et parfois en opposition !), dans sa chronologie (quelles épreuves, à quel âge ?) et dans son aboutissement (quelle insertion et quelle reconnaissance sociale ?). Qui ne constate que l'école, la famille et le monde du travail ne répondent plus (aussi bien ?) aux challenges du XXe siècle alors qu'ils ont pu le faire face aux défis spécifiques du précédent ! **Si l'adolescence dure si longtemps** aujourd'hui – près de quinze ans, contre 2 ou 3 autrefois – **c'est partiellement parce que le processus de croissance s'est complexifié** (l'adultité s'est incontestablement enrichie) mais surtout **parce que les adultes ne savent plus accueillir et intégrer les nouvelles générations.**

Le jeune doit être respecté dans sa temporalité comme dans son espace. Sans ces notions de privé, d'autonomie, d'individuation, il ne pourra pas devenir adulte.

Il faut instituer un « brevet d'adulte » qui serait attribué — non plus automatiquement en fonction de l'âge — mais après obtention d'un certain nombre d'unités de valeurs capitalisables attestant de la maîtrise d'une série de compétences majoritairement reconnues comme relevant du statut et des responsabilités d'un adulte.

UNE BOUSSOLE POUR L'ADOLESCENCE

Pour chaque jeune, il faut vouloir et pouvoir établir un bilan de besoins – à la fois par rapport à la problématique collective et à ses spécificités personnelles – répertorier les « liens » à établir, dresser une carte et un planning, hiérarchiser les priorités et imaginer un carburant pour faire tourner la machine.

Re-voir, re-penser, re-imaginer et re-faire pour que la renaissance de l'individu constitue un accouchement réussi et garantisse un adulte sain et vigoureux, c'est faire le deuil de nos convictions et certitudes passées : c'est jeter un nouveau regard !

Si, comme à la naissance d'un nouveau-né, les parents ne sont pas toujours objectifs par rapport à leur progéniture, la société doit pouvoir évaluer l'adolescent – futur membre adulte donc responsable – et apprécier l'environnement dans lequel il se développe.

Son rôle sera **d'accompagner le développement de ses potentiels cognitifs, biologiques, sociaux et affectifs en lui procurant des lieux et en lui consacrant du temps pour les cultiver et les faire éclore à l'aide de nourritures diverses et variées.**

Éduquer ne veut pas dire laisser tout faire. Dialoguer ne signifie pas obligatoirement se laisser tyranniser. Éduquer, c'est appliquer un cadre spatio-temporel évolutif autour du jeune avec des cadres, des règles et des limites.

L'université du Symbole regroupe de nombreux philosophes, chercheurs, médecins, psychosociologues et psychiatres, enseignants, historiens et musiciens, mais aussi des hommes d'église, des responsables d'entreprises et des professionnels des médias pour réfléchir au sens de la vie dans les différentes cultures et civilisations. Dans son ouvrage *L'homme réunifié* [1], Luc Bigé, un de ses fondateurs, rappelle que l'homme se construit et s'épanouit sur les 2 axes de la connaissance du monde – concret et abstrait – et de l'expression

1. L. Bigé, *L'homme réunifié*, Éditions du Rocher, 2001.

humaine – individuelle et collective – qui définissent 4 quartiles correspondant à des univers très typés (cf. illustration suivante).

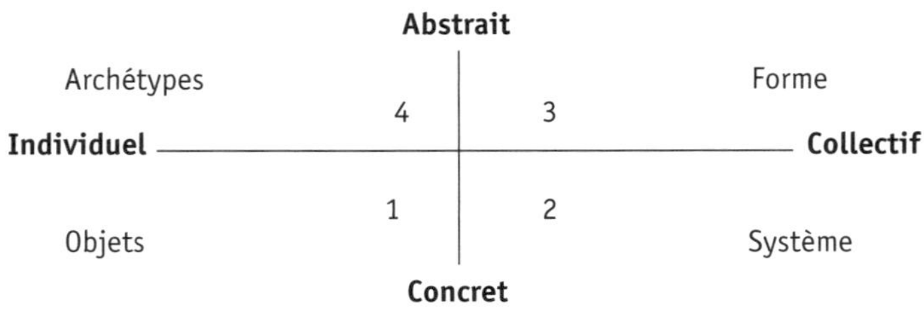

Le premier quartile correspond au **« connaître de nos sens »** ; la connaissance à travers l'observation et la description. C'est celui de la « pensée analytique » qui objective le monde et cherche essentiellement à le « re-produire ».

Le deuxième s'adresse au **« connaître de la direction »** ; la connaissance globale des interactions qui lient et délient les objets et les individus. On parle alors de « pensée systémique » qui socialise l'homme et cherche à prévoir l'évolution des ensembles.

Le troisième représente le **« connaître de la signification »** ; la connaissance qui décode le sens exprimé par la multiplicité des formes. La « pensée symbolique » donne une signification à la vie humaine par la découverte du sens caché derrière la forme.

Le quatrième et dernier vise à découvrir la connaissance « transcendantale » par la découverte des archétypes ; c'est le **« connaître de l'identification consciente »**. La « pensée opérative » transforme l'homme pour l'insérer en le reliant aux autres niveaux de réalité.

Bien entendu, ces 4 formes de pensée se complètent et devraient s'enchaîner dans un ordre logique. Partir de l'analytique pour aboutir à l'opérative, en passant successivement par la systémique et la symbolique permet d'être un homme complet et « réunifié » ; bien dans sa peau, dans sa tête, dans son environnement et dans son époque.

Constatant combien la définition précédente correspond parfaitement à celle d'un adulte moderne, nous avons prolongé ces travaux en les utilisant comme matrice d'une dynamique de construction de l'adolescent. On peut en effet affecter des périodes de la vie à chacune de ces formes de connaissance qui deviennent de façon très concrète des outils et des terrains de découverte et d'expérimentation :

- jusqu'aux alentours de **dix ans, les enfants sont dans la pensée analytique** ; ils progressent par accumulation, en s'appropriant le monde physique.
- **la pensée systémique correspond à la problématique des ado-naissants** ; « vers quoi suis-je porté ? ».
- **la pensée symbolique est adaptée à la recherche des années lycées** ; « le sens de ma vie ».
- **la pensée opérative reflète un axe de recherche pour les adu-lescents** – «mon éthique » – pour leur permettre de sortir de la situation dans laquelle ils se trouvent.

Pour les 3 périodes de l'adolescence, on peut représenter l'évolution de la façon suivante :

	Ado-naissants (11/14)	**Adolescents (15/17)**	**Adu-lescents (18/24)**
MOI	Mon corps ; à découvrir et maîtriser Émotions et sensations	Ma personnalité Mon style	Mon projet
DEMAIN	Court terme	Long (?) terme	Moyen terme
DYNAMIQUE	Mes peurs, mes envies	Ma vocation	Mon rôle

Le tableau qui suit illustre la progression de la construction d'un adulte :

	Ado-naissants (11/14)	**Adolescents (15/17)**	**Adu-lescents (18/24)**
Le jeune est...	Un explorateur Un géomètre	Un philosophe Un architecte	Un promoteur Un politique
Ses principes existentiels	Un dehors Un dedans	Un dehors Un dedans et un impalpable	Un dehors Un dedans Un impalpable Et une profondeur
Ses problématiques d'action	Les interrogations	Les hypothèses, les constructions	L'action individuelle et collective

Par exemple en matière de lecture, on observera chez les plus jeunes une position de lecteur dévoreur, alors que les adolescents se prennent volontiers pour des critiques littéraires tandis que les plus âgés adopteront volontiers une attitude de « fana-branché-abonné ».

On débouche de même sur des axes de propositions d'actions très pratiques :

- **à l'époque du collège**, les éducateurs – la famille, l'école et les structures d'éducation populaire – devraient travailler en priorité sur les « systèmes » ; à la fois la connaissance des individus et les différentes interactions possibles, le fonctionnement des groupes et quelques principes de « gouvernance collective » (les droits et les devoirs, la liberté des uns comme des autres, les limites et les sanctions qui en découlent en cas de non-respect,... : les règles !).
- au cours des **années lycées, on mettra l'accent sur tout ce qui apporte de la consistance et de la cohérence à « l'ado-vision** » ; travail sur son identité (personnelle, affective et sociale), définition d'une boussole (des réponses à quelques questions, éducation des choix,...), prise en compte de l'avenir (affectif, social, professionnel, autant que scolaire).

- **pour les adu-lescents, il s'agira de développer les modélisations et les expérimentations.** Par rapport à une carte du monde – aussi complète et objective que possible – il conviendra de les aider à définir leur propre cartographie, leur organigramme et leur planification, pour leur permettre de s'assumer et de s'insérer !

Acteur de sa vie, l'homme ou la femme que cherchent à promouvoir l'université du Symbole et Luc Bigé, prend toute sa dimension – il est ainsi réunifié – quand il/elle sait maîtriser et mobiliser tous les modes de pensée en fonction des opportunités et des circonstances mais aussi des forces et des faiblesses de chacun.

DÈS L'ADOLESCENCE

C'est autour du concept de construction progressive d'un adulte que nous avons développé et appliqué la théorie de **« l'éduc'action »** qui s'articule autour de 3 principes que nous considérons comme essentiels :

1. La « machine à adultiser » ne peut fonctionner que si **le jeune est demandeur et s'il peut être acteur de son propre apprentissage** ; ceci suppose que l'environnement éducatif – dans son intégralité – tienne compte à la fois de ses attentes, de ses capacités mais aussi de ses limites.
2. **Les « adultes référents** » – tous ceux dont les connaissances, les compétences et l'exemplarité peuvent être utiles aux jeunes – doivent devenir de véritables « éduc-acteurs », privilégiant leur mission plutôt que leur statut.
3. Il faut mettre en œuvre une autre pédagogie, basée sur une dramaturgie organisée autour de **l'obligation d'un résultat concret pour tous** – différencié en fonction des 3 étapes déjà détaillées et avec des **« situ'actions » d'échange authentiques :** associant systématiquement pratique et théorie ; le faire et le savoir !

Manifestement, il convient de recycler et réinventer l'accompagnement de l'adolescent. Pour cela, il faudra :

- le nourrir de connaissances, de techniques, de stratégies et de scénarii, de rencontres ;
- l'exposer à une variété de stimulations (observations, lectures, documentaires, discussions et débats,...) et d'expériences (voyages, échanges et confrontations interculturelles, évaluations...) ;
- le laisser devenir acteur, jouer des rôles (au sens de Winnicott) ; certains virtuels et d'autres réels (jeux de rôles, stages, expériences, découvertes, créations...) pour prendre place demain à nos côtés.

DES TERRITOIRES D'EXPÉRIENCES À RESPONSABILITÉ PROGRESSIVE

	Ado-naissants (11/14)	Adolescents (15/17)	Adu-lescents (18/24)
Mode d'expression	Interrogation Contestation	Critique Provocation Affirmation	Négociation Synthèse
Pédagogie	Rejeter le passé Transformer le doute en questionnement	Proposer des scénarii pour reconstruire L'exemplarité des adultes référents	Coacher : accompagner, aider, stimuler

Dans le processus complexe « identité/insertion » que représente l'adolescence :

- **l'ado-naissance est principalement centrée sur la recherche de l'identité individuelle, sociale et affective.** Constituant une étape essentielle, elle devrait être tout entière consacrée à « l'idéalisation du moi » (l'objectivité et le réalisme interviendront de toute façon plus tard) et la mise en discussion du système de référence – sinon de l'autorité, ce qui est complètement différent – parental, enseignant ou civil. Ces 2 ressorts sont absolument indispensables pour assurer une dynamique productive (pas le conformisme de la reproduction impossible !) et pérenne (non ballottée par les événements). *« Prévoir n'est rien, imaginer est tout »* : Anatole France le disait déjà, avec beaucoup de sagesse. On y reviendra longuement à propos des projets adolescents aux chapitres 3 et 9).

- **l'adolescence doit permettre de traiter de façon équilibrée la double question : « qui suis-je réellement et quel devra être demain mon rôle** – pas uniquement ma place – **dans la société ? ».** Il faudra absolument apporter des éléments de réponses dans les 2 domaines.
- **pour l'adu-lescence, la priorité est à l'optimisation de l'insertion.** C'est le problème de la place qui est alors posé ; elle devra être modélisée, expérimentée et optimisée.

« RÊVER SA VIE ET VIVRE SES RÊVES »

Rêver sa vie implique un bagage pluridisciplinaire dont les adultes devraient doter l'adolescent. Il ne s'agit pas là d'une matière parmi d'autres à insérer dans le programme scolaire mais d'une révision totale de l'approche pédagogique et éducationnelle à dispenser par les adultes. Cette approche différente permettrait de développer et d'arroser des outils existants à l'aube de l'adolescence.

L'adolescence est donc en fait la seule véritable période de maturation de notre existence : contrairement à ce qu'en dit le langage courant. Pendant ces années, le jeune se développe, pense, expérimente, effectue des choix et s'exerce à devenir l'adulte qu'il désire être demain, au sein de la société future.

ÉPREUVES ET PREUVES : LA RECONNAISSANCE SOCIALE PAR LES RITUELS

La suppression de l'examen d'entrée en sixième, l'agonie du brevet des collèges, la banalisation du baccalauréat, l'accès libre à l'enseignement supérieur, la disparition du service militaire pour les garçons,... avaient des justifications politiques à court terme. Ils n'en représentent pas moins des erreurs éducatives graves. Pour responsabiliser, il faut au contraire multiplier les enjeux et les défis ! Dans une certaine mesure, il faut endurer pour devenir plus fort et « en baver » pour réellement grandir ; c'est ce que l'on appelait autrefois « l'épreuve du feu ».

Responsabiliser l'individu, c'est le reconnaître dans ce qu'il a et ce qu'il est. Si un adolescent ne sait pas toujours définir ce qu'il souhaite, il a, par contre, une extraordinaire capacité à préciser ce qu'il ne veut pas : il y a là une piste de dialogue très productive, insuffisamment exploitée jusqu'à maintenant !

Reconnaître aux jeunes leur spécificité sans leur proposer de modèles, n'est-ce pas aller à l'encontre de ce qui s'est toujours fait jusque-là ? N'est-ce pas faire abstraction de leur position d'adulte en devenir et quelque part leur voler la possibilité de se projeter dans le futur en les cantonnant dans le présent ?

Le très beau poème de R. Kipling intitulé *Tu seras un homme, mon fils* [1] nous montre assurément une bonne approche de ce que pourrait être le rôle de l'adulte, du parent, de la société. Car même si les règles posées par la famille ou la société seront transgressées, expérimentées, cela a le mérite de poser un modèle à partir duquel l'adolescent pourra se construire une identité propre, en prenant et rejetant des parties du modèle.

Pour y parvenir, on devra donner aux jeunes l'occasion de se poser des questions, de chercher des réponses et des solutions, de « se casser la figure » et de se tromper pour avoir une chance de trouver et de comprendre ce qu'ils cherchaient. Pour apprendre à marcher, il ne faut pas avoir peur de tomber. Laissons leur le droit à l'expression et à l'erreur.

Il faut pour cela cultiver toutes les compétences, dons et talents des jeunes, mais aussi utiliser et faire appel aux différents éducateurs – individus, institutions, associations et groupement existants – dans ce qu'ils ont de meilleur en intelligence et en compétences.

1. R. Kipling, *Tu seras un homme mon fils*, Mille et Une Nuits, 1998.

Bien sûr, cette nécessaire appropriation progressive des règles nous ramène aux problèmes d'absence de démarches d'initiation et d'émancipation réelles et de la disparition des rites et rituels d'indépendance vis-à-vis des parents, de l'école et de la société professionnelle et civile. Ceci représente des inhibiteurs au passage à la vie adulte car ils empêchent l'action et l'expérimentation.

C'est ici que l'approche environnementale de l'adolescence prouve toute sa richesse. En effet, dans une démarche d'initiation, de construction et d'insertion, il faut d'une part définir des objectifs et des contenus clairs, d'autre part prévoir un calendrier précis, mais aussi concevoir des outils d'évaluation incontestables et enfin officialiser une reconnaissance de la réussite sans ambiguïté. C'est ce que fait assez bien le monde du sport – d'où sa place essentielle dans le développement d'un adolescent.

Par contre, les familles (la co-habitation familiale prolongée ne présente pas que des avantages pour le jeune !), l'institution scolaire (un diplôme qui ne débouche pas sur un travail est un leurre dangereux !) et le monde du travail (qui n'explique pas assez ce(ux) qu'il recherche au risque de mal recruter et de peiner à fidéliser !), ont encore beaucoup de chemin à parcourir. Puisse ce livre les inciter à le faire et leur donner des idées pour y parvenir à travers les pistes qui suivent.

Il faudra veiller à l'avenir à :

1. **Donner du sens à la vie : en suscitant chez les jeunes l'envie d'être adultes.** À chaque étape du développement devraient être associés d'abord des objectifs en termes de savoirs, de savoir-faire et de savoir-être et ensuite des contenus pertinents. Objectifs et contenus devront être explicités à l'avance, optimisés en permanence et occasionnellement individualisés.
2. **Prévoir des itinéraires séquencés** : avec des périodes plus courtes à l'ado-naissance (le trimestre, l'année scolaire,...) et plus longues ensuite (cycle d'études, durée d'apprentissage d'un métier,...).
3. **Organiser des « épreuves » acceptées** par les jeunes comme les correcteurs (pas uniquement le résultat d'un concours ou d'un

examen) : des situations d'évaluation objectives, des grilles de critères authentiques ; pas simplement la quantité, surtout la qualité.

4. **Officialiser des « preuves » reconnues par la société**, professionnelle et civile : des viatiques, de vrais passeports pour... et pas simplement des attestations de présence.

On arriverait ainsi à l'institution d'un « brevet d'adulte » qui serait attribué – non plus automatiquement en fonction de l'âge – mais après obtention d'un certain nombre d'unités de valeurs capitalisables attestant de la maîtrise d'une série de compétences majoritairement reconnues comme relevant du statut et des responsabilités d'un adulte ; non seulement la majorité légale, mais aussi un diplôme professionnalisant et des stages, l'inscription sur les listes électorales, un/des permis de conduire, des brevets civils (B.A.F.A., secourisme,...), des qualifications sportives (niveau de compétition, capitanat,...), des certificats de gestionnaire délivrés par les organismes financiers (banques et assurances), etc. La liste reste à définir et à hiérarchiser.

Par ailleurs, dans la perspective de responsabiliser précocement les jeunes, on pourrait concevoir des paliers d'étapes dans chacun des blocs de compétence ; par exemple dans le domaine de la sécurité routière, d'abord un permis piéton (théorie et pratique), puis un permis vélo, trottinette, roller ou skate (également théorie et pratique), puis l'équivalent pour la moto et la voiture. Ceci avec des réactualisations régulières pour tenir compte des évolutions à la fois de la circulation (extension du Code ; téléphone mobile, etc.) et du conducteur (âge, vision/audition, réflexes,...).

L'ADOLESCENCE EN C.D.D.

Le « brevet d'adulte » serait normalement attribué après une succession de périodes affectées à des acquis différenciés et complémentaires ; des parcours gigogne !

1. Un **« contrat »**, signifiant que chaque étape devrait correspondre à des engagements réciproques du jeune et de ses éducateurs sur une forme de partenariat à plus ou moins long terme ; avec une forme d'obligation de résultats en plus de celle concernant les moyens. Il serait intéressant d'envisager des contrats multipartites impliquant les principaux éducateurs du jeune et pas simplement la juxtaposition d'un contrat familial – impliquant enfants et parents –, d'un contrat scolaire – entre l'élève et ses enseignants –, et d'un contrat civil entre le jeune et la collectivité territoriale de référence.
2. À **« durée (limitée) »**, pour renforcer la perspective d'un objectif proche sur lequel le jeune pourra vraiment se mobiliser, qui sera suivi par d'autres périodes avec des challenges, des territoires de réalisation, des cadres de fonctionnement différents pour attester du perfectionnement et de la progression de l'adolescent.
3. Et **« déterminée »**, pour officialiser l'obligation de résultats – on ne peut pas imaginer que les 20 % de non-bacheliers par tranche d'âge ne deviennent jamais adultes – ; on aura enfin réalisé la fameuse égalité des chances derrière laquelle courent tous nos hommes politiques depuis Jules Ferry.

LA QUESTION DE CONFIANCE ET LA TRIPLE RÉPONSE

C'est un Français – Alfred Binet – qui a établi en 1905 le premier test d'évaluation du « quotient intellectuel » qui prend en compte l'intelligence logique, l'intelligence verbale et l'intelligence mathématique. Il est d'ailleurs surprenant que cette batterie de tests ne soit pas plus souvent utilisée car elle correspond assez bien à la conception scolaire de l'adolescence à la française ; la « sélection par les mathématiques », le cartésianisme et la logique, l'expression.

Dès 1920, le professeur Thorndike complète la notion d'intelligence générale en distinguant 3 types d'intelligence :

- **l'abstraite** ou verbale, caractérisée par la capacité à se servir de symboles ;
- **la pratique**, qui correspond à l'aptitude à manipuler efficacement les objets ;
- **la sociale**, impliquant la facilité à s'entendre avec les êtres humains (cf. la formule « vivre en bonne intelligence »).

Par la suite, le psychologue américain J.-P. Guilford a lié l'intelligence sociale à la plus ou moins grande connaissance qu'a le sujet du comportement humain. Les aptitudes qu'il relève sont multiples ; comprendre les expressions comportementales, distinguer les caractères communs à diverses situations, évaluer les relations entre plusieurs faits, reconstituer une structure ou une organisation, reconnaître les changements et en déduire des modifications et enfin prévoir les conséquences d'une situation donnée. Notre conception de « l'éduc'action », que nous présenterons dans le chapitre 9, s'appuie directement sur l'intelligence sociale des adolescents ; qui est essentielle et peut toujours être développée.

Les travaux de Jean Piaget [1] et ceux du psychologue George Mead sur « la prise de rôle », complétés par *L'échelle d'altruisme* du professeur L. Kohlberg [2], démontrent que les stades de développement de l'intelligence précèdent les stades du développement moral ; chaque personne raisonne spontanément selon des principes qui correspondent à un certain degré d'universalisation du sens de la justice. Kohlberg distingue 5 niveaux :

- au stade 1, le sujet est centré exclusivement sur lui-même et ses intérêts propres.
- au stade 2, il reste d'abord préoccupé de son bien propre, mais il peut envisager des échanges.
- au stade 3, il s'efforce de ne pas être égoïste et d'aimer et/ou prendre soin de ses proches.
- au stade 4, le sujet ne limite pas ses préoccupations à lui-même et ses proches mais également la société et les institutions.

1. J. Piaget, *Le jugement moral chez l'enfant*, P.U.F., 1932.
2. L. Kohlberg, *L'échelle d'altruisme*, *Harvard Educational Review*, 1977.

– au stade 5, il est prêt à se sacrifier au profit de ceux à qui le lie soit un contrat soit une affinité particulière.

Lise de Carbonnel a élaboré, en 1980, un « quotient altruiste » (Q.A.) dont le concept est extrêmement intéressant pour le public des 11/24 ans car, comme elle le dit : *« l'altruisme neutralise les instincts narcissiques de possession et de domination qui sont souvent sources de conflits : plus il est intense, plus ces instincts sont faibles. »* Il est utile de rapprocher ces propos de ceux de Daniel Goleman, un psychologue journaliste américain, qui déclare : *« la source de l'altruisme est à rechercher dans l'empathie, cette capacité de lire dans le cœur d'autrui ; être insensible aux besoins et au désespoir d'un autre c'est ne pas savoir aimer. »*

Même si L.V. Gordon aborde déjà la notion en 1982 à propos de « l'inventaire de personnalité », c'est aux psychologues américains Peter Salovey et J.-D. Mayer, de l'université de Yale, que l'on doit la « découverte », en 1990, de la notion d'« intelligence émotionnelle » et de « quotient émotionnel ». Ces travaux ont été prolongés par Bar On, qui a établi une échelle d'évaluation, et vulgarisés par Daniel Goleman [1].

Avec ses 3 volets :

– l'intelligence émotionnelle **intime ; le rapport à soi,**
– l'intelligence émotionnelle **sociale ; le rapport aux autres,**
– l'intelligence émotionnelle **existentielle ; le rapport à la vie**,

le concept d'intelligence émotionnelle est très opérant car il permet de comprendre pourquoi à intelligence formelle égale, certains s'épanouissent et réussissent mieux que d'autres ; singulièrement à l'adolescence. Il devrait, à notre sens, faire partie intégrante du projet de construction d'un adulte.

En effet, le développement harmonieux d'un adolescent suppose qu'il manifeste, tout au long de son parcours – les quatorze ans, les 3 étapes, les projets,... – une triple confiance qui le structurera :

1. D. Goleman, *Intelligence émotionnelle*, J'ai lu, 2003.

1. **La confiance en soi** – ou plus exactement ce que les Anglo-Saxons appellent *« self esteem »* – qui conditionne sa mise en mouvement, son désir de progresser, de découvrir ; « puisque je suis capable de…, j'ai envie d'être acteur de mon destin, de ma vie ».
2. **La confiance en demain**, qui amène à se définir en permanence de nouveaux horizons et à se situer dans la spirale aspirationnelle – aujourd'hui plus qu'hier et moins que demain – pour vouloir/savoir « interroger la vie » (nouveaux défis !) et désirer/pouvoir progresser (nouveaux challenges !) ; « vive demain et vive la vie ! ».
3. **La confiance dans les autres**, qui représentent un but et/ou une assistance. Ce qui implique à la fois d'aimer et d'être aimé et de vouloir et savoir se faire aider en cas de besoin. Le paradis, c'est les autres, contrairement à ce qu'affirmait Jean-Paul Sartre.

C'est évidemment le grand défi lancé à l'environnement éducatif de notre pays que de stimuler cette triple confiance qui fait les explorateurs, les grands artistes et les entrepreneurs.

CHAPITRE 3

LEURS PASSIONS

Dans les pages qui précèdent, nous avons souligné combien la vision traditionnelle de l'adolescence – une période intermédiaire entre l'enfance et le monde adulte – correspondait mal à la réalité actuelle dans les sociétés occidentales – et singulièrement la France –. Encore plus grave est le fait qu'elle ne permet pas de prendre en compte les nouveaux challenges du troisième millénaire qui démarre et dans lequel les responsabilités futures seront exercées par les adolescents d'aujourd'hui : « La génération 2020 » !

L'historien et ancien ministre Jean-Noël Jeanneney déclarait récemment : *« définir une génération est un exercice compliqué, surtout si l'on ne se contente pas de la décrire négativement par différence avec celles qui l'ont précédée, mais plutôt en termes positifs »*.

Il faut toute l'intelligence et l'habileté de Jean-Luc Excousseau pour avoir réussi dans son livre *La mosaïque des générations* [1] à parler des différentes populations – *« héritage », « naturel », « réseaux » et « mosaïque »* ; des seniors vers les juniors – sans les juger et les comparer entre elles.

Dans les chapitres qui suivent, nous proposons un modèle positif et dynamique :

- **positif,** car s'appuyant sur la notion de « jeunesse ressource », souvent mise en avant par la Commission des communautés européennes, et non pas sur celle de la « jeunesse menace » parfois évoquée, plus ou moins explicitement, en France au cours des derniers mois. Le rapport « Jeunesse, le devoir d'avenir » établi par le Commissariat au Plan [2] va tout à fait dans le même sens : *« La jeunesse n'est pas seulement nouvelle venue au monde, elle introduit le monde nouveau ; elle représente le principal défi démocratique pour demain. »*
- **dynamique,** puisque proposant des mesures concrètes à mettre en œuvre par tous les acteurs du système éducatif moderne, qu'ils se rattachent à « l'éducation formelle », à « l'éducation non formelle ou à « l'éducation informelle » pour reprendre la séduisante recherche de synergies entreprise par la Commission européenne. Formelle est l'éducation qui est offerte par un établissement d'enseignement ou de formation et conduit à un diplôme ; elle est structurée en termes d'objectifs éducatifs, de durée, d'encadrement. L'éducation non formelle n'est pas le fait des établissements précédents et ne conduit pas nécessairement à un diplôme ; elle est cependant structurée et intentionnelle, et englobe la famille en premier lieu, mais également les clubs sportifs, les associations

1. J.-L. Excousseau, *La mosaïque des générations, op. cit.*
2. Documentation française, mars 2001.

culturelles ainsi que les cercles économiques et politiques. L'éducation informelle ne correspond pas à des structures organisées et intervient en parallèle à d'autres activités d'apprentissage ; elle peut être fortuite ou intentionnelle. Rentrent dans ce cadre ce que nous appelons « la prescription générationnelle » (le groupe de pairs, de copains) mais aussi la mode, les médias, la rue,... !

Claude Thélot, président du Haut Conseil d'évaluation de l'école au ministère de la Jeunesse, de l'Éducation nationale et de la Recherche va dans le même sens quand il déclare : *« ce qu'il faut bien comprendre – et que l'on n'a pas toujours admis – c'est que nous sommes rentrés dans une autre ère. Ce n'est plus seulement l'État qui doit s'occuper du développement du système éducatif comme il le fait depuis deux cents ans, c'est toute la société ! »*

La première de nos propositions s'appuie sur un constat d'évidence que font désormais tous les éducateurs de terrain. Aujourd'hui, un adolescent (c'est également de plus en plus fréquent avec les enfants !) ne fait jamais ce qu'un adulte lui a réclamé, dans les délais impartis et selon les modalités proposées. À l'inverse, le même jeune sera capable de s'investir à fond pendant des heures sur un projet qu'il se sera donné à lui-même. Il faut donc l'impliquer dans sa propre construction ; d'où la formule d'« auto-apprentissage ».

La littérature contemporaine a utilisé beaucoup d'expressions pour décrire la population adolescente – Bof, puis boss génération il y a quelques années, plus récemment génération zapping ou *Screenagers* (l'énumération finirait par être fastidieuse tellement les jeunes exercent un extraordinaire pouvoir de fascination sur les journalistes) – en cherchant à l'opposer aux autres et surtout en se limitant aux 15/25 ou 18/25 ans. Dans ces constats, on insiste de plus en plus sur *« la volonté prêtée aux jeunes d'être tout/à la fois, mais en spectateurs non impliqués et non en actes, si ce n'est en consommant quelques produits symboles »*. Dans son livre *La refondation du monde* [1], Jean-Claude Guillebaud va même plus loin en affirmant que : *« les jeunes sont à l'image du marché ; gouvernés par la curiosité versatile, la boulimie de nouveautés, le nomadisme mental et le manque. »* Il décrit par ailleurs

1. J.-C. Guillebaud, *La refondation du monde*, Éditions du Seuil, 2001.

« une société déboussolée, caractérisée par un besoin d'instabilité et d'insatisfaction ».

Il est à la fois faux et scandaleux de prétendre que ceci s'applique à toute la période de 11 à 24 ans. Si les adolescents sont positivement insatisfaits (d'eux-mêmes, du monde qui les entoure ; ce qui est un gage de progrès futurs), c'est essentiellement à l'ado-naissance qu'on le constate – *« l'inextinguible envie de vivre et d'aimer de la jeunesse »* pour reprendre la belle formule de Maurizio Scaparro –. Ils ne sont pas instables maladivement (comme le sont certains jeunes adultes trentenaires, à propos desquels quelques auteurs réutilisent abusivement le néologisme « adu-lescent » que nous avons créé en 1984, pour désigner les 18/24 ans), **ils sont simplement en construction permanente** car **les règles du jeu évoluent régulièrement** au cours des 3 étapes détaillées précédemment.

Dans la perspective de ce que nous évoquions au chapitre précédent, à propos de « l'éduc'action », une réflexion projective sur **« l'éducabilité » des adolescents doit**, à notre sens, **désormais obligatoirement tenir compte :**

1. Des compétences dont ils font preuve et que l'on peut résumer par le schéma suivant.

Foi, exigence

Curiosité, ouverture **Enthousiasme**

« l'ado du troisième millénaire »

Imagination, créativité **Intensité émotive, sensibilité**

Goût de l'aventure

2. Du bagage dont ils sont armés. La génération mosaïque dispose en effet de connaissances, de sources d'information, d'équipements et de potentialités d'action – physiques, géographiques et financières (on en reparlera dans les chapitres qui suivent) – qui n'ont pas d'équivalent dans l'histoire de l'humanité.

C'est précisément pour prendre le contre-pied des allégations qui précèdent (plus de trente-cinq années de pratique terrain nous amènent à affirmer qu'elles ne sont acceptables que pour une petite partie de la population, en fin d'adolescence ratée !) que nous avons inséré 3 mots-clés dans le titre de ce chapitre : passions, action, leviers **:**

- **passions**, parce que chez l'adolescent (surtout les plus jeunes) tout est affectivité, exigence, recherche de l'extrême,... Il réclame le droit à la personnalité, à la différence, à l'expérimentation, de préférence à l'attentisme, au conformisme (les voies toutes tracées... par d'autres) et au pseudo-réalisme (basé sur la reproduction).
- **action**, puisqu'il a envie/besoin d'agir pour maîtriser, d'abord successivement puis simultanément, l'autonomie et la responsabilité : on ne peut se sentir responsable que si les autres vous en croient capable. Dès 1988, Françoise Dolto écrivait, dans *La cause des adolescents* [1] : *« Les adultes ont peur des adolescents. »* Que dirait-elle aujourd'hui ?
- **leviers** ; une adolescence ne peut être considérée comme réussie (le terme se justifie puisque cet ouvrage expliquera au fil des pages ce qu'il faut faire pour construire un futur adulte) que si les quinze années auxquelles nous nous intéressons ont servi à amplifier les potentialités naturelles de chacun. Ce qui suppose de pouvoir successivement « rêver sa vie et vivre ses rêves ». Comme le souligne Jacques Marseille dans *Le grand gaspillage* [2] : *« Quand un système éducatif a été détourné de sa mission pour sélectionner et dresser des élites, au détriment de ceux qui n'ont pas trouvé dans leur héritage familial un bagage culturel et financier suffisant, il ne faut pas s'étonner qu'il sécrète la violence et le découragement. »*

1. F. Dolto, *La cause des adolescents*, Pocket, Robert Laffont, 1988.
2. J. Marseille, *Le grand gaspillage*, Éditions Plon, 2002.

LES PASSIONS DES ADOLESCENTS : DE VRAIES CULTURES QUI STRUCTURENT

Particulièrement au moment de l'« ado-naissance » – mais pas uniquement –, les jeunes sont naturellement amenés à fonctionner dans l'irrationnel (l'affectif, le social,...) et la démesure (l'aspirationnel, l'ambition,...). Le corps subit une véritable révolution, le cadre scolaire est profondément transformé (plusieurs professeurs au lieu d'un instituteur familier, plus de local fixe attribué au groupe classe, de nouvelles disciplines, un emploi du temps à organiser d'une semaine sur l'autre et plus simplement pour le lendemain,...). Leur regard sur le monde est bouleversé de même que celui des adultes sur des adolescents à qui on ne reconnaît plus le droit à l'insouciance et à l'erreur que l'on accordait aux enfants.

Tous les éducateurs peuvent témoigner de la « vitalité adolescente » ; bien plus réelle que la passivité que leur prêtent les médias. Il suffit pour cela de leur permettre d'être interactifs vis-à-vis de ce qui les branche.

Alors que jusque vers dix ans on peut parler de « centres d'intérêt » des enfants (au sens encyclopédique qu'ils affectionnent particulièrement), il faut admettre que pour un adolescent le terme « passions » est plus adapté. Elles ne pourront se développer que dans la mesure où elles correspondent véritablement à un « champ d'émancipation ». Chacune de ces passions donne du sens à la vie car elle définit :

- **un but pour demain**, un objectif à atteindre, une raison de se mobiliser et de se mettre en mouvement positivement (pour quelque chose et non pas contre !) ;
- **un territoire d'expression**, individuel et collectif. À la fois pour rechercher et affirmer sa personnalité et pour assurer son insertion dans la société ;
- **une morale**, au sens originel du terme : des règles de socialisation.

C'est bien entendu le cas de la musique, de la mode, du sport ou de la communication. On peut donc qualifier ces passions de « cultures vivantes ». En effet, pour les jeunes, la culture ne se justifie que si elle est centrifuge ; elle doit représenter une passerelle vers les autres avec qui on la partage.

Ceci est très différent de ce qui se passe chez les adultes qui conçoivent trop souvent la culture comme un héritage qu'il faut protéger des attaques de ceux que l'on considère comme non cultivés puisqu'ils ne partagent pas la nôtre – la « culture centripète » entourée d'un rempart. Comment peut-on prétendre justifier l'exception culturelle française par rapport à des cultures aussi riches et anciennes que l'allemande, l'italienne, la britannique, l'espagnole,... voire la chinoise ou l'indienne ?

Selon les jeunes, pour être authentiques les cultures doivent être concrètes, mais surtout « aspirationnelles » ; elles ne déclenchent la passion que parce qu'elles font grandir. Pas pour ressembler aux adultes (parents ou enseignants), mais pour disposer de plus de liberté, de pouvoir, de responsabilités.

Pour passer de ses passions à l'action, dans la perspective des challenges du troisième millénaire, un jeune aura bien besoin de la petite quinzaine d'années qui sépare l'entrée au collège (à 11 ans) du démarrage stabilisé dans la vie active (aux alentours de 23/24 ans). Pour pouvoir construire des adultes debout – acteurs de leur vie et pas simplement spectateurs ou pire, victimes –, il faut avoir reconnu à l'ado-naissant *« le droit de tout oser »* pour reprendre la formule de Paul Gauguin : dessiner sa vie et lui donner de la couleur !

L'équipement personnel des 11/24 ans (celui qu'ils possèdent en propre et dont on peut raisonnablement penser qu'ils l'ont réclamé) rend parfaitement compte de la nature et du poids de ces passions (les produits son – Hi-Fi, Walkman –, les articles de sport – V.T.T./vélo, tennis ou roller –, les supports de communication – téléphone, appareil photo, jeux vidéo –) (cf. illustration N° 1) ainsi que de leur cohérence évolutive dans la construction ; du roller à la voiture et de la carte téléphonique au portable personnel !

Compte tenu de l'importance de la sexualité, de l'affectivité et de la socialité entre 11 et 25 ans, il est facilement compréhensible

que les adolescents soient particulièrement « sensuels » et sensibles aux émotions. Dans son livre récent *Brandchild* [1], Martin Lindstrom affirme même que pour être sélectionnée par les *Teenagers* américains une marque doit être aujourd'hui capable de s'adresser aux 5 sens de ses consommateurs (du marketing des valeurs au marketing des sens !).

Si leurs grands-parents et parents continuent à accorder à la vue, un statut particulier – dans la vie, à la télévision, sur le journal, etc. – les jeunes sont aujourd'hui trop informés sur les possibilités de manipulation de l'image et sur les techniques correspondantes pour lui accorder la même importance. Ils se méfient de ce qu'on leur montre.

À l'inverse, **l'oreille est privilégiée** car il existe, pour eux, une connexion très directe entre l'oreille et le cœur, qui véhicule beaucoup de sensations et d'émotions. Le son est vécu à la fois individuellement et collectivement, il correspond à des moments de recueillement profond ou au contraire d'exaltation, il est synonyme de situations de protection et d'autres de défoulement. Dans les études auprès d'adolescents, nous leur demandons souvent de nous apporter une sélection de musiques qu'ils aiment bien pour mieux comprendre qui ils sont, et ce qui les mobilise. En trente-deux ans de métier, je n'ai jamais récupéré une seule K7 ou un seul C.D. provenant du commerce ; à chaque fois il s'agissait d'une « compil » (compilation) de plusieurs morceaux, émanant de différents chanteurs ou orchestres, correspondant à des styles de musique différenciés ; que le D.J. improvisé qui l'a composée prenait un grand plaisir à justifier. Rien ne pouvait mieux l'identifier dans sa personnalité présente et dans sa quête pour le futur que cette sélection. Pour les jeunes d'aujourd'hui, l'ouïe précède la vue qui est reléguée en troisième position.

Le deuxième sens est incontestablement le toucher avec deux organes particulièrement développés :

– la main, pour l'ergonomie – « la génération pouce » du portable (c'est devenu le doigt le plus fort et le plus habile pour les moins de 25 ans alors que c'est l'index pour les plus âgés), la manipulation des

1. M. Lindstrom, *Brandchild*, Kogan Page, 2003.

joystick/*joypad*, la maîtrise des claviers – mais aussi pour toute la symbolique de la gestuelle sportive (passage de relais,...) ou paysanne (marché conclu !).

– le pied – Jean-Luc Excousseau va même jusqu'à qualifier les 11/24 ans de « génération pied » – qui assure à la fois l'ancrage et la sérénité – bien dans ses baskets –, le mouvement et l'action. On verra plus loin le poids des chaussures dans la garde-robe des « ados », ainsi que le formidable statut des marques de sportwear qui ont toutes démarré par le chaussant. On constate d'ailleurs que chez les enfants également l'entrée dans la mode se fait par les 2 extrémités de la silhouette ; les chaussures et la coiffure.

Si le goût et l'odorat ne viennent qu'en quatrième et cinquième positions, c'est parce qu'aucune structure éducative n'a fait le nécessaire pour maintenir l'importance qu'avaient ces sens au début de l'enfance (on reconnaît d'abord maman à son odeur, l'oralité est essentielle à ce stade,...). Même si de gros progrès ont été accomplis depuis quelques années, le niveau de l'hygiène chez les jeunes (consommation de dentifrice, de déodorant,...) tout comme la qualité gustative des menus des cantines (même si aujourd'hui on veut plutôt les appeler restaurants) scolaires ou de centres de loisirs, illustrent l'importance de la tâche restant à accomplir.

DE LA MUSIQUE AVANT TOUTE CHOSE

Si nous avons repris cette belle formule de Paul Verlaine, c'est **qu'à cet âge la musique est totalement « existentielle »**. Elle correspond à la première passion des jeunes (pour 85 % d'entre eux !), ce qui ne surprendra pas, compte tenu de ce que nous avons dit précédemment sur la hiérarchie des sens. En fait, elle est devenue **« le langage de la vraie vie »** ; au point d'ailleurs que les jeunes oublient parfois de la mentionner lorsqu'on les interroge, maladroitement nous semble-t-il, sur leurs centres d'intérêt ou les activités pratiquées (les 15 heures d'écoute hebdomadaire couramment admises devraient, à notre sens, être majorées d'au moins 20 %). C'est certainement dans le domaine musical qu'il y a le plus d'échange et de partage : enregistrement, gravure, chargement et transfert via le Net (cf. Napster, Kazaa, Morpheus et consorts).

La musique constitue bien la principale « culture vivante » dont nous parlions précédemment pour les jeunes, dans la mesure où ils cumulent :

- **écoute** ; ils constituent de très loin les plus gros acheteurs de singles et d'albums de toute la population française. On retrouve le même phénomène dans beaucoup de pays étrangers.
- **écoute active** ; les concerts et la fréquentation des discothèques représentent leurs sorties préférées. Comme on peut l'imaginer, la fréquence est plus importante chez les plus âgés que pour les collégiens !
- **pratique** ; elle est conséquente puisque 20 % des 11/24 ans jouent d'un instrument de musique assez fréquemment, et dans la mesure où beaucoup d'entre eux cumulent cours, entraînement et plaisir.

Florence Hermelin, la directrice marketing de N.R.J. – une des « stations must » des jeunes – affirmait le 15 novembre 2001 : *« La musique rythme la vie des adolescents. »* [1] (cf. illustration N° 2).

On peut dire également que **la musique est le miroir de l'adolescence**, dans la mesure où elle représente, de façon parfaitement complémentaire :

- **une « culture d'individualisation »** pour les plus jeunes : travaillant à la fois sur l'émancipation (des choix différents de ceux de la période de l'enfance encore récente), la transgression (l'opposition fréquente aux musiques appréciées par les parents et les autres adultes) et la réassurance (des rythmes et des paroles correspondant au vécu et ressenti de l'adolescent).
- **une « culture d'intégration »**. La musique est aujourd'hui la plus formidable porte ouverte sur le monde et sur les autres que l'on puisse imaginer (plus authentique que la télévision, plus économique que le cinéma !) : d'où l'intérêt pour les compils, les mixages, etc. On est ici complètement dans la dynamique du trait

1. Lors d'un séminaire organisé par la revue professionnelle *Stratégies*.

d'union qui permet d'élargir un territoire culturel que l'on peut partager.

- **une « culture de personnalisation »**. Plutôt pour les adu-lescents, qui « se posent » en affirmant leurs choix. Le phénomène des D.J. célèbres, mais non starifiés, est particulièrement intéressant. Ce ne sont pas Derrick May, Laurent Garnier, J.M.K. ou Jeff Mills qui drainent les foules, c'est la musique qu'ils proposent – électronique et sans paroles : des sons à l'état pur. Le D.J. roi n'existe pas, il n'est qu'un divertisseur qui doit rester accessible. S'il n'a pas vocation à représenter « un maître à penser », il peut parfaitement devenir pour certains « un maître à se conduire » comme le souhaitait Henry de Montherlant à propos des modèles utiles aux jeunes.

Si la musique est aussi éducative, c'est parce qu'elle constitue pour les jeunes un besoin vital mais jamais complètement satisfait ; les prouesses techniques des appareillages, le doigté du D.J., la force des textes ; tout doit s'ajouter. Cette quête sans fin ressemble beaucoup à celle que chacun d'entre eux pratique en permanence dans son existence.

La musique est aussi le terrain de revendication prioritaire choisi par la jeunesse du monde entier pour affirmer sa détermination et sa force. La bagarre entre les sites musicaux gratuits et payants continue à bénéficier aux premiers (les déconvenues de Napster et sa reconversion n'ont en rien résolu le problème du piratage de la musique sur Internet) alors que les seconds (Pressplay, Musicnet,...) ne décollent pas. Une étude du cabinet américain e-Marketer estimait qu'en 2001, seulement 1 % des surfers U.S. utilisaient exclusivement des services payants, contre 92 % des sites gratuits et 7 % des mixtes.

LA MODE ADOLESCENTE, UN APPRENTISSAGE DE LA RESPONSABILITÉ

C'est probablement à propos de la façon dont les adolescents s'habillent, que le discours des adultes sur eux est le plus négatif et caricatural :

- « ils adoptent quasiment un uniforme. Ils portent tous la même chose à un moment donné ».
- « ils se font manipuler par les diktats de la mode et des marques et ne sont que des *fashion victims* ».

À travers ce qui a été dit, dans le chapitre précédent, sur la réalité de l'adolescence aujourd'hui, on comprend aisément qu'après la préoccupation de **« l'avoir »** – propre à l'enfance : la possession, l'accumulation, la thésaurisation,... –, **« le paraître » – le fameux « Look » qui préoccupe tellement les ados** – garçons comme filles – **représente une voie d'accès naturelle à « l'être »,** qui serait l'apanage des adultes accomplis.

C'est aussi à travers la recherche sur leur silhouette et leur apparence qu'ils engagent leur quête d'identité personnelle. Bien entendu, il ne faudrait pas qu'elle se limite à ce volet mais on n'a pas le droit de contester qu'elle puisse constituer une dynamique positive de mise en mouvement vers « l'adultité ». De la même façon, s'informer sur la mode pour la suivre avec plus au moins d'adaptations selon l'âge et la personnalité de chacun, relève manifestement d'un souci positif d'insertion dans la société. L'exemple de certains jeunes des cités qui trouvent dans la consommation et les marques, une compensation à une exclusion de fait du système scolaire, confirme qu'il y a bien là un ressort d'intégration – et pourquoi pas de citoyenneté – important pour tous ; adolescents comme adultes.

Aux 3 étapes de l'adolescence, le **look** constitue un véritable **écran,** dans les 2 sens qu'a le mot en français successivement :

- un écran qui protège, qui cache les formes naissantes aux premières manifestations de la puberté ;
- un écran – type cinéma – sur lequel on affiche sa personnalité et on projette ses choix vers les autres pour les plus âgés.

En ce sens, le travail sur son style vestimentaire (vêtements, accessoires, chaussures, coiffure, produits cosmétiques et éventuellement diététique, consommation de cigarette/alcool/drogues, activités pratiquées) est totalement éducatif. En effet, à la question récurrente et universelle – qui suis-je ? – chaque adolescent devra et pourra apporter des réponses différenciées selon la personnalité de chacun, son stade de développement et la situation sociale et économique du moment. Il y a donc bien mise en œuvre d'un processus de responsabilisation qui pourrait être considérablement enrichi si tous les « co-éducateurs » pertinents apportaient leur pierre à l'édifice ; les entreprises, les enseignes de distribution, les banques et organismes de crédit,... comme on le verra plus loin.

Tout comme pour la musique, mais de façon beaucoup plus impliquante, la recherche de synergies entre **le *« personal look »* et la mode correspond à trois fonctions essentielles pour la construction d'un futur adulte :**

1. **La découverte et l'approfondissement de son « équation personnelle ».** Partant de sa réalité physique – taille, poids, couleurs et nature des cheveux ou des yeux, spécificités de la peau, etc. – mais aussi de sa personnalité – caractère, socialisation, sens de l'humour – et enfin de ses projets – vie à l'intérieur/extérieur, jour/nuit – chaque adolescent devrait pouvoir construire son style (cool, pour reprendre l'expression culte des 11/24 ans). Celui qui lui convient parce qu'il lui apporte à la fois le plaisir (bien dans sa peau) et la réassurance (la confiance en soi). *« Se fringuer à la mode, ça se construit par étapes. D'abord on observe, ensuite on adopte. C'est tout un travail »* nous dit Samy (13 ans), qui adaptera plus tard !
2. **La socialisation et les bases de l'insertion. En s'informant sur la mode**, l'adolescent découvrira les **« valeurs identitaires communautaires » d'une population ou d'une civilisation données** – à la fois les récurrentes (la cosmétologie, la chaussure,...) et les occasionnelles (les couleurs, les longueurs, les matières,...). Dans un premier temps, il les adoptera pour s'intégrer (effectivement à ce stade on cherche surtout à être comme les autres, d'où le reproche de la copie conforme ou du clonage !), pour ensuite les adapter, détourner – voire les rejeter – les « personnaliser » (« customiser » serait le bon terme, même si cela peut choquer les puristes).
3. **La séduction**. Incontestablement, le chantier de la « construction du couple adolescent » sera un des enjeux majeurs du troisième millénaire – dans le sens du **passage du Moi à « la moitié »** – dans

la perspective d'une pédagogie de la découverte de l'amour et de la pédagogie de l'autre sexe (pour la majorité des cas, mais la démarche reste vraie pour les homosexuels) et non pas d'une exposition sauvage à la pornographie et autres déviances sexuelles (les fameuses « tournantes » dont font état les médias !). À l'évidence, un travail sur le look entraîne logiquement une réflexion sur la codification de l'apparence physique et des comportements ; la différence entre sexy et vulgaire est souvent mince, et en tout cas, terriblement évolutive.

Une autre raison de l'attirance des jeunes pour la mode et le look réside dans son caractère dynamiquement démocratique. En effet, en rendant obsolètes les patrimoines accumulés au fil des années, les jeunes ne sont plus systématiquement défavorisés par rapport à leurs aînés ou aux milieux aisés.

Quand la mode change, tout le monde *doit* se mettre au goût du jour en renouvelant sa garde-robe et *peut le faire* en acquérant des éléments symboliques de cette nouvelle mode (en plus ou moins grand nombre).

Un look mode pour s'affirmer : « cool + move »

L'habillement sert aux jeunes à se positionner par rapport à un monde qu'ils ne comprennent pas toujours et à des adultes qui doutent d'eux. Il s'agit d'une recherche systématique de *valorisation* qui ne peut que contribuer à l'estime de soi-même et, pourquoi pas, donner confiance en demain !

La préoccupation essentielle dans le look ado est d'« avoir l'air plus humain que les parents, les enseignants ou les autres adultes ». D'ou l'importance de ne pas se prendre la tête (être, devenir et rester cool !) et de « bien bouger » (la glisse et le surf dans la ville, sur les cimes et dans les concerts et les boîtes !) ; les chaussures, les genoux, les fesses. C'est pour cela qu'à cet âge on inaugure la mode par les pieds et les cheveux.

Encore plus que la musique, **la mode représente un véritable « univers de vie »**, avec ses acteurs – créateurs, fabricants, distributeurs, médias,... – ses territoires – magasins de textiles, chaussures, accessoires mais aussi coiffeurs, parfumeries, dépôts de presse, sans oublier les bars à thèmes, les discothèques,... – ses symboles – top models, marques, présentations (défilés, salons,...) – et ses rituels – les saisons, les soldes,...

Qu'ils aient 11 ou 24 ans, **le « look global » représente toujours le principal poste de dépenses personnelles** ; pour une part oscillant entre un quart de leur budget (plutôt chez les plus jeunes et les garçons, mais pas systématiquement) et un tiers. On verra plus tard, dans les chapitres 4 et 6 consacrés au pouvoir d'achat, que cela peut représenter des montants importants en valeur absolue.

Une autre raison de l'attirance des jeunes pour la mode et le look réside dans la place qu'y prennent les marques ; le chapitre 5 sera entièrement consacré à l'étude de cette relation, tout à fait particulière à cette génération.

Signalons, dès à présent, que dans leur sélection des 20 marques préférées :

- les 11/17 ans intègrent 18 marques de textiles/chaussures,
- et les 18/24 ans, encore 14 (à ce stade, il est logique que d'autres secteurs d'activités prétendent concurrencer, légèrement, l'habillement).

L'identification des « marques phare » (les plus connues et les plus appréciées : hit-parade au chapitre 5) est très instructive pour la compréhension de ce public. On y trouve en effet :

- des « monuments de la communication générationnelle » et en particulier les trois incontournables du sportwear : Nike, Adidas et Reebok ;
- mais aussi des « petits nouveaux aux ambitions importantes et aux stratégies raisonnées » : Quiksilver, Eden Park, Jennyfer, Sergio Tacchini, etc. ;
- les « revenants », qui refont surface après avoir disparu ou fait fausse route : Lacoste, Levi's, Puma, Le Coq Sportif,... ;
- les « inconnues qu'il faut découvrir » : Lulu Castagnette, Etnies, Ecko, Fubu, Miss Sixty, Lady Soul, etc.

LE SPORT, UN EXCELLENT TREMPLIN

À côté de la famille, **le sport représente incontestablement l'un des vecteurs essentiels de l'éducation non formelle,** ce qui explique l'importance des inscriptions dans les clubs sportifs :

- 69 % des 11/17 ans font du sport, dont 51 % en clubs ;
- et encore 47 % pour les 18/24 ans, dont 35 % en clubs.

Si la pratique sportive commence souvent avant 11 ans, elle est particulièrement éducative à l'adolescence et accompagne parfaitement l'évolution entre 11 et 24 ans (ici aussi notre formule magique pour une adolescence réussie « rêver sa vie et vivre ses rêves » s'applique bien), car elle favorise :

- **l'émancipation et la prise d'autonomie** : la découverte des valeurs du sport – *Mens sana in corpore sano* –, l'équilibre de vie, les rituels de passage d'une catégorie d'âge à une autre – minime, cadet, junior, senior –, la recherche de l'amélioration personnelle ou collective au moins autant que la victoire sur le concurrent (vouloir constamment être meilleur et pas uniquement le meilleur à tout prix), mais aussi l'hygiène, la découverte de l'autre sexe (valorisation des spécificités, convivialité,...), etc.
- **l'intégration dans un ensemble humain à sa mesure** : particulièrement dans les sports collectifs – chacun a son rôle à jouer dans l'équipe – mais également dans les sports individuels – la vie du club, la valorisation des adultes référents de tout type (entraîneurs, dirigeants, idoles sportives,...).
- **l'appropriation, en situation, d'une morale de vie authentique** : la découverte et l'observation des règles du jeu, le respect de la personne qu'est l'arbitre et de ses décisions, la relativité des enjeux du sport (adversaires sur le terrain ne signifiant pas ennemis en dehors : cf. le rôle de la troisième mi-temps) et la découverte des dérapages et de la tricherie (dopage, magouilles financières, etc.).

Compte tenu de ce qui a été dit sur la situation des jeunes au moment de leur « ado-naissance » – les années collège – c'est certainement à cette période de leur vie que la pratique sportive est la plus bénéfique ; elle est quasiment vitale à cet âge.

Si beaucoup d'expériences de « désexclusion » par le sport ont échoué en France, c'est parce qu'elle sont intervenues trop tard, sur des jeunes ayant perdu tous les repères classiques ; respect des engagements pris (participation aux entraînements), ponctualité (nécessaire pour les rencontres), *fair-play* (le terme anglais est à notre sens beaucoup plus riche que ses équivalents français), etc. Leurs références acquises – l'égoïsme, le court terme, la priorité à la force, etc. – sont à l'opposé des valeurs sportives qu'ils prennent éventuellement plaisir à bafouer. Du coup, le remède devient pire que le mal !

La « cool attitude » *des 11/24 ans ? génération sport*

Bouger, agir, découvrir de nouvelles sensations, dépasser ses/les limites : le sport le permet beaucoup plus que l'école, la famille ou la ville !

Le sport est en évolution permanente, comme les jeunes. Plus vite, plus loin, plus haut, plus fort : c'est l'objectif commun aux deux (cf. illustration N° 3).

Dans le sport, le progrès est permanent. Dans les disciplines traditionnelles, les records nationaux, européens, africains, asiatiques, méditerranéens, ou mondiaux, pour toutes les catégories d'âges, en intégrité physique totale ou partielle (Handisport), sont battus chaque année, les compétitions/événements se multiplient (cf. les explications avancées pour expliquer les mauvais résultats des équipes françaises, italiennes, espagnoles ou portugaises à la dernière coupe du monde de football), de nouveaux équipements, toujours plus performants, sont mis au point pour stimuler les sportifs, de nouvelles marques viennent « challenger » les classiques.

Signe que, dans le sport, demain représente toujours l'audace et le progrès. De nouveaux sports apparaissent en permanence qui, après une période de jeunesse au cours de laquelle ils ne sont pratiqués que par des pionniers (souvent des jeunes !), finissent par être reconnus par l'*establishment* sportif et/ou les médias.

Les raisons de pratique sportive illustrent bien la problématique adolescente (les besoins et les justifications !) de 11 à 24 ans ; évolution et cohérence, comme toujours ! (cf. illustration N° 4)

Benjamin Thaller, le directeur marketing de Salomon, soulignait en novembre 2001 [1] combien **la « symbolique et la mythique du sport » avait évolué depuis une dizaine d'années**. On est passé aujourd'hui :

- à un exercice multi-sports ; plutôt mono-sport auparavant ;
- à une pratique conviviale (communauté, toutes formes de pratiques, plus d'uniforme) à la place d'une logique d'équipe (partenaires, hymnes nationaux ou de club, panoplies chamarrées) ;
- au respect de « mon style », en complément de « suivre les règles » ; cf. le foot U.S. ou sénégalais en juin 2002 ;
- à des « héros style de vie » (Michael Jordan, les sœurs Williams, l'équipe coréenne de football,...) et plus uniquement des athlètes qui battent des records.

JE SUIS PAR CE/PARCE QUE JE COMMUNIQUE

À travers ce qui a été dit précédemment sur les formes de pensée abstraite qui se mettent en place, plus ou moins complètement, au cours des trois étapes de l'adolescence (systémique, symbolique et opérative), on comprend aisément **l'importance pour les jeunes de la structuration d'un réseau de communication**. Ceci dans tous les sens du terme :

- amont (accès à...) et aval (diffusion de...) ;
- vecteur (le canal ; le hardware) et message (le contenu ; le soft).

Les médias correspondent parfaitement à la recherche maximaliste de sens qu'est la quête adolescente :

1. Lors d'un séminaire organisé par la revue *Stratégies*.

- **l'information individuelle.** Interroger la vie (questionner c'est déjà réfléchir !), répondre intelligemment à des stimulations, se laisser inspirer par des idées nouvelles ; c'est participer à sa propre construction.
- **la découverte des repères communautaires** permet de comprendre les règles des groupes et d'apprécier les limites à ne pas dépasser.
- **la « caution »** qu'apporte la reconnaissance de **valeurs générationnelles sûres** (adaptées à la population adolescente et pertinentes pour l'époque) diffusées et reconnues. Plus que pour la musique et le sport et autant que pour le look, il est relativement facile d'identifier dans ce domaine des adultes référents qui peuvent constituer de vrais coachs (certains animateurs radio surtout et plus occasionnellement TV).

Par ailleurs, **les médias sont très naturellement générateurs de lien social.** Marqueurs d'identité culturelle (de thèmes par les passions qu'ils traitent, de ton par le mode d'expression qu'ils utilisent, d'horizons géographiques couverts,...), ils organisent bien le partage à l'intérieur de la communauté ; courrier à la rédaction, petites annonces entre téléspectateurs/lecteurs/auditeurs/internautes/etc. Si l'Internationale des jeunes existe beaucoup plus fortement que le village mondial des adultes, c'est que la première est continuellement irriguée par de la communication sur les passions jeunes et qu'elle évolue – donc s'enrichit – en permanence. La segmentation croissante des médias en termes d'âge permet d'assurer à la fois une intégration/accueil à court terme dans une « tribu » (c'est le seul domaine où l'on peut affirmer qu'il en existe au moins une pour chaque individu), une dynamique d'évolution à moyen terme par le passage d'un « médium/tribu » à un/plusieurs autre(s) et enfin l'insertion dans la société adulte, pour le long terme.

Tous ceux qui veulent servir à la fois « la cause des adolescents » chère à Françoise Dolto et leur propre cause (éducateurs, collectivités publiques, entreprises et organisations professionnelles, mouvements de jeunes de tous types,...) doivent donc, pour construire une relation durable, travailler en complémentarité 2 techniques :

- **la communication institutionnelle,** qui fonctionne en vertical et avec des émetteurs clairement identifiés, en adressant des messages structurés à des récepteurs plutôt ciblés. Il s'agit de ce que les publicitaires appellent **la publicité sur « les médias lourds »** (TV, radio,...), qui joue le rôle que les militaires attribuent à l'artillerie, l'aviation ou la marine (on en reparlera au chapitre 12).
- **la communication communautaire générationnelle,** qui diffuse à l'horizontale dans tous les sens. Ses vecteurs correspondent à ce qu'en publicité on qualifie de **« hors média »** (les commandos et l'infanterie pour conserver nos comparaisons militaires) et se rattachent plutôt aux techniques de **promotion et de marketing** (avec de multiples déclinaisons ; *buzz, street,* viral, mobile,... ; cf. le chapitre 13).

Dans la dernière partie de cet ouvrage, nous expliquerons quand et comment bien utiliser ces techniques.

L'INSERTION PAR LES TECHNOLOGIES ASPIRATIONNELLES

Si les adultes sont souvent rassurés par le statu quo, voire le retour en arrière vers le passé, absolument tous les jeunes sont structurellement attirés vers demain dès leur plus jeune âge – au moins jusqu'à la fin du collège en France (aux alentours de 14/15 ans) – parce que demain signifie pour eux plus de pouvoir, plus de liberté et plus de responsabilités. Le phénomène de « l'adu-lescence », dont nous avons parlé précédemment, trouve ses sources (elles s'expriment de diverses façons) à 90 % dans les inquiétudes de tous les éducateurs – professionnels ou pas – beaucoup plus que dans un refus de grandir des jeunes.

Si l'ordinateur, Internet, le téléphone portable, les enregistrements audio/vidéo, la photo numérique ou pas ont attiré et attirent encore obligatoirement les jeunes – au minimum à un moment de leur vie (certains peuvent s'en être détournés par la suite à cause d'une situation d'échec que les éducateurs n'ont pas su éviter et/ou rattraper), c'est parce qu'ils permettent tous plus ou moins :

- **une maîtrise quasi physique d'un avenir** qu'on a le sentiment de contrôler. *« Puisque le monde change, il y aura d'autant plus une place pour moi que je connais les outils du changement »* disait Samy, un jeune beur de treize ans. Ceci induit un nouveau rapport au temps. « Demain, c'est presque aujourd'hui, de même que le passé n'a pas vraiment d'existence concrète avant mes premiers souvenirs » aurait-il pu ajouter.
- **une manipulation et une expérimentation** quasiment sans limite. « On peut/on doit tout essayer, à condition de savoir/vouloir corriger ses éventuelles erreurs », tel est leur credo. Au moins dans ce domaine, les jeunes adoptent une attitude plus ouverte et plus positive que celle qu'ils prennent au sein de l'institution scolaire. En effet, selon l'étude PISA menée en 2001 par l'O.C.D.E. auprès de 250 000 jeunes de quinze ans dans 32 des principaux pays industrialisés, les Français présentent la particularité de préférer ne pas répondre à une question pour laquelle ils ne sont pas sûrs de la réponse plutôt que de prendre le risque de se tromper et de se sentir ridicules.
- **une évasion complète** dans un espace pratiquement sans frontière ; ni géographique (les distances sont quasiment abolies), ni physique (le « virtu-réel » est leur monde). Ce nouveau rapport à l'espace leur donne un quasi-don d'ubiquité qui les surprend eux-mêmes. Il est intéressant de noter que les conversations téléphoniques des jeunes avec leurs portables commencent assez systématiquement par la question « tu es où, tu fais quoi ? », alors que les adultes sacrifient encore au rituel « comment ça va ? ».
- une **« convivialisation de la technique froide »**. Si le Wap a été une réussite technologique et un échec commercial alors que le succès a été et sera au rendez-vous des S.M.S. (texte), du M.M.S. (image) puis de l'U.M.T.S. (vidéo), c'est que ces derniers véhiculent des contenus à la fois personnels, émotionnels et affectifs.
- une **inversion de la relation traditionnelle « adultes qui savent *vs* jeunes qui doivent apprendre »**. Dans ce domaine, la curiosité et l'expertise sont bien souvent du côté des plus jeunes et le refus et/ou le handicap le lot des plus anciens. Véritables pionniers de la technologie, les enfants et les adolescents font pénétrer dans les

familles depuis longtemps déjà, les innovations auxquelles ils initient leurs parents, voire leurs grands-parents.

- **une nouvelle citoyenneté**. Dores et déjà, il est patent qu'à l'intérieur de ce que l'on appelle communément les « nouvelles technologies de l'information et de la communication », les jeunes générations ont une tendance naturelle à privilégier le deuxième volet – la fonction/la situation de communication – par rapport au premier – le statut/l'information.
- **le contenu, le passage à l'acte**. On constate par exemple que les adolescents relevant de milieux socio-culturo-économiques moins favorisés abandonnent l'ordinateur et Internet plus tôt que leurs pairs plus favorisés, alors qu'ils ne se différencient pas du tout pour le téléphone portable. Il appartient à tous les éducateurs de chercher à mettre fin à cette ségrégation.

LA CLÉ D'UN VRAI DIALOGUE EFFICACE AVEC LES ADOS : AUTOUR DE LEURS PASSIONS

« La mise en continuité de l'héritage et des identifications nouvelles – l'intégration du moi – passe par la construction de ses mondes à soi » a dit très justement Hughes Lagrange [1]. Il écrit plus loin : *« les cultures juvéniles ne sont pas simplement des contestations du monde des adultes, ce sont surtout des niches générationnelles nécessaires dans la phase ouverte par nos sociétés modernes, dans lesquelles les changements macrosociaux anticipent sur l'évolution de l'économie psychique. »*

Nous avons parlé précédemment, à propos des passions des adolescents, de cultures concrètes et vivantes, débouchant sur de possibles champs d'émancipation et induisant donc une responsabilisation progressive. Pour le troisième millénaire – il n'est pas certain que cela n'était pas déjà vrai auparavant – ceci ne pourra fonctionner que si tous les adultes – chacun à leur place, en synergie et non pas en opposition – abandonnent la « communication verticale/transmission du savoir et des modèles » au profit du

1. H. Lagrange, *Construction de l'identité masculine*, L'Harmattan, 1999.

« dialogue en responsabilité » (systématiquement, quitte à faire occasionnellement preuve d'autorité ; mais seulement dans des cas graves et non contestables). Le pseudo-débat « prévention *vs* sanction », qui a tellement plu à nos élites depuis 1968, est totalement dépassé aujourd'hui. Le grand chantier pour demain consiste à responsabiliser adolescents comme adultes.

C'est en exploitant intelligemment ces passions que l'on pourra envisager d'installer chez les jeunes des objectifs de capital avenir et des préoccupations de construction et de gestion d'un capital diversifié et complémentaire dans de multiples domaines : santé, scolaire, culturel, social, ... à travers ce que Mihaly Csikszentmihalyi[1] et Barbara Schneider appellent « les 4 expressions centrales de l'expérience : l'estime de soi, l'attractivité (salience), la gratification, le plaisir ».

Françoise Dolto déclarait déjà en 1988, à propos des parents : ***« la notion d'autorité parentale est stupide, il serait plus utile de parler de responsabilité parentale. »*** Si l'on doit, à notre sens, étendre cette proposition à l'ensemble des co-éducateurs – plus particulièrement à une époque où hommes politiques et médias font de la surenchère à propos de laxisme et/ou d'autoritarisme – c'est que seules *les démarches en responsabilisation* sont pérennes. Pourquoi montrer du doigt uniquement les parents d'un enfant qui pratique l'école buissonnière, en les menaçant en plus de sanctions financières, alors que – peu ou prou, mais à coup sûr – les enseignants sont également responsables de ne pas avoir su mobiliser ce jeune dans une démarche éducative (que dire du fait que l'administration ne signale les absences que bien après) ?

Quant aux politiques, ils sont coupables de mentir chaque année à 20 % des jeunes que l'on fait rentrer au collège alors que leur niveau en lecture ne leur donne aucune chance de réussir dans un système éducatif aussi élitiste que le nôtre ; soit 150 000 personnes, c'est-à-dire la population d'une ville importante. Ce chiffre, qui a soigneusement été caché aux citoyens pendant des lustres mais que tous les spécialistes

1. M. Csikszentmihalyi, B. Schneider, *Becoming Adult*, Basic Books, 2000.

connaissaient, a été récemment validé par l'autorité suprême en la matière – Luc Ferry, directeur des Programmes sous un gouvernement de gauche et ministre de la Jeunesse, de l'Éducation nationale et de la Recherche du gouvernement de Jean-Pierre Raffarin.

L'exclusion quasi programmée génère la pire des violences. Au-delà de la contestation, on constate **la construction d'une « contre-culture » avec une efficacité redoutable** ; 80 % de « pigeons » qui croient aux « diplômes/assurances sur la vie » *vs* 20 % qui « font du fric » (c'est finalement la logique de la société de marché et de consommation à laquelle se rattache notre pays !) avec le vol et les trafics (drogue, proxénétisme, racket,...) !

Archimède disait *« Donnez-moi un levier et je soulèverai la Terre »*. C'est en fournissant aux jeunes un bon – efficace, fiable et pérenne – levier qu'on leur permettra de faire bouger le monde. Il est facile de comprendre combien les cultures vivantes/passions, dont nous avons parlé dans ce chapitre, peuvent constituer ce levier sur lequel on devra s'appuyer à l'avenir pour développer chez les adolescents, la « triple confiance » (notion déjà introduite chapitre 2) qui sous-tend la construction/structuration d'un futur adulte :

- **la confiance en soi**. Non seulement le travail sur le look favorise l'estime de soi, mais le sport peut confirmer la capacité d'être acteur de, etc. ;
- **la confiance en demain**. Maîtriser les technologies modernes va entraîner la spirale aspirationnelle positive : « si je suis capable d'interroger la vie, je peux progresser en permanence : aujourd'hui plus qu'hier et moins que demain ! » ;
- **la confiance dans les autres**. Toutes les passions (la musique, la mode, les médias, le sport, etc.) amènent à découvrir l'importance d'aimer et d'être aimé comme d'aider et d'être aidé.

Naturellement, cette « génération.com » (communauté, communication, mais aussi complexe, combine, compilation, etc.) a inventé un nouveau langage pour marquer sa différence et signifier l'émergence d'une nouvelle ère. La langue est « générationnelle » au sens où celle utilisée par « les juniors » est sensiblement différente de celle des « majors » et a fortiori des « seniors » et où elle change régulièrement.

« La jeunesse est un état d'esprit, un effet de la volonté, une qualité de l'imagination, une intensité émotive, une victoire du courage sur la timidité, du goût de l'aventure sur l'amour du confort... Vous resterez jeune tant que vous resterez réceptif. Réceptif à ce qui est beau, bon et grand. Réceptif aux messages de la nature, de l'homme et de l'infini. »

Général Macarthur

GÉNÉRATION ATTITUDE : LANGAGE ET SYMBOLIQUE

L'ayant déjà plus ou moins connue à certaines étapes de son développement, cette génération rejette l'exclusion. Élevés dans la négociation et le compromis familiaux, les adolescents se méfient des opinions tranchées, des promesses mirobolantes rarement honorées et des effets d'annonce ne débouchant sur rien. Leur esprit de tolérance est beaucoup plus pragmatique qu'idéologique. Il convient d'être « cool », de ne pas « se la jouer », pour pouvoir s'adapter en profitant d'un maximum d'opportunités. La différence essentielle avec leurs aînés réside dans la quasi-inversion de la chaîne comportementale ; alors que pour les adultes, les opinions sont premières puisqu'elles façonnent les attitudes qui conditionnent les comportements, chez les adolescents elles sont d'autant plus dernières qu'elles n'expliquent pas obligatoirement les actes. Rejetant le caractère mécaniste du déterminisme, les adolescents placent l'attitude – l'essence et la forme à la fois – en premier. Être cool s'applique aussi bien à des personnes qu'à des situations ou des formes d'expression.

Naturellement, cette « génération.com » (communauté, communication, mais aussi complexe, combine, compilation, etc.) a inventé un nouveau langage pour marquer sa différence et signifier l'émergence d'une nouvelle ère. La langue est « générationnelle » au sens où celle utilisée par « les juniors » (jusqu'à 24 ans) est sensiblement différente de celle des « majors » (25/49 ans) et *a fortiori* des « seniors » (50/74 ans). Par exemple le mot écran évoque celui de leur console ou de leur ordinateur pour les premiers, celui de leur TV pour les seconds et une séparation physique pour les troisièmes. De même, « expérience » signifiera antériorité et sagesse chez les plus âgés alors qu'elle correspond au contraire à tentative/essai chez les jeunes ; que dire des différences de perception sur des notions comme le respect, la responsabilité,... !

Si le lexique peut séparer les générations, c'est encore plus vrai avec la nouvelle syntaxe type texto ; cf. « A + » (à plus tard) – « Koi 2 9 ? » (quoi de neuf ?) – « 2M1 » (demain) etc.. Jean-Pierre Goudailler, professeur au Département de linguistique générale et appliquée de la Sorbonne, a publié récemment un dictionnaire du français contemporain des cités [1] dans lequel il identifie à la fois les origines arabes, tziganes, africaines, antillaises des mots empruntés à d'autres langues et les techniques de création d'expressions nouvelles (métaphore, métonymie, apocope ou verlan).

À notre sens, le plus intéressant à propos du langage consiste à identifier les champs sémantiques privilégiés qui illustrent bien les préoccupations du public jeune :

- **le sexe** ; les filles (meuf, djiga, findus, mururoa, taspé,...), les préservatifs (cagoule, gumschwi,...), etc.
- **l'action** ; pécho (draguer, frapper, voler), béflan (frimer, crâner), baston,...
- **l'argent** ; l'artiche, le biz, le gen,...
- **les adultes référents** ; les bleus (policiers), kisdé, dic, casquette (contrôleurs),...
- **les passions** ; zic, chichon, caisse, basks, kro, manès,...

De la même façon, leur humour est très spécifique et relève plutôt de la contestation par l'impertinence – et éventuellement le détournement et la dérision – que de la provocation vraiment « gore ».

La « cool attitude » ne s'exprime pas uniquement à travers le langage. Dans le langage Ado, ce que les anglos-saxons appellent le « Teenspeak ». C'est tout le corps qui « parle » ; cf. les crânes rasés, les tatouages, le piercing sur le visage et sur le corps ainsi que la gestuelle ritualisée : le passage de relais, la ola, le pouce,...

LE SEXE DES ATTITUDES : DIFFÉRENCES FILLES/GARÇONS

Les modes de vie des 2 sexes et les territoires qu'ils fréquentent se sont considérablement transformés après 1968. Du même coup, les comportements et les opinions sont assez homogènes. On verra au chapitre 11 que cela n'est pas vrai partout !

1. J-P. Goudailler, *Comment tu tchatches ?*, Éditions Maisonneuve et Larose, 1980.

En fait, les différences portent essentiellement sur les attitudes et ont une amplitude très variable selon les étapes de l'adolescence. L'évolution du sentiment amoureux au fil des âges de l'illustration N° 5 montre que pendant les années collège les écarts sont très faibles (la sexualité est intériorisée). Une différenciation apparaît au début des années lycées qui se renforcera tout au long de l'adu-lescence (à 21/24 ans, le rapport est du simple au double !).

Les choses sont plus typées sur le plan de l'expérience sexuelle ; si la puberté apparaît plus tôt chez les filles (vers 10/11 ans contre 12/13 pour les garçons), l'événement du « premier baiser » est simultané (à 14 ans pour les 2 sexes), et le premier rapport sexuel légèrement plus précoce chez les garçons (17 ans et 3 mois *vs* 17 ans et 6 mois pour les filles).

Cette distinction, culturelle et historique, subsiste toujours dans la loi puisque le mariage est possible, en France, à :

- 15 ans révolus pour une fille ;
- 18 ans révolus pour un garçon.

Aujourd'hui, on constate que l'éducation moderne cherche plutôt à fonctionner en synergie en développant, pour les filles comme pour les garçons, les qualités du cœur et celles de la tête, celles qui relèvent du cerveau droit comme celles dépendant du cerveau gauche.

Plus cette éducation se traduit par des succès, moins les écarts entre sexes sont importants. À l'inverse, en cas d'échec, les archétypes masculins et féminins sont exacerbés ; « LE macho et LA sex-symbol ».

Pour conclure partiellement ce chapitre, nous proposerons au lecteur 2 témoignages… à méditer avant de poursuivre la lecture…

- **« Les adolescents d'aujourd'hui sont plus les enfants de leur époque, que de leurs parents »**. Cette formule, qui définit la sociologie et le marketing générationnels, résulte de trente-cinq années de recherches passionnantes et passionnées, pour comprendre « ce qui fait courir les 11/24 ans » : voyager et comparer les réalités en France, en Allemagne, aux États-Unis, en Chine, au Brésil, etc., facilite considérablement les choses : l'Internationale adolescence existe bien !

– *« La jeunesse est un état d'esprit, un effet de la volonté, une qualité de l'imagination, une intensité émotive, une victoire du courage sur la timidité, du goût de l'aventure sur l'amour du confort… Vous resterez jeune tant que vous resterez réceptif. Réceptif à ce qui est beau, bon et grand. Réceptif aux messages de la nature, de l'homme et de l'infini. »* [1]

1. Citation du général Macarthur, grand connaisseur de la mobilisation des jeunes.

LES 11/25 EN CHIFFRES

Illustration N° 1

✔ « L'ado-les-sens » : une hiérarchie des sens basée sur des fonctionnalités différentes

11/17 ans		18/24 ans	
Vélo/V.T.T.	64 % (+ les 11/14)	Téléphone portable	90 %
Walkman	59 %	Chaîne Hi-Fi	72 %
Lecteur compact disc	45 % (+ les 15/17)	Walkman	59 %
Carte téléphonique	44 %	Lecteur Compact Disc	54 %
Roller/rollerblade	42 % (+ les 15/17)	Appareil photo	46 %
Téléphone portable	63 % (+ les 15/17)	Vélo/V.T.T.	42 %
Console jeux vidéo	80 % (+ les garçons)	Voiture	33 %
Appareil photo	30 %	Raquette de tennis	31 %
Raquette de tennis	27 %	Console jeux vidéo	35 %

Source : Institut de l'enfant/Junium. Baromètres socio-culturo-économiques « Teen Generation » N° 23, 2001, pour les 11/17 ans et « Link Generation » N° 15, 2001, pour les 18/24 ans. Échantillon national de 400 jeunes, représentatif de la population nationale correspondante (méthode des quotas).

Illustration N°2

✔ Les styles de musique préférés des 11/17 ans et des 18/24 ans

	11/17 ans	18/24 ans
N° 1	Rap/hip-hop	Rap/hip-hop
N° 2	R 'n B	Variétés françaises
N° 3	Rock 'n Roll	R 'n B
N° 4	Techno/Jungle	Pop Rock
N° 5	Pop Rock	Techno/Jungle

Source : Institut de l'enfant/Junium. Baromètres « Teen Generation » pour les 11/17 ans et « Link Generation » pour les 18/24 ans. Actualisation, février 2004.

Ces classements illustrent bien la progression dans la cohérence :
- 4 styles, dans un hit-parade à 5 positions, se retrouvent dans les 2 hiérarchisations. Par contre avec des ordres spécifiques à chacune des sous-populations.
- les plus jeunes privilégient le rythme, les groupes et les « slogans ».
- alors que les plus âgés sont plus sensibles à la poésie, aux individualités et à l'international.

Illustration N° 3

✔ Les préférences sportives des adolescents

En 2001, leur hiérarchisation était la suivante.

1. Pour les sports pratiqués régulièrement :
- chez les 11/17 ans ; n° 1 Football (+ garçons) - n° 2 Basket - n° 3 Natation (+ filles) - n° 4 Athlétisme - n° 5 V.T.T (+ garçons).
- chez les 18/24 ans ; n° 1 Natation (+ filles)- n° 2 Football (+ garçons) – n° 3 Tennis - n° 4 V.T.T. (+ garçons) – n° 5 Jogging.

2. Pour les sports les plus attractifs :
- chez les 11/17 ans ; n° 1 Équitation (+ filles) – n° 2 Tennis – n° 3 Plongée sous-marine – n° 4 Danse (+ filles) – n° 5 Deltaplane.
- chez les 18/24 ans ; n° 1 Plongée sous-marine – n° 2 Deltaplane – n° 3 Rafting – n° 4 Équitation (+ filles) – n° 5 Musculation (+ garçons).

Institut de l'enfant/Junium. Baromètres « Teen Generation » N° 23, 2001, pour les 11/17 ans et « Link Generation » N° 15, 2001, pour les 18/24 ans.

Illustration N° 4

La « sport attitude »

	11/17 ans	18/24 ans
N° 1	Plaisir	Compétition
N° 2	Compétition	Effort
N° 3	Effort	Plaisir
N° 4	Loisir/détente	
N° 5	Défoulement	

Institut de l'enfant/Junium. Baromètres « Teen Generation » N° 23, 2001, pour les 11/17 ans et « Link Generation » N° 15, 2001, pour les 18/24 ans.

Illustration N° 5

L'exemple du « romantisme »

Question **« Êtes-vous amoureux ? »**

	11/14	15/17	18/20	21/24 ans
Oui	32 %	51 %	59 %	62 %
dont Filles	34 %	55 %	77 %	81 %
Garçons	30 %	47 %	41 %	43 %

Source : Institut de l'enfant/Junium. Baromètres 2001 ; « Teen Generation » et « Link Generation ».

© Les frustrés, de Claire Bretécher, 2004.

CHAPITRE 4

LEURS COMPORTEMENTS DE CONSOMMATION

La philosophie contemporaine nous apprend que la construction d'un homme debout **– un vrai adulte – est** ***« le fruit d'une formidable interaction entre le monde du sens et celui de la matière ; puisque l'homme se nourrit autant de sens que de pain »***, pour reprendre la formule de Luc Bigé, président de l'université du Symbole.

L'ambition de cet ouvrage est d'expliquer comment on aidera les adolescents à dépasser le « parcours du combattant » actuel, en jouant sur le pain et le sens ; à la fois successivement (à différentes étapes) et en cohérence (sur le parcours complet).

Dans le chapitre précédent, nous nous sommes intéressés aux « lois du sens » – les attitudes, les intentions positives et négatives par rapport à différentes passions et à des influences très diversifiées – nous allons aborder maintenant les « lois du pain » – les comportements concrets dans un domaine homogène de réalité ; le fil rouge de la consommation.

LE NOUVEAU STATUT DE LA CONSOMMATION : LA « SOCIALISATION ÉCONOMIQUE »

Dans la société industrielle, la production primait sur la consommation qu'elle précédait tout naturellement. On accédait au statut d'acteur économique en tant que producteur, et l'archétype de la gestion économique en « bon père de famille » était de consommer moins que ce que l'on avait produit. Ceci expliquait le demi-statut économique des retraités et la non-reconnaissance économique des mineurs.

Les choses ont bien changé de nos jours puisque, comme conséquence des nouveaux modes d'éducation – scolarisation très précoce, association fréquente aux courses familiales, exposition massive aux médias commerciaux, valorisation du plaisir individuel et de l'autonomie –, **les enfants commencent à être consommateurs dès 2 ou 3 ans en France.** Les comparaisons internationales montrent que cette prescription est directement liée à l'âge de la préscolarisation : plus celle-ci commence tôt, plus la prescription sera précoce (la comparaison entre des enfants de 4 ans de part et d'autre de la Manche est très significative, les petits Français étant beaucoup plus exigeants et prescripteurs que leurs collègues britanniques). Par contre, les jeunes n'accèdent au **statut de producteur,** parfois précaire, **que beaucoup plus tard : à 22 ans et 6 mois en moyenne.**

Si l'entrée dans la consommation puis la production est nettement décalée, la sortie des 2 systèmes l'est encore plus puisque l'on arrête de « produire » à cinquante-sept ans (âge moyen de la retraite en France aujourd'hui ; encore plus tôt pour certains !) alors que l'on continue de consommer quasiment jusqu'à sa mort. La vie future d'un bébé né cette année, représentera à peine trente-trois ans de production (en tenant compte de certaines périodes de chômage) pour plus de quatre-vingts années de consommation. Il n'y a plus qu'une génération qui travaille (en gros les 30/50 ans), contre 3 – voire 4 – qui consomment.

Il n'est donc pas exagéré de considérer que les jeunes sont aujourd'hui des acteurs essentiels dans – et par – leur consommation. C'est la raison qui nous a amenés à créer le néologisme suivant à leur propos : « les consomm'acteurs ».

Les premières études sur les comportements d'achats des enfants et des adolescents ont été réalisées aux États-Unis au début des années 1960 à l'initiative d'universtaires et en particulier de Scott Ward. C'est en 1964 que Mac Neal publie les premiers chiffrages du potentiel de ce marché. En France, la recherche dans ce domaine a démarré en 1970, sur une initiative privée, avec la création de l'Institut de l'enfant/ International Education & Development. Parmi les apports récents, il faut surtout citer ceux de Joël Brée, professeur à l'université de Caen.

Il n'est pas exagéré de dire qu'actuellement **« les jeunes sont des géants dans la consommation et des nains dans la production »**. Il serait temps qu'on en tienne compte dans les différents systèmes éducatifs (écoles, familles, entreprises, cercles politiques, médias, etc. : pour se préoccuper de former le consommateur au moins autant que le producteur ; en synergie ! En effet, le binôme « consommation et production » correspond tout à fait à la problématique adolescente :

- **la consommation pour une quête identitaire réussie** ;
- **la production pour une insertion sans problème**, avec reconnaissance par les 2 parties ; la société adulte et les jeunes (ce qui n'est évidemment pas le cas avec toutes les formes d'emplois

jeunes au rabais, inventées par nos politiques depuis des lustres). Notre ministre de la Jeunesse, de l'Éducation nationale et de la Recherche, Luc Ferry, ne déclarait-il pas récemment : *« le travail salarié a une vertu importante de socialisation. »*

D'où notre proposition d'abandonner les vieux débats stériles sur les bienfaits et les méfaits de la consommation (comme la langue d'Ésope : le meilleur et le pire !), pour initier une vraie réflexion à long terme, sur les modalités de la mise en place d'une « socialisation économique éducative », et non pas sauvage, comme actuellement.

C'est à un chercheur américain, Deborah Roedder John, professeur à l'université du Minnesota à Minneapolis, que l'on doit la théorisation de la « socialisation économique » [1] qui part d'un constat évident sur notre époque. Il existe désormais 2 univers : « l'univers objet » – exploré par la science et matérialisé par les produits de consommation – et « l'univers sujet » – celui de l'être, du temps et du sens.

Les enfants et les adolescents doivent se construire dans le second tout en baignant dans le premier. Dans *L'homme réunifié* [2], Luc Bigé développe une *« synthèse entre les 2 univers à base de situations, d'espace-temps, d'événements, d'évolution par phases, d'auto-organisation, etc. »* qui s'applique particulièrement bien au parcours des jeunes dans la consommation.

Si l'on a le désir de l'organiser en apprentissage, on débouche sur la socialisation économique en s'appuyant sur les connaissances de consommation acquises dès l'enfance pour **mettre en place différentes étapes de socialisation du consommateur de 3 à 24 ans à** travers 4 stades : perceptuel (de 3 à 6 ans), analytique (de 7 à 10), réfléchi (de 11 à 17) et opératoire (de 18 à l'autonomie complète).

Dans son ouvrage *Philosophie pour l'éducation* [3], joliment sous-titré « le compagnonnage philosophique en éducation et en formation », Alain Kerlan insiste sur le fait que les conceptions de l'éducation, aussi

1. D. Roedder John, « Consumer Socialization of Children : A Retrospective look at 25 years of Research » in *Journal of Consumer Research*, University of Chicago Press, 1999.
2. L. Bigé, *L'homme réunifié, op. cit.*
3. A. Kerlan, *Philosophie pour l'éducation*, E.S.F. Éditeur, 2003.

diverses et antagonistes qu'elles puissent l'être, s'organisent toujours en fonction de 3 grands pôles, délimitant ce qu'il appelle « le triangle éducatif » : *« Toute pensée de l'éducation l'organise dans l'interférence de 3 champs ; celui de la culture et des valeurs accordées aux savoirs et aux formes symboliques, celui de l'individu et de sa valeur supposée, et celui de la société et de son ordre donné ou reconstruit. »* (cf. illustration N° 1)

Dans cette perspective, Alain Kerlan souligne l'intérêt de la démarche du philosophe canadien Charles Taylor [1] qui développe l'idée que la contestation du monde moderne aboutit logiquement à une triple remise en cause des valeurs imposées. D'abord au nom de la science puisque l'éducation est une affaire de faits et de fonctions plus ou moins bien remplies, et non de valeurs. Ensuite au nom de la diversité et de la pluralité, dans la mesure où aucune valeur ne peut prétendre à l'universalité. Contestation enfin au nom de l'individu et de l'authenticité, car le monde contemporain place désormais l'individu au-dessus des valeurs. De façon assez provocante, Charles Taylor ajoute : *« Chacun a le droit d'organiser sa propre vie en fonction de ce qu'il juge important et valable. Il faut être sincère envers soi-même et rechercher son propre épanouissement. En quoi consiste cet épanouissement ? En dernière analyse, chacun doit être capable de le déterminer pour lui-même ; personne d'autre ne peut ou ne doit essayer de lui dicter quoi que ce soit. »*

Il convient de souligner qu'il existe un sérieux risque de dérapage, moins vers la négation des valeurs ou la mise en avant de valeurs négatives que vers l'inaptitude à valoriser ce qu'est l'indifférence. C'est pourquoi Olivier Reboul [2] précise : *« Ce courant de pensée ne rejette pas les valeurs mais leur autorité. Il refuse une valeur contraignante susceptible de réprimer le désir, l'épanouissement et la créativité de l'individu. Il se recommande en effet de valeurs réelles comme l'empathie, le développement spontané, l'acceptation inconditionnelle de soi et des autres, le respect des différences ; valeurs que l'on peut regrouper sous le nom de tolérance. »*

1. C. Taylor, *Le malaise de la modernité*, Cerf Éditeur Montréal, 1994.
2. O. Reboul, *Les valeurs de l'éducation*, P.U.F., 1992.

Alain Kerlan souligne à juste titre qu'*« éduquer, c'est d'abord s'ouvrir au monde pour ensuite ouvrir le monde. Le sens du monde se trouve dans cette ouverture même. L'éducation – comme ouverture au monde – est dès lors éducation à la responsabilité humaine dans la création de sens »*. Dans la « morale de l'authenticité » de Taylor, il y a mise en forme et en sens de l'expérience et ouverture d'un monde commun. Lutter contre l'indifférence et l'insignifiance est beaucoup plus aisé à l'intérieur d'un monde défini et structuré. Accepter l'intérêt pour la mode chez un jeune, c'est l'inciter à s'ouvrir au monde ; lui faire découvrir les coulisses de la création et de la communication, accompagner son projet de création d'accessoires ou de bijoux et l'orienter vers une école de stylisme, c'est l'aider à ouvrir le monde.

LA CONSOMMATION PEUT ÊTRE ÉDUCATIVE

Les jeunes sont tout à fait réalistes par rapport à leur propre consommation ; il la considère comme un mix de plaisir, découverte et expérience.

La consommation permet (cf. illustration N° 2) :

- **la confiance en soi** : se faire plaisir et affirmer sa personnalité ;
- **la mise en mouvement** : découvrir des nouveautés ;
- **l'apprentissage** : contrôler ses envies, gérer son budget ;
- **l'intégration :** suivre la mode ;
- **l'évolution** : tous les critères sont mieux notés par les 18/24 ans, avec une progression particulièrement spectaculaire pour l'affirmation de la personnalité.

Ce n'est déjà pas si mal et il n'est pas évident que les structures éducatives traditionnelles soient beaucoup plus efficaces par rapport à ces objectifs de formation.

À l'inverse, l'étude menée par Ipsos, pour Sofinco (publication mai 2002), dans 8 pays d'Europe auprès de femmes de 15 à 75 ans, montre que si les Françaises dans leur ensemble se décrivent comme des « consommatrices plus impulsives que réfléchies », ce n'est pas plus vrai chez les 15/24 ans que pour les plus âgées. On peut remarquer aussi, dans cette recherche, que les Françaises sont sensiblement plus « créditophiles » que leurs consœurs d'autres pays ; ce n'est certainement pas du fait des 15/24 qui n'ont quasiment pas accès au crédit en France.

La vie future d'un bébé né cette année, représentera à peine trente-trois ans de production (en tenant compte de certaines périodes de chômage) pour plus de quatre-vingts années de consommation. Il n'y a plus qu'une génération qui travaille (en gros les 30/50 ans), contre 3 — voire 4 — qui consomment.

À la différence notable des adultes, pour les adolescents, l'amont (l'identification précise du besoin à satisfaire, la recherche de la meilleure réponse à cette attente en termes de produit et/ou de service, la sélection de la marque optimale, la préférence accordée à tel magasin, le financement,...) est presque plus important que l'aval (la possession et l'utilisation) : il est à coup sûr plus formateur.

MOI, LES AUTRES, LA RAISON !

Tous les observateurs objectifs constatent combien **les comportements d'achats des adolescents sont** – non pas impulsifs, voire bestiaux, comme certains l'affirment à tort – mais bien au contraire **raisonnés** (pour intégrer de multiples facteurs souvent peu conciliables), **laborieux** (on hésite, on consulte beaucoup à cet âge) et **lents** (cf. illustration N° 3). À la différence notable des adultes, pour les adolescents, l'amont (l'identification précise du besoin à satisfaire, la recherche de la meilleure réponse à cette attente en termes de produit et/ou de service, la sélection de la marque optimale, la préférence accordée à tel magasin, le financement,...) est presque plus important que l'aval (la possession et l'utilisation) : il est à coup sûr plus formateur.

Cette première étape de **questionnement est essentielle**, en particulier pendant les années collège et lycées, pour :

- **l'affirmation de la personnalité du jeune**, son style, l'intégration des contraintes financières ;
- **son insertion**. Sa projection sur les autres et son intégration dans des groupes, réseaux, etc.

Le « trousseau éducatif » des adolescents ; les équipements rituels

L'obtention des différents équipements (« à quel âge un jeune doit-il disposer de ces équipements ? ») correspond à un **parcours éducatif** sur lequel on observe une grande similitude d'opinions entre les jeunes et leurs parents [1] :

- à la fin de l'école primaire, un enfant doit pouvoir disposer d'une chambre personnelle, d'une Game Boy, d'une console de jeu vidéo,...
- à onze ans, soit l'entrée au collège, s'ajoutent l'ordinateur et la chaîne Hi-Fi.
- à treize ans, c'est l'accès à Internet à la maison.

1. Source : Institut de l'Enfant/Junium.

- à quinze ans – l'entrée au lycée – apparaissent le téléphone portable, la carte bancaire de retrait et le scooter.
- à dix-huit ans, on a droit à un chéquier et à la carte bleue.
- à vingt et un, ans c'est l'accès à la voiture.
- vingt-trois ans serait le bon âge pour le domicile personnel.

La progression précédente montre bien que, dans la situation française actuelle, les repères se sont très sensiblement déplacés vers le haut. On constate également que l'on reste dans une logique de consommation à court terme et que les préoccupations de moyen et long termes – assurances des biens et des personnes, investissements,... – n'entrent pas en ligne de compte ; ni pour les jeunes, ni pour leurs parents.

DES ADOLESCENTS PLEINS DE PROJETS PERSONNELS

Ces projets sont très orientés vers la consommation (cf. illustration N° 4). Ce qui reste cohérent avec ce qui a été mentionné précédemment.

À notre sens, l'illustration N° 4 constitue une des illustrations les plus frappantes de « l'homogénéité, évolutive par étapes, de l'adolescence moderne » : avec des éléments positifs (pas de rupture dramatique) mais également des aspects négatifs (le bouillonnement de l'adolescence finit par devenir « un long ruisseau tranquille » – 15 ans avec des règles trop constantes, c'est monotone –, la priorité à l'immédiat ou au futur proche !). Il conviendrait de redynamiser et réorienter ces projets vers plus d'ambition généreuse pour les années collège (« rêver la/sa vie ») et plus de réalisme entrepreneurial (ce qui n'a rien à voir avec le réalisme scolaire, basé essentiellement sur les résultats en mathématiques) pour « construire ses rêves et sa vie ». Le « *Livret des engagements* » préconisé par Luc Ferry, ministre déjà cité, va dans ce sens puisqu'il vise à inciter les jeunes à s'engager, dans les secteurs culturel, caritatif, dans la cité... et même dans la création d'activités et d'entreprises. Par contre, les « défis jeunes » restent

« anti-éducatifs » car ils continuent à fonctionner sur le registre de l'élimination ; il faut arriver à institutionnaliser le concept d'« un défi pour tous et pour chaque jeune » et pas simplement faire passer le nombre de lauréats de 1 000 (actuellement) à 2 ou 3 000 (pour le futur).

C'est ce qui nous amènera plus tard à formaliser ce que nous avons appelé **« l'adolescence en C.D.D. » ; des contrats successifs mais cohérents** (au minimum 3 : pour l'ado-naissance, pour l'adolescence/lycée, pour l'adu-lescence), avec des objectifs spécifiques, des propositions éducatives et des moyens adaptés, et des obligations réciproques de la part des jeunes mais aussi des éducateurs. C'est la seule façon de ne plus opposer stérilement les théories du « tout-prévention » et du « tout-répression » mais bien de les faire fonctionner enfin en synergie pour déboucher sur des « **pratiques de prévention systématique** – les accidents de parcours peuvent se produire dans tous les milieux – ET – des **sanctions occasionnelles** ».

LES PRIORITÉS DES ADOLESCENTS

Les budgets dépenses fournissent une bonne indication sur **ce qui est important** et ne l'est pas (dépenses avec leur propre argent).

On relèvera, à nouveau, à partir des chiffres de l'illustration N° 5, deux caractéristiques de cette population :

- **le poids de l'hédonisme**. Le plaisir immédiat représente plus de 80 % du budget. Ce que nous appelons **« les achats ego-logiques »** : pour moi (ego) et pour les autres (la logique sociale) ;
- **la cohérence des comportements** ; quatre postes communs sur 7, avec des scores et des classements très voisins.

On retrouve des résultats comparables dans les études faites sur la même population dans les pays étrangers industrialisés d'Europe, d'Amérique, d'Asie ou d'Océanie.

L'analyse des **« budgets-temps »** est également indispensable à la compréhension du public jeune. La première caractéristique, c'est la prégnance de l'année scolaire – de septembre à août – par rapport à l'année civile – janvier/décembre – avec un découpage en trimestres recoupant assez bien le rythme des saisons ; travailler dur en automne/hiver, faire des projets au printemps et se détendre en été. Cette saisonnalité est encore insuffisamment exploitée par ceux qui ont vocation à s'adresser aux jeunes (on y reviendra dans les derniers chapitres). Cette organisation s'applique quasiment de 11 à 24 ans pour tous les scolarisés et même, pour la minorité au travail elle est souvent la règle : apprentissage ou alternance, emplois précaires, intérim,... Cette structuration temporelle, avec les périodes actives et les vacances, et en intégrant les événements les plus significatifs de l'année pour les jeunes Français, devrait servir de « planning de dialogue » avec les adolescents pour tous les co-éducateurs quels qu'ils soient ; parents, enseignants, mais aussi banquiers ou médias.

La deuxième caractéristique réside dans l'importance des **budgets-temps contraints** (ce qui n'est bien évidemment pas vraiment responsabilisant). Pendant les 155 jours scolaires, les jeunes n'ont pas beaucoup de disponibilités (1 à 2 heures journalières) pour faire autre chose que répondre aux exigences de l'école. Même si pendant les 210 jours restants, le temps libre explose (multiplié par 4 ou 5), les éducateurs – et en premier lieu les parents – s'efforcent de l'encadrer ; les activités organisées par les adultes imposent des horaires à respecter par les jeunes. C'est dans ce sens que **le temps familial** est souvent perçu par les adolescents comme insuffisamment cool. Prévenir que l'on sera là ou pas à dîner le soir limite les possibilités d'optimisation des opportunités au dernier moment. **« Le temps générationnel »** – s'adonner à des priorités contemporaines (discuter, écouter de la musique, faire du shopping, du roller,...) + avec les pairs – est survalorisé, à la différence du **temps solitaire** dont on atténue la tristesse par toutes sortes de compensations ; écoute radio/C.D., TV, jeux vidéo, surf sur Internet... mais aussi grignotage, cigarette, etc. Encore plus que leurs cadets, les adolescents sont de véritables spécialistes du « multi-activités en simultané » : d'une part parce qu'ils sont toujours pressés de faire plus vite/plus de choses (la génération plus) mais aussi parce qu'ils ont objectivement moins de temps libre à disposition qu'autrefois (25 % en moyenne aujourd'hui contre 40 % en 1981).

Ceci explique qu'il existe encore aujourd'hui une énorme incertitude concernant l'affectation des 8 760 heures que représente « l'année d'un ado ». Il est néanmoins certain qu'il :

- passe **autant de temps à écouter de la musique que des cours** ;
- est **1,5 fois plus souvent devant la TV que face à des professeurs** ;
- consacre de plus **en plus de temps aux « autres écrans »** ; Internet, jeux vidéo, texto, etc. (actuellement autant qu'à l'école).

UNE DISTRIBUTION JUNIOR POUR LES ADOLESCENTS

Les magasins sont les « maisons des Jeunes bis » des adolescents. Plutôt plus accueillants (horaires étendus, adultes non en position d'autorité,...) et plus valorisants (découverte des nouveaux produits, comparaison des prix,...), ils représentent des « territoires d'émancipation » logiques par rapport aux cultures vivantes évoquées dans le chapitre précédent (pour en savoir plus sur les circuits qu'ils fréquentent et leurs préférences, cf. illustration N° 6 et N° 7).

La distribution éducative

Les magasins représentent l'étape la plus active et la plus visible de la socialisation économique des adolescents, beaucoup plus que la mode, la publicité ou la prescription, générationnelle ou pas !

Ils interviennent en effet aux 3 stades successifs du processus d'achat :

1. **L'identification d'un besoin**, la reconnaissance d'un problème : le « lèche-vitrines » provoque à la fois des questions et des réponses. Il fournit à celui qui le pratique des informations sur lui-même (nouvelles envies, nouveaux projets,...) et sur les autres (les règles de la mode, de la saison,...).
2. **La recherche de solutions possibles** : tous les produits qui répondent directement (complètement ou partiellement) au besoin précédent, ceux qui pourraient le faire si... (les arbitrages), les

diverses marques, les différentes propositions de prix : avantages et inconvénients de chacune des propositions.

3. **La décision d'achat** : sélectionner « le » produit, « la » marque, « le » magasin correspondant le mieux aux attentes, besoins, budget, conditions de mise en œuvre,...du prospect, éventuel futur client.

Bien entendu, **les 11/24 ans fréquentent aussi les magasins virtuels** (ouverts 24 heures sur 24 et 7 jours par semaine), qu'il s'agisse des **catalogues** – qui peuvent jouer un rôle comparable surtout lorsqu'ils permettent le contact physique avec le produit ; ce qui explique le succès des *« consumer magazines »* – ou des **sites Internet** même s'ils achètent moins « on-line » que leurs collègues américains ; 55 % des *Teenagers* s'informent des achats possibles sur la Toile et 10 % passent à l'acte.

Pour les adolescents, les magasins sont devenus des **territoires d'exploration et de plaisir d'achats** ; une vraie tranche de vie dynamique au cours de laquelle le consommateur interagit par rapport à un assortiment que lui propose un commerçant. **La « théâtralisation » de la socialisation économique** illustre les **« situ'actions » authentiques** qu'apprécient les adolescents. On verra plus loin que certains catalogues de vente par correspondance arrivent à un résultat comparable en devenant ce que les Américains appellent aujourd'hui « un magalog » – à la fois magazine et catalogue – et dont *Delias* est certainement l'archétype le plus élaboré (45 millions d'exemplaires diffusés auprès des *« U.S. Teens »* en 2003).

Pour qu'une **enseigne de distribution soit appréciée par les jeunes**, il faut qu'elle leur propose :

1. Une sélection de **très bons produits** (les jeunes sont très connaisseurs et très exigeants) ; en respectant leurs critères de qualité qui ne sont, souvent, pas les mêmes que ceux des adultes (cf. la durabilité n'a pas une grande pertinence !).
2. Des **marques reconnues** par les adolescents.
3. Des **prix « justifiés »** ; on verra dans le chapitre suivant ce que cela signifie.

4. Une **situation d'achat agréable** ; décor, musique, mobilier de confort.
5. Du **personnel pro**(fessionnel) ; à disposition, commercialement objectif.
6. Des **services consommateurs** ; essai, reprise, échange/troc.
7. Une **animation régulière** ; renouvellement des articles, vitrine actualisée, opérations promotionnelles.

Il est intéressant de remarquer que certaines enseignes ont le souci de proposer des magasins spécifiques pour les adolescents, pour les fidéliser ensuite à leurs marques adultes. On peut citer pour le textile Tamy pour Etam ou NoBoys pour Pimkie en France ou Limited Too pour Abercrombie et Fitch aux U.S.A., où ce type de magasin représente déjà 44 % des dépenses de vêtements des adolescents selon Ann Sutherland et Beth Thompson [1].

LA « *CONSUMER ATTITUDE* »

En créant le néologisme **« consomm'acteurs »**, nous voulions souligner combien ils sont **acteurs dans ce domaine et combien leur consommation les identifie** (« dis-moi ce que tu consommes et je te dirai qui tu es, quels sont tes groupes de références,… » : ils jouent en effet sur une panoplie d'attitudes et de comportements différenciés en fonction de l'enjeu pour eux ; le type de produits concernés, le bénéfice attendu, la situation d'achat,…

Un adolescent achète rarement lui-même un produit banal (non investi et quotidien) ; il sous-traite cette tâche à ses parents. Par contre, pour les produits-plaisir à court terme qui jouent sur le volet confiance en soi (cosmétiques, loisirs, petit habillement,…) on devrait parler d'achats compulsifs plutôt qu'impulsifs, comme on le fait la plupart du temps, dans la mesure où l'adolescent sollicite souvent des avis multiples, quitte à trancher au final de manière pas toujours très logique. Pour tous les articles aspirationnels (qui ajoutent la dimension confiance en demain) il s'agit le plus souvent d'achats

1. A. Sutherland, B. Thompson, *Kifluence*, McGraw-Hill, 2003.

réfléchis sur lesquels on passe du temps : pour sélectionner le meilleur, pour optimiser le coût, pour gérer le financement.

Les adolescents achètent seuls les produits gourmands (confiseries, *soft drinks*,...) et de snacking (substituts de repas). C'est avec leurs pairs qu'ils prennent en charge les produits d'image et de représentation compris dans les limites de leur budget « argent de poche » ; articles loisirs, accessoires,... Les achats aspirationnels, qui représentent un investissement à moyen et long terme, sont souvent effectués avec les parents qui, en plus d'une éventuelle fonction de consultants (dans certains domaines), sont bien souvent appelés à jouer un rôle de financier, total ou partiel ; dans certains cas, les pairs peuvent avoir été sollicités en amont pour valider l'opinion et l'argumentation de l'adolescent.

Des achats de socialisation

Sur les achats importants – équipement Hi-Fi, vidéo, informatique, scooter,... – les adolescents mettent souvent en œuvre une véritable stratégie impliquant plusieurs partenaires dont chacun a un rôle à jouer à différents moments du processus d'achat.

Pour la première étape – la reconnaissance qu'il y a un problème dans un domaine déterminé nécessitant l'achat d'un produit – c'est en général une découverte personnelle, éventuellement stimulée par les pairs. Pour la deuxième étape – la recherche de solutions possibles – les copains sont quasiment systématiquement mis à contribution pour élargir le champ des possibles et pour qualifier et valider la sélection finale. Pour la fin du processus – la matérialisation de l'achat et son financement – cela redevient une affaire de famille entre le jeune et ses parents ; le choix appartenant plutôt au jeune et la plus grosse part du budget revenant aux parents.

Cette démarche est finalement assez responsable, même s'il paraîtrait logique que la part financée par le jeune augmente au fur et à mesure qu'il grandit, ce qui n'est pas toujours le cas. Il faut surtout regretter que cette synergie fonctionne beaucoup plus pour la consommation que pour d'autres décisions ayant des conséquences graves pour l'avenir du jeune ; l'orientation professionnelle ou le choix des études supérieures sont souvent décidées ou acceptées après une recherche sommaire.

On conçoit donc aisément que pour un jeune, l'exercice d'une passion – au sens culture vivante que nous lui avons donné précédemment – puisse être un puissant moteur de socialisation et par là même une dynamique de progrès et d'intégration. Qui ne réalise combien le sport, la musique, les technologies, mais aussi le simple fait de réaliser une collection, sont porteurs de développement personnel et professionnel et donc éducatif (des études pour féconder et préparer son projet) !

LE MODÈLE ASPIRATIONNEL DES DIX-HUIT ANS

Trente années de recherche à l'Institut de l'enfant nous ont permis de mesurer – qualitativement à travers de nombreuses études *ad hoc* et quantitativement grâce aux baromètres socio-culturo-économiques – la prescription adolescente en matière de consommation ; en intégrant toutes ses dimensions.

À 18 ans, un adolescent a un poids économique majeur (c'est le seul domaine où il est reconnu comme tel !) puisqu'il est décideur ou prescripteur pour :

- **90 % des achats** de produits ou services **le concernant** directement.
- **65 % des achats** de produits et de services **consommés de façon indivise** par l'ensemble des membres de la famille ; de la consommation courante – alimentation, médias, hygiène, sorties familiales,... – à l'équipement – voiture, informatique et Internet, vacances.
- **73 % des acquisitions** effectuées pour **la fratrie plus jeune** : textiles, jeux et jouets, musique, sport,...
- **48 % des « emplettes »** effectuées par **les parents** pour eux-mêmes ; textiles, chaussures, cosmétiques, pratiques sportives et culturelles,...

Les spécialistes internationaux de la population jeune [1] considèrent que le pouvoir de prescription adolescent correspond à environ 5 fois le pouvoir d'achat direct : il se situerait donc à 160 milliards d'euros pour la France et à 800 milliards de dollars pour les U.S.A.

Cette pratique de prescription est une forme de responsabilisation. Elle traduit une préoccupation des autres autour de soi et implique une certaine capacité de conviction. Elle se manifeste par des préconisations diversifiées ; sur des produits, sur des marques et des circuits de distribution.

Elle s'explique logiquement par une triple compétence largement reconnue aux adolescents :

- **« l'adolescent pionnier »**. Si l'on a pu démontrer que 50 % des produits nouveaux pénétraient dans les familles par le biais des enfants, ce pourcentage passe à deux tiers dès lors qu'il s'agit des domaines de qualification de l'adolescent ; mode, technologie,... Frédéric Lecoq, le directeur marketing de Nokia, déclarait récemment : *« Les jeunes sont pour nous un véritable laboratoire d'idées. »*
- **« l'adolescent pédagogue »**, en particulier pour les aspects techniques ; tous les pères et mères de jeunes ont été, peu ou prou, formés à Internet par leur progéniture.
- **« l'adolescent référence »**, plus particulièrement sur l'évaluation des marques. En effet, si on peut dire que les adultes sans enfant souffrent fréquemment de « jeunisse » (fâcheuse tendance à utiliser la jeunesse comme bouc émissaire), les parents sont plutôt atteints de « jeunisme aigu » (idolâtrie des choix des jeunes pour essayer de le rester soi-même).

Jean-Paul Tréguer, le pionnier du senior marketing en France, à la tête de son agence SeniorAgency, évoque souvent la réticence des entreprises à mettre en œuvre des campagnes à destination des « + de 50 ans », par peur de vieillir leurs marques. À l'inverse, nombreuses sont celles qui cherchent à attirer les « – de 25 ans » pour se donner une « image jeune ».

1. J.-Y. Le Bigot, J. McNeal, M. Lindstrom, A. Sutherland,...

En effet, si la marque est appréciée par les adolescents, cela signifie pour tous les autres consommateurs qu'elle est :

- **moderne**, à la mode, branchée ; la recherche d'identité et le souci d'insertion des adolescents.
- **originale,** non conformiste, avec de la personnalité ; le côté provocant et impertinent des 11/24 ans.
- de **qualité supérieure** ; les jeunes étant réputés exigeants sur les performances et sophistiqués pour les fonctionnalités.
- **internationale,** ouverte sur le monde ; pour répondre au besoin d'espace, d'expériences et d'échange des adolescents.

Nike, Nokia, Microsoft, Sony sont de bons exemples de sociétés ayant réussi à avoir une image jeune avec une clientèle diversifiée en âges. On en découvrira d'autres dans les pages qui suivent.

LES 11/25 EN CHIFFRES

Illustration N° 1

✔ Le triangle éducatif

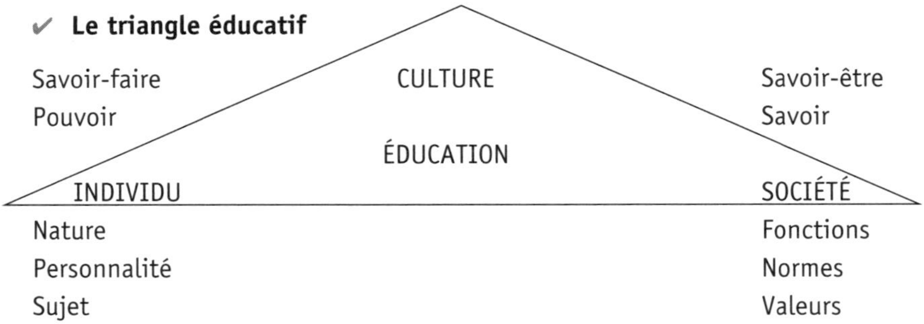

Illustration N°2

✔ Consommer, c'est :

	11/17 ans	18/24 ans
... se **faire plaisir**	89 %	95 %
... découvrir des **nouveautés**	86 %	91 %
... prendre **le temps de choisir**	85 %	87 %
... faire de **bonnes affaires**	76 %	79 %
... s'offrir du **rêve**	75 %	83 %
... suivre la **mode**	59 %	66 %
... affirmer **sa personnalité**	55 %	72 %

Source : Institut de l'enfant/Junium. Baromètres 2001 ; « Teen Generation » et « Link Generation ».

Illustration N° 3

✔ Les comportements d'achats des adolescents sont empreints de réalisme

	11/17 ans	18/24 ans
« j'achète **ce qui me plaît**, quels que soient la marque ou le magasin »	42 %	47 %
« j'achète de préférence des **marques connues** »	25 %	24 %
« je fais attention aux prix et j'achète **le moins cher** »	22 %	24 %
« j'achète les mêmes **marques** que mes ami(e)s »	5 %	2 %
« j'achète les **marques** que mes ami(e)s n'ont pas »	3 %	3 %

(une seule réponse possible)

Source : Institut de l'enfant/Junium. Baromètres 2001 ; « Teen Generation » et « Link Generation ».

La proximité des chiffres, entre les plus jeunes et les plus âgés – importance du choix personnel, poids des marques, etc. – indique qu'il n'y a pas de progression sensible entre 11 et 24 ans et illustre bien **la nécessité – en urgence – d'une éducation à la socialisation économique.**

Illustration N° 4

✔ Les projets des 11/17 ans

N° 1	Passer le permis de conduire	28 % (surtout les 15/17, qui touchent au but)
N° 2	Faire un voyage	25 % (particulièrement les filles)
N° 3	Acheter un scooter	22 % (plutôt les filles et les 15/17 ans)
N° 4	Acheter un ordinateur	20 % (essentiellement les filles)
N° 5	Acheter une console de jeu	19 % (surtout les garçons)

✔ Les projets des 18/24 ans

N° 1	Faire un voyage	48 % (plutôt les femmes, les C.S.P. aisés, des grandes villes)
N° 2	Acheter une voiture	46 % (plutôt en province)
N° 3	Passer le permis de conduire	33 % (surtout les 18/20 et les C.S.P. moins favorisés)
N° 4	Acheter un ordinateur	20 % (essentiellement la province)
N° 5	Acheter un lecteur de D.V.D.	16 % (particulièrement les hommes)

La similitude des souhaits et attentes est stupéfiante ; les 4 premiers projets sont communs même si les classements diffèrent quelque peu, de façon tout à fait logique d'ailleurs (le permis de conduire est plus aspirationnel à 17 ans qu'à 19 et à l'inverse c'est plus facile d'envisager un voyage à 20 ans qu'à 15).

Source : Institut de l'enfant/Junium. Baromètres 2001.

Illustration N° 5

✔ Les budgets de dépenses

Pour les 11/17 ans		Pour les 18/24 ans	
Vêtements	23 %	Vêtements	28 %
Épargne	16 %	Sorties	21 %
K7 vidéo/C.D.	15 %	Épargne	17 %
Jeux vidéo	10 %	Téléphone	12 %
Beauté/cosmétiques	10 %	C.D./K7 vidéo	11 %
Téléphone	9 %	Beauté/cosmétiques	11 %
Sorties	9 %	Livres	4 %

Source : Institut de l'enfant/Junium. Baromètres 2001 ; « Teen Generation » et « Link Generation ». Actualisation, juin 2003.

Illustration N° 6

Les circuits qu'ils fréquentent le plus sont les suivants :

N° 1	Bureau de tabac/bistro :	le « club des ados ».
N° 2	Hyper/supermarché :	la « caverne d'Ali Baba » la consommation démocratique.
N° 3	Dépôt de presse/librairie :	l'actualité du monde.
N° 4	Station-service :	l'énergie ; l'essence et la boutique !

Source : Institut de l'enfant/Junium. Baromètres 2001.

Tout ceci est cohérent avec leurs lieux de vie, leurs trajets et leurs horaires.

Illustration N° 7

Les magasins préférés des jeunes

En termes de préférence (« les magasins dans lesquels vous aimez bien aller ? »), la hiérarchisation est différente car elle intègre une dimension qualitative découlant de la démarche d'initiation et d'apprentissage qui correspond bien à la socialisation économique.

N° 1	Magasins de vêtements/ chaussures :	l'achat-plaisir par excellence et l'actualité de la mode.
N° 2	Magasins de sport :	l'antichambre de l'action et la vitrine des marques.
N° 3	Grands magasins :	« la classe » (le cadre) et l'intergénérationnel positivé (vendeurs compétents,...).
N° 4	Hyper/supermarché :	la profusion (beaucoup de produits, plusieurs marques, conditionnements variés,...), en libre accès (individuel et collectif).
N° 5	Magasins beauté (institut/ parfumerie):	la cosmétique éducative : conseil, essai.
N° 6	Solderies/puces :	l'originalité (mixage, détournement,...) et les « bons plans » (les affaires).

Source : Institut de l'enfant/Junium. Baromètres 2001.

POUR EN SAVOIR PLUS

Le pouvoir d'achat des adolescents ? : 40 milliards d'euros

Les baromètres socio-culturo-économiques de l'Institut de l'enfant/Junium – la « Teen Generation » pour les 11/17 ans et la « Link Generation » pour les 18/24 ans – permettent de répondre de façon incontestable à cette interrogation puisqu'ils collationnent les informations correspondantes, sur des échantillons nationaux statistiquement fiables et totalement représentatifs de la population française concernée, depuis vingt-trois ans pour le premier et quinze pour le second : d'autres recherches plus ponctuelles aboutissent d'ailleurs à des résultats tout à fait comparables. L'édition 2001 donne les chiffres suivants.

- **33,1 milliards d'euros d'achats directs** (avec leur propre argent) annuels :
- 2, 850 milliards pour les 11/17 ans, sans possibilité officielle de travail salarié ;
- 8,376 milliards pour les 18/20 ans dont quelques-uns sont sur le marché du travail ;
- 21,876 milliards pour les 21/24 ans dont 47,1 % travaillent.
  (La progression entre les 3 segments est facile à interpréter ; plus d'argent donné par les parents au début et apparition croissante de salaires après.)
- **7,2 milliards d'euros d'épargne** (sur leur propre argent) annuelle.
- Bien entendu, compte tenu de ce qui a été dit précédemment, il ne s'agit pas du tout d'une épargne de précaution – en prévision d'éventuels coups durs dans l'avenir – mais bien d'une consommation différée (faute d'envies ou de besoins forts à un moment donné, ils préfèrent attendre plus tard pour acheter quelque chose qui les satisfera complètement).

À titre de comparaison internationale, on estime que les achats directs des *Teenagers* américains ont représenté 155 milliards de dollars en 2000. Ce pouvoir d'achat aurait doublé tous les dix ans entre 1960 et 1980 pour tripler au cours des années 1990 [1].

1. Source : A. Sutherland, B. Thompson, *Kifluence, op. cit.*

L'absence de « consommation d'investissement » chez les adolescents

Même si cela ne les passionne pas nécessairement, les adultes installés dans la vie sont obligés de se préoccuper de ce que l'on pourrait appeler « le futur utilitaire » (le quartile avenir/public évoqué au chapitre 2) ; la santé, le crédit et les investissements financiers, les assurances, l'immobilier,... et la retraite. Ce n'est absolument pas le cas chez les adolescents qui rejettent quasi totalement cette problématique. C'est une des caractéristiques les plus régressives de notre système éducatif actuel. Pour le moment, certains de ces problèmes sont pris en charge par les parents ou la collectivité nationale, et pour le reste « on aura le temps de voir plus tard » ; ce qui n'est à l'évidence ni raisonnable ni responsable. Par exemple, l'absence de compréhension de la notion de « capital santé » – ou de « capital avenir » – explique que les jeunes négligent souvent la prévention et se montrent peu réceptifs à toutes les campagnes de mise en garde contre les comportements à risque : alcool ou drogues, excès de vitesse, etc.

CHAPITRE 5

LEUR MONDE DES MARQUES

Nous avons vu précédemment d'une part que l'appropriation des marques constituait une des étapes du processus de socialisation économique des adolescents, et d'autre part que les adultes reconnaissaient eux-mêmes à leurs cadets une compétence particulière en matière de « bilans de marques » (évaluation des atouts et des points faibles de chacune) au point d'adopter les mêmes, assez fréquemment.

Dans ce chapitre, nous nous intéresserons spécifiquement au rapport que les jeunes de 11 à 24 ans entretiennent avec les marques et les enseignes. Il s'agit très naturellement d'un phénomène international puisqu'il a donné lieu à la publication rien qu'en 2003 aux États-Unis de 2 ouvrages spécifiques sur le sujet [1]. Donnons d'abord la parole à Martin Lindstrom pour bien définir les enjeux. Dans son dernier livre, il rappelle qu'**arrivé à onze ans, un ado-naissant américain a déjà visionné 20 000 spots publicitaires, a été exposé à environ 30 000 marques différentes et a eu une expérience personnelle avec 1 000 d'entre elles**.

Il estime, par ailleurs, qu'une relation suivie avec un consommateur américain – du berceau à la tombe – représente un revenu de 100 000 U.S. dollars pour un magasin d'articles de grande consommation. D'après lui, le chiffre serait plus élevé pour les banques, les assurances ou les boutiques de vêtements : ceci pourrait correspondre à « la valeur de la fidélité totale d'un consommateur à une enseigne ». Ramené à un seul produit de consommation courante – et donc à une marque – on peut estimer le chiffre d'affaires que représente une vie de consommateur fidèle à près de 15 000 euros. Lindstrom affirme enfin que parmi les 100 marques les plus populaires au États-Unis, 95 sont représentées dans plus de 10 pays !

Les adolescents connaissent beaucoup de marques (chaque jeune en mentionne spontanément entre 50 et 120) ; « les secteurs chauds » (textile, *soft drinks*,..) correspondant à leurs passions – détaillées dans le chapitre 3 – étant bien évidemment les gros contributeurs (entre 10 et 30 à chaque fois). Ces marques constituent quasiment un langage ou une culture commune puisque cette « référence » est souvent partagée. Dans les baromètres socio-culturo-économiques de l'Institut de l'enfant/Junium, on relève chaque année un portefeuille total d'environ 400 marques spontanément citées.

Par un effet logique d'apprentissage cognitif, les 18/24 ans connaissent plus de marques que les 11/17 ans ; 45 % en plus.

---

1. M. Lindstrom, *Brandchild, op. cit.* (dont le pape du marketing, Philip Kotler, a déclaré qu'il s'agissait d'un *« must read book »* – et *Branded* d'Alissa Quart chez Perseus Publishing.

Contrairement à ce qu'affirment certains adultes, l'évaluation qu'ils en font n'est pas du tout « moutonnière ». Les jeunes ont au contraire des portefeuilles de marques appréciées très diversifiés et personnalisés. Seulement 3 d'entre elles sont sélectionnées comme préférées par plus d'un tiers des 11/17 ans ; il n'en reste plus que 2 chez les 18/24 ans, logiquement plus individualistes. Cette évaluation est d'ailleurs beaucoup plus conditionnée par des caractéristiques personnelles et accessoirement de sexe (certaines marques recrutant plutôt leurs « fans » chez les jeunes filles, alors que d'autres sont plus appréciées des garçons), que de localisation géographique ou de catégorie socioprofessionnelle des parents.

Les résultats de l'illustration N° 1 :

- confirment l'importance des « cultures vivantes » autour de leurs passions ; on retrouve 8 marques « look », sur les 10 citées, pour les 11/17 ans et encore 6 chez les plus âgés.
- illustrent la diversification de ces cultures au fur et à mesure que l'on avance en âge ; deux marques d'équipement au lieu d'une chez les 18/24 ans, apparition de l'automobile,...
- démontrent que **les marques « représentent » bien l'adolescence**. Des scores plus importants chez les plus jeunes attestent du phénomène de groupe et du désir de se conformer à une opinion majoritaire pour se rapprocher des autres. À l'inverse, la recherche de personnalisation/individualisation chez les plus âgés entraîne une chute des appréciations ; Nike et Adidas perdent plus de 30 % !

Les adolescents sont, en fait, très exigeants avec les marques et n'en sont pas plus victimes que de la mode. **Ni *« brand victims »*, ni *« fashion victims »*, ils consomment les 2 en vrais connaisseurs !** La théorie du *« no logo »* n'est à l'évidence pas pertinente pour cette tranche d'âge... sauf éventuellement pour une petite minorité d'adulescents.

De la même façon, il nous paraît tout à fait déraisonnable de reprocher aux jeunes leur « addiction à la consommation » : d'une part parce que ce modèle a été mis en place par leurs éducateurs – les générations qui les ont précédés et qui en ont bien profité – et d'autre part parce que la socialisation économique peut jouer un rôle bénéfique dans la recherche identitaire ; à condition de l'intégrer dans un processus éducatif moderne et dynamique, comme nous l'expliquerons au chapitre suivant.

LA SOCIALISATION PAR LES MARQUES

L'apprentissage des marques s'effectue dès le plus jeune âge. Les enfants s'approprient les marques et se déplacent dans leur univers avec beaucoup d'aisance. Cela a été démontré dès 1942 par L. Guest [1] et plus récemment par Joël Brée [2].

Les jeunes sont très prolixes à propos des marques – beaucoup plus qu'il y a trente ans –, et il est du même coup facile de faire des exercices sur celles qu'ils connaissent et encore plus avec celles qu'ils apprécient ; des parcours – de la marque la plus proche de moi à celle qui serait la plus éloignée – des regroupements en familles – celles qui vont bien ensemble, ce qui différencie 2 familles,...– des identifications de recettes imaginaires (dans cette marque il y a du...), des constructions de « blasons » (recherche d'attributs) ou des créations de devises (personnalité, valeurs,...). Nous ne reprendrons que quelques-unes des milliers d'expressions de jeunes que nous avons enregistrées, au fil des années, à propos des marques : « C'est classe, c'est de la marque ! », « avec cette marque, je me sens plus jolie ! », « Puma, c'est cool », « il n'y a rien à dire à propos d'un jean sans marque ! »,...

Il faut, en fait, distinguer plusieurs étapes au cours de la construction d'un adulte.

À 2/3 ans, c'est la découverte des « noms commerciaux » attachés à des produits et aux logos ; les petits sont sensibles au **look de la marque** (couleurs, formes,...).

1. L. Guest – « the Genesis of Brand Awareness » in *Journal of Applied Psychology* n° 26 et 39 « Brand Loyalty ; twelve years later ».
2. J. Brée, *Les enfants, la consommation et le marketing*, P.U.F., 1993.

Vers 4/5 ans, on assiste à un emmagasinage maximaliste de marques commerciales sur des produits directement destinés à l'enfant. Celui-ci est facilité par le repérage des personnages emblématiques de marque – c'est la raison pour laquelle nous les appelons plutôt « les ambassadeurs de marques » –. À ce stade, **la marque est un repère** pour réclamer le produit qu'on aime à maman et/ou pour le retrouver en linéaire, dans le réfrigérateur ou dans le placard de la cuisine.

À 6/7 ans, le champ de connaissance et de découverte de marques s'élargit – pour englober les produits de consommation familiale indivis –, se diversifie dans chaque secteur et la **prescription de marques** se renforce car elles deviennent un élément **d'organisation et de structuration.**

Entre 8 et 10 ans, le sens critique se développe rapidement, des arbitrages (*« trade off »*) se réalisent entre différents marchés (certains perdent de leur attractivité et d'autres progressent au contraire) et les priorités s'affirment entre les différents opérateurs. C'est le début de l'organisation des marchés par le consommateur qui se livre aussi à la hiérarchisation des marques sur des bases concrètes (le produit, les promotions,...) et quantitatives (la pression publicitaire,...). Ils sont surtout sensibles, alors, à **la puissance de la marque** (présence dans les médias, dans les linéaires,...).

Pendant l'adolescence (11/17 ans), **une sélection drastique** est opérée parmi le portefeuille de marques que l'on s'était constitué durant l'enfance. La plupart disparaissent mais les survivantes acquièrent un statut et une aura extraordinaires. Bien entendu, des nouvelles prennent la place de celles qui sont devenues obsolètes sur les marchés encore attractifs mais surtout **d'autres s'installent comme repères de nouvelles priorités de consommation**. Cette opération se fait sur des critères plus qualitatifs et plus subjectifs que précédemment. Dès onze ans, elles permettent d'afficher que l'on n'est plus un enfant. C'est à l'épreuve des difficultés de reconnaissance qu'expérimentent les jeunes pendant les années collège et lycées que les marques acquièrent leur statut optimum ; celles qui sont élues deviennent de véritables références incontournables, quasiment des « coachs ». On s'approprie **la personnalité de la marque et on adopte**

ses valeurs ; celles véhiculées par la communication officielle ou découlant au contraire d'un détournement (cf. Lacoste, pour la « racaille » !). Au collège, il faut « avoir de la marque » affirment à l'unisson jeunes des cités et fils/filles de « bourgeois bohèmes ». C'est incontestablement ce qui explique la prégnance de Nike, Adidas et autres Coca-Cola, ou encore de Yop ou de Kiss Cool pour prendre des exemples français.

L'adu-lescence (18/24 ans) donne lieu à une **certaine distanciation par rapport aux marques,** que l'on ne renie pas pour autant. L'« apprenti adulte » s'émancipe en tirant parti de ses expériences positives et négatives avec les marques et il opère un certain repli/distanciation par rapport à ses « maîtres à se conduire », d'autant plus que leur nombre augmente et que des conflits d'intérêt peuvent apparaître. Les marques sélectionnées ne constituent plus une bible, aux préceptes incontournables, mais plutôt **un symbole visuel, quasiment une signature**... que l'on mixera volontiers avec du « sans marque ».

Aujourd'hui, il n'est pas exagéré d'affirmer que le passage de la marque gâteau (derrière laquelle on se cache !) de l'ado-naissance à la marque cerise ultérieurement (beaucoup plus discrète) est le propre d'une adolescence réussie au cours des années lycées.

MARQUES GÉNÉRATION *VS* MARQUES TRANSMISSION

Par leurs travaux sur l'image de marque, C. Park (1991) et S. Kleine (1995) permettent de comprendre les associations attachées aux marques par les consommateurs : *« Ces associations peuvent être fonctionnelles ou abstraites. Les premières correspondent à des attributs intrinsèques et extrinsèques, des situations d'usage ou des bénéfices objectifs. Les associations abstraites découlent des bénéfices symboliques, d'un sentiment d'affiliation à la marque dans la mesure où celle-ci représente et véhicule des valeurs culturelles et personnelles profondes ; une valeur sentimentale découlant d'associations avec le passé ou le présent de l'individu qui reflètent une histoire de vie. »* Ce qui éclaire la remarque du fameux designer Walter Landor : *« Les produits se font dans les usines et les marques dans les têtes... »* On pourrait d'ailleurs ajouter « ...et dans les cœurs comme dans les tripes ! »

Ceci est particulièrement vrai pour les adolescents. La marque devient une entité symbolique à laquelle ils attribuent une personnalité et il existe donc bien une relation interpersonnelle entre la marque et ses consommateurs. Les marques sont sources d'émotions et de sentiments illustrés par des phénomènes de perception tels que ; la marque est unique, la marque est assimilée à un ami, la marque valorise le moi. Elle agit comme un signe essentiel à l'acquisition, au maintien et à l'expression de l'identité de l'adulte en construction. Certains auteurs n'hésitent pas à évoquer, à propos de la complicité entre les adolescents et les marques, une « congruence d'image (réelle ou idéale) individu/marque » [1].

Par les valeurs culturelles et personnelles qu'elles véhiculent, les marques peuvent constituer un moyen de communication à soi-même, mais également aux autres. Elles sont utilisées de manière symbolique par le consommateur pour mieux se définir et s'exprimer, tant vis-à-vis de lui-même qu'envers ceux auxquels il souhaite projeter une certaine image.

Pour les moins de dix ans, elles représentent l'âme du produit et le visage de l'entreprise. Elles donnent vie au premier qui, sans elles, aurait d'autant moins d'identité qu'ils sont nombreux à prétendre répondre à la même fonctionnalité. Elles personnalisent par ailleurs l'entité qui le fabrique et qui reste bien souvent mystérieuse (par manque de formation économique et par absence de curiosité). L'affaire des *« sweatshops »* de Nike en représente une cruelle illustration.

À partir de onze ans, « les marques deviennent des symboles d'une identité en fournissant des **opportunités d'être ;** branché, provocant, rebelle ou juste à la mode, riche ou cool,... selon sa personnalité, réelle ou affichée », comme le dit Martin Lindstrom [2] :

1. Onksivit et Shaw, 1987.
2. M. Lindstrom, *Brandchild, op. cit.*

« Elles sont le reflet d'eux-mêmes. Comme la musique, ***les marques sous-tendent souvent les tribus qui se constituent plus facilement autour de passions partagées.*** *Pour les* Tweens, *elles acquièrent quasiment une dimension mystique au point qu'il est plus important d'avoir le bon label que de porter tel type de vêtement. »*

Lindstrom identifie d'ailleurs 4 catégories :

- **les alternatifs** (*« edges »*) : anti-mode, ils devraient être anti-marque ; en fait ils s'identifient dans des marques qui expriment leur attitude contestatrice.
- **les modèles** (*« persuaders »*) : travaillant beaucoup leur expertise, ils sont très populaires et leurs propositions sont souvent adoptées par le groupe.
- **les suiveurs** (*« followers »* : leur confiance en eux-mêmes n'est pas très élevée – ils ne se considèrent pas spontanément comme cool et ils attendent les indications des précédents.
- **les hésitants** (*« reflexives »*) ; bien qu'ils recherchent une acceptation sociale, ils sont déjà en voie d'exclusion.

À l'avenir, les professionnels devront donc penser la création d'une marque jeune, comme l'ouverture d'un dialogue avec les adolescents, et construire sa pérennité comme une véritable expérience humaine : c'est ce qui se passe avec ce que l'on pourrait appeler les « marques 24 heures/24 et 7 jours/7 » qui sont devenues de véritables must. Au fil du temps, on est passé de la marque qui donnait une identité au produit – l'U.S.P. des années 1950-1960 : *« unique selling proposition »* qui devait le différencier de ses concurrents – à celle qui contribue à la personnalité du consommateur – ce que Martin Lindstrom appelle la M.S.P. du XXIe siècle : *« Me selling proposition. »* C'est ce qui l'amène par ailleurs à parler de « gestion de portefeuille de marques » par les *Tweens*, et à affirmer qu'*« ils n'achètent pas des produits, mais des projets/solutions proposés par des marques »*. L'exemple du retrait du New Coke en 1985 montre qu'aujourd'hui la marque appartient autant aux consommateurs qu'au fabricant !

Nigel Hollis – Group Strategic Planning and Development Director de Millward Brown U.S.A. – a d'ailleurs dressé le graphique de l'évolution de « l'engagement à la marque (*bonding*) » au fil de la vie d'un consommateur (cf. illustration N° 2) : il montre clairement que, si celui-ci culmine aux alentours de trente ans, c'est bien à l'adolescence que la progression est la plus sensible.

Compte tenu de ce qui précède, on comprendra que le rôle – et donc la valeur (pour le consommateur comme pour le fabricant ou son agence de publicité) – de la marque est très directement lié à l'attractivité des produits ou services à qui elle donne une identité spécifique ; pour les 11/24 ans, il sera très fort pour le textile et faible pour les détergents.

Le groupe Millward Brown a effectué récemment une importante étude internationale sur la prescription concernant les achats des parents de la part de milliers de *Tweens* urbains de 8 à 14 ans, dans 70 villes de 8 pays (Inde, Chine, U.S.A., Brésil, Japon, Allemagne, Espagne et Danemark) (cf. illustration N° 3) qui donne une bonne idée du poids des marques pour ces jeunes, selon les secteurs de consommation (avec une exception notable pour la musique, simplement parce que les jeunes ne font pas acheter les produits correspondant par leurs parents !).

À la suite de cette étude, Millward Brown distingue 7 familles de marques en fonction de leur notoriété et de leur attractivité pour les *Tweens* :

- **« les olympiques »** ; Nike, Adidas, Coca-Cola ou McDonald's.
- **« les classiques »** ; Sony, Mars, Disney,...
- **« les spécialistes »** ; Nokia, Microsoft, Ferrero ou Mercedes.
- **« les challengers »** comme Tommy Hilfinger ou Samsung.
- **« les défensives »** du type Levi's ou Lego.
- **« les exclusives »** comme Do-Co-Mo.
- **« les ex »** dont Chevignon serait l'illustration.

On peut représenter ceci sur un *mapping* :

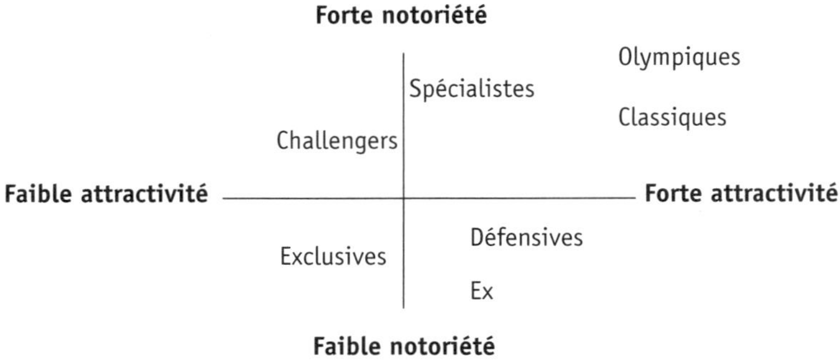

Très spontanément, les jeunes opèrent une première distinction entre les marques en fonction du type de communication, en englobant à la fois les messages émis et les vecteurs de diffusion ; pour opposer les marques transmission aux marques génération.

Les marques transmission ont une démarche très égocentrique et mettent essentiellement en avant leur expertise, les qualités les plus évidentes de leur produit et/ou leurs traditions et leur histoire. Elles travaillent essentiellement sur les associations fonctionnelles. Il s'agit bien souvent de marques qui pratiquent principalement, sinon exclusivement, une communication verticale de type institutionnel ; des « messages produits » sur les médias lourds. On trouve cette approche plutôt dans des entreprises européennes ou françaises comme 1664, Milka, Chevignon ou Peugeot pour ne citer que quelques exemples.

À l'opposé, on identifie des **marques génération** comme Nike, Coca-Cola ou McDonald's qui communiquent vraiment au deuxième degré en parlant au moins autant des jeunes constituant le public que d'elles-mêmes et de leur production. Elles fonctionnent principalement sur les bénéfices symboliques et sur l'affiliation. Les échanges se font sur le registre de la complicité, du dialogue : quasiment une « communion », exploitant largement le registre des émotions et des sensations ! Il s'agit bien souvent de marques internationales qui ont bien compris que pour les jeunes du monde entier, ce qui est essentiel est commun à beaucoup de pays et de cultures (l'homme, le sens de la vie, demain,...). À l'inverse, ce qui sépare est anecdotique et relève souvent de la culture et de l'histoire nationales. Elles pratiquent donc la communication communautaire (à l'intérieur de la population jeune) et générationnelle (en exploitant toutes les possibilités de la période en cours).

Les jeunes établissent également une distinction forte, en fonction de la cible de référence, en opposant :

- **les marques enfants**, qui correspondent à un stade de la vie où les comportements, les bonnes habitudes (il faut...) et les opinions (le lait c'est bon pour...) sont essentiels ; citons par exemple Kinder, BN, Malabar, Lu, etc.
- **les marques parents**, qui ont des caractéristiques très voisines de la catégorie précédente, mais pour une cible différente ; Danone, Nestlé, Renault, Mercedes, Apple,... en font partie.
- **les marques jeunes, illustrent plutôt une attitude d'ouverture, une problématique positive** ; Nike, Playstation, Microsoft,... jouent ce registre à fond.

Quand elles s'expriment, les 2 premières familles affirment, démontrent, expliquent alors que les marques jeunes interrogent, proposent un angle différent, dialoguent ...

IDENTITÉ DE MARQUES ET MARQUES IDENTITAIRES

En fonction de leur personnalité mais aussi de leur historique et de leur culture, on peut classer les marques référentes pour les adolescents en 3 catégories :

- **« les marques personnes »** sont quasiment assimilées à **une idole,** « à un être physique que l'on désire, qui vit passionnément comme nous, qui évolue en permanence et se construit », comme doivent le faire les adolescents. Elles correspondent souvent à un créateur, réel ou mythique, plutôt au début de son épopée : c'est le cas de Ralph

Lauren, Calvin Klein, Sergio Tacchini,... et tant d'autres. L'univers de la marque, c'est le groupe qui se constitue en fédérant des complicités individuelles avec le modèle ; du même coup son territoire de fonctionnement naturel englobera tous les lieux de vie correspondant à la personnalité partagée entre la star et ses fans. Dans ce cas, la publicité a vocation à construire une image et à mettre en œuvre une ambiance.

- **« les marques repères »** correspondent plutôt à des « maîtres à se conduire » sereins et stables, quasi institutionnels ; elles sont souvent signées par une entreprise dont elles symbolisent la culture et les valeurs partagées (marque/clients/collaborateurs). Dans cette catégorie, on trouvera par exemple Coca-Cola (*Always !*), Benetton (*United Colors of...*), Virgin,... ou la F.N.A.C. L'univers de la marque sera plutôt celui de l'éthique, de la morale de vie authentique et son territoire de fonctionnement une attitude globale dépassant plus ou moins largement le secteur d'activité de la marque ; les multiples expressions du « Cool » !
- **« les marques projets de vie »** sont tournées vers l'action, l'avenir et l'ailleurs (la règle des « 3 A pour un ado » !). C'est dans cette catégorie que l'on doit ranger Nike (*« Just do it »*), Sony (*« vous l'avez rêvé, Sony l'a fait »*) mais aussi Décathlon ou La Française des Jeux. Cette fois, l'univers de la marque sera le mouvement/la dynamique et son territoire de fonctionnement, les comportements, les défis et les challenges ; physiques, culturels, affectifs et/ou sociaux. L'évolution de la stratégie de communication de ces marques au cours des dernières années montre combien elles ont parfaitement intégré la problématique des jeunes et savent adapter leur schéma de dialogue et de propositions avec eux en valorisant plus l'individu que l'exploit et en l'incitant à révéler ses talents (cf. la nouvelle campagne *« Go create »* de Sony) : en rendant réellement active une communication jusqu'alors plus passive. (voir également chapitre 12)

Projets, jalons et complicité, c'est précisément la dynamique adolescente. L'on comprend aisément du même coup pourquoi ce public se définit tellement par rapport aux marques. La construction de son portefeuille de marques par chaque jeune est un exercice très formateur, dont le résultat à un instant déterminé est révélateur de sa personnalité : « Dis-moi les marques que tu aimes et je te dirais qui tu es ! »

De la même façon, l'évolution de ce portefeuille dans le temps est un excellent indice de développement harmonieux, ou pas, de l'adolescent. S'il y a renouvellement, c'est que le jeune est en train de se construire ; à l'inverse, si le choix reste statique c'est qu'il y a, ou va y avoir, problème.

Par référence aux 4 modes de pensée évoqués au chapitre 2, on observe en effet que :

- les marques personnes sont plus attractives au stade de l'adonaissance – les années collège – et de la pensée systémique ; on privilégie alors la générosité, le partage, etc.
- les marques repères sont plus pertinentes pour les années lycées – 15/17 ans – pendant lesquelles on note un prodigieux développement de la pensée symbolique : les jalons, les lignes jaunes ou rouges,... sont ici essentielles.
- les marques projets de vie se rapprochent très fortement des archétypes de la pensée opératoire pendant l'adu-lescence (18/?) ; la boussole, la carte de la réussite, du tendre, etc...

Compte tenu de ces évolutions, on peut dire que les marques sont aspirationnelles puisqu'elles font grandir les adolescents pour leur permettre d'accéder à un des attributs du statut d'adulte ; les éducateurs qui les critiquent si sévèrement feraient mieux d'essayer de comprendre le phénomène et de s'en inspirer pour proposer des alternatives aussi efficaces.

L'INSERTION PAR LES MARQUES

Des marques d'intérêt, des marques d'attention, à vos marques !, prendre/trouver ses marques, re-marquer/dé-marquer,... ; le langage populaire fait référence de façon constante à l'importance du signe, de l'identification, de la reconnaissance, de la différenciation, du repère, de la trace, de l'empreinte, de la preuve, du témoignage, de la qualité, du mérite, etc. ; mots et notions tous très voisins du concept de **réussite.**

Si elles ont une telle importance auprès des 11/24 ans, c'est que **les marques correspondent tout à fait à la double quête identitaire de l'adolescence** (cf. chapitre 1).

Au début de l'ado-naissance, elles sont facteurs d'autonomisation – on s'affirme en recherchant la qualité sur des référentiels « non-enfants » – pour devenir plus tard passerelles d'intégration – en servant de sésame et de trait d'union pour l'appartenance à un groupe, plus ou moins organisé. Elles sont, dans une certaine mesure, l'habit de la bande dont elles signent la représentation extérieure ; comme la tenue des joueurs d'un club et d'une équipe nationale ou l'uniforme des personnels hospitaliers, de l'armée, de la police ou de la R.A.T.P., et des écoliers d'autrefois. « Les marques de ma tribu » identifient mes premiers champs d'expression ! *« Avec les marques, on est mieux vu ; le regard des autres est différent »*, déclarait Maheddine – un jeune garçon de quinze ans – à José Barroso [1]. *« Quand on n'a pas de marque, on se sent moins en confiance ; avec tous les autres... mais surtout avec les filles »*, ajoutait Grégoire, treize ans.

À partir de 17/18 ans, les marques doivent permettre la différenciation pour accompagner et respecter l'identité spécifique grandissant en chacun ; il s'agit désormais de « mes marques ».

L'évaluation de toutes les marques qui lui sont proposées, la sélection de celles qui lui paraissent pertinentes, la validation de celles-ci par l'environnement social, l'expérimentation, et enfin l'appropriation de ses marques références par un adolescent, produit du sens. En particulier par rapport à la difficulté d'être toujours moi-même dans un corps et un mental qui se transforment en permanence et face à un monde d'autant plus difficile à intégrer qu'il évolue sans cesse. Facteur de stabilité, les marques assurent à la fois la valorisation immédiate du consommateur qui les a choisies ainsi que la cohérence de l'être humain : en réconciliant l'accessoire et l'essentiel, l'apparence et la structure, le paraître et l'être.

1. Source : *Le Monde*, 10 septembre 2001.

Elles permettent de cultiver à la fois les différences pour tourner des pages et s'affranchir de certaines contraintes ou de certaines influences liées à l'âge, mais aussi la cohérence dans l'évolution à l'intérieur des marques génération, grâce au fil rouge des marques jeunes.

LA MARQUE CO-ÉDUCATRICE

Toutes les marques jeunes intègrent les 2 préceptes fondamentaux de la sociologie et du management générationnels. D'abord l'intégration des spécificités physiques, historiques, culturelles, affectives et sociales de la population (voire des sous-populations étudiées) pour la conception de propositions comme pour la communication, mais aussi l'adaptation à l'époque à laquelle on appartient ; le système de valeurs, les médias, le langage, les opportunités, les blocages,...

Elles ont donc tout naturellement **vocation à accompagner le jeune tout au long de son adolescence et de sa construction** ; à côté des autres éducateurs et non à leur place :

- **en éclairant le chemin, en fonctionnant par anticipation**. L'Oréal, Procter & Gamble ou la B.N.P. ont des compétences techniques dans les domaines de la cosmétique, de l'hygiène féminine et du financement, qui pourraient être utiles aux jeunes, à leurs parents comme à leurs enseignants, dans la pédagogie de la puberté physiologique et économique. Les papas et les mamans qui travaillent dans ces entreprises ne méritent pas le dixième des procès d'intention systématiques faits aux sociétés qui les emploient.
- **en adaptant ses propositions à la problématique spécifique à chaque étape du développement.** Mieux que quiconque, L'Oréal sait qu'un(e) adolescent(e) ne rencontrera pas les mêmes problèmes avec sa peau ou ses cheveux à 13, 17 ou 21 ans. C'est d'ailleurs pour cela que le catalogue de ses différentes marques est aussi diversifié et complet. Et pourtant, prisonnier de sa politique défensive de marques et des options de distribution, l'Oréal laisse aujourd'hui en

friche l'initiation scientifique des jeunes à la cosmétologie ; chacun se débrouille pour faire la synthèse d'opinions multiples (parents, copains, médias,...) mais pas toujours éclairées. Le cas des banquiers est encore plus consternant ; ils continuent à fonctionner avec des pseudo-repères qui ne correspondent à rien (les seuils de propositions nouvelles étant situés à 13 – en classe de quatrième ! – et 16 ans – en première !). Ils savent parfaitement, même s'ils le regrettent officiellement, que l'information et la formation économique des Français est nettement insuffisante par rapport aux enjeux de demain – financement de la consommation, de la protection sociale, des retraites,... Ils réalisent tous par ailleurs que les efforts déployés depuis 1983 n'ont en rien bouleversé les situations acquises historiquement. Pourtant, aujourd'hui encore le débat qui les passionne – offres de différenciation bancaires ou extra-bancaires ? – est totalement dérisoire par rapport aux vrais enjeux de mise en place d'un partenariat durable conditionné par la formation d'une clientèle jeune, compétente et lucide quant aux besoins de demain. À l'inverse, on comprend très bien l'intérêt des magazines américains *People*, *Vogue* et *Elle* qui ont lancé au cours des 6 dernières années *Teen People*, *Teen Vogue* et *Elle Girl* dont les couvertures accueillent Jennifer Lopez, Liv Tyler, James King,... et qui comportent des pages de publicité pour Christian Dior, DKNY ou Dolce & Gabbana ; recrutement précoce et fidélisation ultérieure !

– **en respectant les codes, règles et usages dominants de l'époque.** Par exemple, **une vraie marque jeune ne peut aujourd'hui se désintéresser du S.M.S. ou d'Internet ou demain de la e-stimulation ou du e-coaching.** D'abord parce que cela représente un atout dans le cadre de ses options de communication, mais aussi impérativement parce que cela fait partie de ses obligations morales, explicitées ou pas, d'accompagnement des jeunes vers demain ; ils ne comprendraient pas qu'elle n'ait pas, comme eux, envie d'explorer quelque chose de nouveau et de s'y essayer.

Le respect des règles précédentes explique le succès constant, avec occasionnellement des bas et des hauts, de Coca-Cola, McDonald's ou Nike ; à l'inverse, leur oubli a failli coûter très cher à Levi's.

Les marques contribuent incontestablement aux savoir-être qui viennent compléter aujourd'hui les 2 piliers classiques des savoirs/ connaissances et des savoir-faire. Elles renforcent en effet les 3 dynamiques de développement ; la confiance en soi, la confiance en demain, la confiance dans les autres.

Compte tenu de ce qui a été dit précédemment, il n'est pas absurde de reprendre, à propos des marques, le concept d'« espérance éducative » proposé au sujet de l'art par Alain Kerlan [1] et de prolonger le parallèle avec l'éducation esthétique qui lui sert de support. L'art, comme la marque, est le contraire de l'insignifiance et l'un comme l'autre sont des antidotes puissants à l'indifférence qui guette l'homme moderne. Les deux préparent *« à la construction et à la responsabilité du sens et de la valeur ; ils sont tout entier processus et mouvement de valorisation. L'entreprise éducative n'est-elle pas toujours souci de l'œuvre, souci de faire œuvre, œuvre de soi-même ? »*.

Une relation vraie et équilibrée – gagnante pour les jeunes et gagnante pour la marque – faite de connivence et de complicité, s'installe alors et il est facile de l'observer sur le court terme. Certains esprits chagrins, s'appuyant sur l'instabilité et l'infidélité qu'ils prêtent aux adolescents, s'interrogent sur la durabilité de la relation ainsi construite. Aucune étude sérieuse – adoptant le process étude de cohortes sur une période longue – n'a jamais été financée en France. Pour apprécier la fidélité des jeunes aux marques génération, il faut donc se rabattre sur des travaux réalisés aux U.S.A. et en Allemagne. Ils confirment tout à fait la possibilité d'instaurer un partenariat à long terme démarrant à l'époque des révolutions de l'adolescence. C'est bien la stratégie suivie par les magazines américains déjà mentionnés – *People*, *Vogue* et *Elle* – avec leurs déclinaisons adolescentes qui marchent bien puisque *Teen People* revendique 1,6 million de lecteurs.

Les chercheurs constatent en effet que près des deux tiers des marques élues à quinze ans – un âge reconnu comme charnière par beaucoup de sociologues et psychologues dans de nombreux systèmes éducatifs

1. A. Kerlan, « *Philosophie pour l'éducation* », E.S.F., 2003.

et culturels dans le monde entier (par l'O.C.D.E. par exemple) – sont encore des références incontournables trente ans plus tard lorsque l'adulte est confirmé (quarante-cinq ans représente un autre tournant dans la vie). L'analyse historique des 23 éditions annuelles des baromètres socio-culturo-économiques de l'Institut de l'enfant – comparaison des marques vedettes aujourd'hui chez les vingt-quatre ans et antérieurement sur les quinze ans – aboutit à des résultats légèrement supérieurs, ce qui est doublement logique ; une période plus courte avec moins d'écart d'âges. Rappelons que Nike a beaucoup plus souffert auprès des adultes de la révélation qu'une partie de ses produits était fabriquée dans des pays du Tiers et du Quart-Monde, dans des conditions difficilement acceptables en Occident (par des enfants,...) ; auprès des jeunes, l'attractivité de la marque n'en a été que modérément et peu durablement affectée.

N'oublions pas, par ailleurs, que Coca-Cola remonte à 1887 et que McDonald's a soixante-dix ans ; leur attractivité récurrente n'en souffre pas vraiment !

Les recherches de J. Lacoeuilhe, de l'université de Paris XII, sur l'engagement à la marque, défini comme *« l'intention, implicite ou explicite, de la part du consommateur de maintenir une relation durable »*, permettent de comprendre la stabilité de cet échange et donc la fidélité. Il affirme que *« l'attachement à la marque est une variable psychologique qui traduit une relation affective inaltérable (la séparation est douloureuse !) envers la marque et qui exprime un rapport de proximité psychologique avec celle-ci »*. Il faut également rattacher cette réflexion aux réflexions théoriques sur l'attachement aux possessions [1]. Si l'enfant a besoin de « doudous » qu'il exhibe, l'adolescent survalorise également certains objets, plus secrets mais tout aussi importants pour lui, et qui correspondent à un besoin de mémoire ; le reflet d'une histoire vécue ou d'une relation avec des personnes désirables.

Tout comme l'objet, la marque peut agir comme un dépositaire par rapport à des événements de la vie de l'individu. On comprend, du

1. M. L. Richins, *Comprendre un individu à partir du sens qu'il donne à la possession de certains objets*, 1994.

même coup, pourquoi cette fidélité est très sélective et liée à certaines familles d'objets (chaussures, vêtements, parfumerie,...), certains lieux (chaînes d'hôtel ou de restauration, centres de vacances,...) ou certaines opportunités ou événements (automobile, transport aérien, banque, assurances,...). La théorie de la congruence entre le concept de soi et la personnalité des marques auxquelles on est attaché, rend cette fidélité tout à fait naturelle : l'inverse serait plutôt le signe d'une adultité mal assumée !

L'étude Brandz, conduite en 1999 en Grande-Bretagne pour WPP, faisait d'ailleurs apparaître que les marques fortes peuvent transcender les générations (cf. illustration N° 4).

Dans son livre quelque peu polémique à l'égard des marques, Alissa Quant [1] relève qu'il y a de nos jours un transfert de ce phénomène, touchant toutes les générations, à travers ce qu'elle appelle les *« Logo U »* – les bonnes universités ou les grandes écoles en France (et le « bachotage » sur les « tests SAT » aux U.S.A. et « les prépas » chez nous) ou encore le classement des meilleurs hôpitaux. Par ailleurs, l'étude internationale Brainchild a fait apparaître un lien très réel entre l'addiction aux marques de la part des *Tweens* du monde entier et leur volonté et leur capacité de créer des sites web personnels ; comme s'ils se traitaient eux-mêmes comme des marques qui ont à dialoguer avec leurs fans. Elle affirme qu'environ 10 % des tweens urbains du monde entier auraient leur propre site, avec des chiffres record de 13,5 % pour les américains et 15 % parmi les brésiliens.

1. A. Quant, *Branded*, Perseus Press, 2003.

Les marques sont aspirationnelles puisqu'elles font grandir les adolescents pour leur permettre d'accéder à un des attributs du statut d'adulte ; la reconnaissance sociale. les éducateurs qui les critiquent si sévèrement feraient mieux d'essayer de comprendre le phénomène et de s'en inspirer pour proposer des alternatives aussi efficaces.

Facteur de stabilité, les marques assurent à la fois la valorisation immédiate du consommateur qui les a choisies ainsi que la cohérence de l'être humain : en réconciliant l'accessoire et l'essentiel, l'apparence et la structure, le paraître et l'être.

LE CAPITAL DE LA MARQUE

Interbrand, l'Observatoire des marques à l'échelle planétaire, a publié en novembre 2002, en collaboration avec *Business Week*, le classement des marques mondiales les plus performantes (sur des critères parfaitement objectifs : chiffre d'affaires, % des exportations, transparence sur les informations marketing et financières,...).

Le tableau de l'illustration N° 5 confirme d'abord le lien entre la marque et le consommateur : les marques qui ont progressé sont celles qui privilégient leur cœur de métier ; en développant une politique originale tournée vers le consommateur et en élargissant leur gamme de produits tout en restant en adéquation avec leur univers de marque.

On constate par ailleurs qu'une part importante de ces marques savent attirer les jeunes qui lui restent fidèles quand ils vieillissent.

MARQUES ET ENSEIGNES

Pendant très longtemps, les adolescents ont établi une distinction très nette entre les marques de fabricants – qui avaient un véritable contenu et une attractivité forte – et les enseignes de distributeurs – qui ne faisaient que singer les premières pour augmenter leurs prix afin d'accroître les marges. Grâce à leur créativité et à leur évolution permanente, certaines de ces enseignes sont parvenues à acquérir une crédibilité par rapport à certains des attributs traditionnels des marques. On peut citer, par exemple, F.N.A.C. ou Virgin comme « label » pour les produits culturels, Zara ou H & M pour la mode évolutive en textile, ou Décathlon pour le conseil des vendeurs !

Comment « fabriquer » une marque jeune ? Salomon 1995-2001 et Perrier

Ce qui suit représente le résumé succinct d'un exposé brillant effectué le 26 novembre 2001 par Benjamin Thaller, le directeur marketing de Salomon [1].

1. À l'occasion d'un séminaire « Marketing des adolescents ».

« En 1994, Salomon est le leader mondial des équipements individuels de sports d'hiver traditionnels (ski alpin, ski de fond), mais avec une clientèle adulte et vieillissante. Pour rajeunir la marque, la société décide, en 1995, d'entamer une diversification vers les jeunes qui sont plus intéressés par des sports alternatifs liés à la neige ou pas ; snowboard, surf, roller, etc. (pour faire court, nous ne développerons ci-après que le volet snowboard). La tâche est rendue d'autant plus difficile que les jeunes ont investi de nouveaux terrains de jeux, qu'ils fréquentent d'autres circuits de distribution que leurs parents et que la concurrence est nombreuse (Burton essentiellement, avec sa culture U.S. et sa créativité artistique, mais aussi une multitude de petites marques). Pour démarrer, Salomon écoute beaucoup et dialogue avec les jeunes, s'adjoint ensuite les compétences de spécialistes reconnus (Brad Steward), travaille sur un design spécifique et constitue 2 équipes de snowboarders (un *team* international pour la mise au point des produits et pour assurer la crédibilité et le prestige des productions et un *team* national de proximité pour aider les jeunes à vivre leur passion et... accéder au niveau international). Le lancement des nouveaux produits Salomon, ainsi développés sur ce marché nouveau pour la marque, s'est effectué en 3 étapes : un *« teasing »* pendant l'été 1996 dans certains *Summer Camps* de Tignes, puis un prélancement en automne 1996 avec la sortie d'une présérie limitée à 200 snowboards disponibles dans 40 « pro-shop » seulement (savoir organiser la pénurie !), et pour terminer un lancement grand public à l'hiver 1997 avec proposition de tests (essais et commentaires après : « *ride* d'abord et après on en parle ! ») sur tous les événements en phase avec les produits. La campagne de lancement a comporté également une opération de guérilla marketing sur le logo et la « cool attitude ».

Malheureusement, le service développement avait été trop ambitieux en proposant un équipement sophistiqué – le « Step in » – pas assez fiable : des incidents apparaissent dès 1998. La quatrième étape a consisté à jouer la transparence totale pour transformer l'échec du produit en « opération Pilot » pour optimiser le lancement du snowbeck Salomon en 2001 ; avec une communication underground relayée par une stratégie marketing viral particulièrement innovante pour le secteur et l'époque.

Ce produit pointu de la *Board Culture* a fait de Salomon le N° 3 du secteur spécifique avec une reconnaissance du milieu des *Boarders* et de la distribution qui a rejailli largement au-delà du snowboard. Aujourd'hui, Salomon est une marque qui attire et qui inspire, qui s'intéresse aux nouveaux sports et intègre des produits textile (en devenant une vraie marque ombrelle) pour devenir plus un style de vie. La marque Salomon est devenue aujourd'hui plus moderne et plus cool, c'est-à-dire plus jeune et... plus pérenne ». Que peut-on rajouter à la conclusion de Benjamin Thaller ? Ce succès trouve d'ailleurs d'autres illustrations dans le même secteur ; Puma, Sergio Tacchini,...

On retrouve la même problématique avec le lancement, plus récent, de Perrier Fluo. Perrier cherchait à recruter de nouveaux consommateurs plus jeunes que leur clientèle actuelle, spécifiquement les adulescents de 18 à 24 ans. La volonté affichée d'Emmanuel Manichon, le directeur marketing de Perrier, était : sortir du monde des eaux minérales et même des *soft drinks* – déjà très standardisés – pour raisonner en termes de boisson au sens le plus large – pour s'offrir des horizons créatifs ouverts et vierges – et pouvoir ainsi innover.

Pour cela, une véritable marque a été créée – Fluo, bien en phase avec le public visé – avec ses propres spécificités, en termes à la fois de signature et d'identité visuelle de la bouteille et de son habillage, tout en conservant une certaine proximité avec la marque mère.

Les premiers résultats de vente sont considérés comme bons – alors que les volumes de Perrier classique restaient stables depuis une dizaine d'années – et l'image de la marque a été sensiblement enrichie et actualisée.

LES 11/25 EN CHIFFRES

Illustration N° 1

✓ Le « hit-parade » des marques préférées des 11/24 ans

Le tableau qui suit correspond aux réponses spontanées à la question : « Parmi toutes les marques que vous connaissez, quelles sont celles que vous aimez le plus (avec un maximum de 5, pour être véritablement discriminant) ? »
On obtient la hiérarchisation suivante (actualisation, février 2004) :

Pour les 11/17 ans				Pour les 18/24 ans		
N° 1	Nike	65 %	+ garçons	Nike	44 %	+ garçons
N°2	Adidas	52 %	+ garçons	Adidas	34 %	+ garçons
N° 3	Reebok	38 %		Levi's	21 %	
N° 4	Lacoste	20 %	+ garçons	Reebok	18 %	
N° 5	Quiksilver	14 %		Coca-Cola	13 %	
N° 6	Fila	14 %		Lacoste	13 %	
N° 7	Levi's	11 %		Sony	12 %	
N° 8	Puma	10 %		Danone	7 %	
N° 9	Coca-Cola	9 %		Fila	7 %	
N° 10	Sony	7 %		Peugeot	6 %	

Source : Institut de l'enfant/Junium. Baromètres 2001.

Illustration N°2

Tranche d'âge	7 à 10	11 à 14	15 à 24	25 à 34	35 à 54	55 à 70
Attachement à la marque	43	47	86	90	76	70

Source : Nigel Hollis, « BRAND child », Éditions KOGAN PAGE, 2003.

Illustration N° 3

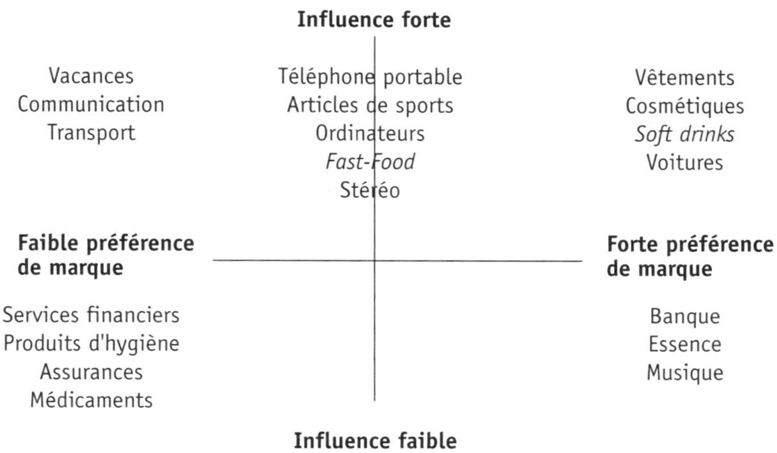

Source : Millword Brown

Illustration N° 4

✔ Les marques transgénérationnelles

Catégorie	7 – 10 ans	11 – 14 ans	Adultes
Fast-food	McDonald's	McDonald's	McDonald's
Télévision	Cartoon Network	Nickelodeon	BBC
Soft Drinks	Coca-Cola	Coca-Cola	Coca-Cola
Vêtements de sports	Adidas	Adidas	Adidas
Barres chocolatées	Mars	Mars	Mars
Céréales	Kellogg's Frosties	Kellogg's Cocoa Pops	Kellogg's Cornflakes

■ **Illustration N° 5**

✓ Le capital de la marque

Rang	Marques	Valeur 2002 (en millions de dollars)	Évolution 2002/2001
1	Coca-Cola	69,64	+ 1 %
2	Microsoft	64,09	- 2 %
3	I.B.M.	51,19	- 3 %
4	General Electric	41,31	- 3 %
5	Intel	30,86	- 11 %
6	Nokia	29,97	- 14 %
7	Disney	29,96	- 10 %
8	McDonald's	26,38	+ 4 %
9	Marlboro	24,15	+ 1 %
10	Mercedes	21,01	- %

Les 5 marques qui ont le plus progressé :

Rang	Marques	Valeur 2002 (millions de dollars)	Évolution 2002/2001
34	Samsung	8,3	+ 30 %
91	Nivea	2,1	+ 16 %
46	Harley Davidson	6,3	+ 13 %
31	Dell	9,2	+ 12 %
93	Starbucks	2	+ 12 %

À l'inverse, si l'on s'intéresse aux perdantes, on observe qu'il s'agit plutôt de marques « *show off* » sans réel savoir-faire, qui privilégient des clients infidèles ou partent à la conquête de nouveaux marchés, avec une surpromesse des produits ou services.

... et régressé :

Rang	Marques	Valeur 2002 (millions de dollars)	Évolution 2002/2001
21	Ericsson	3,6	- 49 %
11	Ford	20,4	- 32 %
17	AT & T	16,1	- 30 %
82	Boeing	3,0	- 27 %
25	Merril Lynch	11,2	- 25 %

Source : Enterbrand observatoire des marques/Business week navembre 2002.

Cinq marques françaises se situent parmi les 100 premières de ce classement. Il s'agit de Louis Vuitton (quarante et unième), L'Oréal (cinquante-quatrième), Chanel (soixante-quatrième), Danone (soixante-sixième) et Moët & Chandon (quatre-vingt septième). La faible représentation de la France dans ce classement ainsi que les secteurs concernés nous amènent à être assez inquiets pour l'avenir.

CHAPITRE 6

LEUR RAPPORT À L'ARGENT, AU TRAVAIL ET À L'ENTREPRISE

UN RAPPORT FONCTIONNEL À L'ARGENT

Même si pour un certain nombre de parents, enseignants ou éducateurs, les notions d'enfance, de jeunesse ou d'éducation d'un côté et d'argent, de banques et autres organismes financiers de l'autre apparaissent encore quelque peu antinomiques, le vieux rapport passionnel à l'argent en France – considéré comme systématiquement sale et corrupteur [1] – a beaucoup évolué au cours des vingt dernières années, en particulier pour les adolescents.

Pour les jeunes, l'argent n'a ni odeur, ni couleur ; tout comme l'air, **il est absolument nécessaire pour vivre : on ne peut pas s'en passer !**

Par contre, la représentation de l'argent évolue sensiblement entre 11 et 24 ans, en fonction des 3 systèmes de pensée auxquels accède l'adolescent dans sa construction pour devenir un adulte (cf. chapitre 2) :

- **pour les 11/14 ans** – au moment de la pensée systémique –, c'est un **« outil »** très concret pour favoriser **l'individualisation** (« j'ai envie de... ») et **l'autonomie** (« je me l'achète... »). C'est d'ailleurs à cet âge qu'ils sont le plus prêts, et le plus désireux de le faire, de travailler dans des « petits boulots » (baby-sitting, récupération d'emballages, nettoyage de voitures, travaux de jardinage,...).
- **entre 15 et 17 ans** – la période de la pensée symbolique – l'argent devient véritablement **« un signe » ; il sert à être soi**. *« C'est avec l'argent que l'on peut mesurer combien on est libre »*, nous disait récemment Alicia (16 ans). Cela peut représenter un tremplin fantastique pour inciter à développer des projets.
- **pour les 18/24 ans**, c'est plutôt une **« valeur économique et sociale »** ; un des archétypes qui sous-tendent la pensée opératoire des adu-lescents. Ce que traduit bien la fameuse formule que l'on attribue souvent aux **jeunes qui « ne sont plus prêts à vivre pour travailler** (comme l'auraient été leurs ancêtres !) **mais acceptent de travailler pour vivre »** : le travail n'étant plus considéré comme un but en soi ou un attribut naturel du statut d'adulte, mais bien comme **un moyen de gagner de quoi mieux profiter de la vie !** Avoir de l'argent, c'est être autonome aujourd'hui (comme pour leurs cadets), mais c'est aussi la perspective de devenir indépendant un

1. Lire à ce sujet l'ouvrage de A. Peyrefitte, *Le mal français*, 1979.

jour ; sur un fond de plaisirs permanents, petits (souvent) et grands (plus occasionnellement).

Assez naturellement, cette perception aboutit chez les jeunes à **une conception « consommatrice » de l'argent** (nous avons déjà évoqué, dans le chapitre 4, la primauté de la consommation sur la production dans les sociétés modernes) dans laquelle :

- **les besoins priment sur les moyens** ; la réussite de telle ou telle étape de l'adolescence s'évaluant à l'aune des dépenses que l'on engage (c'est également souvent le raisonnement des parents par rapport à l'éducation qu'ils donnent à leurs enfants). Ils varient selon la personnalité du jeune (beaucoup), son sexe (assez) et le niveau socioculturel – plus qu'économique – des parents (un peu).
- **le plaisir immédiat l'emporte sur les investissements** pour construire demain ; « c'est le royaume de la débrouille, licite ou pas ! »
- **l'épargne n'est, le plus souvent, qu'une consommation différée**, décalée dans le temps.

En reprenant les termes comptables classiques, on peut se demander s'il n'y a pas, chez les jeunes, **une « hypertrophie du débit »** (la consommation, le paraître, le quotidien, le volume, le portefeuille, le chéquier, la carte de paiement,...), **essentiellement parce qu'« on leur refuse le crédit »** (la projection sur demain, les projets, les contrats, les comptes, la confiance, le respect, les délais, le droit à l'erreur... et à sa réparation).

« ARGENT DE POCHE » *VS* « ARGENT EN POCHE »

Comme pour les enfants, toutes les études confirment que **les adolescents de 11 à 24 ans dépensent durablement beaucoup plus qu'ils ne gagnent officiellement** ; ils disposent en effet de moyens financiers supérieurs – l'argent en poche – à ce qu'ils devraient toucher normalement : argent de poche, puis salaire après 18 ans.

- **63 % des 11/17 ans reçoivent régulièrement de l'argent de poche**. À cet âge, il s'agit très majoritairement d'une allocation mensuelle (en dessous de dix ans, c'est plutôt à la semaine !) pour inciter le jeune à gérer un budget, sur une période plus longue. C'est encore le cas pour de nombreux adu-lescents, puisque d'après une enquête de la C.N.A.V.(Caisse nationale d'assurance vieillesse [1]), 65 % des parents de jeunes de 19 à 30 ans continuent à leur fournir une aide financière. Aux U.S.A., 80 % des élèves de *High Schools* (12 à 17 ans en moyenne) travaillent pendant leur scolarité !

- **37 % des 18/24 ans exercent une activité professionnelle régulière** qui entraîne la perception d'un salaire ; le chiffre équivalent pour les États-Unis est actuellement de 60 %.

Les compléments de ressources sont nombreux ; des petits jobs avant dix-huit ans, le maintien d'un complément parental au salaire après dix-huit ans. Ces financements additionnels sont considérables puisqu'ils multiplient par 6 l'argent de poche des plus jeunes et augmentent de 50 % la paie des salariés (cf. illustration N° 1). Aux U.S.A. on parle même de *« six pocket children »* pour illustrer le fait que ces jeunes reçoivent de l'argent de 6 financeurs familiaux ; les 4 grands-parents, qui représentent environ 10 % des ressources des jeunes, et les parents, pour près de 50 %.

Puisqu'**un adolescent dispose en moyenne tous les mois de 166 euros,** on peut donc calculer le **pouvoir d'achat total annuel des 11/17 ans : il représente 3, 354 milliards d'euros.**

Les chiffres correspondants **pour les adu-lescents de 18 à 24 ans s'élèvent respectivement à 1 555 euros mensuels à titre individuel et 36 milliards pour l'ensemble de la population**.

Il est intéressant de citer, à titre indicatif, quelques chiffres sur la première puissance économique mondiale, les États-Unis. Les 82 millions de jeunes regroupés sous l'appellation de *« Generation Y »* – les 9/26 ans nés entre 1977 et 1994 – ont dépensé 600 millions de dollars en 2001 (dont 172 pour les 12/19 qui se rapprochent de la population étudiée dans ce livre) ; il faudrait y ajouter les 420 millions de dollars de prescription. Dans ce pays, 40 % des 15/19 ans possèdent déjà leur propre voiture, 18 % des 12/17 ont un portefeuille

1. Le soutien familial, 1992.

d'actions/obligations, 10 % ont leur propre carte de crédit et 9 % ont accès à celle de leurs parents. Ces jeunes clients sont appelés les *« skippies »* ; pour *« school kids with purchasing power »*.

UNE CULTURE ÉCONOMIQUE INSUFFISANTE

Si *Le Figaro* du 10 juin 2002 titrait « Les Français sont fâchés avec l'économie », on peut dire que les lacunes sont encore plus criantes pour les jeunes. La démarche d'apprentissage familial de l'argent est trop sauvage et du même coup lacunaire. La majorité des parents ne considèrent pas que le souci d'autonomisation et de responsabilité financières de leur progéniture soit une des valeurs cardinales de l'éducation. Ils ne poussent pas vraiment leurs enfants à exercer une activité rémunérée ; durant l'année scolaire – ce qui risquerait, d'après eux, de compromettre les résultats des études – ou pendant les vacances – l'environnement social pourrait croire qu'ils n'ont pas les moyens d'élever leurs enfants ! Peut-être qu'inconsciemment ils estiment que le financement est le dernier refuge de « l'autorité parentale ». **Quand ils parviennent à l'âge de la majorité officielle** – 18 ans – **tous les jeunes Français ont déjà derrière eux une expérience de quinze années de consommation**, **alors que seulement la moitié d'entre eux (plutôt les filles) ont travaillé** – pendant quelques mois au total – pour percevoir une allocation financière en contrepartie d'une prestation.

L'école ne joue pas non plus son rôle. « L'éducation ménagère » a disparu – ce qui pouvait se comprendre – provoquant la quasi-disparition des calculs pratiques de budget – ce qui est incontestablement dommageable ! L'éducation économique est souvent réservée aux élèves ayant des difficultés scolaires. La filière économique est reconnue depuis 1966 au lycée mais elle impose des programmes trop ambitieux quant au contenu et aux objectifs pédagogiques : comment ces élèves pourraient-ils se sentir concernés par la macroéconomie et les règles de la comptabilité nationale ! Il est pour le moins paradoxal que l'enseignement économique soit, d'une part plus développé dans l'enseignement professionnel et technologique que dans le général, et d'autre part systématiquement associé à l'enseignement social. Par ailleurs, Denis Kessler – qui a une agrégation de sciences sociales, un D.E.A. de philosophie, et un doctorat d'État en économie – affirme que : *« L'enseignement économique pèche par son prisme idéologique en présentant l'entreprise et la mondialisation de façon peu flatteuse ; à la fois dans les manuels scolaires et dans les cours de la plupart des enseignants. »*

La fréquentation répétée de la distribution et la bonne connaissance des prix des « produits tentateurs » renforcent encore l'attitude consommatrice passive des jeunes, en entraînant souvent une forme de frustration. Il est grave que les jeunes soient beaucoup mieux formés à dépenser de l'argent qu'à en gagner ; c'est totalement antidémocratique (les familles privilégiées étant par définition favorisées) et peu citoyen (le vol est tentant). En effet, si la notion de revenu régulier lié à une activité – quelle qu'elle soit – définit nettement le champ des possibilités d'achat et valorise l'acquisition de certains objets, la disparition des critères de financement déstabilise les repères économiques élémentaires : puisque le racket ou la drogue permettent de gagner rapidement beaucoup d'argent, pourquoi s'astreindre à trente-cinq heures de présence derrière un guichet !

Il est donc urgent de prolonger la socialisation économique « sauvage » dont nous avons déjà parlé, par une véritable éducation économique structurante – pour tous, de façon précoce et d'une manière adaptée à chaque étape – basée sur des informations économiques de base (salaires, prélèvements sociaux, retraites,...) et des notions d'équilibre simples ; emploi/ressources, coût du crédit, modalités de remboursement,... mais aussi « démarque inconnue », fraude dans les transports, etc.

Toutes les études confirment qu'aujourd'hui, la très grande majorité des 11/24 ans arrivent presque toujours à financer ce dont ils ont réellement envie. Ils savent très bien organiser des « tours de table familiaux » avec des contributeurs différenciés (une part pour le jeune, une pour ses parents, une troisième pour les grands-parents,... sans oublier le recours éventuel aux parrains/marraines, frères et sœurs plus âgés ou plus jeunes,...). Une autre technique fréquemment utilisée par les ados, est celle du « cofinancement » avec les parents ; pour un achat envisagé d'une planche à voile à 600 euros, le jeune s'engage à revendre l'actuelle (100 euros par exemple), à utiliser ses propres économies (jusqu'à concurrence de 152 euros) et propose à ses parents de lui avancer la somme manquante (348 euros dans le cas d'espèce), à valoir sur les futurs cadeaux pour les prochains anniversaires ou les Noël à venir jusqu'au remboursement. La plupart du temps, par oubli ou par mauvaise conscience (ce sont en général les mamans qui craquent les premières !), les cadeaux reprennent avant l'échéance normale et les parents ne récupèrent que la moitié ou le tiers de leur apport initial ; sans même parler de la non-rémunération du crédit !

LA VALEUR AJOUTÉE JEUNE

Dès l'âge de six ans, un enfant comprend la valeur de l'argent et la valeur de ce qu'il peut acheter avec. À huit ans, il est capable d'apprécier si le produit qu'il a acheté correspond ou pas à ce qu'il a dû payer pour l'obtenir. **À onze ans, 100 % des adolescents peuvent relever les écarts de prix entre différents magasins.** La vraie valeur ajoutée, c'est la différence de prix entre les avantages et les bénéfices que procure un produit et ce qu'il a coûté.

Les adolescents ont une représentation sociale de la qualité qui est essentiellement évaluée par rapport à la contribution, à la réalisation d'un projet qu'ils ont formulé, c'est-à-dire l'obtention d'un produit ou d'un service. En effet, faute d'une formation économique pertinente (le bon contenu au bon moment), ils tiennent peu compte des éléments de coût et de prix de revient objectifs – matières premières employées, temps de fabrication, origine des produits – ou des facteurs de durabilité et d'entretien – ils renouvellent fréquemment leurs différentes panoplies au gré de leur croissance et des évolutions de la mode –. De la même façon, ils ont énormément de difficultés à intégrer les conséquences financières des facteurs écologiques – méthodes de cultures traditionnelles, fabrication artisanale,... – ou éthiques – travail des prisonniers, des enfants (Nike a peu souffert en

France des reproches qui lui étaient adressés il y a quelques années, à savoir l'utilisation de *« sweatshops »*).

Les tenants de la théorie de « la merchandisation du monde actuel » affirment volontiers que, dans nos sociétés, « n'a de valeur que ce qui a un prix ». **Pour nos adolescents, « le prix c'est la valeur » !**

Il n'y a donc pas chez les jeunes de référentiel objectif sur ce qui est cher et ce qui ne l'est pas : *« C'est moi qui décide que pour une même catégorie de produits, l'article A justifie son prix et pas l'article B. »* On est bien dans la logique du consomm'acteur qui réinvente sa consommation.

C'est le service rendu qui conditionne le prix. Selon Coca-Cola, un bon produit – comme le Coke – doit être « attractif », « accessible » et « appropriable » (la règle des 3 A, déjà introduite). L'attractivité renvoie à la théorie de l'analyse de la valeur ; plus un produit comporte d'attributs qui plaisent, plus il peut/doit être cher. Un ancien C.E.O. de Coca-Cola, R. Goizette, avait, paraît-il, coutume de dire : *« En Chine, le Coca-Cola devrait être vendu au même prix que le thé. »*

Il faudra donc systématiquement accentuer tous les éléments de valorisation et d'attractivité – le produit, le packaging, la marque,... – et faire la chasse systématique à tous les éléments de coût sans « valeur faciale » donc ajoutée. L'accessibilité englobe la proximité permanente – des conditionnements différenciés – et la disponibilité dans tous les territoires de vie des jeunes – multiples circuits de distribution –. Lorsqu'elle est justifiée, cette disponibilité a un prix (cf. les distributeurs automatiques). L'appropriabilité intègre les notions de fourchettes de prix tenant compte des possibilités de financement personnel ou familial ; plutôt dans une perspective de *« trade off »* et d'arbitrage par rapport à d'autres produits ou services que dans l'absolu !

Une distanciation des jeunes avec l'environnement économico-financier

Les professionnels de la finance et de l'économie restent très frileux vis-à-vis de l'éducation économique des jeunes et de l'apprentissage des procédures et des outils financiers.

Jusqu'en 1982, les mineurs ont représenté une chasse gardée pour les caisses d'épargne (La Poste et l'Écureuil) ; elles leur proposaient de mettre en sécurité leurs économies, dans des conditions économiques proprement « scandaleuses » puisque la rémunération des dépôts était de 2 à 3 fois inférieure à l'érosion monétaire.

En effet, à la différence de leurs homologues britanniques, allemandes, belges ou américaines (il existe même au Texas une banque gérée par des moins de dix-huit ans !), les banquiers français ne s'intéressaient pas à cette population. D'abord parce qu'ils surestimaient l'impécuniosité de ces jeunes (peu de ressources), ensuite parce qu'ils craignaient une mauvaise gestion des comptes (le côté cigale, souvent prêté aux jeunes) et enfin parce qu'ils estimaient que les parents considéraient le domaine financier intergénérationnel comme trop intime pour que des organismes extérieurs puissent faire des propositions.

Le succès rapide du compte MOA – dès treize ans – lancé par le C.I.C. en 1983 et la surenchère menée par toutes les banques dans les mois et les années qui ont suivi montrent que ces *a priori* n'avaient aucune justification.

Toutes les banques offrent aujourd'hui des panoplies de services comportant certains des avantages accordés aux adultes et une grande diversité d'« offres extra-bancaires » qui renforce encore, chez les jeunes, le côté achats-plaisir à court terme au détriment des investissements à moyen et long terme. **Personne ne propose une démarche d'initiation et d'apprentissage progressifs de l'« outil-argent »**, des institutions financières qui le font circuler pour créer de la richesse, des différents métiers qu'on y rencontre et les formations requises pour les exercer.

À l'inverse, la démarche de Visa aux U.S.A., avec le lancement en 2000 de la carte « Visa Buxx », une carte de crédit spécifiquement destinée aux adolescents américains à partir de treize ans, va bien dans le sens de la responsabilisation ; à la fois des jeunes et des adultes qui alimentent le compte. À la différence de la « Smart Card » des commerçants dont l'utilisation est limitée, la Visa Buxx est acceptée partout où le logo Visa est représenté, comme pour les adultes ; magasins, distributeur de billets et sur Internet. Elle a été mise au point après trois années d'études et d'optimisation avec des jeunes Américains, leurs parents et des distributeurs. La carte de débit « RocketCash », lancée par une filiale de Coca-Cola, correspond à une logique comparable. Les responsables d'American Express, qui ont pourtant connu un échec avec le lancement de leur carte « Cobalt », peu de temps après le démarrage de Buxx, affirment être néanmoins toujours convaincus du potentiel du marché adolescent.

Il faudrait replacer la découverte et la maîtrise de l'argent et des moyens de paiement dans des « situ'actions » authentiques basées sur :

- **la gestion optimisée de la dépense, à l'ado-naissance :** savoir acheter.
- la contrepartie ressources (activités rémunérées,...) et **l'équilibre recettes/dépenses, pendant les années lycées** ; les différentes façons de gagner de l'argent.
- **le financement des projets à l'adu-lescence** ; maîtrise des investissements, du crédit,...

Pourquoi ne pas imaginer un **« plan épargne projet(s) jeune »**, démarrant à onze ans, se terminant à l'entrée dans la vie active (et non pas arbitrairement le jour de l'anniversaire d'un âge donné, comme c'est le cas actuellement) et fonctionnant sur le même principe que le « plan épargne logement » : au début, on fait ses armes et ses preuves en économisant et en gérant et le moment venu, la banque fait confiance et devient le partenaire économique privilégié ?

Aujourd'hui, on peut dire que la bancarisation des 11/24 ans est encore sous-développée et « mineure » ; non seulement parce que 28 % des 11/17 ans et 11 % des 18/24 ans n'ont pas de compte bancaire mais surtout parce que près des deux tiers des jeunes de 11 à 24 ans s'abritent derrière leurs parents en choisissant la même institution bancaire qu'eux ; 65 % chez les 11/17 ans et encore 62 % pour les plus âgés (source : Institut de l'enfant/Junium) ; alors que leurs besoins financiers pour aujourd'hui et leurs projets pour demain sont très différents !

On est donc loin d'un partenariat confiant et durable entre 2 parties qui se connaissent et se respectent : que les jeunes adultes de 18 à 24 ans aient autant besoin de leurs parents que leurs cadets pour affirmer leur identité auprès de leur banquier dénote à notre sens un sérieux manque de maturité : peut-être des 2 côtés !

La banque n'est ni connue ni évaluée en fonction de sa fonction économique éternelle et dynamique mais bien par rapport au quotidien et au financement privé. Il n'est donc pas surprenant qu'elle ait une mauvaise image chez les jeunes : les plus jeunes comme les plus âgés !

De façon récurrente, les études font majoritairement apparaître les évocations suivantes, à propos des banques :

Élitiste

Sérieuse **Hexagonale**

BANQUE

Opaque **Vieillotte**

Avare

On constate combien ces attributs d'image se situent quasiment à l'opposé des valeurs des adolescents, telles qu'elles ont été développées au début de cet ouvrage.

Compte tenu de ce qui précède, on ne sera pas surpris du classement établi par les 11/24 ans concernant **la banque qu'ils considèrent comme « proche d'eux » (en phase avec leur problématique et leurs attentes)** (cf. illustration N°2).

Même si les 18/24 ans paraissent plus satisfaits, à l'évidence personne n'a encore trouvé la carte qui conduit aux 11/17 ans et la clé pour les séduire. Si **les institutions « historiques » (Caisse d'Épargne et La Poste) tirent encore bien leur épingle du jeu, les banques privées n'ont pas véritablement réussi à consolider leurs opérations** pourtant renouvelées depuis près de vingt ans, souvent avec des moyens importants. Ici également on ne peut qu'être inquiet en constatant que la hiérarchie soit aussi voisine chez les plus jeunes et les plus âgés alors que les problématiques, les outils mis à disposition et les moyens de communication utilisés sont très différents.

Le « hit-parade » des **institutions financières détenant le plus de comptes jeunes** reflète bien ce qui précède et confirme la cohérence des comportements, des attitudes et des opinions des 11/24 ans (cf. illustration N° 3).

Il est grave que les jeunes soient beaucoup mieux formés à dépenser de l'argent qu'à en gagner ; c'est totalement antidémocratique (les familles privilégiées étant par définition favorisées) et peu citoyen (le vol est tentant).

En 1950, 77 % des jeunes Français de vingt ans étaient engagés professionnellement ; en 1995, il n'étaient plus que 22 % !

UNE IMAGE DE L'ENTREPRISE IMPRÉCISE ET RÉDUCTRICE CHEZ LES JEUNES

Si la période de l'adolescence est, sans contestation possible, vitale pour la professionnalisation du futur adulte, elle ne donne que rarement lieu à une découverte raisonnée du monde de l'entreprise. Ceci pourrait découler soit de la diffusion et l'appropriation d'informations objectives sur les finalités, les méthodes et les moyens humains, techniques et financiers des entreprises (les seules informateurs étant les parents et les enseignants, pas toujours très objectifs ni compétents sur tout !), soit d'expériences pratiques de vie économique (stages, petits jobs,...).

Les jeunes Français pratiquent malheureusement beaucoup moins ce genre d'initiation que leurs collègues anglais, allemands ou américains, alors que cela serait beaucoup plus facile à réaliser chez nous, compte tenu de la longueur des vacances d'été et de la généralisation des trente-cinq heures qui rend les professionnels moins présents sur leur lieu de travail. En 1950, 77 % des jeunes Français de vingt ans étaient engagés professionnellement ; en 1995, il n'étaient plus que 22 % !

Hervé Sérieyx souligne [1] combien **l'entreprise a mauvaise cote en France** : *« La cause est entendue, l'État est de gauche, il est respectable et on peut lui faire confiance ; par contre l'entreprise est de droite, elle est louche et il faut s'en méfier ! »*

Il n'est donc pas étonnant que la représentation sociale de l'entreprise passe de **la méconnaissance totale à onze ans** (on ne considère que les structures dans lesquelles travaillent papa et maman, qui n'en sont pas obligatoirement les plus ardents défenseurs !) **à la caricature près de quinze ans après**.

Un sondage effectué par la revue *Enjeux-Les Échos* en mai 1999 auprès de 400 jeunes de 18 à 24 ans – actifs ou poursuivant des études pour le devenir – illustre bien cet état d'esprit :

1. H. Sérieyx, *Les jeunes et l'entreprise : des noces ambiguës*, Éditions Eyrolles, 2002.

- ils ne sont que 3 % à avoir une très bonne opinion des entreprises françaises en général, même si 82 % en ont une assez bonne opinion (le ventre mou !).
- si 59 % les considèrent comme dynamiques, seuls 51 % les estiment ouvertes vers l'extérieur et 48 % pensent qu'elles sont innovantes : il n'est donc pas surprenant que seulement 36 % affirment qu'elles offrent des perspectives intéressantes pour un jeune comme eux.
- seulement 34 % estiment que les entreprises françaises font des efforts pour embaucher des jeunes et à peine 23 % considèrent qu'elles cherchent à les informer sur leurs activités.

On comprend du même coup **leurs souhaits pour un premier emploi : près d'un tiers** (29 %) **dans la fonction publique, à peine un sur deux dans l'entreprise** (47 %, dont 28 % dans une grande société et 19 % dans une PME/PMI), le petit quart restant recherchant plus d'individualisme, à travers ce qu'ils imaginent être la profession libérale (16 %) ou la création d'entreprise (8 %).

Cette image floue est bien souvent alimentée par les médias qui mélangent fréquemment théorie (plutôt macroéconomique) et réalités entrepreneuriales (la vie de la société, les contrats remportés,...) mais aussi par les difficultés à s'insérer dans le monde du travail, dont la responsabilité est quasiment toujours attribuée aux exigences des entreprises et pratiquement jamais à une formation antérieure non pertinente ou des comportements inadéquats des jeunes.

Certains événements contribuent très négativement à la mauvaise perception des entreprises : la brutalité des évolutions boursières, les scandales des manipulations financières et des comptes truqués aux U.S.A., les catastrophes comme le naufrage de l'*Erika* ou l'explosion de l'usine AZF accréditent l'idée que le profit à court terme pour quelques-uns l'emporte sur le long terme, l'écologie et le développement pour tous. De la même façon, les entrepreneurs sont quasi systématiquement tenus pour responsables non seulement des licenciements (ce qui pourrait encore se comprendre, dans une certaine mesure !) mais aussi du chômage découlant des baisses d'activité.

L'entreprise est souvent perçue par les jeunes comme le lieu de toutes les contraintes (avec une phraséologie qui s'apparente parfois à la théorie marxiste de l'exploitation de l'homme par l'homme !) ; les horaires, la productivité, les petits chefs, le service au/du client,...

Faute d'avoir été découverts et expérimentés personnellement par des passages en entreprise, l'indépendance financière que procure un salaire, l'épanouissement qu'entraîne l'exercice de certains métiers, la valorisation du travail en équipe, n'interviennent que faiblement dans l'évaluation du monde de l'entreprise.

D'autres facteurs jouent un rôle ambigu. Citons d'abord la médiatisation du chef d'entreprise – la société acquérant ainsi une personnalité plus humaine – avec les risques que cela comporte : de positif pour Michel-Édouard Leclerc (le distributeur du même nom), à mitigé pour Alain Afflelou (les lunettes) et carrément désastreux pour Jean-Marie Messier (Vivendi Universal) ou Thierry Desmaret (TotalFinaElf). De la même façon, la mondialisation peut être perçue par certains comme positive – la suppression des frontières, l'ouverture à d'autres cultures et (d'autres produits,... – et par d'autres comme négative – l'exploitation du Sud par le Nord, l'impérialisme culturel,...

Dans ce contexte, on ne s'étonnera pas que la très grande majorité des jeunes de 18 à 24 ans n'aient aucun référent professionnel et en particulier pas de « projet professionnel personnel ». Les études supérieures – y compris et presque surtout les grandes écoles – sont plutôt considérées comme une « assurance-vie professionnelle » (embauche, stabilité de l'emploi et réinsertion éventuelle assurés par le réseau des anciens élèves, statut et salaires garantis, etc.) que comme la préparation à un parcours professionnel ouvert, stimulant et épanouissant (changement de secteurs d'activité et d'employeurs, séjour à l'international, etc.). Il est pourtant certain que tout jeune entrant aujourd'hui sur le marché du travail changera au cours de sa vie professionnelle en moyenne 3 fois de métier et 5 fois d'entreprise en alternant des périodes d'emploi et de chômage. Le diplôme induit faussement l'idée qu'il « donne droit à... », qu'il « assure la prééminence sur... (le statut !) ».

En fait, par l'inégalité des formations, des chances sociales et des réseaux de relations, les jeunes se trouvent dans des situations extrêmement différenciées quand ils abordent l'entreprise. En tenant compte de 2 axes, d'une part celui de la formation (faible et/ou courte *vs* forte et/ou longue) et d'autre part celui du marché de l'emploi (secteurs pauvres en emplois et/ou ne proposant que des emplois pauvres *vs* des secteurs riches en emplois comportant/ou non de belles perspectives). Hervé Serieyx établit, dans l'ouvrage déjà cité, une sorte de typologie de l'« employabilité des jeunes », en distinguant :

- **« les inclus »**, qui ont fait de bonnes études, dans des domaines en développement ; les informaticiens, les financiers, les qualiticiens,...
- **« les reclus »** ; avec un bagage mince, ils ont su s'orienter vers des secteurs riches en emplois mais sans grandes perspectives d'évolution : restauration, propreté, gardiennage,...
- **« les perclus »** ; des formations lourdes les ont conduits dans des impasses professionnelles : les 12 000 thésards actuellement déclassés en représentent l'archétype !
- **« les exclus »**, avec des formations faibles dans des secteurs à emplois pauvres ; ouvriers du textile et du cuir, éleveurs, ouvriers non qualifiés, employés de banque, etc.

Il est facile de comprendre que selon la catégorie à laquelle ils appartiennent, les jeunes ont un regard très typé sur l'entreprise ; positif ou négatif !

L'institut de sondage Ipsos a réalisé, en avril 2001, un baromètre d'image des 30 plus importantes entreprises françaises, auprès d'un échantillon national représentatif de jeunes de 18 à 24 ans, pour la revue *Le Nouvel Économiste*. Les résultats confirment ce qui précède ; ils sont inquiétants dans la mesure où à peine plus de la moitié (18) de ces entreprises suscitent plus d'intérêt que de rejet (cf. illustration N° 4).

Certains secteurs d'activité éprouvent d'énormes difficultés pour recruter les jeunes dont ils auraient besoin dès maintenant pour faire face à leur développement et renouveler leur personnel. La situation sera encore plus dramatique à partir de 2006 lorsqu'une bonne partie des papy-boomers (les classes d'âge nombreuses de l'après-guerre) partiront à la retraite (la population active commencera alors à diminuer de 30 000 chaque année jusqu'en 2010 et de 80 000 au-delà) ; on peut citer l'hôtellerie/restauration, le B.T.P., les transports, l'industrie chimique, l'informatique, la banque/assurances,... sans oublier l'administration (la moitié des fonctionnaires partiront à la retraite d'ici à 2012 !).

Cette désaffection a de nombreuses causes :

- les conditions de travail et la pénibilité ; horaires (restauration, transport,...), conditions climatiques (B.T.P., etc.).
- les salaires trop bas ; hôtellerie.
- l'image du secteur et sa non-reconnaissance sociale ; assistants à domicile et personnel de maison.
- le moindre intérêt pour certaines études et filières ; scientifiques en particulier !

LES ENTREPRISES COMMUNIQUENT MAL AVEC LES JEUNES

On a vu précédemment que l'image que les jeunes ont des entreprises était essentiellement alimentée par les parents, les enseignants et les médias, qui ne sont pas obligatoirement les mieux placés pour monopoliser l'information professionnelle. Il est donc impératif que les entreprises et leurs organisations professionnelles entreprennent, dans les années qui viennent, un énorme effort de communication à la fois en direction des jeunes et des 3 catégories de prescripteurs évoquées précédemment : parents, enseignants et éducateurs.

Actuellement, **les entreprises communiquent souvent sur les mauvaises cibles**, en dépensant beaucoup d'argent pour recruter leurs cadres (sur les campus des grandes écoles ou à l'occasion des forums des universités) et très peu pour le personnel d'exécution qui représente encore – et cela sera également vrai demain – les gros bataillons de l'hôtellerie/restauration, du bâtiment, des services aux particuliers, etc., selon « le groupe de prospective des métiers du Commissariat général au Plan ». Véronique Hespel, commissaire adjointe, prévient : *« Personne n'en parle, mais en France le danger d'une surqualification des jeunes par rapport aux besoins est réel. »*

Par ailleurs, **les employeurs s'adressent aux jeunes souvent trop tard** ; après qu'ils aient obtenu leur diplôme. Or à ce stade, ils ont déjà bien souvent développé des attitudes négatives par rapport à certains secteurs (cf. ce qui a été dit précédemment) ou entreprises. Au contraire, entre 11 et 17 ans 74 % des jeunes sont confiants dans leur avenir professionnel, 87 % estiment que les études qu'ils suivent actuellement leur donnent une formation suffisante pour réussir leur vie (23 % la jugent même excellente !). Entre 11 et 17 ans, 9 sur 10 ont un métier en tête ; si près de la moitié veulent aider les autres (dans des directions aussi diversifiées que professeur, médecin, juge, policier, pompier, etc.), 18 % sont attirés par la fonction publique, 16 % par l'industrie, 15 % par le commerce,...

Ce phénomène est encore accentué par la tendance des employeurs à surestimer les diplômes requis ; dans la perspective d'une progression ultérieure et non pas par rapport au poste actuel. Il serait plus opératoire de ne viser que la qualification requise à court terme pour la première embauche, quitte à mettre en place une formule de « formation permanente qualifiante » qui introduirait la notion de partenariat entreprise/salarié.

Les entreprises sont souvent maladroites dans leur communication à l'égard des jeunes ; soit en tenant un discours survalorisant sur la société – le leader, perspective mondiale, vision prospective du métier, forte culture d'entreprise,... – soit en pratiquant le « jeunisme » avec un discours démagogique – « vous êtes ambitieux, nous aimons ça, votre originalité c'est notre créativité, nous connaissons les règles de votre tribu,... ».

Comme l'écrit Claude Tapia [1] : *« Les entreprises devraient se préoccuper de la lisibilité des trajectoires professionnelles de manière à rendre possible pour les jeunes la projection de soi dans l'avenir, l'identification*

1. C. Tapia, *Intégrer les jeunes dans l'entreprise*, Éditions d'Organisation, 1994.

à une carrière professionnelle et donc le désir de rechercher les trajets les plus appropriés d'investissements des savoirs acquis en amont de l'entreprise. » Ceci justifie l'importance de la « recherche d'employabilité permanente » qui est déjà en place chez les jeunes les plus favorisés mais qui manque terriblement aux perclus, reclus et exclus évoqués quelques pages plus haut.

LES 11/25 EN CHIFFRES

Illustration N° 1

Ressource moyenne mensuelle (en euros)	11/17 ans	18/24 ans
Argent de poche	25	106
Salaire	-	1 044
Petitsjobs	74	303
Cadeaux	46	102
« Récupération »	21	-

Source : Institut de l'enfant/Junium. Baromètres « Teen Generation » N° 23 et « Link Generation » N°14, 2001.

Illustration N°2

	11/17 ans	18/24 ans
N° 1	Aucune	Caisse d'Épargne
N° 2	Caisse d'Épargne	Crédit Agricole
N° 3	La Poste	
N° 4	Crédit Agricole	Aucune
N° 5	Crédit Mutuel	Société Générale

Source : Institut de l'enfant/Junium. Baromètres « Teen Generation » N° 23 et « Link Generation » N°14, 2001. Actualisation, juin 2003.

Illustration N° 3

	11/17 ans	18/24 ans
N° 1	Caisse d'Épargne	
N° 2	La Poste	Crédit Agricole
N° 3	Crédit Agricole	La Poste
N° 4	Crédit Mutuel	Société Générale
N° 5	Société Générale	Crédit Mutuel

Source : Institut de l'enfant/Junium. Baromètres « Teen Generation » N° 23 et « Link Generation » N° 14, 2001. Acyualisation, juin 2003.

Illustration N° 4

✔ Entreprises à image positive ; (différentiel image positive – négative > 50 %)

N° 1	P.S.A. Peugeot Citroën	80 %
N°2	Renault	78 %
N° 3	Gaz de France	77 %
N° 4	Auchan	75 %
N° 5	E.D.F.	73 %
N° 6	L'Oréal	71 %
N° 7	Leclerc	70 %
……		

On retrouve dans cette liste un mélange de quotidien et d'exceptionnel, de technique et de naturel, de public et de privé,… bien dans « la nature compil » des jeunes actuels.

✔ Entreprises à image négative ; en dessous de 50 %

N°19	B.N.P. Paribas	48 %
……		
N°25	Vivendi	32 %
N°26	Bouygues	29 %
N°27	L.V.M.H.	17 %
N°28	S.N.C.F.	11 %
N°29	Crédit Lyonnais	7 %
N°30	TotalFinaElf	46 %

Ce classement souligne l'importance des effets de secteurs (la banque), de comportements spécifiques (Vivendi, Crédit Lyonnais, TotalFinaElf,…) ou d'actualité (les grèves de la S.N.C.F.,…).

© Les frustrés, de Claire Bretécher, 2004.

CHAPITRE 7

LEURS VALEURS

HISTOIRE ET GÉOGRAPHIE DE LA RECHERCHE GÉNÉRATIONNELLE JUNIOR DANS LE MONDE

L'émergence – et le développement – de la recherche sociologique générationnelle trouve sa source dans les événements de 1968 en Occident, avec leur double dimension :

- générationnelle au sens **« époque »** ; l'avant et l'après 1968 se différencient nettement par rapport à beaucoup de valeurs et de perceptions institutionnelles – la famille, le sexe, la religion mais aussi l'autorité, le travail, etc.

– générationnelle au sens **« âge »** (les âges de la vie !) ; clairement les juniors (les moins de vingt-cinq ans), les majors (entre 25 et 49 ans) et les seniors (50 à 75 ans : avant le quatrième âge !) n'ont pas plus réagi de la même façon, à l'époque, à l'occupation de la Sorbonne et au départ du général de Gaulle qu'ils ne le font aujourd'hui à l'Internet ou à la guerre préventive contre l'Irak de Saddam Hussein.

La **recherche générationnelle junior a débuté en France en 1970** à l'initiative de Pierre Michalet et de Joël-Yves Le Bigot qui avaient vécu les quatre mois de folie de 1968 (d'avril à juillet) chez Hachette – alors situé au plein cœur de l'événement puisqu'au carrefour des boulevards Saint-Germain et Saint-Michel – et qui créent une structure destinée à associer les jeunes à l'optimisation d'outils pédagogiques (tests en classe) et qu'ils appellent de façon un peu provocante « La Compagnie internationale de consultation, éducation et marketing » pour illustrer la nécessité d'une approche décloisonnée de la recherche, de l'éducation et de la communication.

Allant encore plus loin, en 1972 Joël-Yves Le Bigot créé l'Institut de l'enfant (*op. cit.*) avec la volonté délibérée de donner systématiquement la parole aux mineurs qui n'étaient jamais consultés, y compris pour des produits et services les concernant directement – exclusivement ou principalement – comme les jouets, la confiserie dite « à la pièce », la presse et les émissions de télévision enfantines. La profession de foi, mise en forme par les publicitaires Jacques Séguéla et Dominique Chevalier est tout à fait explicite : **« Merci aux adultes de réfléchir pour nous, de penser pour nous, de décider pour nous, d'agir pour nous, de vivre pour nous, de savoir ce qui est bien et ce qui est mal, d'être d'accord ou pas d'accord pour nous ; en un mot, d'en faire trop pour nous ! »**

Désireux de mettre les connaissances et les méthodes et techniques de la psychologie, de la sociologie, de l'ethnologie, mais aussi de l'économie et de la communication à la disposition de tous ceux qui avaient vocation/ambition à s'adresser aux jeunes de moins de vingt et un ans – qu'ils s'agissent des ministères, des administrations et des collectivités territoriales, des entreprises et des fédérations professionnelles, des professionnels de la communication et des médias ou du milieu associatif (sportif, culturel, humanitaire, etc.) – le fondateur de l'Institut prévoit 2 statuts juridiques distincts, avec des approches différenciées ; une association loi 1901 pour les clients publics et institutionnels et une société commerciale pour le secteur marchand.

C'est en 1982 que l'Institut de l'enfant élargit sa cible jusqu'à vingt-cinq ans, pour tenir compte de ce que l'on appelait alors la cohabitation familiale prolongée, et que l'on qualifie aujourd'hui en France d'« effet *Tanguy* », du nom du film de É. Chatilliez.

Pour répondre à une préoccupation croissante des institutions et groupes internationaux, l'Institut met sur pied, en 1984, le réseau « Youth Opinion International » regroupant des instituts d'études internationaux partageant les mêmes convictions, poursuivant des objectifs similaires et disposant de moyens d'études comparables (déontologie, personnel, méthodologies, infrastructures et équipements) adaptés à ce/ces public(s) ; en Europe (en particulier dans les 4 autres grands pays à population jeune importante : l'Allemagne, la Grande-Bretagne, l'Italie et l'Espagne qui représentent avec la France 80 % des juniors européens) mais également l'Amérique du Nord et le Japon. Plus tard se sont agrégés l'Europe de l'Est, la Chine et l'Inde, l'Amérique du Sud, les pays arabes et l'Afrique.

Pour des raisons comparables, la prise en compte croissante, en France et en Europe, de l'importance des seniors (leur nombre, leurs budgets, leur disponibilité,...) a amené Jean-Paul Tréguer à créer en 1988, SeniorAgency, la première agence de communication spécialisée sur les « 50 ans + ».

Aux États-Unis, la recherche générationnelle junior a principalement été le fait d'universitaires qui, vers le milieu des années 1970, se sont surtout intéressés aux enfants de moins de 10/12 ans et à leur rapport à la télévision [1]. Mise à part la première publication du professeur J.U.

1. C.K Atkin (1975), M.C. Macklin (1985), T.S. Robertson (1979), J.-R. Rossiter (1975), S. Ward (1972),...

Mac Neal qui remonte à 1964 – « Children as Consumers », Bureau of Business Research, The university of Texas – les travaux sur la consommation des jeunes, en englobant les *Teens* et les jeunes adultes – la *Generation Y*, déjà évoquée – sont plus occasionnels et plus tardifs [1].

Au plan international, c'est en 1978 qu'Esomar, l'Organisation mondiale des professionnels de la recherche, prend la première grande initiative en organisant à Aarhus au Danemark – le pays de Lego – un séminaire intitulé « Researching Children » avec des participants de nombreux pays européens. D'autres manifestations du même type, sur un public plus large (intégrant les adolescents et les adu-lescents) et regroupant des spécialistes d'origines professionnelles et géographiques de plus en plus diversifiées ont eu lieu par la suite, à intervalles plus ou moins réguliers :

- « Children and Young People ; Social and Marketing Research », en 1980 à Vienne en Autriche.
- « Marketing to Children and Young Consumers ; Tactics for Today and Strategies for Tomorrow », en 1984 à Nuremberg.
- « Children and Young People ; Are they the new Consumers ? », en 1992 à Milan.
- « Youth Power ; How to Connect », en 1999 à Pékin, pour illustrer l'internationalisation du phénomène et de la recherche.

En 2000, Esomar a publié un ouvrage sur la recherche internationale junior [2]. Du fait de la qualité exceptionnelle des contributions, venues des 4 coins du monde (la plupart des pays d'Europe, les U.S.A., l'Australie, le Japon, les Émirats arabes unis,...), ce livre a connu un tel succès qu'il a fallu le réimprimer en 2002 !

Ces manifestations et ces publications permettent de **suivre l'évolution du « fait jeune » dans le monde,** d'en comprendre les raisons et d'anticiper les tendances, à court, moyen et long termes. **En effet, les jeunes prennent désormais un poids considérable – qualitatif et quantitatif – dans les sociétés, les cultures et les**

1. D. Roedder (1986), J.U. Mac Neal (1987), D. Wackman (1979),...
2. Sous la direction de Joël-Yves Le Bigot, *Researching Youth*, 2000.

économies d'un nombre croissant de pays développés ou émergents – les pays de l'Est, la Chine (« le petit empereur » qu'est devenu l'enfant unique institutionnalisé et réel pour 90 % des familles !) et l'Inde, l'Amérique latine, les pays arabes,... – pour des raisons à la fois démographiques et culturelles. **L'Inde et la Chine sont, dans cet ordre, les deux pays comportant la population jeune la plus nombreuse ; en valeur absolue, avec respectivement 18,7 et 17,6 % des jeunes du monde entier**, c'est-à-dire plus d'un tiers pour seulement 2 pays !

- Si les moins de dix-neuf ans correspondent à 23 % de la population de l'Europe de l'Ouest (avec 102 millions de 11/25 ans), ce pourcentage monte à 42 % en Amérique latine ; les moins de vingt-cinq ans représentent 44 % de la population des Émirats arabes unis, 57 % au Koweit et 65 % en Arabie Saoudite.
- L'influence croissante sur les achats de la famille et les pratiques de leurs parents (comportements jeunes, choix de modes et de marques junior,...) s'explique par le fait que dans un nombre important de pays, ils restent de plus en plus longtemps au foyer familial (avec certaines exceptions notables comme les États-Unis, la Scandinavie,...).

LA « GÉNÉRATION PLUS » DANS LE MONDE

Le futurologue américain Watts Wacker a déclaré à propos des prévisions sur le troisième millénaire : *« Un des aspects les plus importants de ces anticipations, c'est qu'apparaissent de nouvelles générations dans lesquelles,* ***dès quatorze ans, les adolescents puissent être considérés comme plus compétents que leurs parents et grands-parents*** *: soit parce qu'ils connaissent plus de choses (les spécialistes du cognitif et du développement le confirment !), soit du fait de leur* ***maîtrise supérieure de la technologie et des langues étrangères, ou encore de leur ouverture d'esprit et leur fascinante capacité de compilation et de mixage.*** *»*

Douglas Rushkoff ajoute : *« Au XXIe siècle, la qualité qui sera valorisée ne sera plus la durée d'attention mais bien la capacité à faire plusieurs choses à la fois. »* [1] Ce à quoi les jeunes actuels excellent incontestablement. Il poursuit en affirmant : *« Dans notre monde de l'instantanéité, les jeunes sont devenus de remarquables éditeurs qui survolent/scannent une situation et déterminent le comportement pertinent. »* Il semble en effet que nous soyons passés d'une « génération du savoir » à une « génération de l'information ». Il y a eu plus d'informations produites au cours des trente dernières années que pendant les 5 000 ans qui les ont précédées. Par ailleurs, l'information disponible double actuellement tous les cinq ans. Ce qui induit une nouvelle fonction de l'information ; en effet, l'absence de limite dans ce domaine permet d'envisager une croissance sans fin des potentialités !

Pour comprendre les jeunes Européens de 14 à 20 ans et discerner leurs attentes pour le futur – pour pouvoir anticiper –, l'Institut GfK Europe a lancé en 1997 l'étude « Hopes and Fears : Understanding Youth : their Culture and their Language » qui est très intéressante à plusieurs titres. D'abord parce qu'elle fait intervenir des « leaders d'opinion jeunes », ensuite par l'utilisation de techniques très complémentaires – qualitatives, projectives et quantitatives (675 jeunes), mais aussi par la prise en compte de 9 pays européens de « sensibilités » différentes – Ouest (Allemagne, France, Grande-Bretagne, Italie, Espagne) mais aussi Nord (Suède et Danemark) et Est (Pologne et Tchéquie) –, et enfin par le caractère répétitif des enquêtes (de type *Tracking Studies* ou baromètres).

Ces jeunes peuvent à la fois être considérés comme des informateurs privilégiés sur les innovations à venir et comme des vecteurs garantissant l'extension à la majorité des jeunes par la suite ; ce qui explique que les initiateurs de cette recherche – Ole Christensen de GfK Denmark et Carl Rhode de Sign of the Time aux Pays-Bas – les qualifient de *« Generation Next »*.

Cette étude fait apparaître combien les sociétés postmodernes, comme la nôtre, sont marquées, pour les jeunes, par la disparition des grands discours, des utopies politiques ou idéologiques et des références

1. D. Rushkoff, *Playing the Future ; What We Can Learn from Digital Kids*, Harpers Collins Publishers Inc., 1996.

incontestées. À la différence de leurs parents et de ceux qui les ont précédés, les jeunes d'aujourd'hui ne veulent pas « changer le monde » – et encore moins le révolutionner – probablement parce qu'ils ont déjà découvert qu'ils ne pouvaient pas plus le faire que leurs aînés ; leurs parents licenciés ou mis à la retraite anticipée alors qu'ils avaient tant investi dans leurs entreprises, les guerres qui continuent sur la planète, la pauvreté qui existe toujours, l'environnement mis à mal un peu partout. Ils se contenteront de chercher à s'adapter pour tenter d'en tirer profit pour « survivre », mais avec un sens nouveau : vivre plus et pas simplement vivoter.

Les jeunes ne prétendent, ni ne cherchent, à être les architectes d'une société future idéale, mais plus simplement à être les créateurs de leur propre destinée. De la même façon, ils ne rejettent que rarement sur autrui la responsabilité de leurs échecs éventuels. Parce qu'elle est réaliste – voire cynique – cette jeune génération rejette les opinions qui induisent trop souvent des jugements de valeur, en particulier sur les personnes, pour ne s'intéresser qu'aux attitudes et aux comportements.

Pour ce qui est des attitudes des jeunes leaders d'opinion d'Europe – du Nord, du Sud, de l'Ouest comme de l'Est – on peut affirmer qu'ils réagissent de façon homogène :

- ils se **méfient de toutes les théories et les systèmes** qui pourraient les bloquer et/ou les enfermer pour aujourd'hui comme pour demain (avec leur horizon propre !) : c'est-à-dire les hommes politiques, les institutions, l'autorité, les grosses sociétés. Plutôt que l'exclusion, ils privilégient l'accumulation et le zapping (leur forme d'adaptation !).
- les sociétés postmodernes ne leur offrant **plus de modèle d'identification ni de véritable perspective d'insertion** pour une partie importante d'entre eux, **la construction de l'identité doit être réinventée** car elle se fait trop souvent par élimination passive.
- les solutions qu'ils privilégient correspondent à l'immédiat symétrique de ce qui précède ; **priorité absolue au concret** sur l'abstrait, à **l'immédiat** sur le différé, à **la proximité** par rapport au lointain, à **l'émotionnel** par rapport au rationnel.

- leurs **lieux de vie et territoires d'expression deviennent essentiels**, voire existentiels. Ces cocons/maisons plurielles (***« the generalised home »*** comme disent Christensen et Rhode) englobent aussi bien la famille que les amis.
- ils privilégient une forme de **« romantisme pragmatique »**, car ils ont trop connu la culture du divorce de la génération qui les a précédé. Ils font souvent référence à la confiance, à la fidélité, à l'amour vrai, à l'âme sœur : l'Autre avec une majuscule !
- ils apprécient une certaine forme de **« bienséance » qui leur tient souvent lieu de système de valeurs et de morale au quotidien**, par rapport à la laideur du monde ; insécurité, manque d'esprit civique, dégradations, pollutions, etc.

Du même coup, on ne sera pas surpris que les jeunes Européens aient également **des comportements** très comparables :

- leurs **ambitions** sont plus **concrètes et individuelles** qu'idéalistes et collectives ; maintenir à l'avenir leur standard de vie pour ceux d'Europe de l'Ouest et du Nord, et arriver rapidement à ce niveau pour leurs collègues de l'Est et du Sud.
- **la communication est essentielle** ; à la fois pour la socialisation et pour l'affirmation de l'identité. On pourrait donc les définir comme des **« individualistes sociaux »** ou des **« egologistes » ; être unique dans un groupe sûr de référence !**
- **paraître et être** doivent cohabiter puisqu'ils sont essentiels tous les deux. D'où l'importance des équipements personnels mais aussi le souci de **« faire bonne impression »** auprès de personnes que l'on valorise, dans des situations que l'on considère comme authentiques : la mode et les marques jouent un rôle très important. De même, **s'ils sont**, très majoritairement, **prêts à travailler pour vivre** – si la société voulait bien leur proposer des perspectives professionnelles, ce qui n'est pas toujours le cas – **ils n'acceptent pas de vivre pour travailler.**
- ils développent des **stratégies leur permettant de dominer leur angoisse** : « buller » – seul ou avec des copains –, disposer de zones d'autonomie (leur chambre, le McDo, le parking de l'hyper,...), conduire des expériences intenses et chercher à se faire peur, mais

aussi retrouver le beau/la beauté chez soi et chez les autres (*« une vie qui ne soit pas moche, comme le monde qui m'entoure »* disait un jeune britannique).

- **ils rejettent** violemment toute tentative **d'enfermement et de récupération** de la part de tous les adultes. Le credo de la *Generation Next* étant, d'après les auteurs de l'étude : « ne nous définissez pas, nous le ferons nous-mêmes. »
- ils apprécient **la compétence** et **« l'autorité silencieuse »** de leurs maîtres à se conduire ; certaines idoles (Zidane, Douillet ou les D.J.), les marques must (Nike avec *« Just do it »*, « Levi's l'original », « Coca-Cola c'est ça », « Sourire la vie » ou encore plus récemment *« Coke up to You »*).

Tout ce qui précède vient d'être confirmé par les résultats de l'enquête sur « les modes de vie des jeunes européens de 15 à 25 ans », publiée par Eurostat le 20 mars 2003, ou encore par l'étude « L'avis des jeunes : sondage d'opinion ! » effectuée en février 2001 auprès des enfants et des adolescents (de 9 à 17 ans) de 33 pays d'Europe et d'Asie Centrale par l'Unicef.

Même si la formulation est un peu différente, les « **10 clés** » suivantes énoncées il y a quelque temps **pour comprendre les jeunes Américains** – Michelle Kuhn et Wayne Eischen de Aeffect Inc Institute à New – confirment bien leur cohérence par rapport à leurs équivalents européens :

1 les jeunes sont de plus en plus **AdU-lescents** ; adolescents plus tôt et Adultes plus tard.

2 les jeunes sont **prescripteurs**, dans leur famille et dans la société.

3 les jeunes ont un **pouvoir financier** plus important que celui dont disposaient leur parents à leur âge.

4 les jeunes ont un rapport étroit avec **les marques** ; ils les connaissent bien et savent les analyser.

5 les jeunes ne cherchent plus à s'identifier à la Marque : ils se contentent de s'approprier quelques **éléments de personnalité**.

6 les jeunes sont **plus éduqués** (plus d'études) et ont accès à des canaux d'information et de communication diversifiés : ils sont entrés de plein pied dans « **la société de la connaissance** ».

7 les jeunes sont très **émotionnels** : son, image,...

8 les jeunes sont des **pionniers** et des **technophiles** naturels.
9 les jeunes empruntent, en vieillissant, son « **égocentrisme** » à la Génération X
10 les jeunes préfèrent « **l'éduc'actif** » – ou le « **re-créatif** » - valorisant ; et rejetent le tout ludique comme le tout éducatif.

De la même façon, même si pour chacun des pays visés les résultats ne sont plus tout à fait d'actualité, l'Etude que nous avions effectué en 1996 sur les Marques préférées des 11/17 ans (illustration 1) dans les 5 principaux pays européens, en terme de population, et aux U.S.A. - grâce au Réseau Youth Opinion International – confirme bien **la cohérence des centres d'intérêt** (vêtements – surtout de sports-video, soft drink, confiserie,... se retrouvent partout) ainsi que **la dimension internationale de certaines marques** (nous n'avons malheureusement pas pu trouver de chiffres homogènes qui auraient permis d'actualiser ces informations).

Cette étude est intéressante car elle fait apparaître, à la fois, combien les préférences sont homogènes d'un pays à l'autre – sans pour autant gommer quelques différences culturelles (les voitures en Allemagne !) – mais aussi que les jeunes sont bien souvent des pionniers en matière de mode ; cf. Tommy Hilfinger, Gap ou Guess !

En octobre 1999, Sonia Xin Yu Li, de CMMS (« China Marketing and Media Study ») parlait de la **jeunesse chinoise comme de la *« Cool Generation »***. Elle insistait sur le fait que c'était **la partie de la population pour laquelle les changements, en termes d'attitudes, de style de vie et de comportements (**apparemment en Chine également on cherche à éviter les opinions qui fâchent !) **avaient été les plus significatifs** et les plus importants. La génération du « petit empereur » ou la « petite impératrice » selon le sexe – découlant directement de la politique de l'enfant unique, au moins dans les villes – est née après les réformes économiques et culturelles qui se sont traduites par l'ouverture au monde de ce pays : elle correspond assez bien au phénomène de « l'enfant roi » souvent évoqué à propos des sociétés occidentales vieillissantes ! Dans l'empire du milieu comme en Occident, **pour les jeunes, « être cool » signifie être bien dans sa peau, être authentique et être bien avec les autres.**

Manifestement, comme leurs homologues européennes et américaines, les adolescents chinois apprécient l'expression, la satisfaction et l'identification ; priorité aux **« *self expression, self satisfaction* et *self identification* »,** comme disent les Anglais ! (cf. illustration N° 1)

Selon la même étude, la *Cool Generation* chinoise apprécie Coca-Cola, Mc Donald's et K.F.C., Nike, Adidas, Puma et Reebok, l'Oréal et Vidal Sassoon,... comme les collègues d'autres pays. De même, les médias les plus populaires sont également ceux que l'on retrouve dans le village mondial jeune : la TV et la radio (les nouvelles internationales étant plus appréciées que celles concernant la Chine), l'affichage, Internet et les magazines sont les vecteurs privilégiés des tendances cool.

On pourrait multiplier les études confirmant la réalité de « l'Internationale des jeunes ». Citons par exemple :

- l'intervention de Mick Jaeger lors de la conférence « Décodez les jeunes » organisée à Montréal le 26 février par InfoPresse sur l'homogénéité des tendances de design jeunes dans le monde ; avec les exemples probants des planches Burton et des montres Helix de Timex.
- l'étude, primée par Esomar en 2002 (Excellence 2002 in International Research), sur « Young People and information technology in Latin America » présentée par Ney Luiz Silva et Nelsom Marangoni.
- l'intervention « Choice and Change ; Asian Youth Iformation ; Needs and Sources » par Scott Thomson de Asia Market Intelligence Indonesia, à la Conférence Esomar à Pékin en 1999, déjà citée.
- la présentation à la même occasion d'Anna Oleniczuk-Merta sur « Behavior of the Young Consumer in Poland. Young consumer behavior under the conditions of market globalisation ».
- le papier de Jorge Garcia-Gonsalez, toujours à Pékin, sur « Assessing Youth Attitudes and Behaviour ; the Latin American experience ».

Tout ceci confirme bien ce qu'affirmait Joël-Yves Le Bigot, lors de la conclusion de la session « Universal *vs* Local » de ce même congrès en octobre 1999 : *« Aujourd'hui, un adolescent est plus l'enfant de son époque, de la socio-communication réelle et virtuelle et du village mondial économique et culturel, que celui des ses parents, de son histoire et/ou de sa culture nationales. »*

À la différence de leurs parents et de ceux qui les ont précédés, les jeunes d'aujourd'hui ne veulent pas « changer le monde » – et encore moins le révolutionner – probablement parce qu'ils ont déjà découvert qu'ils ne pouvaient pas plus le faire que leurs aînés. Ils se contenteront de chercher à s'adapter pour tenter d'en tirer profit pour « survivre », mais avec un sens nouveau : vivre plus et pas simplement vivoter.

Aujourd'hui, un adolescent est plus l'enfant de son époque, de la socio-communication réelle et virtuelle et du village mondial économique et culturel, que celui des ses parents, de son histoire et/ou de sa culture nationales.

DIALOGUER AVEC L'INTERNATIONALE DES JEUNES

C'est dans le cadre d'une volonté délibérée de promouvoir une nouvelle forme de gouvernance, que la Commission des communautés européennes a récemment pris la décision d'une part d'effectuer, entre mai 2000 et mars 2001, une large consultation des jeunes européens et d'autre part de publier un livre blanc, intitulé *Un nouvel élan pour la jeunesse européenne*, pour souligner qu'*« investir dans la jeunesse signifie privilégier ce qui est la richesse de nos sociétés »*.

Cette consultation, par son ampleur, sa durée, la diversité des personnes interrogées et la richesse des enseignements qui en ont été tirés, est sans précédent à l'échelle européenne. Elle a également constitué une première dans certains États membres.

Pour Bruxelles, la jeunesse est considérée comme la période de la vie qui s'étend de **15 ans à 25 ans** : cette tranche d'âge, pas très justifiée à notre sens compte tenu de ce qui a été dit précédemment, correspond à une population de **75 millions de jeunes à l'échelle de l'Europe élargie** ; soit les 15 membres actuels plus les 10 pays en voie d'adhésion.

Ce Livre blanc insiste sur la nécessité de considérer désormais la jeunesse comme une force et non plus comme une source de problèmes. Par contre, à propos de l'utilisation du potentiel qu'elle représente, il donne une réponse largement insuffisante. Si les intentions sont souvent louables, les institutions européennes (Conseil des ministres de la jeunesse, Parlement, Commission, Comité économique et social, Conseil des régions,...) et les États membres manquent d'une vue d'ensemble sur les politiques et les moyens d'agir en faveur des jeunes ; le système européen de coopération dans ce domaine a atteint ses limites et risque de ne pas pouvoir relever les défis de demain.

Ce rapport dénonce une incapacité de tous nos vieux pays à **changer leur regard sur la jeunesse**, comme si **nos sociétés étaient « malades de leurs adolescents »** et souligne leur difficulté à :

1. **Répondre à l'évolution démographique et sociétale qui rend plus complexe les relations entre générations** dès lors qu'elles sortent du cadre familial. **Sous le double effet d'un moindre taux de natalité et d'une longévité accrue, nos sociétés vieillissent.** Entre 2000 et 2020 la proportion des 65/90 ans passera de 16,2 à 20,6 % de la population totale de l'Union européenne, alors que la part des 15/24 ans ne représentera plus que 10,9 % contre 12,4 actuellement [1]. **Les États-Unis seront dans une situation tout à fait différente** ; compte tenu à la fois de leur démographie positive et de leur environnement éducatif et culturel beaucoup plus favorable aux jeunes.

   Si **les adultes**, et singulièrement les plus âgés, revendiquent partout une forme de solidarité entre les jeunes et leurs grands-parents (il n'est absolument pas certain qu'elle soit aussi solide en France qu'on veut le croire et qu'elle résiste en particulier au passage au quatrième âge et à la dépendance !), ils **n'ont pas su faire face aux mutations de la jeunesse dans nos sociétés industrialisées.**

   - **l'allongement de la jeunesse :** sous la pression de facteurs économiques (employabilité, chômage,…) et de facteurs socioculturels, les jeunes sont aujourd'hui plus âgés quand ils franchissent les différentes étapes de la vie : fin des études, accès à l'emploi, constitution d'une famille,… (cf. ce qui a été dit pour la France au chapitre 1 est vrai pour beaucoup de pays du monde).
   - **l'enchevêtrement des séquences d'existence** et la multiplication des itinéraires de vie non linéaires : on peut être à la fois étudiant, chargé de famille, travailleur ou en recherche d'emploi et vivre chez ses parents, avec des allers et retours de plus en plus fréquents entre ces différents statuts. Les parcours individuels sont d'autant moins réguliers que nos sociétés européennes n'offrent plus les mêmes garanties (sécurité de l'emploi, prestations sociales,…) (cf. illustration N°2).
   - **les modèles collectifs perdent de leur pertinence** (aucun système ne peut plus garantir l'emploi permanent) et sont remplacés par des **trajectoires personnelles de plus en plus individualisées.**

1. Sources : Eurostat statistiques démographiques, 1999.

2. **Lutter contre l'écart croissant entre la jeunesse et les affaires publiques ;** nationales, européennes et internationales. Les jeunes s'investissent moins que dans le passé dans les structures traditionnelles de l'action politique et sociale (partis, syndicats,...), mais si leur participation aux consultations démocratiques est faible, c'est parce qu'ils considèrent que les enjeux ne sont pas les leurs (cf. les élections de 2002 en France ; faible mobilisation avant le premier tour de la présidentielle et nettement plus conséquente après). Le divorce entre les jeunes et l'Europe est également patent.

   Les manifestations en 2003 contre la guerre en Irak confirment le double phénomène de cohérence des attentes des jeunes à l'échelle du monde d'une part, et de déconnexion entre les gouvernements et leur jeunesse d'autre part.

   Un peu partout, **les organisations de jeunesse souffrent également de leur manque d'adaptation** et éprouvent le besoin de se rénover (cf. illustration N° 3).

Si **les jeunes Européens sont aujourd'hui confrontés à des problèmes très voisins**, la consultation a fait également apparaître qu'**ils partageaient de nombreuses attentes voisines :**

- **développer l'autonomie des jeunes.** Il s'agit de leur revendication majeure et elle renvoie très directement aux moyens qu'on leur donne et tout particulièrement les moyens matériels. Si la question du revenu est centrale – renvoyant aux politiques de formation, de l'emploi, de la protection sociale et de l'aide à l'insertion – les préoccupations logement et transports les concernent directement. Pour eux, les politiques de jeunesse doivent englober tous ces aspects.
- **favoriser la participation citoyenne active des jeunes.** Ils se revendiquent comme des citoyens responsables, avec un droit d'insertion dans le processus de prise de décision et pas simplement de consultation. Cette volonté de participation doit pouvoir s'exprimer à différents niveaux – du local à l'international –, comporter différents registres – actifs et représentatifs – et n'exclure aucun type d'engagement – du plus ponctuel au plus durable, du plus spontané au plus organisé –. Corollaire logique du développement de cette citoyenneté active, les jeunes ont de

nombreuses attentes en matière d'information, avec un souci de respect des principes d'égalité d'accès et de proximité et des règles éthiques élevées ; une « information à visage humain » qui associe les jeunes à la fois à l'élaboration des contenus et à leur diffusion.

- **élargir et reconnaître des champs d'expérimentation diversifiés.** Ils souhaitent que la société en général et en priorité « leurs éducateurs » – parents, enseignants, moniteurs et animateurs, hommes politiques, voire responsables économiques – reconnaissent que l'éducation et la formation ne se limitent pas à celles qu'ils reçoivent de façon traditionnelle et formelle en début de vie. De leur point de vue, la période charnière de l'adolescence devrait être traitée de façon plus globale en incluant les aspects non formels de l'éducation et de la formation. Ils insistent sur la notion de développement personnel en s'appuyant sur des outils et des méthodes propres au domaine de la jeunesse ; une pédagogie qui favorise l'échange entre pairs et l'expérimentation et où le « faire » prime sur le résultat. Rejoignant les projets de la Commission européenne – par exemple à travers la communication « Réaliser un espace européen de l'éducation et de la formation tout au long de la vie » adoptée en novembre 2001 –, les jeunes considèrent qu'il faut rapprocher l'éducation/formation et celui qui apprend. Par ailleurs, pour eux la mobilité et le volontariat devraient être développés fortement.
- **pour une Europe championne des valeurs.** On a souvent dit des jeunes qu'ils représentaient une génération morale. Souscrivant à l'ensemble des valeurs essentielles sur lesquelles se fonde l'Union européenne (paix, prospérité et démocratie, pour un espace de liberté et de droits), ils attendent qu'elle soit à la hauteur de leurs aspirations ; ambitieuse et pragmatique pour garantir les droits fondamentaux de chaque individu et protéger ceux des minorités. L'Europe doit être un carrefour culturel, un espace de tolérance et d'échange.

La modernisation de l'action publique européenne est soutenue par 5 principes fondamentaux qui s'appliquent particulièrement bien au **domaine de la jeunesse** :

- **l'ouverture :** une information et une communication active, dans leur langage.
- **la participation :** assurer la consultation des jeunes, la participation aux décisions qui les concernent et à la vie de leurs communautés.
- **la responsabilité :** des territoires de responsabilisation en phase avec les aspirations des jeunes.
- **l'efficacité :** valoriser la ressource que représente la jeunesse pour qu'elle puisse répondre aux enjeux de la société.
- **la cohérence :** développer une vision intégrée des différentes actions qui touchent la jeunesse et des moyens mis en œuvre.

En avril 2000, le Conseil des ministres et le Parlement européen ont adopté le programme « Jeunesse » couvrant la période 2000 à 2006, qui se consacre davantage que les précédents (le premier remonte à 1988 et s'appelait « Jeunesse pour l'Europe ») à l'acquisition de connaissances par les jeunes par le biais de « l'éducation non formelle » (en dehors de l'école), et consacre la coopération entre les États membres pour l'élaboration de leur propre politique nationale de la jeunesse.

Les projets encouragés par le programme européen « Jeunesse » doivent être liés aux actions suivantes :

- **échanges « Jeunesse pour l'Europe »** ;
- **service volontaire européen** ;
- **initiatives de groupe** et **« capital avenir »** ;
- actions conjointes avec les programmes dans les domaines de **l'éducation (Socrates)** et de **la formation professionnelle (Leonardo Da Vinci)**.

Le Parlement européen a apporté un soutien actif aux actions menées au niveau européen en faveur de la jeunesse. En mars 1999, il a adopté la « résolution sur une politique de la jeunesse pour l'Europe », qui soulignait la montée en puissance du *« fait jeunes dans le contexte de la transformation économique et culturelle des sociétés européennes »*.

« Cool génération et a Youth village »

C'est dans les années 1970 qu'ont été créés le Centre européen de la jeunesse (C.E.J.) et le Fonds européen pour la jeunesse (F.E.J.) ; le Forum européen de la jeunesse remonte à 1979. Le Comité économique et social européen (C.E.S.) et le Comité des régions (C.D.R.) ont également compétence sur les politiques jeunesse.

Désormais, les jeunes d'Europe, d'Amérique du Nord, du Centre ou du Sud, d'Afrique, d'Océanie ou d'Asie veulent :

- ne pas se laisser totalement **enfermer dans les schéma éducatifs de reproduction véhiculés par l'école et la famille** : pouvoir privilégier le présent et l'avenir, envisager tous les possibles et pas simplement le réel,...
- conduire **leur propre trajectoire de vie** et ne plus simplement obéir et respecter statutairement leurs parents et leurs enseignants.
- **découvrir et expérimenter** ; faire (imaginer et réaliser des projets) et pas simplement apprendre, reconnaître l'interrogation et le questionnement,...
- être **intégrés socialement, affectivement et professionnellement.**
- pouvoir pratiquer la « cool attitude » au quotidien ; ne pas se prendre la tête, échanger. Il existe des situations, des attitudes et des personnages qui le sont et d'autres qui ne le sont pas !

Ballottés par une histoire – de leur pays et du monde – qui n'est pas la leur, les jeunes sont confrontés à de nouveaux rapports à l'autorité, à la morale, aux institutions, au travail, à l'argent, à l'espace, au temps, etc. découlant, dans beaucoup de pays :

- **d'une éducation fragmentée** ; familles monoparentales, décomposées et/ou recomposées, mères actives et parents débordés de travail,...
- **d'une scolarité privilégiant le cadre (obligation) et les contenus** plutôt que la démarche éducative.
- **d'une remise en cause des codes et des règles** moraux, religieux ou politiques.

– **de la crise des organisations et des structures** ; chômage, S.I.D.A., terrorisme et insécurité, exclusion, inquiétude pour l'avenir,…

Sur cette **« plate-forme développementale »** assez homogène viennent s'exercer **des influences et des modes internationales dans tous les domaines de passions des jeunes** (cf. chapitre 3) :

– **le look** ; qu'ils soient d'origines française, européenne, américaine ou japonaise, les créateurs et designers diffusent au-delà du marché domestique.
– **la musique** ; à travers les C.D., les concerts ou les programmations radio éclectiques.
– **le cinéma** ; un outil de culture très événementiel et largement répandu.
– **les goûts alimentaires** ; les *soft drinks* (Coca-Cola,…) et les nourritures U.S., Tex Mex, italiennes,…
– **le sport** ; le football, le basket, le tennis,… leurs vedettes et leurs rituels.
– **les technologies nouvelles** de la communication et de l'information : de la toile Internet au carnet d'adresses du téléphone mobile.
– **les voyages** dans le village mondial.
– …

Par ailleurs, il est clair que la globalisation qu'entraîne la généralisation de « l'économie de marché », de la « société de consommation » ou de la « civilisation de la connaissance et de la communication », rend caduc le principe d'autrefois : « concevez global/international, mais réalisez local/national ». On assiste en effet de plus en plus à une globalisation de la fabrication – l'augmentation des coûts de développement de nouveaux produits et la réduction de leur cycle de vie conduit à fabriquer pour plusieurs pays – mais aussi de la communication – la TV par satellite, le sponsoring d'événements sportifs ou culturels, l'exploitation de licences,…ainsi que la multiplication des agences de publicité, de promotion, de relations publiques ou d'événementiel qui permettent la mise en œuvre de stratégies de marques mondiales (cf. Coca-Cola, Mc Donald's,

Nike ou Sony... même si occasionnellement ils envisagent des déclinaisons nationales pour certains marchés) de plus en plus rapidement et efficacement – et même de la distribution – à la suite de Wall Mart, les Metro, Aldi et autres Carrefour exportent leurs assortiments, leurs fournisseurs et leur organisation.

Le lancement par **Mc Donald's** en janvier 2004 d'un nouveau emballage, inspiré de sa **campagne mondiale « C'est ça que j'm »** et qui sera utilisé dans le monde entier, en constitue une bonne illustration. Larry Light, vice-président de Mondial Commercialisation, déclarait peu avant : *« Les choses changent chez Mc Donald's et nous abordons nos clients du monde entier avec une attitude et une voix repensées. Pour la première fois nous utiliserons un emballage unique, avec un message unique, dans nos 30 000 restaurants partout dans le monde d'ici à la fin de 2004 ; d'abord pour les adultes, puis pour les enfants, en commençant par les États-Unis, le Canada et l'Amérique latine. Notre objectif consiste à interpeller nos clients par des images de la vie de tous les jours qu'ils comprennent et auxquelles ils s'identifient ; des personnes en train de faire des choses qu'elles aiment, écouter de la musique, jouer au football/*soccer *ou lire une histoire à un enfant. »* Tout le monde peut effectivement se retrouver dans cette attitude positive !

Au dernier séminaire Esomar [1], 7 des 20 présentations retenues par le comité d'organisation concernaient le marketing générationnel à destination des adolescents : aux U.S.A., en Australie, en Arabie Saoudite, aux Pays-Bas et en France ; contre une seule pour les seniors !

Beaucoup des résultats présentés à cette occasion à propos de la jeunesse d'un pays déterminé pourraient être élargis – voire quasiment transposés – à plusieurs autres. Qu'il s'agisse de « Brainsqueeze » sur les ado-naissants australiens auscultés par Jane Gould de Nickelodeon Australia et qui ressemblent énormément à leurs collègues européens pour les valeurs essentielles – ou encore du développement de la

1. Séminaire intitulé « Excellence in Consumer Insights » (pour faire le point des techniques de recherche psychosocio-économiques les plus modernes). Il s'est déroulé à Madrid du 29 mars au 2 avril 2003.

Honda Element, un véhicule conçu spécifiquement pour les Adulescents U.S. et qui devrait remporter un grand succès dans d'autres pays, compte tenu de la pertinence de l'analyse du rapport des jeunes à la voiture, à une marque automobile et à ses méthodes de distribution (cf. chapitre 12) que l'on retrouve ailleurs qu'aux États-Unis.

LES 11/25 EN CHIFFRES

Illustration N° 1

✔ Les jeunes chinois sont cool

Par rapport aux générations plus âgées (sur un échantillon de 50 000 interviewés de 15 à 64 ans, dans les 20 plus grandes villes de Chine) **les 15/19 ans chinois accordent sensiblement plus d'importance aux valeurs suivantes :**

1) Suivre **la mode** : + 70 %
2) **Préférer** la mode au fonctionnel : + 65 %
3) Souhaiter un mode de **vie à l'occidentale** : + 48 %
4) Se préoccuper de son **look** et chercher à être attractif : + 40 %
5) Fréquenter les **fast-foods** : + 33 %
6) Préférer être avec des **amis** plutôt qu'avec sa famille : + 31 %
7) Privilégier **la nouveauté** et l'inhabituel : + 28 %
8) Apprécier un style de **vie romantique** : + 25 %
9) Dépenser beaucoup d'**argent** pour ses **loisirs** : + 22 %
10) Souhaiter un fort **développement personnel** : + 20 %

Illustration N° 2

✔ Le scandale du chômage des jeunes

	Europe des 15	France	Allemagne	U.S.A.
% chômage des 18/25 ans	15,1	20,1	9,3	12,2
% chômage des adultes (18 ans +)	7,7	8,8	8,4	5,9

Source : Insee et Eurostat (chiffres novembre 2002)

Ce tableau fait apparaître que dans l'ensemble des pays concernés, **les jeunes sont, assez sensiblement, plus exposés au chômage que leurs aînés.** Comme si le fait d'avoir été formés/éduqués récemment représentait plutôt un handicap qu'un avantage. On peut également constater que **certains pays sont beaucoup plus efficaces que d'autres** : Allemagne et U.S.A., **la palme**

revenant aux Pays-Bas avec 5,5 % pour les jeunes et 2,9 % pour la population totale (au Japon ; 7,5 et 5,3 %).

L'école ou l'université, l'emploi et l'environnement social ne jouent plus le même rôle intégrateur ; si une certaine autonomie des jeunes (pouvoir de prescription, majorité légale,...) s'acquiert plus tôt qu'autrefois, la responsabilisation et l'indépendance sont reportées à plus tard, entraînant une certaine démobilisation de ces jeunes.

Illustration N° 3

Seulement 1 jeune européen sur 2 appartient à un mouvement de jeunes – 80 % aux Pays-Bas *vs* 30 % au Portugal – principalement les clubs sportifs (28 %), loin devant les mouvements de jeunesse (7 %), les syndicats et les partis politiques (4 %)

Source : l'Eurobaromètre « Les jeunes européens en 2001 ».

© Les frustrés, de Claire Bretécher, 2004.

CHAPITRE 8

LEUR QUOTIDIEN INFLUENCÉ

Les chapitres précédents nous ont rappelé combien actuellement **en France, entre 11 et 25 ans, un adolescent qui doit devenir un adulte se trouve, sans contestation possible, dans la situation du roseau pris dans une succession de tempêtes et qu'il ne peut survivre qu'en courbant le dos et en épousant la direction du vent dominant.** En effet, compte tenu de la multiplicité des « territoires de vie » dans lesquels ils fonctionnent pendant toute cette période, **les**

adolescents subissent de très nombreuses influences pas toujours cohérentes. Nous allons les étudier l'une après l'autre.

« LA DIPLÔMITE » : DE LA PETITE À LA GRANDE ÉCOLE

Dans la situation actuelle, si **tous les enfants rentrent à l'école à 3 ans –** certains même plus tôt sans que l'on se préoccupe toujours de leur « réceptivité à l'école » (*« la school readiness »* des Anglo-Saxons) autrement qu'au niveau de leur propreté **– ils prolongent, en moyenne, leur scolarité jusqu'à vingt et un ans et six mois** (après avoir couru derrière un bac + x ou y années) pour entrer, après un an de recherche en moyenne, sur le marché du travail qu'ils quitteront aux alentours de 57 ans avec quelques trous dus au chômage ou à la formation continue ; ce qui représente environ **dix-neuf ans de formation (quasi exclusivement initiale) et trente-cinq ans d'application. Une année scolaire, c'est environ 1 000 heures de cours et 1 200 de présence dans l'établissement** ; **lorsque l'école est ouverte, cela représente près de 7 heures de cours par jour** soit plus de 2 fois le temps passé devant la télévision.

C'est dire **l'importance de cette structure pour l'adolescence** à laquelle on a d'ailleurs tendance à l'assimiler naturellement, sans réaliser que :

1. **Le décalage est énorme entre les promesses** – « le melting-pot » éducatif, culturel et social du collège unique, l'objectif des 80 % de bacheliers (nous n'en sommes encore qu'à 60 %, vingt ans après l'effet d'annonce), l'accès sans examen à l'enseignement supérieur à l'université,... – et les réalités – une sélection systématique organisée autour de la priorité à la formation initiale dans les grandes écoles (1 % d'élites et 79 % de suiveurs par pseudo-réalisme,... en oubliant pratiquement les 20 % restants qui sont marginalisés ou exclus) – ; c'est le scandaleux « taux de non-qualité » que se reconnaît l'Éducation nationale, à la fin de l'école primaire comme du secondaire), l'abandon des idéaux

démocratiques de Jules Ferry (les enfants d'enseignants et de cadres n'ont jamais été autant favorisés),...

2. **Le calendrier scolaire est quasiment « schizophrénique »** ; avec 27 heures de travail en classe (nous sommes le seul pays au monde à avoir des horaires quasi constants de la maternelle jusqu'à la fin du lycée, et à les réduire à l'arrivée dans le supérieur !) auxquelles il faut ajouter celui à faire à la maison, les jeunes dépassent souvent les trente-cinq heures hebdomadaires considérées comme le maximum de ce que peut raisonnablement fournir un adulte. Il est du même coup difficile de cultiver des « excellences de complément et/ou de compensation » (culturelles, musicales, sportives, caritatives, entrepreneuriales, etc.) ; elles seraient pourtant bien utiles pour le jeune comme pour les différentes communautés auxquelles il appartient déjà ou il appartiendra plus tard !
3. **Si l'école monopolise quasiment le temps, les énergies et les relations sociales des jeunes quand elle fonctionne**, ceci n'est vrai que pendant 155 jours par an (encore moins en université !). Pendant les 210 jours restants le monde scolaire « oublie » ces enfants qui ne sont plus ses élèves, quitte à ce qu'on le prolonge artificiellement avec les sacro-saints devoirs de vacances – autre spécialité française – pour éviter les déperditions d'une année sur l'autre. Ne serait-il pas plus efficace de réduire la durée des vacances, quitte à avoir une journée plus courte, comme en Allemagne ou en Italie et surtout plus équilibrée – école le matin et activités culturelles ou sportives l'après-midi – ?

Si les quelques points (il ne s'agit pas du tout de faire ici le procès d'une institution, mais simplement de souligner que, pas plus que les autres, elle ne peut prétendre au monopole) évoqués précédemment sont déjà anciens, ce n'est que depuis quelques années que l'école est désacralisée par les familles et les cercles politiques ; les uns comme les autres concentrant leurs critiques sur la remise en cause du « collège unique » et la préparation insuffisante des élèves à l'entrée sur le marché du travail.

D'après Jean Guichard et Michel Huteau, de l'Institut national d'études du travail et d'orientation professionnelle (CNAM) : *« l'école est le microcosme majeur de mise en forme des intentions d'avenir des jeunes. »* Ils écrivent : *« En France, le projet d'avenir professionnel se résume trop souvent à un choix d'études, dans lequel les résultats de la scolarité actuelle de l'élève jouent un rôle majeur. De nombreuses enquêtes démontrent la prégnance chez les adolescents de descripteurs de soi purement scolaires et de modes d'appréhension des filières et des métiers basés essentiellement sur des caractérisations académiques. Ceci explique pourquoi, dans notre pays beaucoup plus qu'ailleurs, l'échec scolaire obère profondément les projections des jeunes dans l'avenir. Plus ils sont dans une situation difficile (scolaire, familiale ou sociale), moins ils se voient comme des sujets porteurs de compétences et capables de concevoir une qualification professionnelle. »* [1]

Pour compléter l'école, il fallait bien que d'autres éducateurs apparaissent...

LA STRUCTURATION PAR L'ÉDUCATION NON FORMELLE

Si aujourd'hui la solitude effraie les adolescents, elle inquiète également terriblement les parents et les autres éducateurs de jeunes. Pour les premiers, toutes les activités de socialisation sont bonnes à prendre par rapport à l'impératif d'intégration dans un, puis des, groupe(s). Pour les seconds, qui sont conscients de leur perte d'influence, la socialisation des adolescents représente une façon de passer le relais ; il s'agit bien souvent d'une réassurance vis-à-vis d'une possibilité de tentation individuelle de prise de risque, de défi ou de provocation que le groupe est censé atténuer. Pour les jeunes, c'est une occasion de fuir les lieux d'éducation traditionnelle que sont la famille et l'école avec leurs règles de fonctionnement figées alors que pour les seconds, c'est une façon de maintenir un encadrement adulte (entraîneur sportif, moniteur de..., etc.) avec une autre approche !

Ces activités sont bien entendu exercées essentiellement en complément des 155 jours scolaires, c'est-à-dire le mercredi, le

1. J. Guichard, M. Huteau, *Regards actuels sur l'adolescence*, Presses Universitaires de France, 1997.

samedi ou pendant les week-ends. Il faut distinguer 2 « catégories » différentes :

1. **Les structures éducatives thématiques** – clubs sportifs, conservatoires de musique, associations culturelles,... – qui continuent de prospérer, dans la perspective d'enrichir le « patrimoine » de l'adolescent. Pour les parents comme pour les jeunes, elles apportent une ouverture vers d'autres problématiques ; sujets d'intérêt (voire de passion !), autres référents adultes, règles de vie spécifiques,...
2. **Les structures éducatives occupationnelles** – centres de loisirs avec ou sans hébergement, mouvements de jeunesse,... – dont le recrutement est à la baisse pour se limiter bien souvent à la période du collège. Elles sont en fait perçues par les 2 parties comme un substitut lorsque la famille ou l'école ne peuvent/veulent faire face ; ce qui a tendance à les dévaloriser.

UNE CO-HABITATION FAMILIALE TRÈS CONSENSUELLE

Les relations entre les jeunes et leurs parents sont très majoritairement bonnes (cf. illustration N° 1).

Les disputes relèvent plutôt de questions quotidiennes : participation aux tâches ménagères, habillement, type de fréquentation, respect des horaires familiaux, etc... D'ailleurs, Bärbel Kracke, de l'université de Mannheim (Allemagne), et Peter Noack, de l'université d'Iéna (Allemagne) confirment **qu'il est aujourd'hui trop réducteur de ramener l'adolescence à la prise de distance de l'adolescent par rapport à ses parents**, comme on le faisait volontiers dans la conception traditionnelle de la littérature ; **la famille du XIXe siècle était beaucoup moins stable que celle d'aujourd'hui et l'on se souciait beaucoup moins de l'enfant.** La conception de la famille a sensiblement évolué : les liens biologiques ou légaux (maternité, paternité) ne sont plus suffisants, l'unité du foyer n'est guère plus pertinente. C'est la raison pour laquelle les conceptions récentes de la famille insistent plutôt sur des facteurs subjectifs comme l'étroitesse des liens inter-familiaux, leur intimité ou l'intérêt que les parents portent à leur progéniture.

La « conception systémique de la famille » et les théories articulées autour de la notion de « carrière de la famille », développées par Aldous [1] font nettement référence à un processus dynamique et ouvert. E.M. Duvall et B.C. Miller [2] proposent même un « modèle de développement familial » comportant 8 stades. À chacun d'entre eux, les membres de la famille ont à accomplir certaines tâches spécifiques et à relever certains défis. Parmi ceux-ci, le premier pour l'adolescence est incontestablement la renégociation des rôles entre le jeune et ses parents pour aboutir à les placer progressivement sur un pied d'égalité de pouvoir.

Ce concept de « l'individuation de l'adolescent » est essentiel pour comprendre la complexité du développement familial durant l'adolescence. Toutes les études internationales confirment que la très grande majorité des familles parviennent à traverser l'adolescence avec succès, les conflits parents/enfants se produisant « dans toutes les familles de temps en temps, et dans quelques familles la plupart du temps ». En fait, les quelques études longitudinales quantitatives sur les relations parents/enfants ne confirment pas du tout que le climat familial serait particulièrement conflictuel pendant l'adolescence ; on est donc loin de la représentation des états tumultueux du « *storm and stress* » des l'hypothèse, souvent mentionnée, selon laquelle le psychologues américains du début du XXe siècle !

Le rapport du Commissariat général au Plan [3] est particulièrement explicite : *« plus que jamais la famille constitue un point d'appui essentiel pour les jeunes comme cadre de formation de l'identité et comme cadre d'éducation et d'émancipation.* ***Le poids de la famille s'est accru dans les parcours de chacun****, même si* ***la famille****, telle que nous la connaissons aujourd'hui,* ***se présente à bien des égards comme une conjonction de fragilités*** *; fragilité du lien conjugal*

1. Aldous, « *Family Careers* », Wiley, 1978.
2. E.-M. Duvall, B.C. Miller, *Marriage and Family Development*, Harper & Row, 1985.
3. Rapport intitulé « Jeunesse, le devoir d'avenir », mars 2001.

(fréquence des divorces), hésitation sur les places respectives de l'enfant et de l'adulte quand le modèle hiérarchique est abandonné, fragilité du lien de filiation quand les séparations conduisent à une rupture des liens père/enfant (dans un cas sur quatre !), hésitation sur le statut des nouveaux conjoints et des fratries dans le cas des familles recomposées. » D'après Irène Théry : *« Pour la plupart des parents, ces incertitudes trouvent un dérivé, si ce n'est une issue, dans la recomposition des modes de transmission autour de la priorité donnée désormais au capital scolaire de l'enfant. L'investissement parental sur la scolarité des enfants est aujourd'hui démultiplié par l'angoisse extrême des lendemains. »* [1]

N'oublions pas, par ailleurs, que les parents d'adolescents actuels sont nés entre 1945 et 1960 et ont donc vécu l'avant et l'après 1968 : « le culte de l'individu et du plaisir + l'interdiction d'interdire ». Ces parents correspondent à **la première génération qui a dissocié « autorité » et « éducation »**, en **visant plutôt le « respect » et une certaine forme de responsabilisation**. Si, à notre sens, l'éducation au sens large doit viser à **« développer aussi bien les racines que les ailes »**, ces parents privilégient encore beaucoup le premier volet (la famille, son lieu de résidence, la tradition, etc.) au détriment du second (l'autonomie, la mobilité,...).

Peu tournés vers les grands principes éducatifs et l'anticipation, les rapports entre les parents et les jeunes sont essentiellement marqués par une préoccupation constante de « gestion », plutôt au quotidien ! Sont privilégiés la négociation, le sens du compromis, la « débrouille ». Globalement, ces relations se caractérisent par une certaine forme d'incompréhension au moment de l'ado-naissance, suivie d'une suractivation à l'époque des années lycées (l'absurde mobilisation sur « passer le bac d'abord » !), pour terminer par une sorte de maternage malsain pendant l'adu-lescence ; le refus plus ou moins affirmé des jeunes de se confronter aux réalités de la vie trouvant son pendant chez leurs parents dans le refus d'accepter leur vieillissement (sans même parler de vieillesse !).

1. Rapport à la ministre de l'Emploi et de la Solidarité et au garde des Sceaux intitulé « Couple, filiation et parenté », mai 1998.

Comme dans la très grande majorité des cas les 2 parents travaillent – **en vingt ans le pouvoir d'achat des foyers avec enfants a augmenté de près de 50 %** –, même si un pourcentage important de familles ont été à un moment ou à un autre touchées par le chômage, ces jeunes ont été incontestablement plus « gâtés » (l'ambition de cet ouvrage est de faire comprendre au lecteur que les deux acceptions du terme sont vraies ; la positive – la chance, les biens de consommation, etc. – comme la négative – les occasions perdues, les frustrations,... !). Si les industriels et les distributeurs ont tendance à s'adresser très rapidement à l'adolescent, à notre sens l'avis des parents est d'autant plus à intégrer dans la chaîne d'influence qu'ils apportent bien souvent tout ou partie du financement. On constate d'ailleurs que les parents français continuent à aider financièrement leur progéniture bien après le départ du domicile parental.

La famille aurait un rôle crucial à jouer dans le processus de préparation à la vie professionnelle ; très naturellement, par la transmission du statut socio-économique des parents [1]. Par ailleurs, elle influence la volonté et la capacité à explorer ses propres capacités, ses intérêts et les caractéristiques des professions envisagées (les exigences et les avantages qu'elles procurent). « L'exploration active » est d'ailleurs un des concepts centraux de « la théorie de l'identité » développée par J.-E. Master [2]. Pour prendre, de façon mûrement réfléchie, une décision qui engage son avenir, un adolescent doit délibérément envisager un certain nombre d'alternatives. C'est sûrement dans ce domaine que l'écart entre les intentions louables (la reproduction ou l'ascenseur social) et les résultats souvent décevants (la déqualification, voire l'exclusion) est le plus net, ce qui laisse la place pour toute initiative du type « école des parents » pour les éclairer et les informer sur l'intérêt du « projet professionnel personnel jeune » ; de préférence aux trajectoires professionnelles subies.

Les parents sont mieux placés que quiconque pour exploiter la typologie de Holland [3] qui définit **6 types de personnalités** qui

1. Cf. M. Duru Bellat, *L'école des filles. Quelle formation pour quels rôles sociaux*, L'Harmattan, 1990.
2. J.-E. Master, *Identity in adolescence – Handbook of adolescent psychology*, Wiley, 1980.

correspondent – et préparent, voire prédestinent – **à des environnements professionnels spécifiques :**

le type réaliste se caractérise par un intérêt pour des tâches requérant habileté et motricité.

- **le type investigateur** se caractérise par une préférence pour les activités intellectuelles, sans trop de contacts interpersonnels.
- **le type artiste** se caractérise par un besoin d'expression de soi et de ses émotions, de relations avec autrui, de distanciation par rapport à l'ordre établi.
- **le type social** se caractérise par le désir de transmettre, de communiquer, d'aider les autres.
- **le type entrepreneurial** se caractérise par l'aspiration à assumer des responsabilités, de l'autorité.
- **le type conventionnel** se caractérise par le besoin d'ordre, de règles, de structure.

La recherche de l'engagement professionnel du jeune doit résulter d'un minimum d'interactions entre variables individuelles et variables organisationnelles.

Si la description qui précède rend bien compte de la situation sur la longue période, il ne faut pas oublier que la famille est souvent « à géométrie variable » et que des changements importants (séparation, divorce, décès d'un parent, licenciement et chômage,...) peuvent malheureusement survenir à des étapes cruciales de l'adolescence, rendant le développement du jeune plus difficile à vivre.

Les relations avec les grands-parents sont également étroites dans la majorité des cas – plus de capacités d'écoute et de compréhension, plus de disponibilités (financières et en temps) – et **les transferts intergénérationnels sont désormais importants**, quitte à court-circuiter les parents ; *« mes petits-enfants le resteront toujours, alors que ma belle-fille ou mon gendre peuvent être tentés de partir ! »*, nous déclarait froidement, il y a quelques années, une mamie très sûre de son bon droit : d'après la C.N.A.V., 49 % des petits-enfants seraient

3. Holland, *The psychology of vocational choice*, 1966.

aidés financièrement par leurs « papys/mamys », pour un total annuel de 21 milliards d'euros, hors donation.

À l'inverse, **les relations avec les parrains/marraines, les oncles/tantes etc. sont très insuffisamment exploitées** ; ils/elles peuvent/doivent jouer un rôle de substitution aux parents lorsque la communication, la confiance avec ces derniers est momentanément ou durablement compromise : ce qui arrive obligatoirement, à un moment ou à un autre, dans toutes les familles. Ne sous-estimons pas non plus leur fonction de complément : un œil différent, en complicité !

La famille est particulièrement bien placée pour intégrer les notions de « continuité *vs* rupture », de « processus de changement », d'« adaptation » et de « stratégies de réponse aux exigences de l'environnement » dont parlent tous les chercheurs modernes de l'adolescence depuis une vingtaine d'années. On a en effet, au cours des dernières décades, beaucoup trop souligné son éclatement – « l'atomisation » – et probablement pas assez son extraordinaire capacité « la molécularistion » – de survie.

LES COPAINS D'ABORD (OU L'INFLUENCE DES PAIRS)

C'est l'influence des pairs qui est la plus visible, soit parce qu'elle est revendiquée haut et fort par les jeunes – « tous mes copains... » – soit parce qu'elle est constatée et souvent critiquée par les adultes – « ils se ressemblent tous avec... » – (cf. illustration N°2).

Le développement de la sociabilité repose beaucoup sur les interactions entre pairs. Les groupes d'enfants constituent déjà des petites sociétés avec certaines règles de vie sociale dont chaque individu doit faire l'apprentissage. Les groupes d'adolescents se créent lorsque les participants ont en commun certaines motivations, intérêts ou attentes que le regroupement va aider à satisfaire en imposant à chacun, en retour, le respect de certaines normes. On a vu précédemment que la musique, le sport, les technologies, mais aussi les marques, peuvent être des pôles de regroupement et du même coup des facteurs de socialisation.

Au moment de l'adolescence, le jeune est confronté à des difficultés et des conflits. Il doit élaborer des tactiques pour y faire face et découvre des valeurs morales comme la loyauté, l'équité et leur nécessité pour vivre dans une société ; petite ou grande. Le développement des moyens de pensée abstraite et de décentration sociale explique que les adolescents valorisent l'intimité, la mutualité et les autres propriétés psychologiques de l'amitié. *« L'ouverture de soi à l'autre est tout à fait favorable à la santé, tant physique que mentale »* écrit K.-J. Rotenberg [1]. De la prime adolescence à la grande adolescence, l'individu passe d'une participation individuelle à quelques groupes diversifiés de type plutôt formel, à l'intégration dans un groupe informel unique. Même si l'on sait depuis longtemps que l'attachement à la mère, évalué à 12 ou 18 mois, est le meilleur prédicateur qui soit de la qualité de l'insertion parmi les pairs, il semble bien que l'adolescence soit une période privilégiée pour infléchir le développement social dans un sens ou dans un autre ; Euripide ne déclarait-il pas *« La jeunesse est la meilleure époque de la vie pour être riche,... et aussi la meilleure pour être pauvre »* ?

Les groupes de pairs remplissent clairement une fonction de terrain d'apprentissage et d'expérimentation de nouvelles formes de sociabilité. J. Younis affirme même que *« c'est à travers cette relation socio-émotionnelle étroite de l'amitié adolescente que tout être humain développe sa sensibilité à l'égard de ce qu'éprouvent ses semblables, considérés dans leur universalité intergénérationnelle »* [2]. Plus facilement que la relation avec un adulte, la relation entre pairs permet à un jeune de se décentrer pour se représenter le point de vue du partenaire. Ceci l'amène à considérer l'amitié entre adolescents comme le domaine optimal d'interactions sociales pour exercer et développer la compréhension de la réciprocité et concevoir du même coup les notions d'empathie, de confiance, de loyauté et de moralité. Puisque c'est à l'adolescence que chaque individu doit trouver un

1. K.-J. Rotenberg, *Disclosure processes in children and adolescents*, Cambridge University Press, 1995.
2. J. Younis, *Altruism and aggression ; biological and social origins*, Cambridge University Press, 1986.

équilibre entre besoin d'intimité et participation à la vie de la cité – du fait des nouvelles capacités et prérogatives – il faudrait favoriser l'élaboration d'expériences publiques au sein des groupes de jeunes.

Ces adolescents pourraient ainsi éviter le double écueil relevé par O. Mongin : *« la société française contemporaine se cache dans des niches grégaires ou se projette dans l'universel, le macrocosme. »* [1]. Pour lui, l'alternative réside dans la mise en relation des valeurs humaines avec des interrogations sur les liens de l'individu avec son histoire et son environnement immédiat, pour *« rapporter des valeurs universelles dans des communautés particulières, des droits et des traditions pour féconder des convictions »* ; c'est ce que P. Ricœur appelle « les zones de responsabilité éthique ».

On voit clairement apparaître, à travers les chiffres de l'illustration N° 3, les étapes de la structuration développementale et **l'évolution progressive de la socialisation** et de la relation à l'autre sexe :

- **pour les années collège** : **les copains** de la classe, de l'équipe de sport, plutôt sexués. Une conception de l'amitié faite de partage des sentiments, d'intimité, de communion d'idées au-delà même d'activités en commun.
- **pour les années lycées** : le/la meilleur(e) ami(e), **le/la petit(e) ami(e)**. Franchise, spontanéité et disponibilité mutuelle deviennent des qualités essentielles. À 16/17 ans, l'intimité bisexuée devient aussi forte que la monosexuée : elles ne se concurrenceront pas par la suite et tendront plutôt à se renforcer par les relations socio-émotionnelles qu'elles impliquent.
- **pour l'adu-lescence** : **le réseau optimisé** ; plus nombreux, et cumulant les 2 sexes. L'amitié monosexuée devient dominante comme correspondant à une relation d'attachement non sexualisée et par la même plus paisible.

Cette prescription générationnelle fonctionne à 3 niveaux :

1. **Stimulation, découverte** ; curiosité, envie de,…

1. O. Mongin, *La Peur du vide – Essai sur les passions démocratiques*, Éditions du Seuil, 1991.

2. **Expérimentation** ; faire ensemble,...

3. **Réconfort** ; en cas de difficulté,...

Les besoins de sécurité personnelle et d'expériences nouvelles se renforcent mutuellement par leur satisfaction. On redécouvre ainsi la nouvelle définition de « l'intimité » selon Pascal Mallet : *« La possibilité de demander conseil à l'ami, de s'en sentir accepté quoi qu'on fasse et qu'il comprenne vraiment qui on est. »* [1] Sur cette base, le poids accordé à l'intimité est le même chez les adolescents des deux sexes.

Il est dommage que l'influence des pairs s'exprime le plus souvent en opposition par rapport à celle de la famille ; alors qu'elle pourrait être très riche en synergie.

1. Pascal Mallet, université de Reims/service de Recherche de l'INETOP, Paris.

Les relations entre les parents et les jeunes se caractérisent par une certaine forme d'incompréhension au moment de l'ado-naissance, suivie d'une suractivation à l'époque des années lycées (l'absurde mobilisation sur « passer le bac d'abord » !), pour terminer par une sorte de maternage malsain pendant l'adu-lescence.

« Les adultes posent souvent sur « les jeunes » un regard trop stigmatisant, en oubliant qu'il s'agit de leurs propres enfants et qu'ils en sont les premiers responsables. Nous qui cumulons ce double handicap — d'être des vieux (plus de 25 à 30 ans) et d'être des journalistes — nous avons deux fois plus de risques de tomber dans ce travers : nous avons du même coup, vis-à-vis de ces millions de jeunes tous différents, une responsabilité redoublée. »

Christine Legrand

LA MONTÉE EN PUISSANCE DE L'ÉDUCATION INFORMELLE : STRUCTURÉE OU PAS

D'autres influences s'exercent sur les jeunes et restent dans le domaine de l'éducation, même si elles interviennent essentiellement au niveau des attitudes – essentielles tout au long de l'adolescence – plus que des comportements.

L'apprentissage de « la jungle » : la ville, la rue.

Plus que toute autre population, **les jeunes apprécient de se trouver à l'extérieur** car ils ne se satisfont pas du fameux triptyque « boulot-métro-dodo ». L'extérieur représente l'influence qui prend les formes les plus diversifiées **mais est aussi la moins contrôlée** ; on peut distinguer diverses représentations :

- **l'officielle, ostentatoirement positive**. La citoyenneté, le civisme (on a constaté que la participation des jeunes à la période d'élections du second trimestre 2002 s'est plutôt faite dans la rue pour manifester, que dans les mairies pour l'inscription sur les listes électorales ou l'expression d'un vote. C'est aussi le lieu de l'exposition à toutes sortes de tentations, soit en réalité – vitrines de magasins – soit en représentation publicitaire – panneaux de tous types.
- **la non officielle, sournoisement négative** parce que bien réelle même si elle était jusqu'à ces derniers mois occultée par les responsables adultes ; racket, drogues, insécurité,...

C'est probablement cette influence qui justifie le plus la phrase tirée d'une chanson de Bernard Lavilliers : ***« En France, pour les ados, tout est permis, rien n'est possible. »*** Ou la terrible confession d'un assassin de vingt-trois ans : *« Par ce meurtre, je voulais être quelqu'un.* ***On ne peut pas vivre en n'étant rien.*** *»*

Les médias = information et désinformation

Les jeunes sont complètement immergés dans les médias, d'autant qu'à ceux qu'ils ont choisis viennent s'ajouter ceux de leurs parents. Malheureusement, il semble qu'une proportion importante des journalistes ne réalisent pas combien leurs choix éditoriaux compliquent la tâche des jeunes. En effet, dans le chapitre 1, nous avons expliqué qu'à cette période de la vie, la difficulté est double pour l'adolescent :

- **il découvre que le monde adulte est encore plus mauvais** qu'il ne l'imaginait, ce qui ne lui donne pas véritablement envie de s'y intégrer ni de faire confiance aux adultes. Il faut bien admettre qu'une partie des médias pratique la fuite en avant de la recherche de l'audience maximale au quotidien ; ceci les amène d'une part à privilégier **le scandaleux, le négatif et le sordide** et d'autre part à changer en permanence de sujets et à ne traiter chacun que superficiellement.
- **il a du mal à se croire bon**. Ici aussi, la responsabilité des journalistes est énorme. En trente-cinq années de recherche sur le public des 0/25 ans, nous avons pu constater qu'ils contribuaient grandement à diffuser une **image très réductrice de la jeunesse actuelle** ; d'une part en traitant de préférence des sujets négatifs – délinquance, déviances (fugues, alcool, cigarette, S.I.D.A., drogues, etc.), incivilités, surconsommations diverses (argent, mode, obésité, TV, etc.) – d'autre part en ne parlant des jeunes qu'à certaines occasions terriblement stéréotypées (rentrée scolaire, Halloween, Noël,...).

Ces « marronniers », pour reprendre l'expression consacrée du métier désignant des dossiers quasiment rituels, n'améliorent pas non plus les rapports entre générations (« les jeunes qui ne respectent rien, qui sont mal élevés, qui ne veulent pas travailler, pour qui on dépense beaucoup d'argent alors qu'on ne fait pas assez pour les seniors, etc. »). On a bien vu, au moment des élections présidentielles et législatives de 2002, combien les jeunes ont servi de « bouc émissaire » aux hommes politiques et aux médias à propos de la violence et de l'insécurité. Comme le dit le psychiatre Patrice Huerre : ***« À force de parler des 5 % d'adolescents qui vont mal, on va finir par faire douter les 95 % qui vont bien. »***

Dans un dossier intitulé **« Les jeunes ont-ils mauvaise presse ? »** [1], Christine Legrand écrivait : *« Les adultes posent souvent sur « les*

1. Dossier publié dans le numéro du 19 juin 2002 du journal *La Croix*.

jeunes » un regard trop stigmatisant, en oubliant qu'il s'agit de leurs propres enfants et qu'ils en sont les premiers responsables. Nous qui cumulons ce double handicap – d'être des vieux (plus de 25 à 30 ans) et d'être des journalistes – nous avons deux fois plus de risques de tomber dans ce travers : nous avons du même coup, vis-à-vis de ces millions de jeunes tous différents, une responsabilité redoublée. » Elle continue en reprenant un certain nombre de titres – « Ces enfants qui dérangent », « Pourquoi les jeunes sont-ils violents », « Adolescence, attention danger », « Délinquance des mineurs, traitement de choc » – *« il ne se passe pas un jour, pas une semaine sans qu'un journal, un magazine ou une émission de télévision n'attire l'attention sur les multiples maux dont on accable la jeunesse ».*

La Commission jeunes et médias du Conseil national de la jeunesse le confirme, dans une étude effectuée en 2002 et concernant 180 reportages diffusés sur les chaînes de télévision hertziennes entre le premier janvier 1998 et le premier janvier 2001 : *« En tête du hit-parade des sujets les plus souvent abordés dans ces émissions figurent* ***la violence et la délinquance (21 % des sujets), les maladies (en particulier l'anorexie et la boulimie, 13 %), et les accidents et les suicides****. À l'inverse, les sujets plus positifs et qui concernent la majorité des jeunes sont beaucoup plus rarement évoqués puisque le premier d'entre eux – les études – ne correspondait qu'à 5 % du total. Les émissions donnent souvent la parole aux jeunes, mais cette parole n'a bien souvent qu'un caractère illustratif et elle est toujours accompagnée par le discours de parents, d'experts ou de représentants des institutions. Ces émissions sont avant tout l'occasion pour les adultes de projeter leur propre vision de la jeunesse qui se construit globalement autour de 3 archétypes ; les jeunes sont d'abord représentés comme des victimes (47 % des sujets) ou considérés comme une menace (20 % des cas), un tiers seulement des émissions entretiennent l'image d'une jeunesse entreprenante ! »* L'étude conclut en soulignant combien les chaînes de télévision françaises ont du mal à présenter, à propos de la France, la « jeunesse comme l'avenir de notre société » ; elles ne le font qu'à travers des reportages sur des pays étrangers.

Il paraît d'autant plus urgent de réagir à cette représentation négative de la jeunesse que le phénomène n'est pas récent comme l'atteste l'inscription suivante, relevée sur une poterie datant de 3 000 ans avant J.-C. retrouvée dans les ruines de Babylone : « *Les jeunes gens d'aujourd'hui sont malfaisants, paresseux et ne seront jamais comme la jeunesse d'autrefois. Ceux d'aujourd'hui ne seront pas capables de maintenir notre culture.* » Socrate n'était guère plus tendre quand il affirmait plus de 2 500 ans plus tard : « *Notre jeunesse est mal élevée car elle se moque de l'autorité. Les enfants d'aujourd'hui répondent à leurs parents et bavardent au lieu de travailler.* » *Le Monde* n'innovait guère plus dans son numéro du 8 mars 1948 quand un certain R. Hillet écrivait : « *Il ne suffit pas que la jeunesse accuse, elle est accusée. Impolitesse, insouciance, apathie, scepticisme, immoralité : les reproches qui l'accablent font pâlir ses griefs. (...) Chez les mineurs, le dévergondage aurait augmenté de 400 % depuis 1938.* » Comme par hasard, un constat après la guerre par rapport à la période d'avant !

L'entreprise : je t'aime moi non plus

Les jeunes ne côtoient plus physiquement l'activité économique de production car les entreprises ont quitté le centre des villes pour aller s'installer dans les zones industrielles. Ils ne sont plus exposés qu'aux métiers de la distribution, dans les magasins qu'ils fréquentent, et aux services des fonctionnaires dans les administrations auxquelles ils ont affaire. À la maison, **les parents parlent peu de leur activité professionnelle (toujours les suites de mai 1968) et quand ils le font c'est principalement pour en détailler les inconvénients**. C'est un euphémisme de dire que, par ailleurs, une part importante des enseignants ont une opinion d'autant plus négative sur l'entreprise qu'ils ne la connaissent pas de l'intérieur (sauf bien entendu pour l'enseignement technologique et professionnel).

À part pour ceux qui sont engagés dans la « voie royale » qui conduit aux grandes écoles, la position des jeunes vis-à-vis de l'entreprise est assez négative pour l'avenir :

- **dévalorisation de la sphère professionnelle** ; les trente-cinq heures, la retraite à soixante ans, les C.D.I. survalorisés par rapport aux C.D.D., etc. ; on l'a vu, **seulement 44 % des 18/24 ans scolarisés ont un « petit job rémunérateur »,** ce qui est anormalement faible par rapport à beaucoup de pays étrangers.

- **réduction des critères d'évaluation de la réussite et d'un métier** ; salaire, horaires, pénibilité, localisation géographique,...
- **starisation de quelques métiers, dans un nombre limité de branches professionnelles** ; enseignants, vétérinaire, travailleurs sociaux, journalistes ou publicitaires pour la communication, styliste, coiffeuse, esthéticienne pour la mode, avocat, sportif professionnel, pilote...
- **vedettarisation** (positive ou négative) **de certains « patrons »** ; Alain Afflelou, Jean-Marie Messier, Lindsay Owen Jones, Thierry Desmaret, François Pinault, Michel-Édouard Leclerc,...
- **démarches réduites et tardives de recherche** d'informations et d'expériences à propos des orientations professionnelles, souvent pendant ou même après les études supérieures.

En réaction par rapport à ce qui précède, les employeurs futurs de ces jeunes développent des *a priori* négatifs à leur égard.

Les chiffres de l'illustration N° 4, qui ne sont fondés sur aucune réalité objective mais correspondent tout à fait à des jugements de valeur passéistes, illustrent dramatiquement l'importance du fossé qui est en train de se creuser entre 2 générations de professionnels, toutes 2 nécessaires à l'entreprise, et qui devraient au contraire fonctionner en synergie.

Cette vision globalement négative de la jeunesse résulte d'un grave déficit global de dialogue entre les générations, encore renforcé dans le monde professionnel par la difficulté qu'ont les adultes à gérer leur rapport aux jeunes dans un dispositif social qui s'est profondément modifié, comme le souligne le philosophe Alain Renaud : *« L'entreprise traditionnelle – comme l'Éducation nationale – fonctionnait grâce à l'existence de hiérarchie et de traditions ; elle doit désormais tenir compte du progrès irrésistible que représentent les principes de liberté et d'égalité propres à notre univers démocratique, ce qui entraîne une sorte de déstabilisation structurelle. La fracture générationnelle dans l'entreprise est encore aggravée par les problèmes conjoncturels actuels. »* [1]

1. A. Renaud, *La libération des enfants*, Éditions Bayard Calmann-Lévy, 2003.

LES 11/25 EN CHIFFRES

Illustration N° 1

✔ Les relations entre les jeunes et leurs parents sont...

	11/17 ans	18/24 ans
cool	54 %	34 %
amicales	30 %	48 %
difficiles	4 %	8 %
onflictuelles	11 %	10 %

Source : Institut de l'enfant/Junium. Baromètres « Teen Generation » pour les 11/17 ans et « Link Generation » pour les 18/24 ans, 2001.

Illustration N°2

L'étude « Youth Survey », menée en 2002 par le Center for a New American Dream, confirme d'une part que **cette influence est importante en matière de socialisation économique et d'autre part qu'elle diminue sensiblement avec l'âge** ; à la question « vous sentez-vous incités à acheter certains produits, tels que des vêtements, des chaussures, des C.D. ou d'autres articles, parce que vos amis les possèdent ? », la réponse « oui » concernait : **54 % des 12/13 ans, 30 % des 14/15 et 17 % des 16/18 ans.** Ce qui représente une chute des deux tiers sur sept années !

Illustration N° 3

✔ la « grégarité adolescente » :

	11/14ans	15/17 ans	18/20 ans	21/24 ans
Nombre de groupes de copains	2	3	4	5
Combien de membres par groupe ?	4	6	9	8
Mixité des groupes	60 %	77 %	84 %	90 %

Source : Institut de l'enfant/Junium. Baromètres 2001.

Illustration N° 4

✔ L'avis des DRH

L'étude B.V.A. suivante a été effectuée en 2001 pour Manpower, auprès de D.R.H., personnes supposées être réfléchies dans leur jugement :

les jeunes sont infidèles et prêts à quitter une entreprise pour un meilleur salaire	82 %
les jeunes sont moins dynamiques que leurs aînés	70 %
les jeunes ne sont pas plus qualifiés que les plus âgés	55 %
les jeunes s'adaptent moins vite	50 %

Partie II

CO-ÉDUCATION, VOCATION, CRÉATION, MÉDIAS, COMMUNAUTÉ : À VOUS DE JOUER !

Chapitre 9

RESPONSABLE PAR LA CO-ÉDUCATION

Après sa naissance biologique, l'enfant est très prioritairement à la charge de sa famille pour son éducation. Les choses deviennent beaucoup plus diversifiées pour l'adolescent et la deuxième naissance – la « re-naissance » physique, cognitive, sociale et sexuelle – ; probablement parce que les enjeux sont plus importants et avec une incidence assez rapide.

Pour que **l'adolescence devienne « l'atelier de l'humanité »**, en transposant à l'éducation la belle formule de Comenius, il importe de tenir compte de la recommandation d'E. Kant « aux hommes qui font des plans d'éducation » : *« Il faut éduquer les jeunes d'après l'état futur – possible et meilleur – de l'espèce humaine. »* [1]

Dès 1911, É. Durkheim donnait une définition très sociologique de l'éducation : *« L'éducation consiste à développer chez l'enfant un certain nombre d'états physiques, intellectuels et mentaux que réclament de lui, à la fois la société politique dans son ensemble et le milieu spécial auquel il est destiné. »* [2] Cette conception vaut principalement par les interrogations que sa centration sur les exigences sociales projette nécessairement sur les autres pôles de l'éducation intellectuelle, sur la culture et les savoirs.

Compte tenu de la perspective identitaire de la quête adolescente – qui suis-je réellement et qui ai-je envie d'être demain ? – il est naturel que la construction du futur adulte résulte d'une alchimie complexe entre des influences variées découlant des trois formes d'éducation (déjà annoncées) ; formelle (l'école), non formelle (la famille, les clubs sportifs, les associations culturelles,...) ou informelle (les copains, la mode, les médias,...). Les institutions traditionnelles sont désormais moins pérennes (les familles éclatent, l'école génère l'exclusion via la sélection,...), d'autres modèles plus concrets et plus immédiats sont quotidiennement proposés aux jeunes (la société de consommation, la communication tous azimuts, la globalisation, la nouvelle citoyenneté,...).

Le recul historique permet aujourd'hui d'affirmer que chacune de ces formes d'éducation constitue objectivement un des multiples cadres de structuration pour les adolescents, avec ses forces et ses faiblesses. Dans un monde de plus en plus complexe, nul ne peut prétendre détenir à lui seul la clé de l'avenir et il est donc indispensable de bien comprendre les influences qui s'exercent sur les adolescents, entre 11 et 24 ans ; pour s'efforcer d'optimiser les points forts et de minimiser les aspects négatifs.

1. E. Kant, Réflexions sur l'éducation, Vrin, 1994.
2. Dans *Le nouveau dictionnaire de pédagogie* de F. Buisson, Hachette, 2000.

LE DEVOIR DE MAJORITÉ

À dix-huit ans, un jeune peut être objectivement considéré comme un adulte – sa construction physique, cognitive et sociale est quasiment achevée – **et pourtant les adultes** (ses propres parents, enseignants, ses futurs employeurs...) **ne le traitent pas comme tel** ; il n'y a guère que les hommes politiques pour y croire... à moitié : à dix-huit ans, on serait assez mûr pour voter mais pas pour être candidat !

C'est certainement dans le domaine de la socialisation économique qu'à dix-huit ans, le jeune a franchi le plus d'étapes vers l'adultité (cette notion recouvrant l'ensemble des attitudes et des comportements caractérisant un adulte aujourd'hui). Toutefois, s'il est très armé dans le domaine des achats-plaisir, il est encore peu formé pour tous les produits d'investissements du « futur utilitaire » et quasiment néophyte comme créateur (il a toujours été censé obéir !), comme citoyen (il n'a connu aucune véritable expérience de la démocratie !) ou comme producteur (il n'a pas le droit au travail, du moins en entreprise).

On ne peut pas imaginer construire un individu responsable sur une structure aussi déséquilibrée. Il est de l'intérêt de tous – jeunes, parents, collectivités publiques, monde économique – que **les jeunes apprennent à maîtriser l'élaboration et le développement d'un projet à moyen et long terme, son financement et la gestion des risques**. Françoise Dolto a écrit très justement : *« si dès l'âge de 10/11 ans, un jeune savait qu'à quinze ans, il serait considéré comme majeur, il s'y préparerait tout de suite. »* [1] Nous proposons donc de **réofficialiser l'âge de la majorité**.

L'objectif serait d'arriver à ce que pour chaque jeune **l'anniversaire de ses dix-huit ans soit le rite consacrant** :

1. un **projet personnel**, choisi et construit, pour déboucher sur des études supérieures adaptées à une activité professionnelle positivée.

1. F. Dolto, *La cause des adolescents*, *op. cit.*

2. une **identité de classe d'âge** tout à fait claire et ouvrant naturellement la voie à des relations intergénérationnelles tournées vers le futur.
3. une **identité sexuelle** qui se construit, pourquoi pas le début d'un couple (une autre belle forme de projet !).

C'est **autour de ce point central des dix-huit ans que l'on doit réorganiser la « marche vers l'adultité » des jeunes de 11 à 24 ans**, cela avec 2 périodes de durée à peu près comparables :

- **de 11 à 17 ans : l'accès à la majorité**
  Se préparer progressivement à exercer une responsabilité complète dans un nombre de champs croissant ; que le jeune accepte et que les adultes lui reconnaissent.
- **de 18 à 24 ans : l'expérimentation de l'adultité**
  Démarrage, mise en œuvre, validation et optimisation des comportements. Pour ceux qui choisissent les études courtes, on peut imaginer de raccourcir la période.

Dans notre devise pour une adolescence optimisée « Rêver sa vie, vivre ses rêves », la première partie correspond à la période de construction du projet personnel, avant dix-huit ans, et la seconde symbolise la mise en œuvre progressive avec possibilités de corrections du « projet scolaire, professionnel, social et affectif ». Dans un premier temps, on s'appuiera sur l'ouverture naturelle des adolescents et dans un deuxième temps on fera ce qui est nécessaire pour que l'adu-lescent s'ancre en profondeur.

Pour assurer le succès de ces projets, il faut naturellement que **pour chaque étape** il y ait systématiquement :

- **un objectif** clairement identifié par le jeune ;
- **un contrat moral** clairement défini avec tous les éducateurs qui seront tenus à un **« devoir d'éducation »**, comme c'est le cas pour les parents actuellement.

C'est pour cela que nous avions parlé précédemment de « l'adolescence en C.D.D. » ; plusieurs contrats successifs, à durée déterminée, pour progresser, franchir des étapes et être reconnu.

Chaque adolescent devrait pouvoir élaborer et valider son projet à chaque étape. Voilà les véritables « défis jeunes du troisième millénaire ».

LES CLÉS DE LA MOBILISATION DES ADOLESCENTS

Réussir sa vie ou réussir dans la vie ; là est bien la question essentielle ! Le grand échec du système éducatif français provient du dialogue de sourds croissant entre les adolescents – qui privilégient la première proposition – et les adultes qui restent majoritairement convaincus qu'ils détiennent les clés de la seconde, qui serait la seule valable à leurs yeux. On a pourtant vu dans la partie des chapitres précédents consacrée aux échecs de l'adolescence du XXe siècle, combien cette certitude était un leurre.

Aujourd'hui, **un jeune de 11/24 ans n'est réceptif et éventuellement mobilisable que si l'on tient compte de ses aspirations et attentes dynamiques profondes**, individuelles et partagées par les pairs :

1. **Être reconnu pour lui-même** – sa personnalité, ses qualités, ses défauts, ses différentes réalisations (sociales, culturelles, sportives,... et scolaires éventuellement !) – et pas simplement comme le fils de..., l'élève de..., l'habitant de..., etc.
2. **Être aimé, tout en restant libre/disponible** pour ne pas être possédé ; prisonnier ou aliéné.
3. **Se (re)trouver avec d'autres jeunes**. Pour tous les jeunes aujourd'hui, bien avant l'adolescence, il est une évidence : « seul on est vulnérable, à plusieurs on est plus fort » ; pas simplement à cause des conditions physiques de « jungle » dans lesquelles la société adulte les fait vivre (horaires absurdes, locaux et équipements déplorables,...), mais aussi aux plans social et affectif.
4. **Communiquer, échanger, partager**. C'est-à-dire vivre ensemble, et pas simplement reproduire et imiter ce qui s'est fait avant, par les générations qui les ont précédés.

5. Vivre dans une **ambiance authentique et projective** ; sensations, émotions, etc.
6. Concevoir, développer et optimiser **un/des projet(s) de vie propre(s)**.

Les 6 points qui précèdent constituent la base dynamique de la **« charte du dialogue pour les adolescents »** que l'on découvrira à la fin de cet ouvrage. Ils définissent l'objectif, les modalités et les étapes de l'évolution – entre 11 et 24 ans – de l'ado-naissance à l'adulescence.

Les deux illustrations N° 1 et N° 2 confirment que **les jeunes sont prêts à dialoguer :**

– ils expriment une certaine forme d'optimisme, pour aujourd'hui et pour demain.
– les plus jeunes sont plus sereins que les plus âgés (inquiétude et résignation progressent assez sensiblement avec l'âge).

D'après une étude, conduite en 1998 par Environics Youth Research Division, les jeunes Américains de 12 à 14 ans voudraient en avoir 18 et ceux entre 15 et 19 se fixent sur 20 ans : à notre sens, si une étude du même type était effectuée en France, on obtiendrait des résultats très comparables pour les plus jeunes et un objectif plus élevé pour les plus âgés.

LES QUATRE COMMANDEMENTS DU RÉFÉRENT ADULTE

Si beaucoup d'adultes prétendent jouer un rôle d'éducateurs vis-à-vis des adolescents, seuls ceux qui se comportent comme des « coachs » – notion totalement admise dans la gestion des ressources humaines dans les institutions adultes, publiques ou privées (entreprises, administrations,...), mais insuffisamment en matière d'éducation – ont des chances d'être écoutés, voire entendus et suivis comme modèles de maîtres à se conduire.

Qu'ils soient parents, enseignants, animateurs, artistes, responsables politiques, publicitaires, fabricants, distributeurs, ils devront **toujours** se préoccuper de :

- **connaître et comprendre les différents publics jeunes** ; écouter leurs attentes, s'intéresser à leurs problèmes, reconnaître les vraies ruptures,...
- **les respecter** ; ne pas les juger (ne jamais confondre évaluation de la prestation et jugement sur la personne !), tenir compte de leurs urgences spécifiques, débloquer des vrais moyens en personnel, locaux, équipements, budgets,...
- **proposer des projets pertinents** à moyen et long terme ; la multiplicité des plans gouvernementaux depuis trente ans illustre que tous relevaient du cautère sur une jambe de bois, faute de s'attaquer au vrai problème de « l'employabilité/inemployabilité » des jeunes sortant du système scolaire pour apporter – en amont pour remédier durablement et non en aval pour compenser éternellement – les corrections nécessaires. Comme le disait il y a des lustres, cruellement mais justement, Pierre Dac : *« En France, comme on ne veut pas penser le changement, on se contente le plus souvent de changer le pansement ; c'est inefficace, mais ça fait moins mal ! »* Plutôt que de proposer des solutions toutes faites – souvent improvisées et irréalistes – pourquoi ne pas responsabiliser les jeunes en pratiquant systématiquement une forme de « cogestion » en les associant – sous une forme ou sous une autre – aux mesures les concernant ? Depuis 1982, l'Institut de l'enfant réclame que des « études d'impact jeunes » soient systématiquement menées pour toute loi ou réglementation les concernant (comme cela se fait désormais pour l'impact sur l'environnement physique : air, eau,...) ; sans le moindre succès !
- **optimiser en permanence**. Pour répondre aux besoins et aux attentes de la population jeune, on ne peut plus se contenter d'une obligation de moyens. Compte tenu de l'immensité des enjeux et du retard considérable pris par notre pays, il faut passer très rapidement à l'obligation de résultats pour l'Éducation nationale et les enseignants ; ce qui suppose de mesurer avant, pendant et après pour apporter rapidement les correctifs éventuellement nécessaires

pour rectifier le tir. On a beaucoup parlé dans le passé du droit à l'éducation pour les jeunes, il serait souhaitable désormais de définir un véritable « devoir d'éducation », pour tous les éducateurs ; parents mais aussi enseignants, moniteurs, responsables politiques,... Hannah Arendt le confirme lorsqu'elle écrit : *« Éduquer, c'est être responsable du monde face aux jeunes que l'on éduque et nul éducateur ne peut se dérober à cette responsabilité sans renoncer à éduquer ! »* [1]

VIVE L'ÉDUC'ACTION PERMANENTE !

Dès qu'il se débarrasse de critères d'appréciation privilégiant systématiquement le passé et qu'il abandonne d'éventuels réflexes corporatistes de chapelle, tout observateur de terrain reconnaît que :

1. Compte tenu de **l'accélération du renouvellement non seulement des connaissances** – ce qui est désormais assez largement admis – **mais aussi des compétences requises** – constat plus lent à émerger dans notre pays de « têtes bien pleines » –, **l'école ne peut plus décemment prétendre faire passer en formation initiale** tout ce qui sera nécessaire pour toute la vie ; même si l'on a, au fil des années, sensiblement allongé la durée de **la scolarité** (+ 2,3 années depuis 1981) qui dure aujourd'hui **dix-neuf ans en moyenne.**

   Il faut réfléchir d'urgence à une nouvelle **politique globale de l'éducation/formation** ; avec de nouveaux objectifs (ce n'est pas faire injure à Jules Ferry que de dire qu'il est un peu dépassé de nos jours !), une construction dynamique entre formation initiale et permanente, une pédagogie plus adaptée à la psychosociologie du développement de l'enfant, de l'adolescent et du jeune adulte (nouveaux calendriers quotidien et annuel, bilans de compétences, système de notation individuels et collectifs, méthodologie de projets,...). Dès 1983, Peter Sloterdijk annonçait : *« une quantité innombrable de gens n'est plus disposée à croire que l'on doit d'abord apprendre quelque chose pour être mieux un jour par la suite.*

1. H. Arendt, *La crise de la culture*, Gallimard, 1972.

L'inversion de la relation entre le vivre et l'apprendre est dans l'air : c'est la fin de la croyance à l'éducation et de la scolastique européenne. » [1]

2. **L'enseignement vertical type transmission ne convient que pour une minorité** d'élèves (il est quasiment devenu un outil de sélection !) et il a considérablement perdu de son efficacité dans les classes indifférenciées qui sont la règle aujourd'hui. On obtient des résultats plus probants et plus durables en rendant le jeune acteur de son apprentissage. C'est de plus en plus comme cela qu'il fonctionne dans sa famille, dans l'univers de cultures vivantes qui est le sien (cf. chapitre 4) et même dans la ville. Si elle ne veut pas dépérir dans sa tour d'ivoire, **l'école doit impérativement travailler** non seulement sur les compétences en plus des savoirs, mais surtout **sur les attitudes** – curiosité, ambition raisonnée, initiative, esprit de débat, responsabilité, persévérance... – ce qui est beaucoup plus nouveau.

   Il ne s'agit plus simplement d'apprendre à apprendre, mais de développer le goût, la volonté d'« interroger la vie », de demander aide aux adultes, de s'insérer dans la société,... Vouloir et savoir poser les bonnes questions au bon moment sera toujours plus utile que d'utiliser maladroitement des éléments de réponses plus ou moins digérées, hors contexte [2]

La situation actuelle de l'« adolescence à la française » correspond à l'inverse à une logique de sélection individuelle et collective basée sur un véritable parcours du combattant parsemé de nombreuses embûches : changement de cadre scolaire tous les 3 ou 4 ans, puberté, apprentissage sexuel, modification éventuel du cadre familial, entrée plus ou moins réussie sur le marché du travail. Ceci se traduit par la formation de **trois filières d'adolescents** :

---

1. P. Sloterdijk, *Critique de la raison cynique*, Bourgois, 1987.
2. La lecture de l'ouvrage collectif *Quelle école voulons-nous ?*, publié en 2001 aux Éditions E.S.F. (avec des contributions d'Alain Kerlan, Michel Devaley, Louis Legrand et Éric Favey) est fortement recommandée à ceux qui souhaiteraient approfondir le sujet car il conforte notre analyse en la détaillant au niveau des valeurs, des institutions, de la culture, de la démocratie, de la territorialité, etc.

- **les privilégiés (environ 25 %)**, qui cumulent bien souvent **plusieurs formes d'avantages** (familiaux, scolaires, culturels, économiques,...) et qui développent une **culture élitiste et individualiste**.
- **les désillusionnés (quasiment 55 %)** qui, faute d'avoir su développer au départ des ambitions personnelles et légitimes, ont visé la barre maximale comme les précédents mais ont **échoué à un moment ou à un autre et ont été orientés négativement** ; moins sur ce qu'ils auraient envie, ou seraient capables de faire que sur ce qu'ils viennent de rater. Bien souvent, l'échec ne les amène pas à devenir opportunistes ou réalistes ; s'ils ont développé un goût du **groupe, c'est plutôt dans une optique de protection et de défense.**
- **les exclus (à peu près 20 %)** que **l'institution scolaire n'a pas su/pu/voulu éduquer et que le monde du travail ne sait/peut/veut pas prendre en charge**. Ces « sauvageons », qui monopolisent souvent les médias, échappent aux circuits institutionnels classiques et sont malheureusement quasiment condamnés à « s'imposer en s'opposant ».

L'enjeu des deux constats précédents – le premier sur le fond et le second sur la forme – est d'autant plus colossal que s'ils sont sociologiquement incontournables et politiquement justifiés, ils sont malheureusement médiatiquement incorrects, pour ne pas dire iconoclastes. L'opposition entre les 3 formes d'éducation – formelle, non formelle et informelle – est non seulement stérile et dépassée mais deviendrait vite suicidaire pour qui envisagerait de prétendre à la prépondérance et *a fortiori* au monopole. Dans une réelle perspective de service éducatif à la fois pour les jeunes et pour la société – qu'il soit public ou privé ne change rien à la chose – il est indispensable de mobiliser tous les co-éducateurs, abondamment cités au fil des pages précédentes, sans ordre autre que celui de la chronologie existentielle d'un jeune ; les parents, les enseignants, les animateurs culturels et sportifs, les éducateurs de centres de loisirs et de mouvements de jeunesse, les collectivités territoriales, les entreprises et organisations professionnelles, les organisations caritatives, les médias, les prestataires financiers et de communication, etc.

DES « SITU'ACTIONS ÉDUCATIVES » ET DES PARCOURS DE RESPONSABILISATION

Pour aller au-delà du dialogue avec les 11/24 ans autour de leurs passions – en respectant les préceptes évoqués dans les pages précédentes – c'est-à-dire **pour les mobiliser de façon constructive et durable, il est désormais indispensable de leur proposer :**

1. Des **parcours aspirationnels**, qui leur donnent à la fois **l'envie et la capacité de progresser** avec une triple perspective ; eux-mêmes (confiance en soi/« *self esteem* »), les pairs, la société (confiance en demain et dans les autres).

   Les jeunes ne comprennent pas que l'âge soit le critère déterminant de l'« adultité », les adultes les considérant comme des « sous-adultes » – avec beaucoup de devoirs et peu de droits – jusqu'à la veille de leur majorité, et des adultes à part entière dès le lendemain, alors qu'ils ne se sentent pas fondamentalement différents.

   Ils estiment que **la reconnaissance du passage à l'âge adulte devrait se concrétiser par l'obtention d'« unités de valeur capitalisables** » ; une sorte de permis à points à l'envers, c'est-à-dire essentiellement en positif (une mine pour les éducateurs non formels !) et exceptionnellement en négatif. Dans l'état actuel des choses, ils subissent autant l'apprentissage de l'hygiène, de la gestion d'un budget, l'optimisation de leur look ou la maîtrise de la distribution, les critères d'achat d'un graveur de C.D.,... que l'appropriation du programme de mathématiques en classe de...

   Tout est sauvage ; certains sont aidés et d'autres pas, quelquefois au bon moment, souvent à froid ! C'est parfois difficile dans l'enseignement, mais si les banquiers et/ou les assureurs ne font pas découvrir leur justification économique au moment où les jeunes construisent leurs projets – à l'ado-naissance – et continuent à laisser les parents et les enseignants conduire l'initiation économique avec leurs connaissances et leurs *a priori*, il ne faut pas s'étonner que le message soit brouillé au final ! Serait-il vraiment absurde qu'un groupe comme l'Oréal Paris fasse directement une initiation éducative à la cosmétique en aidant les ado-naissants à maîtriser leur corps (les cheveux, la peau,...) et leur mental – être et se sentir beau ! – au moment où ils en ont le plus besoin : à l'entrée au collège. À la prochaine étape – pendant les années lycées – on approfondirait la personnalisation, etc. Faudra-t-il éternellement compter sur les mamans pour faire ce travail ? Elles n'en ont pas toutes le désir, le temps ou les capacités !

L'exemple précédent souligne l'énorme erreur commise par nos responsables depuis trente ans, avec la suppression des **rites de passage et des rituels** attestant qu'une étape était franchie – avec une **double reconnaissance, par le/la jeune et par les adultes** –. Ils **sont indispensables pour le développement de l'adolescent et la mise en œuvre d'une stratégie, durablement aspirationnelle, d'initiation, d'apprentissage et de maîtrise** : une échelle, c'est fait pour s'élever et chacun de ses barreaux a un rôle à jouer. Le monde du sport l'a bien compris ; non seulement les catégories d'âges mais aussi les ceintures de couleurs différentes (puis les « dans ») au judo ! Pourquoi ne pas imaginer de décerner des labels chaque fois que le jeune a franchi une étape avec succès, et donc acquis une compétence de « gestionnaire » (par rapport à une gestion positive passée : réelle sur son compte en banque ou virtuelle avec une simulation de portefeuille boursier !), de « conseiller/ère en esthétique », de « capitaine » sportif, de médiateur, d'animateur, d'« assistant culturel »,... Initiation et apprentissage supposent qu'on donne aux jeunes la volonté/possibilité de fermer des portes sur des acquis et d'en ouvrir d'autres sur des objectifs : l'autonomisation doit être suivie d'une responsabilisation pour déboucher au final sur la responsabilité et l'autonomie.

C'est l'enjeu du passage de « l'adolescence épreuves/sanctions » à « l'adolescence preuves/reconnaissance ». Benjamin Franklin disait déjà : *« Tu me dis, j'oublie. Tu m'enseignes, je me souviens. Tu m'impliques, j'apprends. »* Il faut donc désormais rendre les jeunes coauteurs de leur apprentissage. Pour être efficace et pérenne.

2. Désormais, **une situation d'éducation n'est efficace** – à court et long termes – que si **elle se traduit par une véritable appropriation** (c'est bien entendu particulièrement le cas pour les adolescents, mais pas exclusivement. Les jeunes adultes – cf. les nouvelles méthodes de fidélisation du personnel dans les entreprises – et les enfants du

primaire et de maternelle fonctionnent de plus en plus de la même façon). On n'y parviendra qu'en travaillant sur les 2 plateaux de la « balance de l'apprentissage » :

- en **accentuant les facteurs positifs** ; la curiosité, l'envie de progresser, le bénéfice attendu (immédiat et différé), la relation pédagogue/élèves,...
- et en **atténuant les facteurs négatifs** ; trop de théorie, individualisation insuffisante, durée inadaptée, langage trop technique,...

Pour le faire, il faut savoir créer et mettre en œuvre ce que nous appelons des « situ'actions » éducatives, dans lesquelles les jeunes sont non seulement motivés (à ne pas confondre avec la démagogie du « distractif gratuit ») mais acteurs, en responsabilisation progressivement ; partiellement au début, plus complètement ensuite jusqu'à totalement « en double commande » avec droit à l'erreur), pour finir par s'assumer en totalité et être reconnu par la société. Si la vieille règle selon laquelle on ne retient, au mieux, que 20 % de ce que l'on entend, 40 % de ce que l'on voit, et 60 % de ce que l'on fait, n'est plus aujourd'hui contestée par quiconque, elle est encore insuffisamment appliquée en éducation formelle.

Une situation sera d'autant plus « éduc'active » que **le jeune questionnera lui-même le monde et la connaissance, découvrira et mobilisera ses compétences, identifiera et sollicitera l'assistance nécessaire, évaluera objectivement ses premiers résultats, se remettra en route en rectifiant le tir,...**

L'éducation verticale de transmission affirme pouvoir **développer chez les élèves l'esprit critique individuel**, en mettant en place le mode de pensée type Sciences-po – thèse (un point de vue)/antithèse (son contraire)/synthèse (supposé être LA vérité) –. Qui ne constate aujourd'hui les dommages collatéraux dramatiques que ceci entraîne ; la suffisance chez les vainqueurs de la sélection (je me refuse toujours à les appeler automatiquement les meilleurs !) et le conformisme du « ni-ni » chez les autres : ni blanc (une thèse), ni noir (l'antithèse) mais plutôt le compromis, voire le plus petit commun dénominateur. Suivant l'illustre avis du président Clemenceau : *« quand un problème* *est délicat, il suffit de créer une commission mixte,... pour l'enterrer »*, les adultes-électeurs français, après avoir privilégié la cohabitation politique gauche/droite (ou son pendant droite/gauche !) viennent de réaliser que ceci aboutissait au blocage. Pourquoi ne pas en tirer les conséquences qui s'imposent, pour passer enfin à la « pédagogie du débat », tellement utilisée, avec succès, dans les pays anglo-saxons ; un individu/un groupe présente une opinion, un autre en développe une différente (pas obligatoirement opposée, peut-être simplement plus nuancée ou complémentaire) et au final chacun – ou éventuellement un troisième individu/groupe – dresse une conclusion en synergie.

Dans cette perspective, **d'autres sujets devraient être proposés aux adolescents.** Tous sont envisageables, y compris pour les plus jeunes ; ce devrait être le cas de **la psychologie** ou plus généralement de **la philosophie** qui serait si utile aux collégiens sous forme d'applications pratiques (test de personnalité = estime de soi) et collectives (débat = respect des autres) alors que la conception traditionnelle (les grands auteurs, les principales théories,...) renvoie presque naturellement à la terminale. Certains auteurs recommandent même de commencer bien avant [1]. De la même façon, beaucoup de ce que nous appelons « les disciplines du vivre ensemble » fourniraient un bon support à des « situ'actions éducatives » ; la sociologie, le droit, l'architecture,... Pour illustrer notre propos, en étant légèrement provocateur afin de débloquer le dialogue, **on peut classer les situations d'apprentissage actuelles de nos adolescents en trois catégories :**

* **Les situ'actions positives et authentiques**

- **les « cultures vivantes »** des jeunes ; musique, look, sport, technologie, médias,...
- **La « socialisation économique »**, terme plus dynamique et moins moralisateur que celui de consommation utilisé fréquemment par les tenants du tout-Éducation nationale.

* **Les situations de transmission unilatérales (verticales et autoritaires)**

1. A. Lalanne, *Faire de la philosophie à l'école élémentaire*, E.S.F, 2003 ou M. Tozzi, *Discuter philosophiquement à l'école primaire*, CNDP/Hachette, 2000.

- **l'école ;**
- **l'activité professionnelle ;**
- **la citoyenneté ;**
qui ont tendance à survaloriser l'autorité – le respect des « appreneurs » – au risque de « casser » une part importante des « apprenants ».

*** Les « refuges »**

Essentiellement la famille qui, à force de vouloir jouer les édredons, pas toujours au bon moment puisque les parents ont tendance à bousculer les ado-naissants et à materner les adu-lescents, finit, dans beaucoup de cas, par anesthésier les velléités créatrices des jeunes et édulcorer leurs ambitions ; au nom d'un pseudo-réalisme puisque l'historique de « la cohabitation familiale » prouve qu'elle se développe régulièrement, sans véritable lien logique avec le niveau du chômage ou la conjoncture économique.

Il faut malheureusement ranger aussi dans cette catégorie tous les paradis fictifs – drogues, alcool, etc. – et toutes les déviances – de la délinquance organisée à l'affiliation à une secte –.

Pourquoi ne pas imaginer de décerner des labels chaque fois que le jeune a franchi une étape avec succès, et donc acquis une compétence de « gestionnaire », de « conseiller/ère en esthétique », de « capitaine » sportif, de médiateur, d'animateur, d'« assistant culturel »,... Initiation et apprentissage supposent qu'on donne aux jeunes la volonté/possibilité de fermer des portes sur des acquis et d'en ouvrir d'autres sur des objectifs : l'autonomisation doit être suivie d'une responsabilisation pour déboucher au final sur la responsabilité et l'autonomie.

Il ne faut pas attendre beaucoup plus que ce qu'ils font déjà de la part de la famille, des pairs, des médias et de la rue. Par contre, une révolution en profondeur s'impose pour l'école et l'entreprise par rapport à leur mission pour demain et leur pratique d'aujourd'hui. L'une comme l'autre ont trop longtemps fonctionné sur un schéma de reproduction du passé. Pour scolariser et employer tout le monde, il faut incontestablement retrouver le sens du concret ; il faut mettre les jeunes en projets !

OPTIMISER LA CO-ÉDUCATION : UN DÉFI POUR L'ÉCOLE ET L'ENTREPRISE

Pour établir une synthèse dynamique entre les chapitres précédents, nous nous proposons d'illustrer dans la première partie du tableau qui suit **la prise en compte des passions des jeunes par les différents éducateurs** qui vont les accompagner jusqu'à l'âge adulte. **Le bilan découle des objectifs initiaux de chacune des institutions, de l'histoire de son évolution et des habitudes prises au fil des années.**

Prise en compte actuelle							
	École	**famille**	**ass. cult/ sportive**	**pairs**	**médias**	**entrep.**	**rue**
Musique	-/+	+	+	++	+	-	+
Mode/look	-	++	-	++	+	-	++
Sport	+	+	++	++	+	-	+
Communication	-/+	+	+	++	+	+	+
Technologies	-/+	++	+	++	+	+	-

Proximité éducative							
	École	**famille**	**ass. cult/ sportive**	**pairs**	**médias**	**entrep.**	**rue**
Musique	+	+	+	++	+	+	+
Mode/look	+	++	+	++	++	+	++
Sport	++	+	++	++	+	+	+
Communication	++	++	++	++	++	++	+
Technologies	++	+	++	++	+	++	+

Le deuxième tableau oublie toutes les contraintes et raisonne plutôt sur ce qui pourrait être fait par chacune des institutions. On constate qu'il ne faut pas attendre beaucoup plus que ce qu'ils font déjà de la part de la famille, des pairs, des médias et de la rue. Par contre, une révolution en profondeur s'impose pour l'école et l'entreprise par rapport à leur mission pour demain et leur pratique d'aujourd'hui. L'une comme l'autre ont trop longtemps fonctionné sur un schéma de reproduction du passé. Pour scolariser et employer tout le monde, il faut incontestablement retrouver le sens du concret ; il faut mettre les jeunes en projets !

En intégrant, en plus des compétences académiques classiques, d'autres domaines d'excellence comme la musique, l'expression personnelle (le look) et collective (la communication au-delà de la socialisation) et en allant encore plus loin qu'elle ne le fait actuellement en matière de sport et de nouvelles technologies, l'école resterait bien dans sa mission à long terme, tout en assurant des relations enseignants/élèves plus confiantes, au quotidien et pour l'avenir !

De la même façon, l'ensemble du corps économique a tout intérêt à ce que la préparation à la vie professionnelle devienne en France, comme c'est le cas dans toutes les sociétés industrielles modernes, une des principales tâches du développement du futur adulte ; pour se préoccuper de ce que l'on pourrait appeler « l'employabilité des élèves » au-delà de leur instruction, voire de leur éducation !

L'adolescence correspondant à la période où l'individu se pose la question de celui qu'il veut être, il serait naturel de l'inciter à s'interroger sur ce qu'il désire faire dans l'avenir et ce qu'il souhaite vivre dans le futur. Il serait particulièrement profitable pour lui de le pousser à le faire de façon répétitive afin qu'il puisse s'autodéterminer dans une certaine mesure : quelle synthèse personnelle des conditions qui lui sont faites par la société projettera-t-il devant lui pour guider son action ? Il faudrait pour cela lui fournir des outils de mesure comme les « inventaires de maturité vocationnelle ».

Comme l'écrivent Barbel Kracke et Peter Noack, deux chercheurs allemands déjà cités : *« la quête identitaire conduit tout naturellement l'adolescent à s'interroger sur ses projets professionnels, dans la mesure où la place d'un individu dans une société moderne dépend largement de son statut professionnel. »* Cette structuration économique peut aussi passer par les « cultures vivantes des jeunes » dont nous avons parlé au chapitre 3.

Il est regrettable que la recherche sur « la formation des intentions d'avenir des jeunes » soit aussi peu développée en France par rapport à ce qui s'est fait aux États-Unis au cours des vingt dernières années. Les deux chercheurs les plus prometteurs sur le sujet – Jean Guichard et Michel Huteau qui travaillent à l'Institut national d'études du travail et d'orientation professionnelle du C.N.A.M. à Paris – retiennent les 3 théories qui leur paraissent les plus opératoires :

1. La théorie de **l'« apprentissage social »** de J.-D. Krumboltz (1981) se situe dans le mouvement néo-behavioriste. Le jeune se construit graduellement un système représentatif qui le conduit à **voir d'une matière déterminée les choix qui s'offrent à lui à travers deux types d'apprentissages** ; **les apprentissages associatifs** se font par imprégnation et/ou imitation d'un modèle et **les apprentissages instrumentaux** qui découlent des actions entreprises par le sujet.
2. Le modèle de **« la carte cognitive commune des professions »** de L.S. Gottfredson (1981) se place dans **la dynamique de la psychologie cognitive**. Au fur et à mesure de son développement, l'individu circonscrit d'abord des professions qui pourraient être les siennes, puis en fonction des opportunités existantes, il effectue des compromis en prenant en compte **les caractéristiques les plus personnelles de son « concept de soi interne et unique » pour affiner ses projets professionnels** : ses intérêts, ses capacités, ses valeurs.
3. La théorie de F.W. Vondracek (1986) de **« la genèse en contexte et continuée de la carrière personnelle »** insiste sur le rôle que jouent **les facteurs extérieurs à l'individu**. Le contexte est constitué par les différentes institutions que fréquente le jeune (la famille, l'école, les petits boulots, les copains,...) et vis-à-vis desquelles l'adolescent peut exercer un rôle actif.

On voit clairement comment les contributions à la formation de la «sociabilité/insociabilité » et à l'« employabilité/inemployabilité » vont souvent de pair : elles devraient donc être fermement coordonnées pour permettre de construire les adultes de demain.

Béatrice Majnoni d'Intignano consacre dans son livre *L'usine à chômeurs* un chapitre intitulé « La jeunesse au rencart », dans lequel elle oppose ce qu'elle appelle « les Trente Glorieuses » (1945/1975) – *« l'avenir était radieux et les projets nombreux »* - et les « Vingt-cinq Calamiteuses (1976/aujourd'hui) – *« la jeunesse ne croit plus à l'avenir et perd espoir »* – pour conclure en recommandant de *« remettre rapidement au travail cette jeunesse inoccupée* (cf. les faibles chiffres de l'activité salariée et à l'inverse le très fort taux de chômage de cette population : chapitre 1) *pour lui fournir vite une raison d'espérer ».* [1]

Ce n'est qu'ainsi que, selon la formule de D. Simard : *« l'éducation, en plus d'être technique de préparation à la vie sociale et professionnelle, sera appropriation de connaissances, de valeurs et de symboles pour permettre à chacun de mieux comprendre le monde, d'y vivre et d'y répondre d'une manière active, créative et autonome. »* [2]

Les jeunes sont prêts à se lancer dans cette aventure du projet, comme le montre la hiérarchisation des qualités qui leur paraissent essentielles pour réussir sa vie :
- N° 1 Avoir **confiance en soi ;**
- N° 2 Être **social ;**
- N° 3 Avoir de **l'humour ;**
- N° 4 Être **courageux.**

Source : Institut de l'enfant/Junium. Baromètres « Teen Generation » et « Link Generation », 2001.

Tous les co-éducateurs devraient continuellement garder ceci à l'esprit pour pouvoir dialoguer avec les jeunes et féconder à la fois des projets et des vocations d'adultes.

En effet, si ces compétences ne sont pas toujours suffisamment développées et valorisées par les différents éducateurs, elles nous paraissent représenter de bons « marqueurs de l'adultité ».

Elles permettent en tout cas de **valoriser l'individualisation sans verser dans *« l'individualisme dont la face sombre réside dans un repli sur soi qui aplatit et rétrécit nos vies, qui en appauvrit le sens et nous éloigne du souci des autres et de la société »*** [3]

1. B. Majnoni d'Intignano, *L'usine à chômeurs*, Éditions Plon, 1998.
2. D. Simard, *Revue française de Pédagogie* N° 132, INRP 2000.
3. C. Taylor, *Le malaise de la modernité*, CERF Éditions, 1994.

LES 11/25 EN CHIFFRES

Illustration N° 1

Ils sont aujourd'hui...	11/17 ans	18/24 ans
... plutôt heureux	60 %	61 %
... très heureux	38 %	35 %
... plutôt malheureux	2 %	4 %
... très malheureux	-	-

Illustration N°2

Leur « vision » de l'avenir ?	11/17 ans	18/24 ans
avec espoir	84 %	88 %
avec confiance	76 %	75 %
avec inquiétude	29 %	43 %
avec révolte	18 %	16 %
avec résignation	9 %	15 %

Dans les deux cas, pour mieux répondre à la qualité de l'expression des jeunes, une possibilité de multi-réponses leur était accordée.

Source : Institut de l'enfant/Junium. Baromètres « Teen Generation » et « Link Generation », 2001.

CHAPITRE 10

L'AVENTURE FABULEUSE DU PROJET ADOLESCENT : VOCATIONS

L'ÉVOLUTION INÉLUCTABLE DE L'ENVIRONNEMENT ÉDUCATIF

Le travail mené par Génération 2020 [1] depuis sa création le premier janvier 2002 vise à « modéliser l'avenir », pour définir des stratégies

1. La nouvelle structure créee par Joël-Yves Le Bigot pour anticiper les tendances et « expérimenter » le futur.

d'accompagnement de construction et d'insertion des adolescents actuels qui seront dans vingt ans, pour certains des décideurs politiques, économiques, artistiques, culturels et spirituels accomplis et compétents – pour les autres des citoyens, consommateurs, collaborateurs, responsables – et pour tous des hommes et des femmes debout, acteurs de leur vie et de leur destinée, mais également parents et/ou parrains/marraines, oncles/tantes, etc. Génération 2020 s'occupe ensuite de la mise en œuvre de ces stratégies et de leur optimisation éventuelle en mesurant régulièrement les résultats obtenus.

Ceci suppose d'abord une lucidité absolue vis-à-vis de la situation actuelle que nous permet notre pratique permanente de la recherche auprès des 0/25 ans depuis 1970, en France comme à l'étranger, à la tête de l'Institut de l'enfant et du réseau Youth Opinion International, sur pratiquement toutes les problématiques possibles et en utilisant la panoplie complète des outils méthodologiques disponibles. Il faut aussi une forte capacité d'anticipation qui a été grandement nourrie par l'observation, au cours des trente-deux années passées, des évolutions dans les pays développés et révolutions dans les pays émergents, ainsi que par les responsabilités que nous avons exercées au sein d'Esomar et qui nous ont fait découvrir de très nombreuses recherches extrêmement intéressantes réalisées par des collègues à l'étranger.

Il faut enfin une volonté farouche de mobilisation des énergies et une aptitude à proposer des plans d'actions et susciter des dynamiques qui ont valu à Joël-Yves Le Bigot le titre, qu'il considère comme très flatteur, « d'adolescent le plus expérimenté d'Europe » !

Tous les facteurs d'environnement vont évoluer dans le sens d'un renforcement de ce que la Commission des communautés européennes appelait en mai 2001 « l'économie de la connaissance ».

Évolution de la famille

L'auteur américain Don Tapscott insiste beaucoup sur l'extraordinaire capacité d'adaptation de la famille qui, « *après avoir été atomisée par les évolutions sociologiques, économiques et technologiques des dernières années, a réussi à se remoléculariser ; c'est-à-dire à retrouver sa dynamique propre et sa structuration* ». [1]

La famille restera, pour longtemps encore, non seulement une « **valeur refuge** », mais également un « **projet d'avenir** » et une « **ambition pour demain** ». Elle devra, dans le futur, surtout contribuer à **développer** « **les ailes (des jeunes)** » (l'esprit d'aventure, l'autonomie, l'ambition,...) au-delà de la transmission des « racines (des vieux) », plutôt que de se cantonner dans sa fonction actuelle de « famille A.N.P.E. bis » avec ses dérives quasi naturelles : surprotection, immaturité, déresponsabilisation,... Dan Acuff, le président de la société américaine Youth Market System Consulting, considère que « *la famille est le noyau le plus représentatif de chaque civilisation* ». En étudiant les évolutions des cinquante dernières années, il estime que « ***dans les sociétés occidentales développées, comme les U.S.A. ou l'Europe, on est passé successivement du patriarcat*** (patriarchy) ***au matriarcat*** (matriarchy) ***pour aboutir à la situation actuelle qu'il qualifie de pédiarcat*** (filiarchy) ».

Rien ne permet de penser que les relations entre les adolescents et leurs parents ne continueront pas à être très fortes et marquées par le libéralisme. Même à l'époque de la reprise de l'emploi, en particulier pour les jeunes, la co-habitation familiale a continué à devenir plus tardive.

S'il est de plus en plus rare de voir 3 générations cohabiter sous le même toit, la communication intergénérationnelle est bien souvent maintenue par le téléphone et Internet.

Développement de l'« éducation permanente »

Un rapport publié en décembre 2001 par L'O.C.D.E [2] insiste sur l'importance de « l'apprentissage tout au long de la vie » et sur la nécessité pour la France de rattraper rapidement le retard pris dans ce

1. D. Tapscott, *Growing Up Digital*, McGraw-Hill Ryerson, Toronto, 1997.
2. L'O.C.D.E a publié, en décembre 2001, les résultats du « P.I.S.A/Programme international pour les acquis des élèves » (une étude effectuée en 2000, sur 250 000 élèves de 15 ans dans 32 pays, dont les 28 membres de l'organisation).

domaine, compte tenu de la primauté accordée traditionnellement chez nous à « l'éducation initiale ».

Le programme Jeunesse des Communautés européennes, mentionné ci-dessus, va exactement dans le même sens.

Il faut définitivement abandonner le confort de l'hypothétique assurance scolaire à vie que fournirait le super diplôme, pour se préoccuper en priorité de l'élaboration du « projet personnel » – l'identité dynamique –, puis du « projet social et affectif » – l'identité relationnelle – pour aller vers le « projet professionnel » – l'aboutissement de la socialisation économique – qui doit conditionner le « projet éducatif » – la scolarité. Trop souvent les jeunes sont mis – la plupart du temps de façon inconsciente – progressivement en situation d'échec en « poursuivant » leurs études sans vraie motivation et, du même coup, sans direction claire ; ouvrant ainsi la possibilité d'échecs multiples !

Renouvellement accéléré de la connaissance : savoirs, informations

Dans de très nombreux domaines – scientifiques comme techniques – le « corpus » de connaissances se modifie de plus en plus rapidement, transformant aujourd'hui en erreur la vérité d'hier. Au cours d'un colloque [1], le professeur François Gros déclarait qu'en matière de sciences de la vie ce renouvellement portait sur près de 50 % des informations qui devenaient périmées au bout de dix-huit mois.

Ces transformations permanentes concerneront aussi bien la sphère professionnelle que le domaine privé.

Priorité à l'éduc'action

Les spécialistes internationaux convergent pour estimer que le challenge pour demain consistera à rapprocher l'éducation et la formation de celui qui apprend. Dans « la culture de l'apprentissage »,

1. Organisé par l'Institut de France en octobre 2001, à propos du « partage du savoir ».

la question du jeune est aussi importante que « la réponse certitude » de l'enseignant ; il s'agit d'apprendre à demander, à questionner.

Pour que cet apprentissage porte tous ses fruits, il faut que 3 éléments fonctionnent en synergie :

- la **motivation d'apprendre ;** la curiosité, l'ambition.
- la mise en œuvre de « **situ'actions** » **éducatives** basées sur l'expérimentation (le faire), en adoptant des méthodes et des outils adaptés aux jeunes et qui les rendent acteurs de leur propre découverte et formation.
- la mise en place d'une relation de type « **tutorat/coaching** » de la part des **éducateurs** ; disponibilité, écoute, exemplarité,...

Dans le rapport déjà cité, les Communautés européennes considèrent qu'un meilleur accès à Internet et aux ressources multimédia permettra d'atteindre cet objectif [1]

Ceci est d'autant plus nécessaire pour notre pays que, dans l'étude P.I.S.A. déjà citée au chapitre 3, l'O.C.D.E. souligne une importante faiblesse du système éducatif français : nos élèves ont tellement peur de « la mauvaise réponse » et du jugement négatif de l'enseignant que, lorsqu'ils ne savent pas, ils préfèrent s'abstenir de répondre plutôt que de proposer quelque chose qui pourrait être erroné ou approximatif ; à la différence de ce que font leurs collègues de nombreux autres pays (pas uniquement les Anglo-Saxons). **La généralisation de la démarche individuelle d'« essai et erreur » ou celle collective du « débat », devrait contribuer à combler ce handicap.**

Synergie entre éducation(s) formelle, non formelle et informelle

On a assisté ces dernières années à une multiplication des « co-éducateurs », sans répartition claire et cohérente de la tâche de construction de ces futurs adultes que représentent les jeunes actuels.

1. « Réaliser un espace européen de l'éducation et de la formation tout au long de la vie », adoptée en novembre 2001.

Tous les prévisionnistes s'accordent à penser que l'influence de l'éducation formelle (l'école) ira en décroissant, au profit de la non formelle (famille, clubs, associations, etc.) et surtout de l'informelle (groupes de pairs, médias, rue, etc.) dont on ressent bien le poids croissant à travers les baromètres socio-culturo-économiques de l'Institut de l'enfant/Junium.

La globalisation/mondialisation

« **Qu'on l'apprécie ou non, la globalisation est là. Notre tâche sera de la contrôler pour l'utiliser au profit de l'humanité** » disait Romano Prodi Président de la Commission Européenne, le 20 juillet 2001.

Les jeunes représentent certainement la partie de la population la plus concernée par ce phénomène :

- **soit par l'adoption d'une forme de** « **World Culture** » par leurs modes vestimentaires, alimentaires, musicales et cinématographiques.
- soit par son rejet : les contestataires de Porto Alegre, les partisans du développement durable.

Notre société sera appelée à se diversifier ; tant sur les plans éthnique et religieux que social et linguistique.

Ce processus de « reculturation » pourrait prendre deux dimensions :

- « Le projet Europe » : l'Europe est encore jeune et en développement continu, elle a besoin pour avancer de l'ambition, de l'enthousiasme, mais aussi de l'adhésion des jeunes aux valeurs sur lesquelles elle se fonde.
- Le « village mondial » : Internet, le courrier électronique et le téléphone mobile sont devenus des produits emblématiques de la mondialisation (cf. illustration N° 1).

Une innovation scientifique, technique et technologique foisonnante

On ne prend pas grand risque en imaginant que la recherche publique comme privée va continuer à sortir de nouveaux produits de leurs laboratoires ; tant pour le « hardware » que pour le « soft ».

- **Nouveaux supports de communication** en matière de téléphonie (UMTS...) d'Internet (haut débit...).
- **Nouveaux contenus** : cf. « Le plan d'action e-learning. Penser l'éducation de demain » [1].

La « société de consommation » était, par essence, matérialiste et égoïste ; la « société de communication » devrait être plus tournée vers l'écoute et le partage. Il semble que la communication de demain sera plus « citoyenne » pour devenir un outil de démocratie et de gouvernance ; elle devrait jouer désormais le rôle intégrateur qu'assuraient autrefois l'école/université, l'emploi ou l'environnement social et qu'ils ont progressivement abandonné. Le besoin d'informations croissant et de conseil de sources diversifiées justifie les recommandations des communautés européennes quant à la généralisation de l'enseignement et l'utilisation des nouvelles technologies de l'information et de la communication. À condition de respecter les 3 obligations suivantes :

- **sur les contenus** ; en phase avec les attentes des jeunes, évolutifs et actualisés en permanence.
- **sur les instruments et les canaux** ; ils devront être facilement accessibles, conviviaux et toucher les jeunes sur leurs territoires de vie (établissements scolaires mais aussi en proximité : quartier...).
- **sur l'articulation entre ces instruments et canaux** ; avec une réelle mise en réseau.

L'ADO DU TROISIÈME MILLÉNAIRE : « LE MOI SOCIAL »

Comme on le sait, **l'adolescence est une « innovation éducative » relativement récente** (XIXe siècle). Elle correspondait à l'apprentissage, plus ou moins ordonné, des contraintes de la société adulte, marqué par un souci de « production dans la reproduction » : c'était finalement la période-clé de la transmission de « l'héritage » culturel, familial et social. L'enfant fonctionnait dans l'instant, l'adolescent

1. Communautés européennes, 28 mars 2001.

devait apprendre à assumer et valoriser le passé : c'est pour cela que l'adolescence était considérée comme une étape pas très constructive et durait assez peu de temps car le « statut d'adulte » était clair et permanent.

Aujourd'hui, les marqueurs de l'« adultité » sont à la fois plus diversifiés et moins stabilisés (réversibilité des situations familiales, économiques, etc.), comme on l'a vu au chapitre 1.

Les ambitions pour la construction d'un « adulte du troisième millénaire » sont plus grandes et impliquent de « réinventer la vie », avec un modèle éducatif nettement plus démocratique qu'autrefois, car il concerne aussi bien la fille de l'ouvrier que le fils du bourgeois.

De « l'egologie » (moi, dans le regard des autres)...

L'énorme travail à accomplir pour passer désormais de l'enfance au statut d'adulte ne peut déboucher sur un succès que si 3 conditions sont réunies :

- **l'estime de soi** : « J'ai des compétences, je les ai identifiées, je vais « bouger » en les mettant en œuvre : je peux être « acteur » de...
- **la confiance en demain** : « De la même façon que je grandis et que je me perfectionne, le futur sera plus riche que le présent,... »
- **la confiance dans les autres** : « C'est formidable de vivre avec, pour et par les autres,... ».

La « cool attitude », c'est précisément de tirer partie de cette triple assurance ; le plus possible, en tout temps et dans toutes les situations : *ever cool,* comme diraient les Anglo-Saxons.

Cette egologie doit bien sûr être soigneusement entretenue et le(s) téléphone(s), surtout, mais aussi plus accessoirement Internet, y contribuent fortement.

... à « l'ex-timité »

L'expression renvoie évidemment à une nouvelle conception de l'espace privé, caché, et de la sphère intime. **Ce qui est important et personnel n'a plus à être refoulé et enfoui**, mais au contraire exprimé. **Les émotions sont partagées, les secrets sont échangés**. Il faut probablement y voir la conséquence de la banalisation et de la vulgarisation de la psychanalyse. Les confessions peuvent être publiques, comme le montre le développement des « *Weblogs* », sorte de journaux intimes accessibles à tous sur la Toile.

Les émissions de télévision à scandale des derniers mois – *Le Loft, Star Academy, Bachelor, Nice People* ou *Ça va se savoir* – n'ont bien entendu pas créé artificiellement ce phénomène ; elles n'en sont que l'illustration, comme le confirme l'outrance des commentaires positifs ou négatifs des uns et des autres.

LE « NOUVEL ESPACE » ET LE « NOUVEAU TEMPS »

L'espace physique et économique jeune

Si, comme on l'a vu précédemment, les jeunes peuvent être pour ou contre ce que les adultes font de la mondialisation, ils ne veulent pas être limités à leur environnement local, ou même régional ou national. Ils se perçoivent clairement comme citoyens du « village mondial » ; ils sont informés, via leurs médias (TV, cinéma, radio, magazines, événementiel, le « *buzz* ») sur ce qui se passe hors de l'Hexagone et sur l'actualité de leurs collègues étrangers. Leurs préoccupations peuvent être aussi bien culturelles ou sportives qu'humanitaires ou écologiques, voire économiques ou politiques.

Ils ont déjà voyagé ou rêvent de le faire ; en famille, avec l'établissement scolaire, avec un club, avec des copains, à deux ou même seul. Ils ont donc des correspondants, des amis, et pour un nombre croissant d'entre eux, de la famille à l'étranger.

Les distances ne leur font pas peur, ni pour se déplacer physiquement, ni pour le faire virtuellement, via les outils des N.T.I.C. D'autant que la barrière des langues joue moins que pour les générations précédentes, l'anglais remplaçant l'espéranto.

Si les distances comptent peu, le problème du financement a aussi perdu de son importance. Quand un jeune a vraiment envie de quelque chose, il arrive toujours à le financer. Soit par des moyens licites ; leur pouvoir d'achat direct est très majoritairement affecté à des « achats-plaisir », les « tours de table » familiaux sont fréquents, ils ont le temps et l'envie de rechercher les bons plans, soit par d'autres qui le sont moins ; vol, racket, etc.

Il ne faut pas oublier non plus qu'il s'agit de la première génération pour laquelle la consommation prime sur la production. La société les pousse à consommer de plus en plus jeune, alors qu'elle leur refuse le droit à un travail et donc à un salaire. La logique économique leur est assez étrangère : on se débrouille toujours.

Le « nouveau temps » jeune

La **relation au temps des jeunes est très particulière**, par rapport aux adultes :

- d'abord parce qu'il **s'écoule plus vite pour eux** : la croissance, la puberté,... Que de bouleversements entre 0 et 24 ans (beaucoup plus que de 25 à 50) ! Un jeune est toujours pressé – **la génération de l'instant** – il n'a jamais le temps d'attendre.
- ensuite parce qu'il est **très mal réparti dans l'année** : cf. les 155 jours d'école *vs* les 210 sans ; des périodes « surbookées » et d'autres quasi oisives.
- enfin parce qu'il est très souvent perçu comme une **contrainte imposée de l'extérieur par les adultes** et qu'ils – les jeunes – ont rarement la capacité de maîtriser. Leur programmation est quasi systématiquement organisée par les parents, les enseignants, les moniteurs,... ; les adultes en général !

Les **N.T.I.C. les fascinent** – voire les façonnent/les éduquent ! – car :

- elles représentent le « droit à l'improvisation » et le « droit à l'erreur » qui leur sont si souvent refusés.
  - Avec le portable, je peux saisir une opportunité au dernier moment, je n'ai plus besoin de prendre des engagements à l'avance.

  - Avec l'ordinateur, je peux recommencer autant de fois que je veux, je choisis mon niveau de challenge.
  - Avec Internet, je peux entrer en contact avec quelqu'un que je ne connais pas.
- elles abolissent les décalages horaires et les convenances : on peut travailler, jouer ou se manifester à toute heure.

QUELLE GÉNÉRATION 2020 ?

Tout le monde a certainement en tête, tout ou partie de la célèbre lettre de Kipling à son fils, dans laquelle il définit l'adultité :

> *« Tu seras un homme mon fils*
> *si **tout homme compte** pour toi, mais **nul par trop***
> *si tu sais bien remplir **chaque minute implacable***
> *de soixante secondes de **chemins accomplis.***
> *À toi sera la Terre et son bien délectable*
> *Et bien mieux, tu seras un homme mon fils ! »* [1]

Même si cette description d'un adulte reste toujours d'actualité, sa formulation pourra paraître à certains trop abstraite et philosophique.

Lors d'un séminaire de formation de l'E.F.M.A. (European Financial Management and Marketing Association) en janvier 2003, nous avions défini un contenu plus concret pour la « panoplie » d'un adulte-acteur (entre 30 et 45 ans) en 2020 :

- **un projet philosophique** : avoir trouvé le sens de sa vie. Un/des buts ainsi qu'une dynamique volontariste ; espérer, entreprendre, réussir et persévérer.
- **une morale/une éthique** ; ce que l'on est prêt à faire et ce que l'on s'interdit.
- **une trajectoire/carrière professionnelle**, choisie et assumée.

1. R. Kipling, *Tu seras un homme mon fils, op. cit.*

- **un « capital avenir »** personnel, pour financer une éventuelle période de chômage, un congé sabbatique et… plus tard la retraite, en comptant à la fois sur la solidarité collective (système par répartition) et sur le réalisme individuel (formule de capitalisation).
- **un « patrimoine pour la famille »**, résultant d'investissements aussi bien mobiliers qu'immobiliers.
- **un dispositif d'assurances financières** à la fois sur les personnes (sécurité sociale et complémentaire santé) et sur les biens.
- **une certaine flexibilité/mobilité** – physique et mentale - ; capacité d'acculturation/reculturation (langage, adaptation culturelle,…).
- **un solide réseau** d'amis et de relations.

À travers tout ce qui a été dit dans les premiers chapitres sur la rusticité de la « panoplie adolescente » au début du processus, vers onze ans, on réalise aisément tout ce qui doit être fait. Dans chacun des 8 domaines, le jeune doit partir ou repartir de zéro – une bonne partie de ce qui avait été acquis au cours de l'enfance devient subitement obsolète – ; seuls les projets et les contrats dont nous parlerons plus loin dans ce chapitre lui permettront d'être plus ou moins bien armé. Si tous n'ont pas vocation à développer les 8 registres aussi complètement, ils ne devront en négliger aucun.

Au-delà des opinions personnelles des uns et des autres, en fonction des origines et des différents parcours culturels, la sociologie générationnelle permet d'envisager une véritable « ingénierie éducative » en définissant ce qu'il faut mettre en place auprès des jeunes de 11 à 25 ans, pour qu'ils soient véritablement acteurs de leur vie dans vingt ans.

La sociologie générationnelle doit impérativement intégrer deux problématiques, en complémentarité :

- les phénomènes qui relèvent des **spécificités de chaque classe d'âge** (état physique, histoire, valeurs, idoles, budget, équipement,…) – traditionnellement on parle des juniors (0/24 ans), des majors (25/49 ans), des seniors (50/74 ans) et du quatrième âge (au-delà de 75 ans) – et des **rapports entre elles** (relations et/ou opposition).

- les phénomènes qui correspondent à **une époque** déterminée (les années 70, le XXIe siècle,...) : état des connaissances, actualité, mode(s).

La première traite des hommes, des populations ; la deuxième renvoie à l'environnement de la société, la science et la technique, la culture,...

En sociologie générationnelle, toute tentative de prévision du futur implique deux approches distinctes :

- L'une sur la rémanence, dans 10 ou 20 ans, des opinions, attitudes et comportements de la population actuellement étudiée ; dans le cas d'espèce, comment fonctionneront les 11/24 ans actuels quand ils auront entre 31 et 44 ans et qu'ils seront éventuellement mari ou femme, parents, professionnels, citoyens : nos jeunes demain !

  Le schéma méthodologique de « l'étude des cohortes » limite les risques d'erreur.
- L'autre traite à la fois de l'étude de l'évolution des différents systèmes éducatifs (famille, école, médias, société) et de leur capacité à intégrer ou refuser les nouveautés et de la projection/ anticipation des progrès scientifiques et technologiques de demain : demain les jeunes !

Il faut définitivement abandonner le confort de l'hypothétique assurance scolaire à vie que fournirait le super diplôme, pour se préoccuper en priorité de l'élaboration du « projet personnel » — l'identité dynamique —, puis du « projet social et affectif » — l'identité relationnelle — pour aller vers le « projet professionnel » — l'aboutissement de la socialisation économique — qui doit conditionner le « projet éducatif » — la scolarité.

Ceci est vrai pour tous les jeunes, quelle que soit leur situation familiale, scolaire ou économique mais c'est, par ailleurs, quasiment la seule solution pour ceux qui sont les moins favorisés : le projet représente une réserve de motivation, émulation, stimulation qui permet de compenser les carences éducatives directes — famille, école,... — par la mise en rapport avec d'autres éducateurs.

QUAND LES 11/24 ANS EN AURONT 31/44

Tout ce qui précède visait à démontrer que les jeunes générations – et en particulier les adolescents, le segment naturellement le plus exigeant – ont des opinions, des attitudes et des comportements sensiblement différents de ceux des générations qui les ont précédés.

N'ayant pas connu le même cheminement historique, n'ayant pas reçu le même type d'éducation (à la fois scolaire et familiale), ne supportant pas les mêmes contraintes (physiques/santé, culturelles, économiques, temporelles) que leurs aînés :

- **ils utilisent plus les nouvelles technologies de l'information et de la communication**, et surtout ils le font différemment : elles font **partie de leur vie.**
- **ils ont avec les technologies une relation de proximité/complicité très forte** car leurs développements, croissances et reconnaissances respectifs ont été concomitants. Ils ont grandi ensemble : une « **nostalgie positivée** » (découverte et maîtrise).
- les N.T.I.C. représentent une **formidable chance** pour tous ces jeunes, car elles répondent à leur double revendication :

- « Ouvrez-nous les portes de la vie. »
- « Ouvrez-nous les temps nouveaux. »

Leurs avenirs/futurs coïncident ; celui des jeunes et celui des technologies.

S'INVENTER UNE VOCATION D'ADULTE... ET UNE PLACE DANS LA SOCIÉTÉ

Il est tout à fait réaliste de proposer d'éclairer l'évolution des adolescents – d'aujourd'hui vers demain (à la fois le but à atteindre et le trajet à parcourir) – en imaginant un véritable partenariat entre la société et chacun des jeunes, officialisé par une forme de contractualisation. Il faut avoir de l'ambition pour construire l'avenir de ces jeunes qui en ont spontanément ; pour eux-mêmes ou pour les autres ! Prenant en compte l'adolescence projet – pas une maladie mais au contraire une opportunité fantastique – il faut faire naître et grandir des projets d'adolescents.

Si de plus en plus de futurologues parlent de la « jeunesse ressource », c'est que ce partenariat à mettre en place bénéficiera à tout le monde :

- **les jeunes** qui recherchent à la fois leur identité personnelle, des territoires d'expression et des perspectives d'avenir par l'insertion sociale, sexuelle et professionnelle.
- **les éducateurs** – parents, enseignants, animateurs,... – qui s'efforcent de transmettre des outils – à la fois des connaissances et des compétences – pour que les jeunes sachent les utiliser à bon escient et les faire évoluer le cas échéant.
- **les structures d'insertion** – entreprises, administrations, collectivités territoriales,... – qui visent à pérenniser la relation avec les jeunes pour qu'ils deviennent des clients, prescripteurs, collaborateurs, citoyens actifs et responsables.

Ce contrat, constatant une relation gagnant/gagnant entre le jeune et la société, doit permettre à chacun des acteurs précédents de fonctionner dans une perspective de « capital avenir » :

- **le capital santé** : par l'éducation à la cosmétique puis à l'hygiène (dans cet ordre, c'est efficace, alors que l'inverse sera considéré comme normatif !)... pour déboucher ensuite sur les équilibres de vie.
- **le capital culture** : des études/itinéraires pour ouvrir sa curiosité, pour se réaliser, pour optimiser ses compétences, pour échanger avec les autres,...
- **le capital professionnel** : être acteur dans l'économie, le culturel, le social, le caritatif, l'humanitaire, etc.
- **le capital finances** : l'éducation à l'argent, les circuits financiers, le mesure du risque et la couverture par l'Assurance,...

Dans cette perspective, on doit admettre que le schéma de « l'action raisonnée » de Duboff et Spaeth (2000) ci-dessous s'applique parfaitement à l'édu'action de demain.

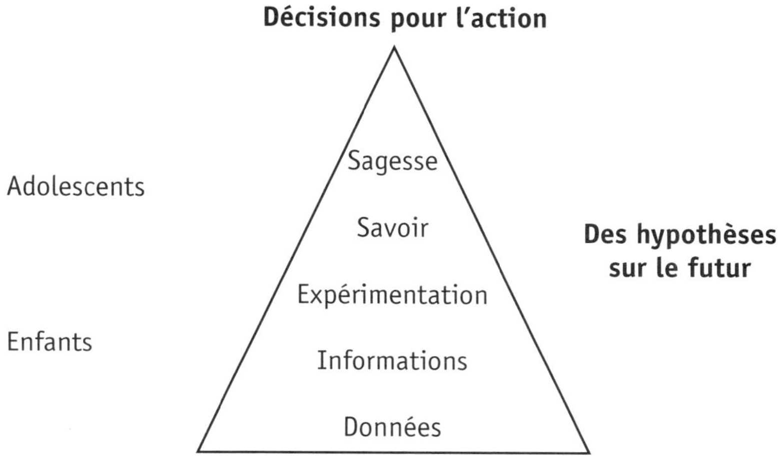

Pour que la relation soit durable, il faut travailler successivement sur chacun des étages de la pyramide. L'enfant se situe principalement aux 2 premiers niveaux, avec des données « passives » qui se transforment en informations « activables ». Pour que l'adolescent devienne un acteur optimal de sa vie, il faut qu'il ait pu maîtriser les 3 autres étapes : d'abord savoirs/compétences, puis expérimentation/validation et enfin modélisation opératoire (le mode de pensée opérative évoqué dans le chapitre 2). Il devra être capable de formuler des hypothèses pour l'avenir et de faire des choix.

Le contrat de partenariat entre les différents acteurs de la société et le jeune doit être articulé autour des 11 étapes d'un projet de création selon J.-M. Desmarais [1]. Les 2 parties doivent le connaître et le mettre en œuvre :

4. **L'origine du projet.** On peut recenser 4 déclencheurs – positifs et négatifs – du changement chez un adolescent ; **l'envie** de posséder ou de faire, mais aussi **l'insatisfaction** qui induit le besoin de progresser et libère de l'énergie, ensuite **la contrainte** qui provoque une réaction contre celui qui l'exerce et enfin **la nécessité** qui oriente l'énergie vers le changement.

1. J.M. Desmarais, *Anticiper et vivre le changement*, Éditions d'Organisation.

5. **L'émergence d'une solution** ; formulation de la demande, expression des réponses possibles, élimination des mauvaises, sélection des meilleures,...
6 **La recherche des éléments favorables** ; faire le plein d'énergie en envisageant tous les éléments positifs, les regrouper par catégories, communiquer son projet à autrui et enregistrer les soutiens,...
7 **L'enregistrement des résistances** ; les entendre, les regrouper – distinguer les rationnelles et les irrationnelles –, les étudier puis les intégrer en positif dans le projet.
8 **La prise de recul** ; laisser décanter, dresser la balance « éléments favorables vs résistances », élaborer des stratégies alternatives.
9 **La prise de décision** ; c'est le seuil de l'engagement – la fin de la phase de préparation et le début de la réalisation – mais aussi et particulièrement pour un adolescent la recherche de l'adéquation entre moi et ma décision : « Une bonne décision ? C'est une décision que je rends bonne ! »
10 **L'entraînement à surmonter les obstacles** ; soigner sa forme, gérer son stress, accepter ses limites et continuer à avancer, développer sa confiance en soi, savoir quand et à qui demander un soutien.
11 **Le passage critique** ; le début de l'opérationnalité, le renouvellement du « premier coup », la rencontre avec l'épreuve, l'ennemi.
12 **La récompense** ; apprécier et partager sa réussite, recharger les batteries.
13 **L'intégration** ; savoir faire le bilan.
14 **Un nouveau point de départ** ; la création appelle la re-création !

Cet itinéraire, ainsi balisé, correspond tout à fait au parcours de l'adolescent entre 11 et 25 ans ; les phases 1, 2, et 3 pour « les années collège », 4, 5 et 6 pour la période du lycée et 7 à 11 s'appliquant à l'adu-lescence. Ceci devrait inciter les différents éducateurs à les épauler efficacement aux stades 3, 4, 5, 7, 8, 9 et 10, en s'abstenant d'être trop directifs lors des phases 1, 2, 6 et 11.

En effet, dans notre perspective active de construction pérenne, le jeune doit pouvoir être le chef d'orchestre de ses propres projets.

« Pouvoir » signifiant qu'il en ait envie – l'éveil de la vocation –, mais aussi qu'on lui en donne l'opportunité, la capacité et le crédit – féconder, accompagner et reconnaître la vocation – ce qui définit bien les obligations de la société.

De nombreuses institutions devraient par nature s'engager dans la promotion et la pédagogie du projet jeune. Pour la mettre en place, il faut d'une part apprendre au jeune à bien se connaître – pour prendre en compte à la fois ses aspirations et ses aptitudes –, et à savoir faire des choix. Choisir, ça se prépare et ça devrait même s'apprendre systématiquement !

« **L'éducation aux choix** », mise en œuvre et développée au sein des réseaux de l'Union des industries métallurgiques et minières (U.I.M.M.) – par des parents, des enseignants et des professionnels dans des collèges, des lycées, des centres de formation d'apprentis ou des entreprises – va clairement dans le sens de la culture du projet. Elle repose sur quatre postulats. En premier lieu vient « le pouvoir personnel » ; des déterminismes existent bien mais l'individu conserve beaucoup de pouvoir sur ce qui lui arrive. En second lieu vient « le développement personnel » qui admet que l'individu est un être en développement constant. « L'auto-détermination » correspond au troisième ; l'individu a en lui des capacités à gérer sa vie. Le quatrième – intitulé « acteur et personnalité » – affirme que dans une activité professionnelle chacun met en œuvre sa personnalité, en conformité avec ses valeurs.

L'U.I.M.M propose des batteries d'exercices visant à développer 4 domaines de compétences :

- **apprendre à explorer** ; cette phase d'ouverture et de recherche d'informations vise à développer la curiosité, l'observation, le questionnement et l'imagination.
- **apprendre à trier** ; pour consolider les capacités à interpréter, catégoriser, organiser et classer des informations.
- **apprendre à hiérarchiser** ; savoir analyser et évaluer les informations pour ne retenir que les solutions à la fois conformes aux désirs et réalisables, en éliminant les autres.

- **apprendre à mettre en œuvre** ; pour mobiliser et entraîner les capacités à décider, à s'engager, à élaborer des stratégies et à planifier.

Ces compétences seraient bien utiles pour tous les adolescents et du même coup cette initiative devrait être étendue, avec le soutien de l'Éducation nationale, des associations de parents d'élèves, des collectivités territoriales et des autres branches professionnelles.

LA « CROISADE » DU PROJET

Quelques mois après sa nomination, en mai 2002, à la tête d'un méga ministère de la Jeunesse, de l'Éducation nationale et de la Recherche, Luc Ferry déclarait fort justement : « ***il n'y a pas de jeunes sans avenir ; il n'y a que des jeunes sans projet.*** » Tous les éducateurs doivent désormais se mobiliser pour soutenir les projets de certains jeunes et en proposer aux autres ; l'avenir de la jeunesse française en dépend. Cette invite est particulièrement adressée aux éducateurs extrascolaires, aux entreprises, aux marques et aux médias.

En mars 2003, au moment du lancement – trop précipité à notre sens – de l'opération « Envie d'agir » destinée aux 11/28 (?) ans, il ajoutait : « *entre la sphère privée – qui ne regarde que les jeunes et leurs familles – et la sphère publique – le domaine scolaire et universitaire –,* ***un vaste champ reste en friche : celui de la société civile qui pourrait être le lieu d'engagement d'autant plus enrichissant pour les jeunes*** *qu'il leur permettrait, d'une part de* ***réaliser les aspirations personnelles et d'autre part d'être reconnus par les autres générations pour leur apport à la vie de la société*** (cf. l'erreur déjà soulignée du non-remplacement du service militaire pour les garçons par un « service citoyen » pour tous).

Six directions de projets possibles étaient identifiées : la citoyenneté, la culture, le sport, l'environnement, l'économie et l'humanitaire/caritatif. L'ordre n'est certainement pas indifférent ; celui du ministre correspond assez bien aux attentes actuelles de l'opinion publique adulte. Mais si l'on voulait par contre répondre aux aspirations des jeunes, il faudrait quasiment l'inverser.

En effet, pour un adolescent, développer un projet – l'imaginer, le formaliser et le mettre en œuvre – c'est à la fois se découvrir et se trouver mais aussi identifier un territoire d'action et l'organiser. Il y a donc apprentissage – aussi bien des règles que des limites – et démarche de socialisation, non seulement avec les pairs mais aussi entre les générations pour savoir rechercher et trouver des adultes exemplaires (à la fois maîtres à penser et maîtres à se conduire !). À une époque qui reconnaît de plus en plus le besoin de développer aussi bien les savoir-être et les savoir-faire, au-delà des savoirs/connaissance – toujours utiles mais insuffisants –, il est essentiel de réaliser que la pédagogie du projet, c'est l'éducation à l'investissement personnel, à la vie sociale et tout simplement à l'action. La réalisation du projet conduit à l'engagement réciproque, absolument indispensable à la réussite d'une adolescence ; celui du jeune, mais aussi celui de la reconnaissance par la société.

Deux campagnes de publicité récentes nous paraissent devoir être mentionnées pour illustrer ce qui précède. En positif, on peut citer le slogan « Inventez-vous » du Printemps, parce qu'il signifie : inventez votre avenir, développez votre personnalité et votre projet et prenez le chemin de l'engagement. À l'inverse, la formule chère à l'Oréal – « Parce que je le vaux bien » – ne débouche sur rien ; à l'adolescence, le « je » autoproclamé n'a pas de valeur, il doit être reconnu par les autres, les pairs comme les autres générations !

APPRENDRE À SE CONNAÎTRE POUR DÉVELOPPER LE MEILLEUR DE SOI-MÊME

À l'opposé de l'« adolescence errance », notre conception de l'adolescence projet renvoie à une recherche du sens de la vie ; pour comprendre le monde et se situer par rapport à lui, ce qui suppose que l'adolescent puisse entreprendre un vrai travail sur lui-même. Devenir adulte, c'est définir son centre et trouver son nom. Dans cette perspective, le mythe fondateur de l'adultité devient la rencontre avec soi-même, le voyage dans le sens servant à rassembler les briques constitutives du mythe : raisonnement (l'esprit) et résonance (les sensations), microcosme (moi) et macrocosme (le monde, l'éternité, etc.)...

À propos de mythe fondateur, il est tentant de rapprocher ceux de l'adolescence et de la chevalerie au sens que lui donne Jean-Claude Marol [1] :

- la démarche dynamique ; la quête du Graal,...
- les épreuves ; les rites initiatiques, l'adoubement...
- l'amour courtois, qui bouscule les conventions (les classes sociales, les âges,...
- l'esprit chevaleresque ; l'exploit individuel et la solidarité, le courage, la parole qu'on donne et qu'on respecte.
- le sens de l'héroïsme ; la tendresse (le désir) et la violence (l'affirmation).
- la symbolique ; les blasons, les devises,...
- le sens de la fête ; les débordements, le rire gras,...

Comment ne pas évoquer à ce propos les sagas d'*Harry Potter* ou du *Seigneur des anneaux* ! Le succès répété des livres et des films successifs confirme bien la proximité des interrogations et des démarches.

Dès onze ans, tout jeune est objectivement capable de réaliser beaucoup de choses ; physiquement, intellectuellement et socialement,... Il n'y a que sur le plan juridique et financier qu'il est encore très limité. Au fur et à mesure qu'il progresse vers ses vingt-cinq ans, ses capacités augmentent encore.

Dès son entrée au collège (onze ans en sixième), chaque jeune doit entreprendre une réflexion sur le sens qu'il entend donner à sa vie, ce qui lui permettra de se construire un programme individualisé d'évolution personnelle.

---

1. J.-C. Marol, *Le fier baiser ; au source de l'amour chevaleresque*, Éditions Le Relié, 2000.

Bien entendu, cette culture du projet doit être :

- **organisée** ; anticipation des fonctions et des besoins, des forces et des faiblesses, planification dans le temps,...
- « **coachée** » ; constitution de groupes de projet avec des pairs et des adultes (pour ne pas laisser le jeune seul face aux difficultés),...
- **évaluée régulièrement** ; mais dans une perspective de pédagogie de la réussite (jugement sur les options prises, jamais sur l'individu !) pour optimisation du projet.
- **évolutive** ; entre 11 et 25 ans, il se passe beaucoup de choses importantes pour un adolescent. Soit parce qu'il change lui-même et ses priorités avec, soit parce que son environnement peut se transformer (succès ou échec scolaire, aide financière parentale,...). Il n'est pas anormal du tout que l'on change plusieurs fois de projets au cours de ses quinze années d'adolescence ; en particulier à l'occasion des grandes ruptures (fin du collège, du lycée, du premier cycle de l'université,...). Il est d'ailleurs préférable d'en avoir toujours 2 en cours à chaque étape : un prioritaire et un alternatif !

Le projet ado-naissant : rêver sa vie pour éveiller une vocation d'adulte

Dés l'entrée en sixième, il faut anticiper sur les difficultés qu'entraînent plus ou moins rapidement le changement profond de références scolaires et les problèmes ultérieurs liés à l'apparition de la puberté ; pour donner au jeune la possibilité de rêver sa vie en imaginant et construisant un projet personnel. **Ceci le conduira à chercher à mieux se connaître** (ce qui développera l'estime de soi, donc la confiance !) **et à commencer à interroger le monde** (le début de la confiance en demain).

Nous avons en effet déjà souligné précédemment combien on assiste depuis des décennies à une personnalisation de plus en plus grande des trajectoires adultes et cette tendance ne fera que se renforcer pour les vingt ans qui viennent. L'ensemble des co-éducateurs – parents, enseignants, éducateurs, marques et enseignes, entreprises, médias, politiques,... – doit se mobiliser pour aider les jeunes à entreprendre cette démarche d'explorateur et de géomètre à la fois (il s'agit de révéler ses aspirations profondes en reconnaissant la flamme qui l'anime et les valeurs auxquelles il croit ; en édifiant « *mes armoiries de valeurs* » comme le propose la psychothérapeute Rebiha Couillet dans ses « Ateliers du moi » [1]) et en travaillant, par exemple, sur les directions suivantes.

1. La recherche des « talents »

- les déterminismes ; la signification des signes du zodiaque, des prénoms, les arbres généalogiques remontant...
- les tests de personnalités.
- les bilans de compétences.
- les témoins annuels de construction ; le journal intime (les émotions, les peurs, les engagements tenus et non tenus...), l'agenda (les moments forts, les rencontres marquantes,...).
- une initiation à la psychologie, à la graphologie,...

2. L'identification des traces... pour les repères

- travail sur la signature personnelle.
- établissement de blason, de devise personnelle, de code d'honneur, de rites,...
- élaboration de recueils de citations d'idoles de tous types (culturelles, religieuses, sportives,...) sur une matrice de sens : moi, la vie, les copains, l'avenir, le monde, le progrès, la science, les pauvres,...
- initiation aux « territoires » par l'architecture, le droit,...

3. L'éveil optimum de vocations d'adulte

- information sur les professions de services : santé, justice, éducation, sécurité,... ; la vocation !
- rencontre avec des témoins adultes ; religieux, humanitaires, culturels,... ; l'engagement !
- échanges d'expériences avec des professionnels dans les secteurs d'intérêt ; « un jeune, un métier, un jour ».

1. Des ateliers de développement personnel.

4. Les territoires d'expression possibles

- la constitution de « trésors » ; les collections, avec barèmes d'évaluation et bourses d'échange,...
- la pratique collective régulière d'un sport et d'une activité culturelle, l'engagement en responsabilité ; caritatif ou humanitaire, citoyen (délégué de classe, participation à un conseil de jeunes,...).
- le travail sur le look ; silhouette, cosmétologie,...
- l'insertion générationnelle.

5. Les projets de création

- personnels ; reportage photo, script de film, petits jobs rémunérés,...
- collectifs (de classe, de groupe,...) ; aménagement de territoires (chambre, grenier, cave,...), création d'ateliers de communication, de journaux, de troupes de théâtre, de groupes musicaux, organisation de voyages, boîtes à idées d'optimisation, cahiers de doléances,...

On fait actuellement trop souvent l'impasse sur les projets – formalisés ou latents – des ado-naissants. C'est à notre sens une erreur profonde comme le montrent les résultats obtenus par les marques et les entreprises qui s'intéressent à eux depuis longtemps – Nike, Adidas ou Coca-Cola – ou plus récemment, comme McDonald's. En s'adressant à ce public, on peut être à la fois plus ambitieux, plus pérenne et plus novateur !

Le projet adolescent : formaliser son projet pour positiver son destin

À ce stade, le projet doit devenir plus élaboré. Il peut prolonger ou se substituer à celui qui avait servi de fil rouge à l'ado-naissance. Il s'agit de maintenir la confiance en soi mais surtout de développer le goût d'entreprendre – en neutralisant ce que Rebiha Couillet appelle « mes croyances limitantes ») –, à travers les démarches suivantes.

1. La construction de l'adulte acteur : « il n'y a pas de raison que je n'y arrive pas ! »

- bilan forces et faiblesses.

– plan d'optimisation des compétences.
– programme de correction des faiblesses.

2. La prise de responsabilités

– obtention de diplômes de la société civile adulte ; brevet de secourisme, B.A.F.A., etc.
– jobs rémunérés systématiques ; un régulier pendant l'année scolaire (baby-sitting, assistance scolaire, visite de personnes âgées,...) et un pendant les vacances d'été.
– participation à des chaînes d'engagement collectif ; capitanat sportif, coaching pour des plus jeunes,...
– association à la création des « territoires du futur » ; conseils de jeunes, lieux, transports, activités,...

3. Le développement du capital avenir

– incitation à la mobilité internationale ; voyages, échanges, correspondants (Internet ou postal).
– constitution d'un réseau ; à la fois générationnel – le/la petit(e) ami(e), le/la meilleur copain/copine, les amis sûrs,... et intergénérationnel – les adultes référents (dans la famille, l'établissement, la cité,...).
– initiation à la philosophie, la sociologie, l'architecture, la communication publique, l'économie d'entreprise,...

4. La mise au point du projet professionnel personnel ; la gestion par objectifs

– formalisation ; quoi, pour qui, pour quoi,... pour le créateur, pour les autres ?
– conditions à remplir ; études, localisation, financement,...
– étapes à franchir, modalités d'évaluation des performances,...
– calendrier.

Le projet adu-lescent : vivre ses rêves en contribuant à la cité

Ayant élaboré « **un scénario de vie** », le jeune adulte doit s'imposer une « entrée en S.A.R.L. » soit une véritable insertion dans la/une société, mais à responsabilité limitée dans un premier temps, une sorte de **répétition générale du jeu de la vie**. Encore faut-il que le jeune se sente en capacité d'« entrepreneur » pour tenter et persévérer. Cette période doit correspondre à la mise en œuvre du projet de vie personnel, professionnel et social imaginé, conceptualisé et programmé au cours des deux étapes précédentes. Après la découverte de son destin – l'ancrage de l'ado-naissance – puis la prise de parole – au moment de l'adolescence lycéenne – il convient d'assurer « l'agir » adolescent ! Tout en consolidant la confiance en soi et la confiance dans les autres, la priorité est désormais d'asseoir, si possible définitivement, la confiance dans l'avenir ; on y parviendra en travaillant dans les directions suivantes.

1. La modélisation du projet

- consultations d'experts dans différents domaines.
- jeux de rôle.

2. L'expérimentation pour optimisation

- initiation économique diversifiée ; stages multiples en France et à l'étranger, junior entreprises,...
- bilan objectif de ces expériences.
- optimisation du projet ou éventuelle réorientation.
- actions correctives à mettre en œuvre.

3. L'assurance avenir

- début de constitution d'un patrimoine.
- assurances sur les personnes : complémentaire santé, retraite,...
- assurances sur les biens : sauvegarde du patrimoine,...

DU PROJET AU CONTRAT

La pédagogie du projet doit concerner tous les adolescents de 11 à 25 ans, quels que soient leur passé, leur présent et leur avenir. Il serait absurde de considérer qu'elle n'a de justification que pour la minorité qui envisage de créer une structure dans les domaines économique, culturel ou caritatif. Elle est aussi justifiée pour les futurs salariés du privé que pour les fonctionnaires de l'administration. N'oublions pas qu'en France, **seuls 10 % des jeunes ont été en rapport avec une structure d'orientation au cours de leur scolarité secondaire et supérieure.**

L'étude « Pulse » effectuée par l'agence de communication McCann Erickson France en mars 2003, nous apprend que les jeunes Français de 13 à 19 ans – la tranche d'âge ne nous paraît pas idéale – rêvent de devenir disc-jockey. Celui-ci est en effet devenu la figure aspirationnelle et le guide discret d'un univers – sonore – dépaysant. La culture D.J. plongeant ses racines dans les grands foyers urbains de la créativité, le D.J. doit voyager de par le monde, trouver de nouveaux modes d'expression par les sons et maîtriser parfaitement la technologie pour créer et recycler en permanence. Par ailleurs, il est considéré comme « bien dans sa vie » et la gagnant généreusement.

Puisque tous nos jeunes ne pourront pas être des D.J. confirmés, **il est indispensable de faire éclore, de féconder, d'accompagner et de reconnaître des vocations d'adulte dans des millions d'autres directions.** Thierry Breton, le P.D.-G. de France Telecom, déclarait le 2 juillet 2003 : « *un jeune qui s'est engagé est par définition un excellent candidat à l'embauche. Pour un poste déterminé, je reçois quantité de cursus universitaires brillants, mais je ne prends le temps de rencontrer que les rares postulants qui me paraissent animés par une passion et des convictions d'une part et qui ont su, d'autre part, travailler avec les autres ; pour porter un projet commun.* »

PROJET, PROJET ET PROJETS !

Pour « *raccrocher les jeunes au train de notre vie d'adulte, il faudrait aussi – et peut-être d'abord – qu'elle leur fasse envie* », comme le disait, avec beaucoup de clairvoyance, un de mes stagiaires stratégies [1]. Le projet permet en effet d'être positivement actif ; il est la « situ'action » idéale dans le cadre de la co-éducation que nous avons

1. G. Fleurance du Centre international des congrès de Tours.

prônée dans les chapitres 2 et 8. Il sous-tend la triple confiance – en soi, en demain et dans les autres – car il la justifie en permanence et lui permet de s'exprimer.

Ceci est vrai pour tous les jeunes, quelle que soit leur situation familiale, scolaire ou économique mais c'est, par ailleurs, quasiment la seule solution pour ceux qui sont les moins favorisés. Le projet représente en effet une réserve de :

- **motivation** : le capital d'envie et la volonté d'agir qui poussent à entreprendre une action ;
- **émulation** : les satisfactions personnelles et la reconnaissance collective pour les actions engagées ;
- **stimulation** : les « dopants ponctuels » dispensés par un environnement porteur, en cas de besoin ;

qui permet de compenser les carences éducatives directes – famille, école,... – par la mise en rapport avec d'autres éducateurs.

La responsabilité collective de tous les co-éducateurs sera, à l'avenir :

1. **D'éveiller des projets** ; soit en stimulant les propositions spontanées, soit par des propositions justifiées à ceux qui n'en auraient pas.
2. **De féconder ces projets** ; en accompagnant leur maturation et leur mise en œuvre.

Dans le chapitre 3, on a vu que les jeunes ont spontanément des projets très « consommateurs ». La perspective de « la panoplie d'adulte », évoquée quelques pages auparavant dans ce chapitre, ouvre de nouvelles perspectives très nombreuses : on peut vouloir développer un projet pour :

- aller jusqu'au bout d'une passion ;
- être quelqu'un et se faire reconnaître ;
- aider les autres ;
- créer de nouveaux produits ou services qu'on a inventés ;

– découvrir et exploiter de nouveaux territoires géographiques, virtuels, sociaux,... ;
– être autonome, voire indépendant ;
– devenir riche ;
– etc.

Le petit livre ***Envie d'agir ?*** (ce point d'interrogation n'a d'ailleurs pas de sens), qui a été remis à tous les élèves de l'enseignement secondaire et supérieur en France par le ministère de la Jeunesse, de l'Éducation nationale et de la Recherche, présente 33 exemples d'« engagements » dans 6 domaines différents :

1. L'économie ; une « cadette entreprise » de signalétique, une « junior entreprise » de textile, une TV étudiante, etc.
2. La solidarité ; le calendrier de la tolérance, un réseau de soutien scolaire, des convois humanitaires, etc.
3. L'environnement ; tourisme éthique et développement durable, protection d'une espèce animale menacée dans les environs, etc.
4. La citoyenneté ; une amicale des jeunes avec ses règles, prévention des conduites à risque, contrôle des incivilités routières, etc.
5. Le sport ; organisation de tournois, création de nouvelles pratiques sportives, etc.
6. La culture ; ateliers photo ou son, tournage de courts métrages, montage de pièces de théâtre, création de groupe musical, etc.

Tout reste encore à inventer par chacun ; jeunes comme éducateurs !

LES 11/25 EN CHIFFRES

Illustration N° 1

D'après l'eurobaromètre sur les jeunes, publié en novembre 2001, la proportion des **15/25 ans** qui disent utiliser régulièrement un ordinateur, se connecter aux réseaux, jouer à des jeux vidéo, a plus que **doublé depuis 1997**, pour passer de 21 à 43 %. D'après l'étude Pulse de l'agence McCann Erikson France de 2003, 86 % des jeunes de 15/19 ans possèdent un téléphone mobile et déjà 20 % chez les 11/14 ans.

CHAPITRE 11

CRÉATION : INVENTER UN MONDE JEUNE

Le M.E.D.E.F. insiste [1] sur la dégradation rapide des indicateurs de performance. Le constat dressé est alarmant pour notre pays ; la productivité du travail y recule depuis deux ans pour cause de trente-

1. Dans la dix huitième édition de son rapport annuel sur l'économie de la France, intitulé « Cartes sur tables » et publié en mai 2003.

cinq heures, la compétitivité des entreprises françaises s'érode et avec elle les parts de marché hors zone euro qui sont tombées de 19 à 16 % entre 1991 et 2002. Pendant cette période, la richesse a augmenté de 4,1 % par an en moyenne dans le monde hors O.C.D.E., de 2,1 % au sein de cette organisation et de 1,9 dans l'Hexagone.

Ensuite, le M.E.D.E.F. insiste sur le nécessité pour notre pays **d'adopter une stratégie offensive d'innovation forte. Notre retard est ici aussi important** puisque seulement 21 % du chiffre d'affaires de l'industrie manufacturière française sont générés par des produits nouveaux ou récemment améliorés ; contre 27 % en l'Italie, 32 % en Irlande et 45 % en Allemagne. Nous sommes la lanterne rouge de l'Europe pour la croissance des brevets entre 1995 et 2000 ; **la France ne consacre que 2,15 % du P.I.B. aux dépenses de recherche et de développement** quand l'Allemagne y alloue 2,52 %, les États-Unis 2,70 % et la Suède 3,78 % (soit 75 % de plus que nous !).

Paul Gauguin disait, à propos de la peinture « *Il faut savoir tout oser ; n'hésitons pas à libérer les nouvelles générations de peintres* ». Ceci s'applique à l'évidence aux adolescents actuels, en France mais aussi dans de nombreux pays étrangers. Le président de la République, Jacques Chirac, ne déclarait-il pas le 20 mai 2003 : « *nous n'aidons pas assez les jeunes à faire vivre leurs ambitions* » en préconisant par ailleurs la création, dans chaque département, d' « une maison de l'adolescent ».

Martin Lindstrom rappelle [1] que **les entreprises et les marques qui réussissent bien auprès des jeunes investissent plus que les autres dans l'innovation** ; 3,2 % du chiffre d'affaires investis en recherche et développement pour Procter & Gamble, l'Oréal, et environ 5,1 pour Mattel ou Sony.

Certains décideurs économiques n'ont pas hésité à s'engager depuis longtemps dans cette direction en s'appuyant sur une démarche sociologique objective, généreuse et méthodique, pour déboucher sur un vrai « management générationnel », prospectif et ambitieux. Pour rendre hommage à ces pionniers, dans ce chapitre nous partirons

1. M. Lindstrom, *Brandchild, op. cit.*

d'abord des réalisations concrètes – de création de produits, services ou campagnes de communication – pour terminer par ce que l'on appelle désormais « *Junior Consumer Insight* » ou « l'intelligence marketing jeunes » dans les milieux de la recherche. Dans les 2 cas, il s'agit d'établir des relations durables de « partenariat de projets », dans lesquelles les 2 parties (l'entreprise, la marque, l'institution, la société d'un côté et les jeunes, leurs parents, les éducateurs de l'autre) sont objectivement gagnantes ; à moyen et long termes.

CONCEPTION ET LANCEMENT DE LA HONDA ELEMENT POUR LA *GENERATION Y* AUX ÉTATS-UNIS [1]

Après la « *Generation X* », **les sociologues américains ont inventé l'expression « Generation Y » pour désigner leurs compatriotes nés entre 1977 et 1994 – ils ont donc de 9 à 26 ans** – qui représentent aujourd'hui une population de 75 millions d'individus ; soit à peu près la même chose que leurs parents – les « *Boomers* » – et près d'une fois et demi les effectifs de leurs grands-parents, les « *Mature* » de plus de soixante ans. Dès les premières études, une double constatation s'est imposée ; d'une part l'importance de ce marché puisque, pour les dix années à venir, cette *Generation* devrait acheter 4 millions de véhicules par an – avec une régression sensible du marché traditionnel de l'occasion – mais également « un rapport à l'automobile et aux acteurs du marché – fabricants, marques et concessionnaires – totalement nouveau et durablement consumériste » obligeant à une démarche d'initiation directe et de conquête permanente de cette population, faute de pouvoir compter sur la prescription adulte comme auparavant.

Dans une perspective « *consumer insight* », le cahier des charges initial précisait d'abord le client type ; un jeune homme de vingt-deux ans,

1. Copyright Esomar 2003. La permission d'utiliser ces informations a été accordée par Esomar, Amsterdam, Pays-Bas. Cette présentation a été effectuée par Aziz Ucmakli – manager Honda R & D Americas – et Kevin Joostema – *Senior Vice President* NOP Automotive U.S.A. – à la conférence Esomar : « Excellence in Consumer Insight : Solving the insight puzzle » à Madrid (avril 2003). La publication complète est disponible sur C.D.

récemment diplômé de l'université, attiré par l'aventure mais très soucieux de sa liberté. Était défini ensuite le véhicule qui devait le séduire ; non seulement flexible pour s'adapter aussi bien aux différentes opportunités d'activités qui pourraient tenter son heureux propriétaire qu'à ses états d'âme évolutifs, mais également parfaitement fiable avec un entretien minimal, pour un coût – initial et récurrent – réduit tenant compte des ressources limitées de notre étudiant. La troisième catégorie de contraintes concernait la démarche d'initiation et d'appropriation ; convaincre la cible sélectionnée de la nécessité de posséder une voiture, travailler en démarche d'analyse de la valeur ajoutée pour justifier les options techniques et les choix de design, convaincre les prospects que la marque Honda était celle qui les comprenait le mieux et que ses méthodes de commercialisation étaient parfaitement en phase avec leur style de vie et leurs attentes.

Ensuite s'est mis en place un processus systématique de développement qualifié comprenant dans un premier temps de multiples études sur les valeurs et les attentes de la cible, ainsi que des recherches ethnologiques sur sa pratique du transport et de la voiture. Dès la création du « *Generation Y Product Development Team* », tous ses membres – techniciens comme marketing et commerciaux – ont pratiqué une immersion dans les styles de vie de la cible pour découvrir le snowboard, le surf,... les lieux privilégiés d'exercice, les vedettes reconnues comme les événements importants. Pour stimuler la créativité des équipes et mieux se protéger contre des réactions possibles des autres constructeurs automobiles de tous pays et assurer un service optimal, un « *Competing Concept Development Team* » était également mis en place, en parallèle au précédent.

Après de très nombreux tests de concepts et de produits menés quasiment à tous les stades, la stratégie marketing pouvait être finalisée ; un produit totalement interactif, pour le chauffeur comme pour ses passagers, par rapport à leurs activités et occasions de socialisation diverses, ainsi qu'un positionnement original ; à l'extérieur (ouverture complète des portes, hayon arrière symétrique,...) comme à l'intérieur (plancher plat, toit ouvert,...), une promotion d'exploration et d'initiation valorisante, basée sur la dynamique « *New to* Honda » et pour finir un prix aspirationnel (entre 16 et 20 000 dollars selon les modèles).

La campagne de lancement pouvait alors se dérouler, au cours du second semestre de l'année 2002, par vagues successives, selon un plan d'actions diversifiées et un calendrier de montée en puissance progressive : une première que l'on pourrait qualifier de guérilla marketing sur Internet avec la création en septembre d'un micro-site (www.elementroadtrip.com) et la mise en place de liens avec les principaux sites reconnus en matière de « styles de vie » (surfermag.com, bikermag.com, snowboarder.com,...), une deuxième se traduisait par des annonces publicitaires dans 3 catégories de presse spécialisée – celle de la cible jeunes hommes (*Maxim, FHM, Men's Journal,...*), celle qualifiée de style de vie (*Ski Magazine, MACOTY Tailgaters* – football games –, *College Radio Promotion, Vibe,...*) et celle traitant de l'automobile (*Automobile, Associated Press,...*). La troisième étape concernait le sponsoring d'événements cultes dans les différents domaines retenus ; U.S. Championship of BMX, 24 hours of Moab, H20 Winter Classic, American Snowboard Tour, The Cutters Cup,...

Avant le lancement, en décembre 2002, un travail considérable de sensibilisation et de mobilisation du réseau de distribution a été entrepris dans deux directions complémentaires. Tout d'abord de multiples sessions de « *Generation Y Training* » pour mieux connaître, comprendre et savoir dialoguer avec la cible (lors de la convention des « *dealers* » 70 % du temps a été consacré au public contre seulement 30 % aux caractéristiques de la voiture, ce qui représentait une véritable révolution !) mais aussi remise et valorisation d'un matériel promotionnel d'un type nouveau ; création d'un logo spécifique pour la Honda Element, élaboration de multiples *flyers* éphémères, brochures type *consumer magazine*, etc.

Les résultats commerciaux et la contribution positive à l'image de la marque sont, à date, tout à fait en ligne avec les espoirs initiaux et les efforts déployés.

Le constat dressé est alarmant pour notre pays ; la productivité du travail y recule depuis deux ans pour cause de trente-cinq heures, la compétitivité des entreprises françaises s'érode et avec elle les parts de marché hors zone euro qui sont tombées de 19 à 16 % entre 1991 et 2002. De plus, il est nécessaire d'adopter une stratégie offensive d'innovation forte. Notre retard est ici aussi important (nous sommes la lanterne rouge de l'Europe pour la croissance des brevets entre 1995 et 2000).

MCDONALD'S FRANCE : L'OPÉRATION « HIT MUSIC ONLY » POUR LES ADO-NAISSANTS... ET LA SUITE !

Les 11/14 ans représentent depuis quelques années une cible réellement stratégique pour la chaîne de restauration car il s'agit d'éviter que ces jeunes, qui ont beaucoup apprécié ses restaurants lorsqu'ils étaient enfants (le Happy Meal, les cadeaux, les anniversaires,...), ne rejettent la marque en même temps que les autres références de cette époque (Prince, Kinder, Kellogg's, Malabar,...) pour créer au contraire un « nouveau réflexe McDo, aspirationnel ». C'est en effet sur cette partie de la population que le potentiel de croissance est le plus élevé en raison, d'une part, d'une pénétration plus faible que chez les moins de dix ans ou les 18/34 ans et d'autre part, d'une fréquence de visite également plus réduite.

En effet, les ado-naissants veulent se sentir « *majeurs et autonomes dans un restaurant* » (selon l'expression d'un jeune) : ne plus être traités comme des enfants, pouvoir disposer de repas complets (un plat + un accompagnement + un dessert + une boisson) et copieux (type Best Of), bénéficier de vrais avantages/cadeaux en phase avec les passions de leur âge et de l'utilisation de mécaniques modernes et originales.

« *Après mûre réflexion sur la manière d'aborder cette communauté de consommateurs*, expliquait, en octobre 2002 Alexandre Simon, chef de produit chez Mc Donald's France et responsable de l'opération Hit Music Only, *nous avons opté pour le développement d'un jeu marketing dont la mécanique ferait intervenir conjointement les médias interactifs, la téléphonie mobile et le Web, ainsi que nos restaurants.* »

Ayant retenu **la musique comme univers de dialogue** fort avec les collégiens (la pratique la plus transversale, le moyen privilégié d'affirmer leurs choix et leurs modes en fédérant filles et garçons,...), Mc Donald's France a considéré qu'**une radio jeune et ses animateurs** permettaient de donner une crédibilité maximale auprès de la cible (les 11/14 ans français passent en moyenne 7, 4 heures par semaine à écouter la radio. Parmi les stations possibles – N.R.J., Skyrock, Fun,... – la première s'est très vite imposée ; c'est d'abord la préférée des 11/

19 ans (notoriété et performances), c'est ensuite celle qui obtient des résultats très homogènes sur toute la France et enfin elle véhicule des valeurs très proches de celles de McDonald's : une radio jeune mais assez consensuelle et acceptée par de nombreux parents.

Outre N.R.J., McDonald's a pris soin de s'associer avec des **partenaires très puissants sur la cible des ado-naissants** – A.O.L (Internet), Orange (S.M.S.), Warner (C.D.) et Coca-Cola. Ils offraient 90 % des dotations, crédibilisaient également la mécanique de l'opération et valorisaient considérablement l'image de la chaîne de restauration auprès de ce que Mc Donald's appelle les *Tweens*, tout en bénéficiant d'une forte proximité et visibilité auprès de la cible via l'opération Hit Music Only.

Le jeu-concours, organisé sur une période courte – du 9 au 29 octobre 2002 –, permettait aux jeunes consommateurs de McDonald's de récupérer des codes alphanumériques en achetant des produits de la chaîne. Placé sur un dépliant en trois volets, un encadré à gratter révélait le code nécessaire pour participer au concours ; le consommateur devait ensuite se rendre sur le site Internet Mcdonalds.fr afin de valider ce code. Il pouvait également le faire par S.M.S. en envoyant le code au numéro court 20100 : son résultat lui était adressé directement sur son téléphone mobile et si le code correspondait à une dotation, il recevait le lot. « *La téléphonie mobile fait référence à un mode de consommation et de communication auquel les jeunes aspirent* », déclarait à l'époque Alexandre Simon ; « *même si le taux d'équipement est plus faible que dans la tranche d'âge au-dessus, nous misons sur la forte aspiration que cela peut générer chez les joueurs par S.M.S. et, par extension, chez leurs amis.* »

Les jeunes avaient **plusieurs possibilités de jouer** : soit immédiatement au restaurant, soit par S.M.S. ou Internet, ou encore directement sur N.R.J. dans l'émission de Maurad, l'animateur vedette. Pour mobiliser un maximum de jeunes, la possibilité de gains avait été placée à un niveau tout à fait exceptionnel pour ce genre d'opérations : **une chance sur trois de gagner, avec une hiérarchisation très motivante des lots**. D'abord de **nombreux gains immédiats** pour satisfaire le plus grand nombre et convaincre les sceptiques (des C.D. Warner avec 3 titres audio – Bob Sinclar, Bustaflex et 5th Avenue – plus un logiciel Remix), ensuite des **gains S.M.S. et Internet à forte valeur perçue** pour mobiliser les leaders d'opinion dans cette population – invitations pour les N.R.J. Music Awards, balladeurs C.D., balladeurs MP3, mini-chaînes, sacs D.J.,... – et enfin des **lots quasiment inaccessibles** – pour faire marcher la machine à rêver – à obtenir sur N.R.J. ; être invité à l'anniversaire privé de Jennifer, monter sur scène avec Billy Crawford, mixer en boîte avec David Guetta,...

En plus de la campagne de lancement pendant trois semaines sur N.R.J., des médias de complément ciblés – visant à accroître couverture et affinité – ont été mobilisés ; campagne web A.O.L. et N.R.J. plus presse jeune dédiée aux 12/16 ans (une cible de communication légèrement plus âgée que la cible réelle de consommation).

Un réel souci d'éthique a également animé les organisateurs de cette opération. D'une part, contrairement à l'habitude, les S.M.S. n'étaient pas surtaxés et d'autre part aucune banque de données n'a été constituée, même en opt-in pour un usage interne.

Pour se donner un maximum de chance de réussir son opération, McDonald's France s'est entouré de quatre prestataires reconnus ; TBWA pour la communication off-line, Marketing Store qui a mis en place la mécanique de jeu dans les restaurants, Mobile et Permission pour déployer l'application sur S.M.S., et Duke le créateur du mini-site Internet dédié à l'opération.

Les résultats ont été à la fois très rapides et très sensibles ; aussi bien en termes de gain de parts de marché que d'amélioration de l'image de la marque Mc Donald's auprès de ce public.

Devant le succès de cette opération, la chaîne de restauration a décidé de la compléter par **un programme de fidélisation à destination des 15/25 ans**, d'une mécanique et d'une ampleur totalement inhabituelles. Avec « **Deal d'Enfer** » – monté avec quasiment les mêmes prestataires et partenaires que « Hit Music Only » – le consommateur se voit remettre **des points de fidélité pour « assouvir des passions et gagner ce qu'il ne pourrait s'acheter** (un match contre Tony Parker, le suivi avec 5 copains du tournage d'un épisode de *Friends,...)* », comme le déclarait à *Stratégies*, le 6 juin 2003, Grégoire Champetier – vice-président marketing études de McDonald's France – : « *On est bien dans une démarche de responsabilisation, puisque ce n'est plus le facteur chance qui joue, mais bien* ***la détermination du consommateur qui choisit ce qu'il veut obtenir, la façon dont il souhaite le gagner ainsi que ce qu'il doit mettre en œuvre pour y parvenir.*** »

En effet sur le site, le jeune a accès en permanence à une cinquantaine d'enchères réparties en **5 thèmes** (**musique, cinéma, sports, high-tech et évasion**) et selon **3 mécaniques de jeu** : des e**nchères classiques** sur un mois – avec un début et une fin prévus –, des « **enchères éclairs** » impromptues de vingt minutes et des « **enchères suspense** » dont on ne connaît pas la fin puisqu'elles s'arrêtent quinze minutes après la dernière surenchère.

Se basant sur les résultats obtenus, en 2001, par l'opération « Purs Plans » de Coca-Cola, qui reposait aussi sur une mécanique d'enchères et qui avait boosté les ventes de 12 %, Grégoire Champetier estime qu'ils devraient « ouvrir environ 500 000 comptes et que ce programme a vocation à être permanent ».

NINTENDO : LANCEMENT DE LA GAME CUBE EN FRANCE

Ce troisième exemple concerne une campagne de communication média et hors média mise en œuvre par le spécialiste japonais en 2002 à l'occasion de la sortie d'une nouvelle console.

Si la cible visée était conséquente (7 à 8 millions de joueurs potentiels), compte tenu des positions fortes prises antérieurement par la concurrence (principalement Sony avec la Playstation) les objectifs de vente pour la première année avaient été fixés à un niveau très réaliste correspondant à 2,4 % du marché – soit 180 000 exemplaires. Le budget de communication était de 20 millions d'euros soit 111 euros par unité vendue, correspondant à 55,7 % du prix de vente de lancement.

Pour créer un climat d'attente chez les prospects, la campagne a démarré fin février 2002 par des soirées régionales organisées dans des discothèques branchées de 7 grandes villes de province. Y étaient invitées les « *trendsetters* » de la région, avec une sélection de leaders d'opinion, de journalistes et de représentants des médias ainsi que de joueurs phare et bien entendu les principaux distributeurs. Un peu plus d'un mois plus tard, les Parisiens étaient enfin mis dans le coup, à travers une grandiose soirée événementielle réservée au « gratin » national.

La campagne de communication nationale a suivi rapidement puisqu'elle a démarré le 3 mai 2002 avec un bouquet de vecteurs diversifiés et très complémentaires et une politique de prix agressive : alors que les concurrents étaient à 249 euros, le prix de lancement de la Game Cube était fixé à 199 euros, soit 50 euros de moins, équivalent à une réduction de 25 %. Les médias retenus étaient principalement la télévision – avec des campagnes sur les principales chaînes de TV jeunes ainsi qu'un partenariat de programmation avec MTV – et l'affichage ; le hors média concernant essentiellement la publication d'un *consumer magazine* diffusé très largement.

Les résultats ont été largement positifs, puisque près de 2 fois supérieurs aux prévisions avec 345 000 consoles vendues dans notre pays (à comparer aux 180 000 des objectifs initiaux), plaçant ainsi Nintendo au deuxième rang du marché français ; toujours derrière Playstation mais devant la Xbox de Microsoft. Les résultats européens se situaient à un niveau comparable avec 1 500 000 unités vendues.

Pour la suite, il faut d'une part attendre le renouvellement du software, avec l'achat de nouveaux jeux sur ce format, et d'autre part suivre les réactions des concurrents qui ne vont certainement pas rester l'arme au pied.

« BUILD-A-BEAR WORSHOPS » : UN MAGASIN POUR LES *TWEENS* AMÉRICAINES [1]

Après 2 expériences à succès auprès des jeunes – successivement chez May Department Store et Payless Shoe Source – Maxine Clark démarre, en 1997, son premier magasin destiné à ce qu'elle pressent être un marché d'avenir – celui des *Tweens* – en s'appuyant sur ce que lui paraissent être les valeurs de ces jeunes ; c'est-à-dire, l'expression personnelle, la volonté de créer des choses par soi-même, s'amuser, impliquer mes amis, organiser des fêtes et « crâner » vis-à-vis des copines et de la famille.

« Build-A-Bear Workshop » est un point de vente de détail interactif dans lequel s'agglutinent les 8/14 ans (principalement des filles) après les heures de cours, pour fabriquer des peluches personnalisées ; pour eux-mêmes et leurs amis. Durant son séjour dans le magasin, le client va aller de poste en poste ; d'abord « *Choose Me station* » – avec un choix d'enveloppes de peluches partiellement préremplies d'ours, mais aussi de chats, de lapins, éléphants,... – ensuite « *Stuff Me station* » destiné d'une part à remplir l'animal – avec l'aide d'un *Master Bear Builder* – au moyen d'un bourrage parfumé aux câlins, amour ou amitié que l'on peut panacher selon son désir, et d'autre part à mettre en place un cœur comportant un code secret. Viennent ensuite la « *Build-A-Sound station* » – permettant d'enregistrer ce que l'on veut dans le cœur de l'animal, – la « *Dress Me station* » – avec une sélection de costumes mode ou fantaisie – la « *Name Me area* » – où le client confectionne un nom et établit l'acte de naissance officiel, – avant d'arriver à la dernière étape – « *Take Me Home stop* » – pour l'enregistrement de tous les paramètres et... le règlement à la caisse. Le parcours dure en moyenne 20 minutes. Cette formule a été optimisée, dès le démarrage, par une collaboration de plusieurs mois entre la créatrice et une vingtaine de jeunes, s'étalant entre 6 et 14 ans, qui lui ont servi de « conseil d'orientation junior ». Elle les appelle son « *Cub Board* ».

Bien entendu, le magasin est complété par un Build-A-Bear's Web site, ce qui amène le consommateur type à venir en moyenne 5 fois par an dans la boutique pour acquérir les nouveautés. Par ailleurs, le « Beary Viral Marketing » prévoit la possibilité d'organiser des réceptions (anniversaire, fin d'année, célébrations rituelles,...) dans des salles spécifiques et selon un des divers scénarii « *Plan My Party* » proposés.

1. Résumé d'un cas présenté par Patricia Seybold dans *Brandchild, M.* Lindstrom, *op. cit.*

En outre, dès qu'ils ont atteint l'âge requis, les fans peuvent travailler dans le magasin en devenant des *Master Bear Builders*. Encore aujourd'hui, Maxine Clark continue à lire la plupart des e-mails émanant de clients ou de prospects.

Le succès de la formule a été très rapide et peut s'apprécier à plusieurs niveaux ; celui de la rentabilité – avec un chiffre d'affaires de 700 dollars par « *square foot* » (soit près du double de la moyenne U.S. dans les centres commerciaux) – celui de l'extension de la chaîne – 100 magasins aux États-Unis en 2003 (six ans après le démarrage) – et enfin celui du développement international – prévu pour 2004.

FONDATION AVENTIS : « *SCIENCE GENERATION* » EN FRANCE, SUÈDE ET ITALIE

Constatant la montée des inquiétudes au sein de l'opinion publique européenne – à l'occasion des polémiques multiples sur l'E.S.B., les O.G.M., le clonage et les manipulations génétiques, etc., auxquelles ne répondait qu'imparfaitement « le principe de précaution » mis en avant par les politiques, – la fondation Aventis a commencé à s'atteler, dès l'année 2000, à une réflexion en profondeur sur ce que pourrait être une « science citoyenne » en France et en Europe ; en liaison, au départ, avec le Collège de France qui regroupe les 5 académies savantes françaises – Académie des sciences, Académie de médecine, Académie française,...

Devant l'incompréhension manifeste entre le monde de la recherche (la lourdeur et « l'opacité » des références : les laboratoires, les techniques, le langage, les hommes, les méthodes et les calendriers,...) et l'opinion publique (le caractère émotionnel de ses angoisses et attentes, les limites – objectives comme subjectives – de ses systèmes d'information,...) quant aux enjeux pour demain, aux priorités actuelles et aux dangers, aux moyens financiers et humains à mettre en œuvre à l'avenir, il est très vite apparu nécessaire de s'orienter vers une ambitieuse opération de « partage du savoir » entre chercheurs et non-spécialistes portant sur les « sciences du vivant » qui concernent, peu ou prou, pour lui-même ou pour les autres chacun d'entre nous ; quels que soient notre sexe, notre âge ou notre niveau culturel ou économique !

Par souci de pragmatisme – dès le départ, il s'agissait en effet « d'incuber » en France en 2001, un projet qui devrait être devenu européen à l'horizon 2004 – plutôt que de vouloir faire évoluer la totalité de la population (ce qui aurait dilué l'action et rendu difficile la mesure des résultats), la fondation Aventis et le Collège de France – en liaison avec la Communauté européenne – ont décidé de s'investir prioritairement en faveur de la cible jeune ; incontestablement la plus concernée par un rapprochement entre la science et les citoyens.

Prenant conscience d'une regrettable désaffection des jeunes par rapport à la science en général – qu'il s'agisse de la culture et de l'information ou des études et carrières scientifiques – dans de nombreux pays, une vaste opération a été conçue en direction des jeunes de 11 à 25 ans, scolarisés ou pas, ainsi que de leurs éducateurs naturels que sont les parents et les enseignants. Il s'agissait de s'appuyer sur le légitime intérêt pour la connaissance et l'avenir existant naturellement dans chacune de ces trois populations ; soit par nécessité personnelle pour les premiers, soit par vocation pour les autres.

Un dispositif progressif sur trois ans a été mis en place. Pour la première année, il s'agissait, en faisant travailler en parallèle mais séparément chacune des populations, de bien comprendre les problématiques de chacune pour identifier des priorités communes et les domaines d'actions possibles. Après une consultation nationale « *Science Generation* », destinée à dresser un bilan objectif et actualisé de la situation dans chacune des 22 régions françaises, 3 équipes – intitulées « relais de mobilisation » (jeunes, parents, enseignants) – se sont mises au travail en s'appuyant sur un site Internet spécifique qui leur permettait de communiquer avec des « parrains scientifiques » ; le bilan de validation a été dressé au cours d'États généraux tenus au Sénat pour une sensibilisation des instances politiques.

La deuxième année a été consacrée à la modélisation en ateliers dynamiques mixtes (les 3 populations étaient mélangées) de 5 propositions de réalisations complémentaires : « la science au quotidien ; les maladies, la prévention, les traitements... »,

« l'optimisation de l'information scientifique », « l'orientation des jeunes vers les carrières scientifiques », « les consultations de démocratie scientifique » et « les sciences du vivant sans frontière ; dans les pays en voie de développement comme dans les pays développés ».

La priorité des « relais de mobilisation » pour la troisième année était double ; d'une part accompagner la communication et la diffusion nationale en France des 5 dispositifs développés l'année précédente à un niveau expérimental (une fonction de coach et de consultant) et d'autre part assurer une extension européenne ; symboliquement les 2 pays retenus (Italie et Suède) représentaient des situations typées !

Aujourd'hui, la fondation Aventis et les personnes qui se sont durablement impliquées parmi les 3 populations travaillent à la mise en œuvre des projets les plus aboutis. La réflexion se poursuit pour les autres.

« UNILEVER TREND SAFARI » EN ARABIE SAOUDITE [1]

Si nous avons ajouté cet exemple très spécifique à notre sélection rapide d'opérations conduites récemment par de grandes entreprises multinationales, c'est qu'il représente un cas d'école atypique, compte tenu du double contexte démographique et culturel !

En effet, si les jeunes de moins de vingt-cinq ans représentent la très grande majorité de la population saoudienne – 63 % – le « contrôle » – sinon le pouvoir – familial, politique, culturel et économique est encore entre les mains des générations plus âgées ; surtout les hommes.

Pour anticiper sur l'avenir et pour accompagner les évolutions sociologiques inéluctables, la direction marketing d'Unilever a décidé en 2002 de mettre en place, à côté de ses équipes spécialisées, un

1. Copyright Esomar 2003. La permission d'utiliser ces informations a été accordée par Esomar, Amsterdam, Pays-Bas. Cette présentation, intitulée « Insights at work », a été effectuée par Vishal Tikku, Head of Consumer and Market Insight Department Unilever Arabia Group et Rajesh Parupalli Group Account Director chez NFO Middle East and Africa – à la conférence Esomar : « Excellence in Consumer Insight » qui s'est tenue à Madrid du 30 mars au premier avril 2003. La publication complète est disponible sur C.D.

panel opérationnel d'une douzaine de filles et de garçons entre 13 et 19 ans à qui était attribuée une double mission ; d'une part servir d'œil et d'oreille pour la société – pour comprendre les aspirations actuelles des jeunes saoudiens et saoudiennes (c'était la tâche la plus difficile !) et anticiper par rapport aux évolutions de tendances – et d'autre part fonctionner comme des témoins et des ambassadeurs de l'entreprise – pour faciliter la mise en place d'une relation précoce aux diverses marques et l'initiation directe des jeunes aux différents produits.

Si ce panel fonctionne bien aujourd'hui, c'est que son recrutement a été conduit de manière très professionnelle ; en 3 étapes sur une période de plusieurs semaines. Une présélection a d'abord été conduite sur la base des critères habituels – démographiques, culturels, sociaux et économiques –, ensuite des tests psychotechniques d'attitude ont permis de ne retenir que les candidats disposant d'une forte personnalité, d'une curiosité marquée et d'une grande ouverture à la nouveauté. La dernière épreuve a consisté à faire participer les candidats à des séances de dynamique de groupe ; pour ne retenir que ceux ayant fait preuve d'un véritable leadership. Ce « conseil opérationnel junior » est complètement intégré à l'équipe marketing et est sollicité très régulièrement.

LE « MAGALOG » *dELiAs* POUR LES *TEENAGERS* U.S.

dELiAs a été créé en 1993, par 2 diplômés de Yale University, pour proposer à la fois des collections textiles parfaitement adaptées aux adolescentes – avec le concept « être à la mode tout en étant unique » – et un mode de distribution qui leur convienne (information et financement). Son chiffre d'affaires a atteint 164 millions de dollars et son bénéfice 5,5 (environ 130 et 4,5 millions d'euros) en 2001 avec une complémentarité entre un catalogue tiré à 11 millions d'exemplaires (ce qui représente une circulation de 45 millions) et des magasins situés dans les « *malls* » (centres commerciaux) des grandes villes américaines. Cette réussite face à une importante concurrence spécifique sur ce créneau – Alloy, Hot Topic, Wet Seal,... – s'explique en grande partie par une association étroite des jeunes au développement de la compagnie, en amont et en aval ; en faisant appel à une trentaine d'« *insiders* » qui conseillent les équipes de stylisme et de marketing de la société sur les goûts et les attentes de leurs consœurs mais aussi à des centaines d' « *emissaries* », particulièrement compétents en matière de mode et de rituels sociaux, pour prêcher la bonne parole auprès de leurs amis et relations, en particulier dans les *High Schools*. Bien entendu, *dELiAs* dispose également d'un site Web – Delia's.com – qui était, en avril 2000, le quatrième le plus visité par les jeunes Américains d'après Nielsen Net ratings et le deuxième en matière de textile : derrière Ae.com, celui d'American Eagle, qui s'adresse aux filles et aux garçons.

On comprend à travers les quelques exemples qui précèdent, pourquoi Nicholas Negroponte, le fondateur du M.I.T. Media Lab, a déclaré récemment « *les adolescents sont en train de devenir les entrepreneurs du monde* ». Aux États-Unis, existent à la fois un magazine intitulé *Youngbiz* pour les chefs d'entreprises junior et un site « youngandsucessful.com » pour assister les projets professionnels des jeunes du monde entier. On a vu également qu'ils peuvent être acteurs, dans ce domaine, comme observateurs privilégiés, comme témoins, comme leaders d'opinion, comme consultants mais aussi en tant qu'émissaires ou ambassadeurs !

« Le droit de dire NON » pour les adolescentes du Tiers-Monde – UNICEF

Dans ce livre - qui veut promouvoir un nouveau regard sur l'Adolescence moderne dans le Monde entier - nous ne pouvions pas ne pas relever la nouvelle croisade de l'Unicef depuis 2002, en faveur de « L'Adolescence, une étape capitale », comme le souligne une brochure éditée par la Division de la Communication. Evaluant la population mondiale des 10/19 ans à 1,2 milliards de jeunes - dont les quatre cinquièmes vivent dans les pays en voie de développement : le plus souvent en milieu urbain – l'Unicef rappelle qu'il s'agit de la génération d'adolescents la plus nombreuse de l'histoire de l'humanité. Sur cette base, on peut donc estimer à 1 milliard 800 millions les 11/25 ans vivant sur notre planète.

Constatant que l'adolescence constitue l'une des étapes de la vie la plus complexe et aussi la plus fascinante, l'Unicef affirme « c'est pendant cette période que l'être humain se développe et change le plus rapidement ». Elle s'appuie en particulier sur les résultats du programme « Mind, Brain and Education » dirigé par Kurt W. Fischer à la Harvard Graduate School of Education qui démontre que « c'est une période décisive pour le fonctionnement du cerveau : les adolescents qui apprennent à ordonner leurs réflexions, à maîtriser leurs impulsions et à penser de façon abstraite acquièrent ainsi d'importantes fondations neuronales qui dureront toute la vie. Lorsque les adolescents sont aidés et encouragés par des adultes qui s'intéressent à eux, ils s'épanouissent réellement et assument pleinement leur rôle au sein de leur famille et de leur communauté. »

Adaptant la déclaration des Droits des enfants à cette population spécifique, l'Unicef revendique très fortement pour eux :

- le droit de se sentir encouragé et en sécurité
- le droit de se rendre utile
- le droit de prendre des décisions en connaissance de cause
- le droit de devenir des citoyens en bonne santé, productifs et responsables

La principale spécificité des pays en voie de développement réside dans le fait que les problèmes de l'Adolescence sont très majoritairement féminins ; ils concernent beaucoup plus les filles que les garçons car bien souvent les valeurs culturelles, sociales et économiques favorisent les seconds au détriment des premières. Si les 300 000 « ados-soldats » sont d'incontestables victimes, que dire des dizaines de millions de jeunes filles et jeunes femmes condamnées à être soumises et obéissantes voire à subir des maltraitances ou des violences physiques ou morales. Il faut savoir qu'aujourd'hui un enfant sur 10 naît d'une mère adolescente.

Dans le Monde entier, comme les garçons, les filles doivent pouvoir être soutenues pendant qu'elles s'affirment ; le programme « Initiatives pour les Adolescentes », dans les bidonvilles de Bombay, œuvre dans ce sens en leur apprenant à prendre des décisions, à gagner de l'argent, à voler de leur propres ailes mais aussi à savoir dire « non » à un père, un oncle, un cousin ou un garçon qui voudraient leur imposer de faire des choses contre leur gré !

On constate bien que les défis de l'Adolescence sont universels quel que soit l'état de développement du pays, même s'ils prennent des formes différentes selon la localisation géographique. Qu'elle soit jeune ou vielle, riche ou pauvre, la santé psychologique, sociologique, culturelle et économique d'une nation réside dans sa capacité à traiter les défis de l'adolescence moderne. Notre conviction profonde est que le proverbe swahili rappelé par l'Unicef – « un fils deviendra ce qu'on lui a appris » – devrait s'appliquer à la France, comme au Japon ou à l'Afrique du Sud mais aussi aux filles comme aux garçons !

LA PROBLÉMATIQUE DE « L'INTELLIGENCE MARKETING JEUNE »

La recherche opérationnelle junior – celle qui permet de passer de la réflexion à l'action et réciproquement – est relativement récente puisqu'elle est une conséquence directe des événements sociologiques et éducatifs qui se sont succédés dans le monde entre 1965 et 1968. Jusqu'à cette époque, personne n'imaginait d'associer les jeunes utilisateurs/consommateurs finaux à la conception ou à la validation d'émissions de TV, de produits de snacking, de vêtements et d'équipements, de produits cosmétiques,... les concernant. Elle a démarré dans la seconde moitié des années 1960 aux U.S.A. et en Grande-Bretagne, début 1970 en France et ensuite dans les autres pays européens. Depuis lors, elle s'est considérablement développée dans le monde entier – c'est à coup sûr un des secteurs les plus dynamiques, compte tenu de l'évolution rapide et permanente de ce public – car les jeunes deviennent des acteurs économiques déterminants sur les 5 continents, comme nous l'avons constaté au chapitre 7.

Incontestablement, l'organisation qui a le plus travaillé pour stimuler les challenges et les perspectives de la recherche et pour optimiser les pratiques des chercheurs dans le monde, c'est Esomar, l'Organisation mondiale des professionnels de la recherche (opinion et étude de marché) ; d'une part avec les multiples séminaires spécialisés sur cette population et d'autre part grâce à la publication, en 2000 et 2002, de l'ouvrage *Researching Youth* [1].

Aujourd'hui, pour bien concevoir, tester ou optimiser des produits ou des communications avec des jeunes de 11 à 25 ans, il faut désormais mettre en place une véritable démarche « d'ingénierie éducative marketing » reposant sur les 4 piliers suivants :

1. **Problématiser la dynamique avec des « observateurs référents »** – ou des créatifs – **adultes**, en capacité d'anticipation ; se limiter à prendre en compte les demandes à court terme des jeunes est une des causes d'échec dans l'action les plus fréquentes.
2. **Utiliser toutes les ressources de la créativité – la fraîcheur – des jeunes**, en s'efforçant de la libérer au maximum par un choix optimum de situations d'expression appropriées ; lieux, méthodologie, recrutement, animation/modération.
3. **Modéliser un prototype opérationnel avec des experts adultes** ; fonctionnalité, forme, coût, diffusion,...
4. « **Reformater jeune** », **avec des représentants de la cible**, pour l'appropriation générationnelle junior ; description, cible, utilisation, prescription,...

C'est la raison pour laquelle, sauf pour des petits tests simples de promotion ou de publicité, nous recommandons vivement de s'adresser à des sociétés d'études spécialisées sur les jeunes, dès lors que les enjeux sont importants. Elles seules peuvent assurer une quasi-garantie de résultats basée sur une profondeur et une dynamique – passée et future – de la recherche stratégique qui sous-tend l'efficacité et la pérennité. C'est précisément parce qu'elles se sont multipliées au cours des quinze dernières années qu'il faut savoir sélectionner celles qui ont une véritable valeur ajoutée en raisonnant en « *Youth Consumer Insight* ». S'agissant de la population des 0/25 ans, le pire des jeunismes consiste à se contenter de poser des questions,

---

1. Sélectionnées par Joël-Yves Le Bigot, on y retrouve des contributions des meilleurs chercheurs du monde dont la diversité d'origine illustre bien la richesse de la recherche internationale junior, avec par ordre alphabétique : P. Andersen et K. Pedersen (Pays-Bas), I. Annab et D Mehta (Émirats arabes unis), A. Bielli, D. Piccione et L. Brembati (Italie), C. Collins – Dodd et R.Wyckham (Canada), D. Cox et Paul Mayes (Grande-Bretagne), S. Donnenfeld et A. Goodhand (U.S.A.), W. Eischen et M. Kuhn (U.S.A.), R. Mueller – Lust (U.S.A.), B. Melzer – Lena et A. Middelmann-Motz (Allemagne), F. Micouleau (France), M. Miyagi et F. Tanaka (Japon), P. Shanahan (Australie), O. White (Brésil).

d'enregistrer les réponses pour en déduire des préconisations d'actions car les jeunes, encore moins que les plus âgés, ne peuvent prévoir ce que sera demain ; à la fois pour eux et pour le monde.

Même si nous avons quotidiennement pratiqué pendant trente-cinq années des études auprès des 0/25 ans, nous ne souhaitons pas trop développer les aspects techniques de cet art ou science, d'une part en raison des autres priorités que nous nous sommes fixés pour cet ouvrage, mais aussi parce qu'il existe aujourd'hui, dans les principaux pays du monde, au minimum une ou deux sociétés spécialisées sur ce public qui effectuent un travail de qualité (les séminaires Esomar le confirment bien !).

« Youth Consumer Insight »

Comme le déclarait Xiaoyan Zhao, senior vice-président de la société d'études Roper ASW [1] : « *Aujourd'hui,* ***les décideurs sont confrontés quotidiennement à de nouveaux défis****, des opportunités, mais aussi des risques. Pour que* ***les frais de recherche soient vraiment considérés comme des investissements****, il faut désormais que les professionnels garantissent une forme de* ***retour financier*** *et de valeur ajoutée en termes d'analyse de l'environnement marketing global et surtout* ***d'anticipation du changement****.* » Ceci est particulièrement vrai pour les 11/25 ans car le changement est leur lot quotidien ; ils se transforment régulièrement – par étapes – et leur environnement évolue en permanence.

Il n'est plus suffisant de constater – voire dénoncer, selon les intentions de la recherche – le changement, **il faut impérativement prévoir et dessiner le futur** ; à la fois sur la base de ce que nous observons dans nos études mais aussi en intégrant ce que nous savons de nos concitoyens plus jeunes. Nous devons disposer d'une théorie à leur égard mais également d'une histoire, d'un scénario. Il faut se transformer en philosophe des émotions, des motivations et des comportements – dans tous les domaines – car les décideurs – qu'ils soient économiques, culturels, ou politiques – réclament de savoir sur

1. En ouverture du congrès Esomar, « Excellence in Consumer Insight », Madrid, 30 mars 2003.

quel ressort, voire quel bouton, ils devront appuyer pour répondre à ces besoins/attentes de la façon la plus satisfaisante possible.

Les objectifs des études jeunes se sont considérablement sophistiqués au fil des années, provoquant du même coup une nette diversification des techniques ; d'abord en adaptant les plus pertinentes de celles utilisées jusqu'alors pour les adultes (interview, *focus group*,...) mais également en inventant des méthodologies spécifiques (ateliers familiaux, séances de jeux à primes,...). Le vrai challenge pour la recherche générationnelle junior de demain, ce n'est plus la connaissance des différentes cibles jeunes et de leurs éducateurs. Un enjeu beaucoup plus important réside dans **l'interprétation dynamique des résultats actuels** ; comment transformer l'initiation d'un prospect en fidélisation d'un client, comment assurer la pérennité des recrutements d'une même cible au fil des années, comment suivre les cycles de consommation et anticiper les ruptures,... ? Encore plus essentiel est aujourd'hui **le processus de création avec les jeunes** ; les démarches classiques de systématisation des pré et post-tests à toutes les étapes du développement sont trop coûteuses en temps et en argent. Les mécanismes de création concertée – du type « Cellule Innovation » développée par l'Institut de l'enfant ; un an de délai pour un budget de l'ordre de 40 000 euros – sont nettement plus prometteurs.

La mise en place d'une **véritable fonction d'intelligence marketing junior** passe désormais par une quadruple démarche :

1. **L'abonnement régulier à des baromètres socio-culturo-économiques** du type de ceux qu'a lancé l'Institut de l'enfant depuis 1979 (spécialisés par tranches d'âge ; le « Calinoscope » sur les bébés de 0 à 3 ans et leurs parents, la « *Kid Generation* » pour les enfants de 4 à 10 ans, la « *Teen Generation* » pour les adolescents de 11 à 17 ans et le « *Box Office* » pour les adu-lescents de 18 à 24 ans). C'est indispensable pour arriver à se mettre dans « la peau, la tête et l'agenda d'un jeune » ; d'une part, parce qu'ils permettent d'avoir une vue globale de la cible visée et de son réseau d'influence – pour comprendre les substitutions possibles et les arbitrages entre différents secteurs de consommation, les constantes et les spécificités de communication sur les divers marchés,... – et d'autre

part en raison des séries chronologiques qui permettent de suivre et d'analyser les évolutions, dans la mesure où ils sont intelligemment actualisés (segmentation pertinente, fréquence annuelle, méthodologie et corpus de questionnement stabilisés avec néanmoins l'intégration de problématiques nouvelles, justifiées par l'actualité,...). Bien que récents, ConsoJunior de Taylor Nelson Sofrès et le baromètre jeune de Médiamétrie représentent également des outils intéressants, même si leur ciblage trop large et leur segmentation interne pas toujours pertinente rendent parfois difficile le passage à l'acte. On trouve ce genre de baromètres dans la plupart des grands pays industrialisés ; aux États-Unis par exemple, on peut disposer à la fois du Yankelovitch Youth Monitor et du Roper Report sur cette population. Il serait également très utile de mettre en place dans notre pays des processus **d'études de « cohortes »** – comme cela se pratique aux États-Unis, en Allemagne ou en Scandinavie – pour suivre l'évolution d'un échantillon défini et constant sur une période longue ; par exemple entre 11 et 25 ans, pour les nouvelles technologies, le rapport à la marque ou l'enseigne, l'appropriation de la communication commerciale ou non,.... Même si elle est par définition coûteuse et peu spectaculaire, cette méthodologie est extrêmement productive et devrait être systématiquement utilisée par les grands acteurs sur le créneau des juniors.

2. **Les « études *ad hoc* »** – qu'elles soient qualitatives ou quantitatives – doivent être structurées selon une dynamique de **dialogue interactif justifié** – selon l'âge et le sexe – **et permanent.** Qu'il s'agisse des recrutements (sexués ou pas, qualifiés ou non, individuels ou par paire, voire trio,...), des lieux et des moments d'enquête (plus on interrogera en situations, plus les réactions/réponses seront fiables et claires ; il faut donc s'astreindre à aller à leur rencontre sur tous leurs territoires de vie, privés comme publics) ou des méthodologies (interview de pairs, triades, ateliers flexibles, personnel d'enquête ou animateur adaptés, simulations d'achats avec budget, reportages photo, vidéo ou audio, scénarii de film, jeux de rôle,...). Le processus mis en place pour Aventis pour « *Science Generation* » constitue un bon exemple de « recherche enrichie ».

3. **La recherche documentaire** est aujourd'hui un excellent outil d'intelligence marketing. Soit en substitution pour des opérateurs

n'ayant pas de gros budgets d'études, soit en complément pour les autres. **Les fournisseurs classiques** – I.N.S.E.E., I.N.E.D., C.R.E.D.O.C., service statistique du ministère de la Jeunesse, de l'Éducation nationale et de la Recherche, I.N.S.E.R.M., E.U.R.O.S.T.A.T.,... – **sont nombreux, fiables** et souvent beaucoup plus coopératifs qu'on ne l'imagine dès lors que l'on s'intéresse à leurs travaux.

Ceci doit bien entendu être enrichi par **tout ce que l'on peut trouver sur Internet** aujourd'hui par rapport à la population jeune ; le meilleur comme le pire, l'information comme la désinformation ou la manipulation,... le tout est de **savoir faire le tri**. Le matériau brut que représente l'expression des jeunes sur des forums en est une bonne illustration. C'est une superbe cerise à mettre sur le bon gâteau qu'on a confectionné méthodiquement par ailleurs, mais qui ne peut en aucun cas remplacer celui-ci. **Le contrôle de fiabilité de résultats**, plus ou moins complets, **d'études diffusées sur la toile, est assez simple à effectuer** à travers à la fois un minimum de recoupements (jamais une seule source !) et un souci élémentaire de cohérence dans l'espace et dans le temps.

4. **Puisque la préoccupation marketing dominante est désormais « et après ? »** – et plus simplement pourquoi ou comment ? –, **la modélisation et l'expérimentation** sont devenues indispensables car leur mise en œuvre aujourd'hui constitue la pépinière des succès de demain. C'est ce qu'a parfaitement réussi Honda U.S.A. avec la conception et le lancement de la Element. C'est la raison pour laquelle il faut toujours mettre les résultats d'une étude auprès des jeunes en perspective dynamique avec des « adultes référents », qui peuvent être des experts de formation ou de statut (psychologues du développement, sociologues, animateurs, enseignants,...) mais ils ne le sont pas tous...

   De la même façon, de plus en plus d'opérateurs à succès sur la cible des jeunes pratiquent une forme de « cogestion » des catalogues produits ou services ou des actions de communication avec des « ambassadeurs jeunes ». Si beaucoup de « conseils de jeunes » ou de « délégués junior » installés par des collectivités territoriales ne fonctionnent pas, c'est d'une part parce que l'on s'est souvent contenté de reproduire ce qui se pratiquait pour les adultes et d'autre part à cause de l'absence de reconnaissance sociale et de moyens d'actions – financiers, matériels et humains – mis à leur disposition. Par contre, les panels junior mis en place par des équipes marketing de grands groupes internationaux – du type du « Unilever Trend Safari » présenté quelques pages plus haut – donnent en général de bons résultats pour enrichir les propositions des professionnels, soit en amont soit en aval. Microsoft, Procter & Gamble ou Reebok ont adopté des formules comparables.

On pourrait également classer dans cette catégorie les « mesures d'impact jeunes » visant à doublement projeter dans l'avenir toute décision majeure prise aujourd'hui ; pour une population donnée dans vingt ans et aujourd'hui pour un segment de vingt ans plus âgé que la cible.

DE LA SOCIOLOGIE AU MANAGEMENT JUNIOR

Après avoir travaillé avec toutes sortes de clients privés et d'administrations publiques, en France comme à l'étranger, nous recommandons à tous ceux qui veulent s'adresser aux adolescents de 11 à 24 ans – efficacement, dans le temps comme dans l'espace – pour leur proposer un produit ou un service (qu'il soit marchand ou pas ne change rien à la problématique !) de respecter la démarche interactive des « ateliers de l'avenir », propre à Génération 2020, avec ses 7 étapes :

1. **Recherche documentaire** très poussée sur la cible, les produits concurrents ou de substitution, le prix et la distribution adaptés, les communications pertinentes,... ; du type de ce qui a été décrit pour la Honda Element.
2. **Optimisation du produit/service** en interactivité avec des jeunes de la cible, des *trendsetters* comme Unilever Safari, des experts juniors (adultes) et à travers une succession de tests de concept et de tests de produit.
3. **Optimisation de la communication** – pour les messages comme pour les vecteurs – menée dans les mêmes conditions que ci-dessus.
4. **Lancement témoin** ; soit virtuel – test de lancement complet (produit + prix + distribution + communication) – soit réel sur un marché test.

5. **Post-test de campagne de communication** après lancement – qualitatif et quantitatif – pénétration, compréhension, appropriation,... ; pour le hors média comme pour les médias.
6. **Optimisation du produit/service** ; résultats de vente (qualitatifs et quantitatifs), études de satisfaction,...
7. **Process de fidélisation** – contenu, calendrier,... – pour la cible et pour la distribution.

Les sept années nécessaires à la mise au point du produit Pokemon et à la préparation de son lancement viennent rappeler qu'il faut savoir prendre son temps plutôt que de prendre le risque d'un échec à cause d'une trop grande précipitation ; si l'opération restera comme un exemple de réussite quasi parfaite, c'est que chaque étape avait été rigoureusement planifiée et optimisée.

LE TABLEAU DE BORD JEUNE

Pour être opérationnel et pérenne, ce dispositif devrait comporter un double volet :

1. Un **suivi systématique d'indicateurs spécifiques par rapport à la cible jeune retenue**
   - de court terme ; appréciation et complicité avec la marque, profil de points d'images par rapport aux concurrents majeurs et aux principaux articles de substitution, niveau des ventes et fidélité à la marque, évaluation des campagnes de communication média et hors média (*top of mind*, appropriation, attribution à la marque et contribution à l'image,...).
   - de moyen et long termes ; part du catalogue de produits destinés aux jeunes, embauche de jeunes collaborateurs, taux de fidélisation, dépôt de brevets, exportation vers les pays jeunes U.S.A., Chine, Moyen-Orient,...
2. Un **contrôle régulier des « *best practices* »** de tous les opérateurs publics et privés par rapport à la population jeune de référence : la lettre de veille de Junium répond bien à cet objectif, à la fois par la diversité des champs couverts, la fréquence (hebdomadaire) et le support (papier ou Internet).

CHAPITRE 12

MOBILISER LES JEUNES GRÂCE AUX MÉDIAS

La journaliste américaine Alissa Quart [1] estime que **si la première campagne de publicité spécifiquement destinée aux adolescents remonte à 1941, ce n'est qu'à partir de la fin des années 1950 que le *Teen Marketing* s'est véritablement développé aux États-Unis**. Le

1. A. Quart, *Branded*, *op. cit.*

premier ouvrage sur le sujet dû à E. Gilbert, remonte d'ailleurs à 1962 [1]. Le secteur a surtout explosé avec la sortie de 2 films qui ont connu, pour eux-mêmes et les produits qui en étaient dérivés, un succès exceptionnel : *Les dents de la mer* en 1975 et *La guerre des étoiles* en 1977.

Par la suite, c'est surtout le professeur James McNeal qui a écrit plusieurs ouvrages sur le sujet [2]. Pour situer le développement du marché américain, il mentionne que **les dépenses marketing/publicité à destination des jeunes représentaient 50 millions de dollars en 1964 et qu'elles sont passées à 600 millions en 1989 (multipliées par 12 en vingt-cinq ans) et à 12 milliards de dollars en 1999 (multipliées par 20 en dix ans)**. Il rappelle par ailleurs une évidence marketing ; si une entreprise veut se développer, elle n'a que 2 solutions ; soit prendre des clients à ses concurrents actuels – ce qui n'est pas facile et souvent coûteux – soit recruter chez les jeunes – moins onéreux mais pas toujours facile.

Les deux chapitres qui suivent sont extrêmement importants, pour la diffusion du « message des auteurs », et ceci pour plusieurs raisons.

D'abord parce que les services marketing et communication des annonceurs représentent la partie la plus dynamique de l'entreprise dont on a vu, dans les chapitres précédents, combien elle est encore éloignée des jeunes, alors que ses produits et ses marques sont très appréciés !

Ensuite parce que les campagnes de publicité devraient contribuer à créer, alimenter et renouveler en permanence le climat de reconnaissance de la « jeunesse ressource » qui fait tellement défaut à notre société.

Mais aussi parce que, dans un souci d'efficacité et de bonne gestion des fonds publics, beaucoup d'éducateurs institutionnels – administrations de l'éducation, de la santé, des transports et de la

1. E. Gilbert, *Advertising and Marketing to Young People*, 1962.
2. J. McNeal, *Children as Consumers ; Insight and Implications*, 1986 ; *Kids as Consumers*, Lexington Books, 1992 et enfin *The kids Market ; Myths and Realities*, Paramount Market Publishing, 1999.

sécurité routière, prévention des risques,... mais aussi collectivités territoriales, associations de tous types, organisations professionnelles, médias... et pourquoi pas parents, isolés ou en groupe ! – auraient intérêt à s'inspirer des approches – séduire et convaincre sur le court, le moyen et le long termes : recruter et fidéliser – et des méthodes et techniques – qui seront détaillées dans les pages qui suivent – des professionnels de la communication.

Et enfin parce que certains de ces mêmes professionnels – une infime minorité – contribuent par des excès – aussi irresponsables qu'inefficaces dans la durée – à alimenter un faux débat en faveur d'une réglementation de protection figée sur l'idéologie et le conservatisme plutôt que l'éducation et la responsabilisation, des émetteurs comme des récepteurs.

Certaines marques ont su établir un dialogue avec les jeunes et faire évoluer leur discours et le modèle qu'elles leur proposent pour mieux tenir compte de leurs préoccupations et de la quête permanente qui les anime.

Sony a pendant de très nombreuses années signé toutes ses campagnes « vous en avez rêvé, Sony l'a fait ». Aujourd'hui, elle accompagne simplement ses campagnes produits de « *Go create* ». Une manière de dire « je ne me contente pas d'être à la pointe des technologies et de vous proposer ce qu'il y a de mieux ou de devancer vos besoins : je mets toute mon innovation au service de vos talents. Vous en avez tous, je suis là pour vous accompagner et vous les révéler ». Sony devient un agent stimulant de la quête identitaire des adolescents.

Nike a longtemps illustré son « *Just do it* » par des campagnes publicitaires montrant des sportifs allant au bout de leurs ressources ou réalisant des exploits complètement insensés. Cette signature a maintenant disparu, en même temps que Nike donne le premier rôle dans ses films à des jeunes, anonymes, vifs, agiles, plutôt malins. Ses deux derniers films ont remis en scène 2 grands classiques des jeux d'enfants, en leur conférant l'envergure du rite initiatique : c'est le jeu de chat – qui se passe à New York en surface puis sur un quai de métro – et le jeu des chaises musicales qui se déroule dans un stade. Nike ne demande plus à ses publics de relever le défi (*Just do it*), mais valorise la dimension jeu – plutôt que la compétition à tout prix – et reconnaît à chacun l'originalité de ses pratiques sportives : « Je ne suis pas là pour vous fixer des objectifs, mais pour accompagner vos mouvements et vous suivre dans l'action. »

D'autres marques ont d'emblée placé l'individu au cœur de leur discours : Calvin Klein a lancé son parfum Be en signant « *Be bad, be good. Be yourself* ». Apple a toujours proposé « *Think different* ». Des signatures qui savent toucher les adolescents à travers leurs préoccupations.

LES POUVOIRS DE LA PUB : SIRÈNES ET DRAGONS

Tout le monde reconnaît aujourd'hui à la publicité le pouvoir de faire évoluer « les repères » : collectifs – autant sinon plus – comme individuels. « Les chiennes de garde » se sont mobilisées, à une certaine époque contre les publicités qui donnaient une image dégradante de la femme, mouvement aussitôt exploité par la marque Eram qui a garanti que sa campagne avait été réalisée sans femmes.

La vague de « porno chic » qui assaille, en 2001 et 2002, l'affichage et la presse écrite va toujours plus loin dans la transgression des interdits, afin de s'assurer une meilleure mémorisation par la provocation, sans vraiment se préoccuper de la réaction de certains publics, auxquels elle n'était d'ailleurs pas destinée, mais qui y ont été néanmoins exposés.

De nombreux rapports ont vu le jour, qui s'alarment de l'exposition des enfants et des jeunes à des images violentes ou pornographiques, ayant en partie pour origine la pub, aux côtés des films, jeux vidéo, reportages et diverses émissions télévisées [1].

1. Cf. les ouvrages de C. Brisset, *Les enfants face aux images et messages violents*, rapport au ministère de la Justice, 2002 ; B. Kriegel, *Violence à la télévision*, rapport au ministère de la Culture et de la Communication, 2002 et enfin M. Dagnaud, *Enfants, consommation et publicité télévisée*, Les études de la Documentation française, 2002.

Le phénomène n'existe pas exclusivement en France ; on se souvient, par exemple, que lors de sa présidence de la Commission européenne, la Suède entendait faire prendre des mesures de protection des consommateurs mineurs par les pouvoirs publics européens et nationaux. Alissa Quart [1] mentionne qu'une résistance à la publicité commence à s'organiser aux États-Unis, soit à travers des organismes de contestation – comme Commercial Alert de Ralph Nader ou l'American Family Association – soit par des actions de formation, à l'initiative de Media Smart par exemple, qui visent à apprendre aux jeunes à décoder la publicité, la promotion et le marketing en général.

Elle reconnaît néanmoins que le phénomène « *unbranding* » n'est pas très répandu chez les *Teenagers* américains ; regrettant au contraire l'extension de ce qu'elle appelle le « *self branding* » ou le « *body branding* ». D'ailleurs Carol Holst, la fondatrice de « Seeds of Simplicity » estime que seulement 15 à 20 % des jeunes Américains de vingt ans rejettent « l'obsession de la possession ».

L'ENCADREMENT RÉGLEMENTÉ

C'est dans ce contexte que le B.V.P. a rendu publique le 14 mars 2002 une nouvelle recommandation « Enfant » (jusqu'à 14 ans !), qui accorde plus d'importance à la responsabilité sociale en proscrivant les publicités pouvant légitimer des comportements contraires aux principes de citoyenneté, de respect des autres, etc. ; rappelant des principes selon lesquels la publicité ne doit pas heurter la sensibilité des enfants, porter atteinte à leur dignité, la décence ou leur intégrité physique ; en interdisant les scènes de violence ; en n'encourageant pas des comportements dangereux ou imprudents et en n'offrant pas de promesse trompeuse sur l'avantage physique, social ou psychologique que pourrait conférer la possession du produit objet de la publicité ; ni en incitant les enfants à prescrire à leurs parents l'achat d'un produit.

1. A. Quart, *Branded, op. cit.*

Aujourd'hui, la campagne de publicité pour la 806, « la voiture que les enfants recommandent à leurs parents » devrait en bonne logique être interdite par le B.V.P. Quant à un récent film publicitaire Levi's (destiné au marché européen et qui met en scène une bande de jeunes – dont certains ont de réelles têtes de souris – et une histoire de rapt de chat restitué contre rançon, sans fin morale) il a reçu un avis favorable du B.V.P., mais a suscité de très vives réactions dans les médias.

La perception du public

Le magazine *Stratégies* a profité de la « septième semaine de la pub » en novembre 2002 pour faire établir par TNS Sofres un état des lieux de l'image de la publicité auprès de 1 000 Français de 18 ans et plus, et le confronter à celui réalisé en 1983 par la Sofres pour *Le Parisien*. Et si finalement la publicité est beaucoup moins décriée que ne le laissent supposer les médias, puisque les Français restent favorables à la publicité – 43 % contre 41 % en 1983 – il est intéressant de noter que le fossé s'élargit entre les jeunes et leurs aînés : les jeunes sont de plus en plus publiphiles tandis que les soixante-cinq ans et plus sont ceux qui adhèrent le moins à la publicité. L'indice d'adhésion (résultant de la différence entre les opinions favorables et les opinions opposées) des 18/24 ans à la publicité est de +38 contre -26 pour les soixante-cinq ans et plus.

Il y a donc véritablement un fossé générationnel sur la perception de la publicité et l'acceptation de son pouvoir d'incitation à – au-delà de celui d'orientation – la consommation.

LA PUBLICITÉ ET LES JEUNES : UNE LIAISON PASSION

La place de la pub dans l'univers jeune

Parmi les nombreux noms que l'on associe au terme génération pour décrire celle qui nous intéresse ici, l'image figure en bonne place : « **la génération de l'image** ». **Les jeunes évoluent dans un déferlement permanent d'images** où le virtuel vient le disputer au réel, et même si la vue n'est pas le sens auquel ils accordent le plus d'importance, c'est celui qui s'est éduqué le plus vite. Ils ont d'ailleurs acquis une extraordinaire capacité à « scanner et éditer les images » qui les entourent. La publicité fait partie de cet univers d'images et, bien qu'ils la jugent parfois envahissante, elle est appréciée par la très grande majorité des jeunes. Ils en parlent entre eux, la critiquent, hiérarchisent les films, jouent à celui qui identifie le premier la marque ou le produit objet du film pub qui vient de débuter, se font les « Nuits des publivores », se ruent sur les bandes musicales, conférant à la publicité une vie – voire un statut – au-delà de son dessein commercial.

Un futurologue britannique, Stephen Bayley, après avoir étudié l'historique des lancements de nouveaux produits par les fabricants d'équipements de loisirs, comme Sony ou Kodak, a estimé que le rythme des innovations allait nécessairement continuer à se ralentir pour le futur (un nouveau produit quasiment tous les ans entre 1955 et 1985, beaucoup moins après) et que les bénéfices pour les consommateurs se situeraient à l'avenir dans « une meilleure qualité de l'expérience plutôt que dans le renouvellement des produits ». Ceci est particulièrement vrai pour les 11/24 ans et induit que la communication aura encore plus d'importance à l'avenir...

Culture et sillon

Notons par ailleurs que les campagnes de publicité qu'ils préfèrent ne leur sont pas forcément destinées (cf. illustration N° 1).

Ne leur sont pas non plus destinées celles qui laisseront une empreinte durable dans leur mode de communication (les airbags de BMW qui en appellent au subconscient et aux souvenirs enfouis mais heureux du sein maternel ; airbags signifiant aujourd'hui seins dans le langage des jeunes).

La diagonale du succès

C'est là toute la difficulté à laquelle sont quotidiennement confrontées les marques et les agences de communication. Comment délivrer un message susceptible de déclencher un acte de consommation sans dépasser le seuil « culturel » ou la drogue pour « *advertising victims* » ? Comment, quand une entreprise est capable de « nourrir » une marque univers, arriver à lui conserver sa place de leader sur son secteur d'activité ? Comment, face à de grands groupes dotés de moyens de communication très lourds, réussir à prendre une place de challenger et construire une relation complice avec les jeunes ? Comment ensuite fidéliser ces publics jeunes ?

Consommateurs de « pubs »...

Les jeunes ne se contentent pas de consommer de la publicité pour assouvir leur faim d'images et de nouveautés. **Ils en reconnaissent à la fois l'efficacité et les limites**, comme le montrent bien les chiffres de l'illustration N° 2.

Ces chiffres soulignent aussi le fait que (plutôt que d'envisager un encadrement tatillon et inefficace, tous les supports devraient être concernés (média et hors média), quid des émissions en provenance de l'étranger ?), il faudrait mettre en place l'éducation économique, dont nous parlions au chapitre 6, pour exploiter valablement la socialisation économique induite par la publicité.

... parce que consommateurs de sens !

Dans un contexte historique, idéologique et politique qui n'a pas apporté à la nouvelle génération le limon nécessaire à l'élaboration d'un sentiment identitaire (comme cela a été détaillé dans les premiers chapitres), les jeunes construisent leur système de valeurs et de repères avec leur environnement immédiat, dans lequel les marques et la publicité ont progressivement endossé un rôle fédérateur, qu'avaient autrefois l'école ou les mouvements d'éducation populaire mais qu'ils ne savent/peuvent/veulent plus jouer aujourd'hui.

Consommateurs avertis et réfléchis, ils font preuve d'une expertise pointue sur les promesses produits, tout en étant très lucides sur les ficelles marketing utilisées. Ils décryptent parfaitement les messages publicitaires et rejettent la manipulation et une perception caricaturale des jeunes, tout en voulant être guidés. Et c'est là toute la spécificité de cette population, déjà très au fait des techniques de communication et impitoyable sur leurs réalisations, mais qui a encore besoin de trouver des réponses à ses questions et des référents pour sa construction en futur adulte.

Ceci explique que **les publicitaires américains innovent en permanence dans leur méthodes de communication avec les jeunes ; de l' « Edutainement »** – éducatif et ludique – **à l' « Infotainement »** – amusement, information et publicité confondus – **vers l' « Advertainement »** – une publicité qui ne s'affiche pas comme telle – **actuel.**

Dans un contexte historique, idéologique et politique qui n'a pas apporté à la nouvelle génération le limon nécessaire à l'élaboration d'un sentiment identitaire (comme cela a été détaillé dans les premiers chapitres), les jeunes construisent leur système de valeurs et de repères avec leur environnement immédiat, dans lequel les marques et la publicité ont progressivement endossé un rôle fédérateur, qu'avaient autrefois l'école ou les mouvements d'éducation populaire mais qu'ils ne savent/peuvent/veulent plus jouer aujourd'hui.

Ils décryptent parfaitement les messages publicitaires et rejettent la manipulation et une perception caricaturale des jeunes, tout en voulant être guidés. Et c'est là toute la spécificité de cette population, déjà très au fait des techniques de communication et impitoyable sur leurs réalisations, mais qui a encore besoin de trouver des réponses à ses questions et des référents pour sa construction en futur adulte.

À QUI PARLER ?

Plus encore que pour d'autres publics, une communication média réussie aura suivi le parcours traditionnel du « *brief marketing* », puis du « *brief communication* » : quels sont les publics visés en tant que consommateurs, en tant qu'acheteurs, en tant que prescripteurs, en tant que modèles aspirationnels ?

La réponse à cette question est étroitement liée aux objectifs de la campagne : est-ce qu'il s'agit de lancer un nouveau produit, d'installer un territoire de marque, de nourrir l'image d'une marque, de diffuser un message institutionnel ? Mais elle peut également correspondre à un parti pris tactique pour atteindre de manière indirecte le vrai destinataire. Une agence peut faire le choix de mettre en scène un segment de jeunes plus âgés que les consommateurs réellement visés par la campagne (impliquer des 18/21 ans pour toucher en réalité des 11/14 ans) : la démarche aspirationnelle qui anime tous les adolescents les incitera à imiter leurs aînés, et se traduira par l'acte de consommation escompté par l'agence. Une telle tactique peut se montrer efficace pour le lancement d'une nouveauté mais elle peut tout aussi bien servir un message institutionnel visant à modifier des comportements.

LES SECRETS DE LA SEGMENTATION

Il est aisé de comprendre que plus on aura qualifié sa cible – en la rendant homogène dans ses attitudes et ses comportements – plus il sera facile de définir un message pertinent et de choisir les médias les plus adaptés. Cependant, il n'est pas toujours possible de procéder ainsi : occasionnellement parce que le nombre de prospects deviendrait trop limité, mais surtout parce les vecteurs publicitaires ne sont pas toujours aussi ciblés que l'on pourrait le souhaiter. Il faut donc à la fois vouloir segmenter – les chapitres précédents fournissent des indications à ce sujet – et savoir le faire.

Même si, au fil des années, les professionnels de la recherche marketing jeune de tous les pays – comme le montrent les différents séminaires spécialisés organisés par Esomar, leur organisation internationale – se rejoignent, de plus en plus, pour considérer que les critères de segmentation par âges et par structures de scolarisation et/ ou de professionnalisation s'imposent comme les seuls pertinents et efficaces, de façon assez cyclique, les publicitaires tentent de proposer des approches qu'ils considèrent comme plus créatives parce que moins contraignantes pour eux.

L'approche par « tribus » en est une bonne illustration : outre le fait qu'elle est utopique – pour pouvoir noyauter la tribu, il faudrait « singer ses membres » ce dont les jeunes d'aujourd'hui ont horreur ! – elle est par ailleurs irréaliste – les médias ne sont pas structurés comme cela – et surtout peu pérenne. Au fil de leur croissance, les jeunes changent plusieurs fois de groupes d'appartenance ou de référence, ainsi qu'on l'a vu dans les chapitres précédents.

Beaucoup plus prometteuse – en particulier pour des lancements dans des secteurs à forte innovation – est l'approche « ***trendsetter*** », par segments de population en fonction de **leur ouverture à la nouveauté et leur capacité d'entraînement sur un marché** : il s'agira de travailler en priorité sur les « leaders d'opinion » qui convaincront plus ou moins rapidement et/ou complètement la foule des suiveurs ; c'est ce qu'ont très bien réussi en France Nintendo et McDonald's pour le lancement de la Game Cube ou l'opération Hit Music Only mais aussi Delias ou le magazine *Teen People* (grâce à son club de 10 000 « *teen consultants* », il a recruté 1,6 million de lecteurs en quatre ans) aux États-Unis ; les spécialistes considèrent que pour ce dernier pays, **les « *influencers* » représentent entre 10 et 12 % de la population totale visée.** Cette stratégie est par contre difficile à mettre en œuvre, en raison de l'absence de fichiers sérieux de leaders d'une part et des limites de cet outil. Dans un groupe déterminé, il y a souvent des meneurs différents en fonction des thématiques et leurs compétences sont souvent évolutives, rendant du même coup rapidement obsolètes les listes proposées. Chaque annonceur devrait se constituer son propre fichier et l'actualiser en permanence (c'est le travail d'un responsable à plein temps au sein des équipes marketing de *Teen People*).

D'autres critères de segmentation peuvent être envisagés, mais qui sont aujourd'hui beaucoup moins pertinents qu'autrefois. C'est le cas en premier lieu de **la catégorie socio-culturo-économique des parents** : en raison de la démocratisation de l'adolescence, au moins au niveau des attentes, aussi bien du côté des parents (que leurs enfants réussissent dans la vie !) que des jeunes (réussir leur vie !). De la même façon, **la différenciation géographique** (paris *vs* province, Nord *vs* Sud, grandes villes *vs* moyennes) ne correspond plus à grand-chose, compte tenu de la nationalisation – voire l'internationalisation – des médias vecteurs d'influence et de la distribution.

La **différenciation par sexe** s'impose lorsque les thèmes abordés se rapportent au corps (hygiène,…) – mais elle ne doit pas être utilisée systématiquement car les attitudes (attentes, projets,…) et les critères d'évaluations (goût, esthétique, sphère privée/sphère publique,…) sont très homogènes compte tenu de l'évolution adolescente qui aboutit au couple. Dans certains cas, les comportements sont toutefois différents : soit pour l'usage (téléphonie mobile), soit pour la diversité et la répétitivité des achats (jeux vidéo pour les garçons et cosmétiques pour les filles).

L'approche générationnelle ajoute à ces différents critères ceux liés à l'époque : raisonner sur une tranche d'âge ne suffit pas, il faut tenir compte des événements survenus autour de l'âge de vingt ans, qui marquent une génération et continueront d'apporter un éclairage essentiel sur ses comportements au fur et à mesure de son « vieillissement » (également développé au chapitre 7).

Si le produit ou le service à promouvoir l'impose (cosmétiques, par exemple) et si l'organisation des médias retenus le permet, on aura toujours intérêt à adopter une segmentation la plus en situation possible, donc la plus fine (âge, sexe,…), en différenciant les cibles au minimum comme suit :

- les 11/12 ans : le basculement dans l'ado-naissance ;
- les 13/14 ans : les ado-naissants confirmés ;
- les 15/17 ans : les adolescents professionnels ;
- les 18/20 ans : en voie d'adultisation ;

- les 21/24 ans universitaires ;
- les 21/24 ans actifs.

Dans la perspective d'anticipation, qui est essentielle pour notre modèle dynamique de l'adolescence, il est par ailleurs indispensable de choisir une cible de communication toujours légèrement plus âgée – 1 an ou 2 – que la cible de consommation ; ce qui crédibilise la campagne et en pérennise l'efficacité.

Les spécialistes américains, comme David Siegel rejoignent notre sentiment que dans beaucoup de cas les ado-naissants sont au cœur du marché jeunes : « *les Tweens peuvent créer un marché de plus de 100 millions de dollars pour une marque qui sait leur parler.* » [1]

Pour la mise en œuvre de la prescription, on aura toujours intérêt à mobiliser les réseaux d'information et d'influence détaillés dans l'illustration N° 3.

LES VOIES POUR LE DIRE

Les interrogations régulières pratiquées par Junium/Institut de l'enfant dans le cadre de ses baromètres *Teen* et *Link* lui ont permis de dégager un certain nombre de « règles d'or » à observer pour réussir une publicité destinée aux adolescents, qui peuvent être regroupées dans les 6 catégories suivantes.

1. Produire du sens

Compte tenu de ce qui a été développé dans les premiers chapitres, il est facile de comprendre pourquoi il s'agit pour nous de **la règle incontestablement la plus importante**.

À ce stade, on aura intérêt à reparcourir rapidement ce qui a été dit précédemment sur les passions des jeunes (chapitre 3), leur socialisation économique (chapitre 6), l'Internationale jeune (chapitre 7) et L'aventure du projet (chapitre 9).

1. D. Siegel, *The Great Tween Buying Machine ; Marketing to Today's Tween*.

Le projet permet de créer une forme de « partenariat jeune/produit/marque » : l'un comme l'autre veulent être dans l'action et se préoccupent de l'avenir pour construire des relations durables d'appropriation. La préoccupation de cosmétiques et de mode pouvant incontestablement représenter des « mini-projets » pour des adolescents, ce type de rapport peut en effet parfaitement s'instaurer entre L'Oréal ou Zara et des jeunes aujourd'hui. Jacques Séguéla a tout à fait raison quand il s'étonne que ce groupe n'ait pas tout fait pour parrainer l'émission TV culte *Star Academy*.

Si des marques comme Coca-Cola, McDonald's ou Mars arrivent à séduire génération après génération, c'est parce qu'elles restent fidèles à leur origines, qu'elles satisfont un désir basique et permanent mais qu'elles continuent aussi à surprendre et à innover dans leur communication pour que la marque reste toujours vivante dans l'esprit des jeunes.

Pour l'annonceur, comme pour le publicitaire, la démarche de la « consomm'action » – un aspect de la pédagogie de la réussite insistant tout particulièrement sur les 3 confiances (en soi, en demain et dans les autres) – constitue une véritable autoroute pour optimiser la relation d'apprentissage et d'appropriation pérenne des produits et de la marque par les jeunes. L'agence de publicité américaine Saatchi and Saatchi Advertising ne dit pas autre chose lorsqu'elle met en relief la nécessité de la « *Connexity* » pour répondre à la « *Global Inclusiveness* » de la *Generation Y* aux U.S.A. ; la *Connexity*, c'est l'importance de rester connectés – à demain, à ailleurs, à d'autres, à des émotions nouvelles,... en permanence pour grandir.

Pour autant qu'ils se soucient en permanence de :

- **valoriser le consommateur** : vouloir/savoir/pouvoir interroger la vie, apporter des propositions d'éléments de solution, inciter au projet et à l'expérimentation, etc.
- **valoriser la consommation comme terrain d'émancipation**, et non de conditionnement : initiation et apprentissage, autonomie et responsabilisation, intégration et différenciation pour réaliser son insertion,... avec le produit, ou le service comme support concret.

On passera de la « consomm'action » à la « communic'action », en adaptant comme suit le schéma de projets présenté au chapitre 2 :

- **pour les 11/14 ans, moi et mes pairs** : valorisation de la quête, proposition de démarches créatives, informations d'anticipation, responsabilisation de la vie en groupe, témoignages de réussite, l'entreprise comme collectivité vivante,...
- **pour les 15/17 ans, mon environnement global** : méthodologie de projet (de lancement de produit, de campagne,...), planification, réseau d'informations et sources documentaires, « adultes référents »,...
- **pour les 18/24 ans, mon projet** : la différenciation, les cycles, l'international, les réseaux,...

S'il elle peut emmener loin, la démarche ne doit en revanche en aucun cas être gratuite ou absurde, il est important de mettre en avant les valeurs de la marque, d'être clair sur les bénéfices produit ou service.

Le film Coca-Cola « Discussion au café » dans la série « Sourire la vie » commet l'erreur de renvoyer aux jeunes une image trop crue de leurs interrogations (voir plus loin). Et du coup, c'est ce besoin de sens, ce rejet de la démarche sans fondement qui ressort dans les critiques formulées sur cette campagne.

2. Surprendre

Continuellement nourris d'images, **les jeunes accorderont une plus grande attention à celles qui les surprennent.** Différents axes sont possibles :

- **le grand spectacle** ;
- **la transgression des limites adultes** ;
- **la provocation ou la dérision**, mettant en scène un antihéros par exemple ;
- **le détournement**, soulignant indirectement l'« humilité » du produit ou la solidité de ses arguments fonctionnels et techniques ;
- **les deuxième et troisième degrés** avec le pastiche, le kitch, la récup'...

Les campagnes de communication de la compagnie italienne de vêtements Diesel déclinent avec une constance exemplaire ces différents axes. Chaque collection fait l'objet d'un catalogue sur un thème très démarqué, qui est repris en presse, en affichage et sur Internet.

En 1999, Diesel avait fait une campagne remarquée et qui en avait berné plus d'un, en lançant une chanteuse virtuelle, Joanna Zychowicz, avec communiqués de presse, couverture de magazine plagiant les tabloïds, site Internet du fan club, etc., au point que certains médias avaient relayé les communiqués et contribué à développer la notoriété de la chanteuse.

Une autre campagne inversait les clichés du racisme en présentant de jeunes Noirs pataugeant dans le luxe aux côtés de gros titres de presse parlant de la florissante industrie africaine du tabac s'attaquant au marché des pays d'Europe en voie de développement.

On vit ensuite Diesel proposer en 2001 des conseils détournant les rubriques beauté et santé des magazines de mode avec un catalogue intitulé « *save yourself* » interpellant les jeunes en tant qu'espèce menacée, dans lequel les mannequins ont des visages de cire. Diesel conseille de ne pas avoir de relations sexuelles, de dormir beaucoup, de consommer des algues, d'inhaler de l'oxygène, de ne pas rire, à contre-pied des discours de prévention et des sagas publicitaires visant habituellement ces publics.

Diesel a présenté des photographies où des Chinois luttent pour monter dans un bus bondé avec sur le flanc du bus une affiche où une occidentale lascive vante les avantages d'un régime ou une rue où règne la misère avec une affiche sur un pan de mur délabré représentant un couple qui propose de « s'évader maintenant » (*escape now*). C'est la dérision en tranche napolitaine : le contraste entre les futilités de la mode et de la publicité occidentales et les difficultés quotidiennes qu'affrontent les Chinois, la mondialisation poussée à l'excès, faire dire aux campagnes Benetton ce qu'elles ne disent pas, le tout étant là pour séduire une certaine population jeune.

Un catalogue de clichés empruntant à l'onirisme (superpositions de visages, chandeliers, fumées, nuages, racines tourmentées) donne accès aux pensées profondes des jeunes sur la paix, la violence, l'amour qui se terminent par une furieuse envie d'aller faire des courses, ou autrement dit : « vous êtes jeunes, vous avez du mal à trouver des repères dans ce monde trouble, faites-vous du bien, faites des courses, ça soulage au moins sur l'instant. Vous avez le droit d'être frivoles. »

La marque étant toujours signée « *for successful living* », Diesel s'est aussi attaquée aux icônes du capitalisme en introduisant dans une campagne un personnage à mi-chemin entre Donald Duck et Ronnie McDonald's. Donald Diesel arbore un sourire carnassier, tient un grand verre de soda à la main, et propose d'accompagner son interlocuteur dans la vallée heureuse où le bonheur est sponsorisé par Diesel.

Enfin, et là encore c'est **un clin d'œil complice aux jeunes**, cible sur laquelle tous se penchent aujourd'hui pour en décrypter les tendances, Diesel détourne les études de marché dans sa dernière campagne, avec des indicateurs farfelus tels que : « *Le nombre total de chaussures Diesel qui ont marché dans un chewing-gum ou de la crotte de chien en Europe du Nord l'année dernière a décrû de 29 %. Les trois taches les plus couramment rencontrées sur les vêtements Diesel sont les taches d'encre, les crottes de pigeons et le ketchup*. »

Toutes ces campagnes bousculent les tabous, les références culturelles, inversent les valeurs traditionnelles, malmènent l'univers de la communication, mais contribuent à fidéliser une cible un peu à la marge, financièrement aisée, un peu blasée et cynique. Aujourd'hui, Diesel marque des points aussi auprès des ados.

3. Être vrai/authentique

Si le choix est fait d'être dans la démonstration, alors **une totale transparence est nécessaire**.

- Jouer sur **les sens et les émotions positives** ;
- Afficher **la sincérité**.

De la profondeur pourra être apportée au propos en sollicitant avec réalisme les sens, au service de l'authentique, de la fraîcheur, de la naturalité.

Le film *Fisherman's friend*, où un jeune qui déambule dans une exposition d'art contemporain passe soudain la tête dans l'ouverture d'un sachet géant de *Fisherman's friend* pour être aussitôt happé dans un tourbillon de givre et de glisse et en ressortir le cheveu dressé, restitue plutôt bien la force du goût de ces pastilles.

Le film *Coca-Cola Light* qui réunit un couple à une table de café, mais avec un seul verre de Coca Light devant le jeune homme, déroule un univers onirique de séduction et de fraîcheur lorsque la jeune femme s'empare du verre et le boit avec avidité. Ce n'est que lorsqu'il revient à la réalité que le type réalise que son verre est vide.

Il est juste d'aller droit au but quand il s'agit d'aborder les problèmes de société, les causes institutionnelles. On constate par exemple que les campagnes qui s'appuient sur des testimoniaux jeunes dans lesquels ils se reconnaissent, frappent efficacement.

4. Valoriser, respecter les publics jeunes

Leur quête identitaire les rend très sensibles à la représentation que l'on fait d'eux. Il est particulièrement délicat de les mettre en scène dans un film sans susciter le rejet d'une partie d'entre eux.

Coca-Cola France a pris des risques en faisant le choix d'illustrer des tranches de vie jeunes « sourire la vie », dans le cadre de sa stratégie de régionalisation de ses campagnes, pour offrir moins de prise aux antimondialistes. Les risques ont été limités en demandant à Éric Zonca, très apprécié des jeunes (*La vie rêvée des anges*), de réaliser les films. L'accueil a été bon pour « le comptoir » et « le retour en métro », beaucoup plus inégal pour « la discussion au café ».

« Le comptoir » fait se voisiner sur le zinc d'un bar un jeune artiste (en train de boire un coca) et un vieux musicien noir qui se met à exécuter un morceau de batterie sur le comptoir les yeux fermés et s'en va sans se retourner à la fin de sa partition. Le jeune, bluffé, interpelle le barman en lui disant « t'as vu ce qu'il a fait, avec rien ? » Le « retour en métro » sent la fin de soirée d'une bande de potes avachis sur des banquettes dans une rame de métro, avec la voix off de l'un d'entre eux qui tient une bouteille de Coca et livre ses bribes de pensées : « j'suis crevé, c'était une soirée cool entre potes, mais j'suis bien, je passe un bon moment. »

La « discussion au café » va trop loin dans les dialogues, car là elle met en scène une discussion animée autour de verres de Coca-Cola, qui est trop réaliste et ne comporte aucune magie.

Le commentaire d'un ado sur le site ciao.fr (qui sollicite l'avis des internautes sur tous types de sujets d'un point de vue consommateur, donc des films pub) est éloquent : « *Elle met en scène 5 ou 6 jeunes (lycéens !) dans un bar et qui ont l'air assez « débiles ». Il semble que, assis sur leurs tabourets, ces lascars veuillent refaire le monde !!!!! En fait, ils parlent de leur futur, de leur avenir, mais d'autre chose aussi !!! [...] Y'a même une fille qui dit qu'elle veut arrêter l'école !!! un gars lui dit qu'elle est folle mais un autre dit « ben si t'arrêtes l'école, moi aussi ». [...] Personnellement, je n'ai rien compris à la pub, ni à son but : si c'est pour en faire parler c'est réussi, si c'est pour vendre du coca.... là c'est raté !!!!!!!! Ce que disent les jeunes tient du débile profond et de l'incohérent, ils rient bêtement.* »

Il est dangereux de leur renvoyer leurs hésitations et leurs interrogations trop crûment, sans humour. C'est d'ailleurs ce que soutient Nicolas Bordas, résident de B.D.D.P et fils, en s'appuyant sur ouvrage de Jean-Marie Dru à propos des dangers de l'effet miroir : « ***Connaître les adolescents est indispensable pour trouver de bonnes idées, mais mettre cette connaissance en scène n'est pas une bonne solution***. Elle est très utile pour puiser des pistes d'« insight », pour trouver des leviers de forme, et pour anticiper la nature de l'adhésion susceptible de provoquer le « phénomène culte » dont nous rêvons tous et aussi pour... s'empêcher de commettre des erreurs, de faire des contresens, pour éviter d'être détournés. [1]

Oasis joue une partie dangereuse en mettant en scène dans sa nouvelle campagne des moments de consommation entre jeunes qui dialoguent

1. J.-M. Dru, *La disruption*, Éditions d'Organisation, 2001.

dans un jargon « djeune », assortis de sous-titres destinés aux parents. L'objectif de la campagne est d'établir une relation complice avec les mères et une proximité avec les 8/12 ans (sic !). Il est certes drôle de voir « Oh, le bouffon ! » sous-titré par « Mince ! Papa a oublié d'acheter du Cocktail Tropical », mais pour des adultes ! En revanche, les adolescents accueillent mal ces films, les accusant de jeunisme. Les 10/12 ans ont encore moins la faculté de comprendre la dérision ou le second degré et n'aiment surtout pas être exhibés comme des animaux aux mœurs étranges. Éventuellement, les mères seront amusées, mais mieux vaut que leurs enfants n'aient pas vu la campagne si la marque compte faire progresser sa consommation.

5. Un public technophile

Leur culture « images » est très sophistiquée et ne tolère aucune imperfection, à moins qu'elle ne soit volontaire et exagérée, pour nourrir le deuxième ou troisième degré.

- **casting** : éternel dilemme entre la star, l'égérie et le jeune comme tout le monde, oui mais alors de quel âge, sexe, origine, tribu... ? Tout dépend de l'âge et du statut de la marque.
- **image – effets spéciaux** : difficile d'en faire l'économie quand on fait la promotion de produits high-tech ou électroniques, mais les autres secteurs investissent de plus en plus ce registre (cf. les campagnes Levi's).
- **son – bande son** : faire découvrir un morceau inconnu augmente le sillon creusé par le film, nourrit l'effet bouche à oreille et multiplie les réminiscences.

Il n'est pas surprenant que les films *Champagne et Mosquito* de lancement de la Xbox de Microsoft aient remporté de nombreux prix. Le contraire aurait été déconcertant : comment peut-on prétendre révolutionner le jeu vidéo si les films promotionnels ne sont pas captivants, décapants, avec de nombreux effets spéciaux et techniquement irréprochables ? *Champagne* montre une femme en plein travail, qui expulse en orbite son bébé, lequel parcourt une trajectoire au-dessus de la terre à une vitesse folle, tout en criant et en vieillissant progressivement, jusqu'à prendre l'apparence d'un vieillard qui vient se crasher sur une pierre tombale au milieu d'un cimetière. Avec pour seule signature « *Life is short, play more. Xbox* ».

Mosquito relève d'un scénario beaucoup plus complexe : à la manière d'un documentaire sur la nature et les animaux, on voit un moustique en gros plan qui émet un bruit rythmé. Rapidement rejoint par d'autres moustiques, le bruit vire à la mélodie. Une voix off explique qu'à l'origine les moustiques avaient le don de la musique jusqu'à ce qu'ils reçoivent une nouvelle mission : piquer. Le film se termine sur un enfant entouré de cadavres de moustiques et propose aux hommes une morale : vous les hommes avez un don pour jouer, ne le perdez pas ou vous finirez comme les moustiques. « *Play more. Xbox.* »

6. Un plan de communication complet

L'énorme difficulté avec les jeunes de 11 à 24 ans consiste à **accrocher le comportement à l'attitude – le plus étroitement et le plus rapidement possible – pour que la mise en place de la seconde déclenche et assure le premier** : pour passer de l'attitude positive face à une campagne ou une marque à l'acte d'achat – si possible répétitif et durable – dans le magasin. Ceci explique que Martin Lindstrom estime que pour qu'une campagne fonctionne bien avec un public adolescent aux États-Unis il faut impérativement qu'elle mette en œuvre au minimum 5 médias différents et idéalement 10.

Du fait de la quête permanente que représente l'adolescence et de la recherche de repères de plus en plus typés, il est relativement facile de déclencher l'intérêt – voire une certaine envie – pour assurer une attitude favorable. Il sera déjà plus difficile de la pérenniser, compte tenu de l'évolution permanente et rapide de chacun des prospects et de l'offre foisonnante. On évalue habituellement les résultats obtenus dans ce domaine à travers des mesures de notoriété (le « *top of mind* » étant incontestablement l'indicateur le plus intéressant sur cette population) ou d'appréciation (en relevant systématiquement les « aimés » et « pas aimés » et les caractéristiques de ceux qui expriment ces opinions).

En suivant les règles précédentes, l'annonceur et l'agence de publicité sont à peu près sûrs d'obtenir de bons scores d'impact – d'estime –, mais l'un comme l'autre (et très naturellement le premier encore plus que la seconde) veulent des résultats palpables : des achats et des ré-achats pour pouvoir mesurer le retour (quantitatif et qualitatif) sur l'investissement consenti.

Provoquer et assurer l'achat est beaucoup plus difficile car il est doublement « existentiel ». Sachant qu'à cet âge les envies sont très naturellement (et très normalement) supérieures aux moyens, le passage à l'acte résultera toujours d'un arbitrage – la démarche de « *trade off* » bien connue des hommes de recherche – avec de multiples composantes (produit/marque/magasin/prix) et divers prescripteurs (le consommateur, les copains, les parents,...). Il s'agira au final, d'une part de vérifier que la satisfaction tirée du bénéfice produit ou image correspond totalement à la construction de mon Moi, et d'autre part de s'assurer que j'ai bien fait d'aliéner une part de mon pouvoir d'achat, direct ou indirect. Les outils de mesure les plus probants dans ce domaine sont évidemment les statistiques de ventes spécifiques sur cette population (les plus détaillées possibles : âge, sexe, circuits de distribution,...) mais également les baromètres d'image réguliers par rapport aux principaux compétiteurs, directs (les concurrents sur le même marché) ou indirects (les produits/services de substitution).

Pour obtenir cette synergie/symbiose, on cherchera donc à accompagner les jeunes partout. Au cours d'une journée, ils se déplacent beaucoup plus qu'un adulte, exercent un grand nombre d'activités variées et sont donc plus exposés : axes de transports, gares et stations, école, bars, cafés, restauration rapide, petits commerces, vitrines, magasins, chez eux, chez les autres, clubs de sport, cinéma, concerts, boîtes.

De très nombreux médias peuvent les toucher :

- **les médias lourds classiques et globalisant : la perspective d'insertion** ;
- **les médias plus communautaires**, proches de leurs occupations et préoccupations : **la reconnaissance de l'identité**.

Une communication qui observe ces règles peut parvenir à dépasser le registre de la délivrance d'un message pour atteindre celui de la communion, du dialogue. Le jeune devient alors un vecteur, un relais du message. L'impact de celui-ci est démultiplié. La complicité s'installe et les messages ultérieurs peuvent alors compléter les champs du dialogue.

LES AXES QUI ACCROCHENT

Assez logiquement par rapport à ce que a déjà été dit dans les chapitres précédents, à la fois sur la situation actuelle des adolescents et sur leurs attentes et projets, certaines thématiques vont trouver durablement un accueil positif auprès des jeunes ; alors que d'autres aboutiront au mieux à des succès éphémères et au pire à des échecs.

1. L'*American Dream Machine*

Pour les plus jeunes, l'*American Dream Machine* fonctionne toujours très naturellement puisqu'elle est tellement proche de la quête identitaire des adolescents. Ce qui lui assure un bel avenir, même si les publicitaires annoncent régulièrement son déclin : ni l'Europe, ni l'Asie ne sont susceptibles de la remplacer dans les années qui viennent.

Pour la population qui nous intéresse, elle signifie en effet :

- **la reconnaissance et la valorisation individuelle : tout devient possible !** Les talents cachés sont révélés et valorisés : c'est l'accomplissement de soi. Comme le disait Walt Disney : « *si tu as pu le rêver, tu peux le faire réellement.* »
- **l'insertion**. La réussite est multiforme : sport, musique, informatique, jeux vidéo, etc.
- **les U.S.A. représentent la source quasi systématique de l'innovation** : cette source alimente les référents de l'« Internationale jeune » et authentifie les bénéfices produit ou les attributs de la marque.

- **sans limite** : l'immensité (la ville, les grands espaces,...), la puissance (l'argent, les équipements sophistiqués, le grand spectacle, etc.).

L'*American Dream Machine* émane essentiellement des marques-univers comme Nike, Coca-Cola, McDonald's, qui, au fil de leurs campagnes, ont donné à voir des pans entiers de culture américaine, des décors jusqu'à la bande son. Peu de marques non américaines ont investi ces univers, sauf Diesel, mais pour mieux les aborder avec dérision.

2. L'exploration

Tous seront attirés par l'exploration : au propre – **physique/ découverte** – comme au figuré – « **les valeurs sources d'énergie** » :

- **l'amitié** : le « clan ressource », la fierté identitaire,...
- **l'ouverture aux autres et à leurs pratiques** (plutôt qu'à leur histoire ou leur culture), qui renvoie aux valeurs de mixité et de « compil » auxquelles ils sont attachés.
- **l'aventure et le voyage** par lesquels ils se projettent, échafaudent leurs projets : plus qu'un rêve de liberté !
- **la force du mental et la spiritualité**, qui renvoie à l'épanouissement personnel, à une vie harmonieuse.

L'exploration ne se fait plus dans les grands espaces mais dans les univers urbains, ou au sein de mondes imaginaires ou oniriques. Les jeunes ont apprécié la poésie des campagnes Wanadoo et Orange, qui font se rencontrer des personnages très différents dans des endroits incongrus, ou proposent de voir de l'autre côté du miroir, où toutes les règles physiques sont faussées.

3. Le sport

Le sport « score » quasiment à tous les coups, surtout auprès des garçons, ainsi que l'atteste l'appréciation des campagnes successives de Nike, Adidas, mais aussi Puma :

- **santé, forme, équilibre** sont des thèmes auxquels ils sont très sensibles pendant une période où le corps subit de nombreuses transformations.

- **les valeurs du sport** (dépassement de soi, esprit d'équipe, acceptation de l'échec, respect de l'adversaire) qu'il serait idéal d'appliquer au quotidien.
- **les adultes référents du sport** : les stars sportives mais ce pourrait être aussi le cas de tous ceux qui les accompagnent ; les coachs, les préparateurs physiques, les diététiciens et cuisiniers, etc.

Le sport et l'humour-dérision ne sont que récemment associés pour promouvoir des marques ou des produits directement liés au monde du sport (chaussures, vêtements, accessoires, distribution, boissons énergisantes).

C'est Nike la première à s'être engagée sur ce registre lors du lancement de sa ligne nikewoman, en reprenant tous les clichés associés aux femmes sur un petit livret, pas seulement dans l'univers de la pratique sportive, avant de proposer aux femmes, dans la presse écrite, d'identifier leur tribu Nike : la « gymaniaque », la diva, la flemmarde, la femme d'action, etc. Le site Internet nikewoman.com relaie aujourd'hui ces « familles ».

De son côté, Puma a proposé une série de films courts (mypumas.com) dans lesquels des stars du foot confient leur attachement à leurs Pumas, avec en particulier le film *Vestiaire* dans lequel un gamin pique une paire de Puma à une star en train de prendre sa douche, laquelle le poursuit, nue, dans la rue et s'en retourne avec solennité, toujours nue, mais les Pumas aux pieds.

4. L'humour

L'humour fait l'unanimité, sur différents registres (humilité, refus de se prendre au sérieux, pas prise de tête) :

- **Impertinence**

  Il s'agit plutôt d'une contestation de forme que de fond : sur l'autorité du « petit chef », les institutions qui n'évoluent pas,...
- **Extravagance**

  Pour revendiquer le droit à la différence et à la différenciation, à la non-reproduction systématique, au non-conformisme et à l'alternative !

– **Dérision**

Dans sa dernière campagne, Axe a remplacé le play-boy traditionnel par un jeune antihéros : maigre, en costume et chemise ouverte, le cheveu en brosse et l'œil bleu écarquillé d'étonnement, il se laisse gagner par le groove d'un bon vieux funk des années 1980 (*Make love and listen to the music*) et se lance dans une danse que ne renierait pas Tony Manero (Travolta – *Saturday Night Fever*). Les bimbos du bar se joignent aussitôt à lui, à l'effarement des musclés qui regardaient la scène avec dédain.

– **Scato, trash, gore**

Ikea a rajeuni son image – et son public – en faisant basculer des scènes romantiques ou un peu chaudes dans le crade afin d'illustrer les risques que l'on court à ne pas ranger. Ikea mêle de vieux lacets de chaussures à l'énorme plat de spaghettis qu'une jeune femme engloutit en les aspirant avec sensualité, interrompt une scène torride sur un canapé entre un homme et une femme par une fourchette fichée entre les omoplates de la femme : « *Rangez ! Si vous ne le faites par pour vous, faites-le pour les autres.* » « *Inventer un truc comme ça pour vendre des meubles, c'est fort* », commentent les jeunes au moment de classer leurs pubs préférées.

C'est certainement dans le domaine de l'humour qu'il est le plus facile de faire des erreurs monumentales : attention à ne pas ridiculiser le produit ou la marque et surtout pas la cible. D'où la nécessité – absolue à notre sens – de faire valider ses choix par la cible avec des tests ; à la fois en amont et en aval.

5. Le romantisme

L'« autre » et la réussite de sa propre construction individuelle ; je veux qu'on m'aime pour ce que je suis :

- **affectivité, bonté, générosité** : « les qualités chaudes ».
- **intuition, sensibilité** ; une autre façon de comprendre (l'amont) et de réagir (l'aval).
- **séduction** : la mise en scène du « couple » : l'art et la manière de... Levi's et Nike ont investi ce registre dans leurs récentes campagnes : Levi's (film *Odyssey*), avec un garçon et une fille qui traversent les

murs côte à côte, s'inscrit dans une sorte de néo-romantisme où on franchit ensemble des obstacles pour aller loin ; Nike, avec le couple qui court et joue à travers les rues d'une métropole, est dans la complicité et le partage.

L'AIR DU TEMPS

Enfin, **il est révolu le temps des films qui faisaient courir les jeunes d'autrefois** – aujourd'hui papy et mamy-boomers – les cheveux au vent sur une plage de rêve, plonger dans un lagon turquoise, laisser des traces de pas humides sur un ponton en teck aussitôt absorbées par la chaleur emmagasinée par le bois, si seulement ils avaient précédemment mâché un Hollywood chewing-gum, grignoté un Bounty, ou bu du Pacific. Les jeunes y croient d'autant moins que ces thématiques ont été surexploitées au fil des années.

Il faut donc méthodiquement tenir compte de l'évolution des attentes des jeunes (les outils de veille, les baromètres socio-culturo-économiques,...). L'imprégnation personnelle dans les univers jeunes – lecture de la presse, écoute de leur musique et visionnage de leur émissions ou films cultes, fréquentation des magasins qu'ils apprécient, etc. – constitue en outre une aide indispensable pour les décideurs qui sont, par définition, sortis de la cible et son époque...

On pourra ainsi s'inspirer des modèles suivants, pour créer une forme de complicité avec la cible.

1. L'individu célébré

Le nouveau discours publicitaire s'adresse à l'individu et l'engage à être lui. C'est l'apanage des valeurs individualistes – à condition qu'elles soient traitées positivement sous l'angle de la « **morale de l'authencité** » de Charles Taylor –, en forte résonance avec l'aspirationnel adolescent : épanouissement, recherche de différenciation personnelle, libre arbitre, construction personnelle, révélation de ses talents. Deviens ce que tu es (Lacoste), et ceux déjà introduits : *Think different* (Apple), *Go create* (Sony), *Be good, Be bad, Be yourself* (Be – Calvin Klein).

Hollywood a renoncé aux grands espaces et à la nature, l'aventure étant désormais dans la ville, et à la représentation de jeunes réels, pour reprendre la parole avec le symbole de la statue de la Liberté qui abandonne son piédestal et se livre à un strip-tease dans les rues de New York.

Levi's, il y a quelques années en perte de vitesse alarmante, a pris un virage décisif et a réussi à renouer avec les jeunes grâce à une innovation produit forte, mise en avant en allant jusqu'à l'absurde : le film *Twisted (fit to wear – engineered by Levi's)* réussit à donner une représentation des jeunes type « tranche de vie américaine », mais très urbaine, avec effets spéciaux à l'appui et dérision totale dans la démonstration des avantages produit. Une nouvelle étape est franchie avec le film *Odyssey* déjà évoqué plus haut : on est toujours dans la démonstration jusqu'à l'absurde, mais l'instant de complicité « bande de potes » cède la place à la communion totale entre un garçon et une fille qui parcourent le même chemin vers un but lointain, ou sans autre objectif que la vie.

2. Le modèle

Dans le secteur de la cosmétique, certaines marques ne se sont jamais essayées à construire directement à travers leurs campagnes un univers de marque, préférant rester au niveau des avantages produit, entretenus à grands renforts d'innovations et présentés par des égéries toujours plus jeunes, auxquelles revient la charge de chatouiller la quête identitaire des jeunes. Les vraies égéries, muses, icônes de mode ne sont pas retenues dans ces castings : Chloe Sevigny, véritable phénomène, citée par toutes les chroniqueuses et rédactrices de mode, n'est toujours pas sous contrat, probablement trop avant-gardiste pour des marques consensuelles. Côté masculin, c'est plutôt aux sportifs qu'il est proposé de s'identifier, plus rarement aux acteurs. Et on joue plus sur le phénomène aspirationnel, en restant sur des tranches d'âge décalées vers le haut par rapport aux publics visés. Dior (Eau Sauvage) fait intervenir dans ses campagnes Corto Maltese, héros intemporel, aventurier et libre, en alternance avec de « vrais » héros.

3. Le héros ordinaire

Quand le choix s'arrête sur la représentation de jeunes inconnus, il est préférable pour que cela fonctionne de créer une atmosphère de liberté : liberté dans la ville, liberté de ses mouvements, affranchissement des conventions.

Chez Nike, les vedettes du sport alternent avec des inconnus agiles, débordant d'énergie, comme chez Levi's. C'est le règne du free-style et du jeu, de la liberté.

Yop a su encore accroître sa notoriété auprès des jeunes en mettant en scène dans l'avant-dernier volet de sa saga *real life* « on veut te tirer ton Yop » un antihéros, mais malin et qui court vite : il préfère faire croire qu'il a craché dans son Yop plutôt que de se battre pour le défendre. On flirte avec le trash et la boucle est bouclée. Le dernier volet poursuit fidèlement ces chroniques adolescentes : un jeune accompagné d'un pote soulage une envie pressante sur un site de bâtiments désaffectés avec le Sacré-Cœur en arrière-plan, son Yop en équilibre sur sa tête. Le pote agacé lui lance « j'te l'aurais pas siphonné, ton Yop ». L'autre lui répond calmement en fermant sa braguette : « même pour aller pisser, on ne confie pas son Yop. Même pas à son meilleur pote. » Cette campagne enregistre un score d'impact exceptionnel auprès des 15/24 ans : 84 % (Ipsos).

4. « L'humour en rase-mottes » sur le bénéfice produit

Kiss Cool a réussi un exploit : s'adresser aux jeunes sans parler d'eux ni les montrer, en investissant complètement l'humour au troisième degré, en créant de petits monstres absurdes et tendres qui susurrent en conclusion « C'est frais mais c'est pas grave ».

D'autres ont aussi opté pour la signature humoristique renvoyant simplement et efficacement vers le bénéfice produit : c'est Sprite avec « Ça désaltère et c'est déjà ça ». Orangina, déjà exemplaire sur le territoire du gore, va encore plus loin avec « Les givrés, boivez-les ». Et aujourd'hui, Orangina revient sur les caractéristiques du produit dans un film qui présente deux séries de personnages : masculins incarnant les bulles et féminins incarnant les pulpes, s'ennuyant ferme dans une soirée jusqu'à ce que quelqu'un secoue l'atmosphère et les mélange...

Il faut toujours revenir au produit, Freedent l'emporte finalement sur Hollywood parce ses chewing-gums nettoient les dents quand on les mâche. Freedent l'affirme à travers des campagnes sur l'hygiène bucco-dentaire, très importante pour ces jeunes en quête de confiance en soi. Et si en 2002 Wrigley (Freedent, Airwaves, X-Cite) a gagné 1 point en taux de pénétration sur le marché français, c'est en lançant de nouveaux produits avec des campagnes associant films TV, sponsoring d'émissions et événementiel, échantillonnage pour être au plus près des comportements des jeunes consommateurs, mais sans jamais abandonner les arguments bien-être (blancheur, effet inhalateur, haleine fraîche).

5. Le cru au service du grave

Les grandes causes seront mieux servies par la sincérité et le réalisme. Les jeunes sont les premiers à approuver la sécurité routière lorsqu'elle expose très crûment les conséquences de comportements à risque au volant. De la même manière, les campagnes antitabac qui font mouche sont celles bâties sur des confessions jeunes. Et là, les campagnes grand public les atteignent efficacement : nombreux sont les parents qui avouent non sans fierté avoir été incités à abandonner la cigarette par leurs enfants. Ils ont été particulièrement sensibles à la campagne montrant la confession d'un malade au corps décharné, assis de dos sur un lit, atteint d'un cancer du poumon en phase terminale (filmé quelques jours avant son décès).

On peut résumer ce qui précède à travers l'illustration N° 4.

Le lexique et la syntaxe étant éminemment générationnels, il faudra veiller en permanence à s'assurer que l'humour utilisé, l'imaginaire de référence, l'originalité recherchée ou la star sélectionnée correspondent bien à la cible visée. Il est en effet extrêmement rare de parvenir à être pertinent pour les 11 comme pour les 24 ans. Les études – en amont comme en aval – constituent un bon moyen d'optimiser ses pratiques. À l'inverse, l'attendu/non surprenant, le sérieux au premier degré et le lisse/non segmentant aboutissent presque à coup sûr à l'échec.

LE MÉDIA-PLANNING JEUNE

Les jeunes ont une consommation média importante et variée : TV, presse, radio, cinéma, affichage et internet.

Quant on interroge les adolescents sur l'efficacité respective des différents médias pour véhiculer des messages publicitaires et convaincre des jeunes comme eux, on obtient des réponses à la fois assez homogènes et qui rendent bien compte de la sociologie différente des tranches d'âge (cf. illustration N° 5).

Le baromètre jeunes réalisé par la fondation d'entreprise Médiamétrie et l'A.A.C.C. confirme ces résultats.

Les jeunes attribuent à chacun de ces médias une fonction prioritaire. Pour eux :

- **la télévision** leur apporte une très large fenêtre ouverte sur le monde : c'est **l'information et l'actualité** par excellence.
- **la radio** fonctionne plus dans le domaine de **l'actualité jeune** et sur le registre de **la complicité**.
- **l'affichage** donne une forme de **caution : en situation**.
- **le cinéma** apporte des **émotions** dans un contexte de **socialisation positive**.
- **la presse** travaille plutôt **en démonstration**.

1. La télévision et le câble

Ils reconnaissent à **la télévision le pouvoir d'orienter leurs achats** – quel que soit leur âge – au même titre que les recommandations de leurs pairs ; ce qui est énorme (cf. illustration N° 6).

Ils sont toutefois moins consommateurs de télévision que les adultes.

La télévision est reconnue à 72 % comme le média diffusant le plus de messages publicitaires **et à 83 % comme celui vecteur des messages les plus marquants**.

M6 est la seconde chaîne du paf avec 23 % d'audience derrière TF1 (31 %) [1]. Les pics d'audience suivent les mêmes évolutions que pour les adultes : 13 heures et 21h30. Les émissions de télé-réalité viennent en tête. L'irruption de la télé-réalité sur les chaînes hertziennes a permis la récupération d'un segment important de jeunes qui se détournaient de la télévision : les 13/14 ans jusqu'à 20 ans.

Les jeunes se distinguent des adultes sur les chaînes du câble et du satellite : leur taux d'équipement vient en tête (23,1 % contre 22 % pour l'ensemble de la population) et ils y consacrent 35 % de leur écoute (contre 31 % pour l'ensemble de la population) [2].

2. L'affichage

Ils y sont quotidiennement exposés. Disposant de beaucoup de temps libre, ils le consacrent aux loisirs et aux déplacements, multipliant ainsi leur exposition à l'affichage. **Des réseaux d'affichage spécialisés** ont régulièrement vu le jour pour toucher au plus près cette cible : les facultés et les campus, le réseau France Rail Destination 15/24, les événements sportifs et musicaux, les toilettes des clubs,...

3. La presse

La presse quotidienne est assez peu lue par les jeunes : ils ne sont que 20 % des 11/17 ans à lire régulièrement un quotidien national ou régional, *L'Equipe, Le Parisien* et *La Voix du Nord* venant en tête. Ils sont 46 % chez les 18/24 ans et préfèrent *L'Equipe, Le Monde, La Voix du Nord* [3].

Ils lisent beaucoup plus les magazines. 35 % sont gros ou très gros lecteurs de presse magazine, avec une plus grande proportion de femmes (39 %) [4]. Les 10 titres les plus en affinité avec les jeunes sont *Jeune & Jolie, Super GTI Mag, 20 ans, Ciné Live, Girls, Star Club, Phosphore, FHM, Option Auto, Alternatives Économiques*. Les magazines

1. Source : Médiamétrie.
2. Source : Médiacabsat, septembre 2001-février 2002.
3. Source : Institut de l'enfant/Junium.
4. Source : A.E.P.M., janvier-décembre 2001.

de marques ou *consumer magazines*, lorsqu'ils sont proches de leurs centres d'intérêt, trouvent un bon lectorat auprès des jeunes. C'est le cas pour : *Ça se passe comme ça, Epok* (Fnac), *Grand Écran, SFR magazine, Itineris et vous, Le magazine des abonnés de Canal+, À nous Paris, TPS le magazine des abonnés, Canal Satellite magazine, Eurostar Magazine*...

4. La radio

Les jeunes sont très nombreux à écouter la radio : plus ils sont jeunes, plus ils l'écoutent longtemps. **Allumer la radio devient le geste réflexe au réveil et au retour de l'école.** Les mesures d'écoute qui traditionnellement débutaient à quinze ans, ont été remaniées, à l'initiative de *Skyrock* et d'N.R.J., afin de prendre en compte les jeunes auditeurs dès onze ans, reconnaissant la place de plus en plus importante que prend ce média chez les publics jeunes. Les pointes d'audience sont enregistrées le matin à 7 heures et en fin d'après-midi à 18 heures. La consommation nocturne de la radio est proportionnellement beaucoup plus forte chez les jeunes qu'au global. Les **F.M. musicales nationales viennent en tête et totalisent 73 % de part d'audience** [1].

L'audience cumulée des 11/14 ans donne N.R.J. en tête avec 38,7 %, suivie de *Skyrock* (30 %), puis de *Funradio* (19,7 %) [2]. Ces 3 chaînes et leur challenger *Europe 2* se livrent aujourd'hui une bataille acharnée sur le créneau du soir avec leurs émissions de libre antenne. L'audience réagit très rapidement aux modifications de programme, avec un impact immédiat sur les recettes publicitaires. *Skyrock* enregistre sur l'ensemble de la journée 70,6 % d'auditeurs de 15/24 ans, N.R.J. 32 %. Sur le créneau 21 heures-24 heures de la libre antenne, *Skyrock* avec Difool fait une P.D.A. de 41,1 % sur les 15/24 ans, très loin devant *Funradio* et N.R.J [3].

Grâce à son nouvel animateur Maurad, *N.R.J.* a réussi à prendre la première place des radios françaises en audience cumulée, en détrônant *R.T.L.* [4]. Sur la tranche horaire 20 heures-minuit, *N.R.J.*

1. Source : Médiamétrie.
2. Source : Ipsos médias, sondage du 24 janvier au 27 mars 2002.
3. Source : Panel 2001-2002 Médiamétrie.

talonne désormais *Skyrock*. En revanche, l'expérience Maurad sur Canal+ en *prime time, Maurad contre le reste du monde*, n'aura pas été concluante puisque arrêtée un peu plus de trois mois après sa mise à l'antenne. **Enfin, la radio commence à faire son apparition via Internet ou la TV par satellite ou par le câble.**

5. Le cinéma

Les 15/24 ans sont proportionnellement les plus attirés par le cinéma. Depuis des lustres, cette population représente la moitié des entrées dans les salles obscures : ils étaient 41,3 % à y être allés au cours des trente derniers jours contre 23,3 % pour les 15 ans et plus et 34,6 % pour les 6/15 ans [1]. Depuis plusieurs années, en particulier aux États-Unis, les films pour ados se multiplient et leur succès s'étend Outre-Atlantique. Au point que deux tiers des films sortis en 2002 dans les multiplexes américains s'adressaient aux 11/18 ans. Du film d'horreur avec la série *Scream, Souviens-toi l'été dernier, Scary Movie* en passant par les effets spéciaux : *MIB, Matrix*, le campus movie avec *American Pie* ou *Ghost World*, le fantastique avec *Star Wars, Le seigneur des anneaux*, tous les genres sont représentés.

La particularité des jeunes spectateurs, c'est qu'ils vont voir un film dès sa sortie et qu'après, ils y retournent plusieurs fois « entre potes ». On se souvient des scores étonnants réalisés par *Titanic* auprès des jeunes, dont certains l'avaient vu près de 10 fois, ainsi qu'ils le confessaient tandis qu'ils faisaient la queue pour être les premiers à se procurer la vidéo du film lors de sa sortie. Ensuite, ils se jettent sur la B.O. du film, les jeux vidéo et autres produits dérivés.

L'univers du cinéma est régulièrement investi par toutes sortes d'annonceurs. On va trouver des jeux-concours pour gagner des invitations à des avant-premières aussi bien sur des paquets de céréales, des cannettes de soda, que dans les cadeaux d'accueil associés à l'ouverture d'un compte auprès d'une banque ou la souscription d'un forfait auprès d'un opérateur téléphonique. De nombreuses marques ont utilisé la technique du « placement de

---

4. Source : Médiamétrie, 15 novembre 2002.
1. Source : Médiamétrie décembre 2002.

produit » dans le scénario des films ; McDonald's, Burger King, Coca-Cola, Nokia, Nintendo, Nike et beaucoup d'autres !

6. Internet

40 % des internautes connectés au cours du dernier mois sont des jeunes de 11 à 24 ans [1]. Les connections depuis l'école ou l'université viennent en tête devant les cybercafés et le domicile. 40 % des 12/17 ans peuvent se connecter depuis chez eux. 72 % utilisent une connexion dans leur établissement scolaire et 35 % se connectent depuis des lieux publics. Au total ce sont 82 % des 12/17 ans qui peuvent être considérés comme des internautes[2] Ce sont les jeunes les plus adeptes des échanges par mail. Ils privilégient les services de communication mis à leur disposition sur Internet : messagerie instantanée, forums de discussion. Ils jouent en ligne et se connectent sur les sites audio et vidéo.

QUELLE PART DU BUDGET DE COMMUNICATION POUR LES MÉDIAS LOURDS ?

En France, pour 2002, **les investissements publicitaires « tout public » sur les médias dits lourds se sont élevés à 9, 50 milliards d'euros** : en diminution de 1,2 % par rapport à l'année précédente. Pour connaître la répartition entre les différents médias, cf. illustration N° 7.

Les investissements hors médias sont beaucoup plus importants – près du double – avec 18,74 milliards d'euros en 2002, en augmentation de 2,72 % sur 2001. Près de la moitié a été affectée au marketing direct et environ un quart à la promotion.

En effet, nombreux sont encore les annonceurs qui hésitent à aborder les médias lourds pour des raisons budgétaires : ils sont très souvent coûteux, tout en ne permettant pas toujours une segmentation fine des publics jeunes. Pour d'autres, qui ont découvert ce marché plus

1. Baromètre Internet, 2001.
2. Le C.R.E.D.O.C. pour l'Agence de régulation des télécommunications, juin 2003.

tardivement que les grandes marques internationales, il est encore difficile d'apprécier ce que représentent les publics jeunes et la rapidité du retour sur investissement.

Il ne nous a pas été possible de collationner suffisamment d'informations – fiables et homogènes sur les tranches d'âge en particulier – pour pouvoir chiffrer à la fois le total des investissements publicitaires en direction des 11/24 ans et les montants alloués à chacun des médias, mais nous avons toujours préconisé une répartition sensiblement différente :

- **un équilibre 50 %/50 % entre média et hors média**, au lieu des un tiers *vs* deux tiers observé pour le grand public. Il faut en effet installer le dialogue étroit puis réitérer la prise de parole pour s'adresser au renouvellement de consommateurs qu'implique leur évolution.

  Pour mettre en place des attitudes positives et assurer la durabilité de la relation entre un produit, une marque et son public adolescent, les médias lourds sont incomparables.
- pour **la répartition entre les différents médias**, nous recommandons l'éclatement d'un budget adolescent selon les proportions suivantes :
  - TV environ 40 %
  - Presse environ 20 %
  - Radio environ 15 %
  - Affichage environ 15 %
  - Cinéma environ 10 %

Les médias lourds sont nécessaires en ce qu'ils apportent de l'impact et de l'immédiateté, tout en constituant une garantie de partage institutionnel, touchant également les autres publics. Mais c'est aussi ce qui contribue à globaliser et banaliser les messages, en n'autorisant pas d'appropriation individuelle distincte et durable.

LES 11/25 EN CHIFFRES

Illustration N° 1

Evians et ses adultes qui entonnent avec des voix enfantines « We will rock you » de Queen devance de loin les campagnes qui ciblent les jeunes avec un score de 23 % en notoriété spontanée pour leur publicités préférées devant Coca-Cola avec 11 %, Peugeot avec 9 % (la 607 noire qui évolue dans des rues déserées par de peites voitures blanches tremblant au fond d'un parking, avec une bande son qui emprunte au registre des westerns spaghettis). Nike et Danone avec 8 %.

Evian caracolait déjà en tête en 2001 avec ses bébés nageurs, en affichant un taux de notoriété spontanée de 31 %.

Enquête réalisée par Institut de l'enfant/Junium auprès d'un échantillon national représentatif de 401 jeunes âgés de 11 à 17 ans. Actualisation févier 2004.

Le classement est à peine plus équilibré sur les 18/24 ans :

Evian	22 %
Nike	14 %
Peugeot	14 %
Coca-Cola	12 %
Renault	8 %

Source : Idem ?

Illustration N° 2

La publicité est utile et efficace	11/17 ans	18/24 ans
Elle fait connaître les nouveautés	87 %	88 %
Elle donne envie d'acheter	65 %	72 %
Les publicités sont drôles, humoristiques	63 %	69 %
Les publicités permettent de suivre la mode	54 %	73 %
La publicité influence mes achats	45 %	49 %

C'est une « porte ouverte sur la vie », mais...

... la publicité ne doit pas être tapageuse ou racoleuse	11/17 ans	18/24 ans
Il y a trop de publicité à la TV	89 %	84 %
Les publicitaires nous prennent parfois pour des idiots	65 %	63 %
La TV sans publicité, ce serait génial !	61 %	55 %

Source : Institut de l'enfant/Junium. Baromètres « Teen Generation » et « Link Generation », 2001.

Illustration N° 3

✔ Les réseaux d'influence

Par ordre vertical d'influence décroissante :

La confiance dans... les autres	Ado-naissants 11/14 ans	Adolescents 15/17 ans	Adu-lescents 18/24 ans
Les pairs	copains	meilleur(e) ami(e) « boy/girl friend »	le couple, le réseau
Adultes référents	parents grands-parents prof. principal prof. E.P.S. cons. d'éducation infirmière éducateurs sportifs, culturels idoles sport, musique, cinéma	enseignant pilote éducateurs culturels sportifs référents institutionnels professionnels famille élargie grands-parents parents	référents professionnels institutionnels famille (enseignants)

Illustration N° 4

✓ La communication émotionnelle

	Pistes	Impasses
Le produit/service « aspirationnel »	L'essence du produit L'essence de la marque	Surpromesses produit Surpromesses marque
Le consomm'acteur	Le modèle des dix-huit ans Le couple La bande/le réseau Les 3 confiances Le capital (santé, avenir,...) La « ligne rouge à gérer » ...	« la génération mosaïque » « l'effet miroir » : les peurs, l'enfermement,...
La communication	La découverte : passeport,... Le Projet : initiative, étapes,... Le changement Le débat : différence Virtu – réel ...	Les recettes miracles Les maîtres à penser Le « conservatisme » : élitisme re-68

Il ressort des études de Junium/Institut de l'enfant que les ingrédients du succès d'une publicité auprès des jeunes sont hiérarchisés différemment selon leur âge, à l'exception du critère humour qui vient toujours en tête :

11/17 ans	18/24 ans
Humour	
Musique	Originalité
Effets spéciaux – trucages	Musique
Originalité	Imaginaire – pertinence
Stars	Esthétisme – belles images

Illustration N° 5

L'éfficacité des médias

Rang	11/17 ans	18/24 ans
N° 1	Télévision	
N° 2	Radio	Affichage
N° 3	Cinéma	Radio
N° 4	Affichage	Cinéma
N° 5	Presse	

Source : Institut de l'enfant/Junium. Baromètres « Teen Generation » et « Link Generation », 2001.

Illustration N° 6

Les achats sous influence

Efficacité	11/17 ans	18/24 ans
« La publicité à la télévision influence mes achats »	45 %	49 %
« Mes copains influencent mes achats »	43 %	48 %

Source : Institut de l'enfant/Junium. Baromètres « Teen Generation » et « Link Generation ».

Illustration N° 7

La répartition entre les différents médias était la suivante :
- 42,5 % pour la presse ;
- 34,4 % pour la TV ;
- 14,2 % pour l'affichage ;
- 7,8 % pour la radio ;
- 1,1 % pour le cinéma.

CHAPITRE 13

LA COMMUNICATION COMMUNAUTAIRE

Le hors média complète doublement la communication média : d'une part parce qu'il la qualifie en permettant de travailler sur des cibles plus précises – on peut donc parler de « communication communautaire (générationnelle !) » – et d'autre part parce qu'il la prolonge, en accompagnant le jeune consommateur jusqu'aux passages à l'acte successifs de l'achat et de l'utilisation du produit ou du service – il s'agit alors d'une véritable « communic'action ».

Il est d'autant plus efficace que les 11/24 ans fonctionnent dans l'instantanéité et l'interactivité, comme nous l'avons vu précédemment. Ces jeunes sont à la fois le public – plus que « la cible » ; terme qu'ils détestent cordialement – le message – car les marques doivent leur parler autant d'eux-mêmes que des produits qu'elles leur proposent – et le vecteur – compte tenu de la forte prescription générationnelle.

L'EXPANSION CRÉATIVE DU HORS MÉDIA

Les nouvelles techniques de communication

Il est intéressant de remarquer que c'est précisément sur les publics jeunes que toutes les nouvelles techniques de communication hors média ont vu le jour : le street-marketing, le buzz-marketing, le marketing viral...

Férus d'innovation, les jeunes obligent, en effet, ceux qui s'adressent à eux à être créatifs en permanence ; pour les stimuler, les surprendre et les guider vers demain. Multi-facettes dans leurs aspirations et occupations, ils autorisent des segmentations sophistiquées et superposées, qui en appellent à des techniques de mise en contact très pointues. Très joueurs enfin, ils stimulent la mise en place d'outils promotionnels complexes, impliquant tous les nouveaux supports de communication, pour les accompagner tout au long de la démarche de communic'action ; de l'attitude positive à l'achat et la consommation.

Les territoires de vie

L'objectif essentiel de la communication hors média destinée aux jeunes est d'aller à leur rencontre sur les territoires de vie qui leur sont spécifiques (cf. illustration N° 1), mais aussi de les accompagner dans un maximum de situations d'échange et d'expérimentation. Cela suppose une connaissance très à jour de leurs loisirs, passions et aspirations, comme de leurs comportements d'achat et une capacité forte à mettre en place et entretenir des réseaux et relais de contacts très particuliers (cf. l'exemple de Honda au chapitre 11). Les contraintes implicites que comportent les territoires de communication vont influencer radicalement la teneur des messages qui pourront être diffusés, et bien souvent inciter l'annonceur à mettre en place un véritable plan de communication hors médias **multi-territoires** ; réels (école, famille,...) et/ou virtuels (jeux vidéo, téléphone mobile,...).

Le poids du hors média

Comme on l'a vu, en chiffres, dans le chapitre précédent, le hors média prend une part de plus en plus importante dans les campagnes de communication destinées aux jeunes.

Il est des sujets pour lesquels les jeunes s'attendent à une sollicitation plutôt hors média. Lorsqu'en parcourant les territoires du « fun » et du « cool » auprès des 11/24 ans, Junium les a interrogés sur les moyens à déployer pour faire connaître un produit fun, ils ont été très clairs sur le rôle du hors média dans la campagne, mettant en avant les lieux de vie en phase avec leur culture :

> (Fille active) « Il faut faire des partenariats, des festivals, distribuer le tee-shirt avec la marque, organiser des compétitions, envoyer des bons de réduction, créer un événement sponsorisé par les marques ou une radio, et de la TV, des affiches, de la radio, des panneaux dans la rue. »
>
> (Garçon, étudiant filière longue) « Faire du bouche-à-oreille, de l'affichage, s'associer avec d'autres marques, à un événement comme la Gay Pride, les Solidays, la fête de la Musique, choisir quelqu'un de populaire pour qu'on s'identifie. »

Toutes les déclinaisons qui seront présentées par la suite démontrent combien ces techniques donnent une dimension qualitative à la communication et permettent de mettre en avant un vrai « marketing des valeurs de la marque » – ou un « marketing des sens » comme le recommande M. Lindstrom pour les U.S.A. avec un ordre légèrement différent du nôtre ; oreille, vue, toucher, odeur et goût – qui sera très utile dans une stratégie de construction de relations étroites et durables.

LA COMMUNICATION EN MILIEU ÉDUCATIF STRUCTURÉ

Plutôt que de s'adresser directement au jeune, il est possible d'utiliser le relais d'adultes chargés d'encadrer des jeunes pour une activité particulière. C'est la communication pédagogique, terme qu'il faut préférer à celui trop restrictif de marketing scolaire. Ou encore « la communication éduc'active », qui va apporter au jeune destinataire du message plus d'autonomie, de recul et de libre arbitre, tout en le plaçant au cœur du dispositif, en le rendant acteur de la démarche.

Il est question d'adresser un message, qui va couvrir des thématiques assez larges, aux jeunes à travers l'ensemble du système éducatif, et notamment les collèges et les lycées (les cours et la pause déjeuner), mais aussi les centres de loisirs et maisons des jeunes, les clubs sportifs.

Un territoire de vie majeur

De 3 à 18 ans, les jeunes passent en moyenne 155 jours par an à l'école (primaire, collège, lycée) et plusieurs heures par semaine en centres de loisirs ou clubs sportifs. Ces structures autorisent une segmentation par tranche d'âge très précise, qu'ont adoptée toutes les sociétés d'études qui se penchent sur les jeunes avant qu'ils ne fassent le choix d'entrer dans la vie active ou de poursuivre leurs études.

À la rentrée de septembre 2002, le système éducatif français a accueilli plus de 12 millions de jeunes, de la maternelle aux lycées professionnels, encadrés par 1,3 million d'enseignants dans 69 000 établissements.

Des messages de 6000 secondes

Les jeunes sont en situation d'écoute et de réflexion sur une durée importante (de 1 heure 30 à 2 heures), encadrés par un adulte susceptible de relayer le message et de prolonger sa durée de vie. Grâce au phénomène de bouche à oreille, le message va se diffuser au niveau des enseignants ou adultes d'encadrement entre eux, des adolescents dans leurs groupes et des jeunes au sein de leur famille ; phénomène qui pourra être stimulé grâce à différents supports ou actions.

C'est un vecteur particulièrement **adapté aux messages élaborés qui nécessitent de dresser un contexte particulier ou d'initier – ou modifier – des comportements.** Les thèmes abordés toucheront à la santé, la sécurité, l'environnement, la citoyenneté, le développement durable, et les grands débats de société : la violence, l'image,... On pourrait/devrait – à l'évidence, compte tenu de ce qui a été dit dans les chapitres précédents – l'élargir à de nombreuses problématiques concernant l'avenir et les projets ; financement et banque, risque et assurance, etc.

Donner du sens aux valeurs des marques, aux objectifs des institutions

Ce mode de communication s'adresse aux entreprises soucieuses de construire une relation plus complète avec leurs clients, axée sur la proximité tout en s'inscrivant dans une démarche éthique. Dans un tel contexte, une action qui, de manière préventive, vient éduquer les jeunes, construire leur citoyenneté, les préparer aux réalités économiques, est résolument différenciante par rapport à la concurrence.

Une marque, une enseigne ou une institution qui entreprend ce type d'action devient ainsi partenaire de la construction des jeunes en futurs adultes.

La communication pédagogique va créer de la connivence et de la proximité avec les jeunes, et de la réassurance auprès des adultes.

Le jeune, qui se familiarise ainsi avec l'univers de valeurs d'une marque ou d'une enseigne, se dirigera plus volontiers vers celle-ci au moment de ses choix de consommation ou de son orientation professionnelle.

Une telle démarche est directement destinée aux jeunes citoyens, aux consommateurs, aux futurs collaborateurs, mais elle va également autoriser une prise de parole destinée aux instances de réglementation qui encadrent l'activité de l'entreprise, aux collaborateurs de l'entreprise et aux cibles familiales élargies.

Les règles du jeu

Le ministère de l'Éducation nationale, dans sa circulaire du 28-03-01, a édité un Code de bonne conduite des interventions en milieu scolaire. Constat est ainsi fait que les établissements scolaires nouent toujours plus de contacts et d'échanges avec leur environnement économique, culturel et social. **C'est à chaque enseignant qu'il appartient d'apprécier le respect des principes** émis par le Code et d'autoriser, ou non, l'intervention d'entreprises partenaires. Il est en effet libre d'utiliser dans sa classe et avec ses élèves, les outils pédagogiques qui lui paraissent pertinents. Les chefs d'établissements et les différents inspecteurs – géographiques ou par disciplines – ne peuvent ni imposer ni interdire grand-chose dans ce domaine, contrairement à ce que croient beaucoup d'annonceurs.

Les initiatives privées doivent observer le principe de neutralité commerciale du service public, **en ne procédant pas à la collecte des données personnelles des élèves notamment**, et présenter un réel intérêt pédagogique en s'inscrivant dans le cadre des programmes scolaires, en étant liés à l'éducation, **en favorisant un apport technique ou en correspondant à une action spécifique comme une commémoration.**

Pour les enseignants, c'est le cruel manque d'information construite et d'outils dynamiques et adaptés qui les incite à solliciter les interventions extérieures. Et lorsqu'il s'agit d'aborder des sujets délicats comme peuvent l'être ceux qui ont trait aux comportements, l'intervention d'un tiers est souvent recherchée. Elle permet à l'enseignant de préserver son autorité et la qualité des relations qu'il aura su établir avec ses élèves sans endosser un rôle de juge ou moralisateur. Les parents, de leur côté, font totalement confiance à l'école pour la prise en charge de l'éducation à l'hygiène, l'alimentation, le Code de la route. En revanche, ils seront réellement attentifs à ce que fait l'école sur des sujets plus sensibles : le civisme, le respect, la politesse, les missions humanitaires, la lutte contre le racisme, la prévention contre la maltraitance, l'éducation sexuelle, déléguant moins facilement leur rôle d'éducateurs sur ces sujets auxquels ils ont cependant moins de temps et d'énergie à consacrer.

Les clés du succès

Pour s'ouvrir les portes du système éducatif, séduire les enseignants et toucher les jeunes en pérennisant l'impact du message, il est indispensable de réunir un certain nombre de conditions.

La démarche doit venir illustrer, de manière innovante, une partie du programme scolaire des classes visées, en présentant un attrait pédagogique incontestable. En privilégiant les expériences et le dialogue, elle pourra susciter et accompagner la réflexion des jeunes, voire faire évoluer leurs comportements. Elle proposera des outils dynamiques pour prolonger la durée de vie du message et atteindre les publics périphériques. Elle s'adossera obligatoirement à une gestion régulière de la relation avec la hiérarchie de l'Éducation nationale tout en s'accompagnant d'un plan de promotion rigoureux auprès des établissements.

L'essence de la communication éduc'active

La communication éduc'active s'articule autour d'un certain nombre d'outils et d'actions : l'élaboration et la diffusion dynamique de **kits pédagogiques de tous types** (mallettes, livrets, vidéos, C.D., sites Internet, jeux, etc.), la conception et le déploiement de programmes **d'interventions en classe** en présence de l'enseignant, l'organisation de **visites de sites**, d'expositions, d'événements, de **concours**, la formation des intervenants du client à la prise de parole en présence d'un auditoire jeune, la valorisation des campagnes à travers des actions de relations presse ou publiques, de partenariats, de marketing direct.

Le Groupement interprofessionnel de la plasturgie, pour les régions IDF, Champagne-Ardenne et Picardie organise un concours intitulé « Plasturgie sans frontières » sur le thème de la paix et destiné aux élèves de cinquième, quatrième et troisième, pouvant constituer une extension du programme de technologie pour ces classes.

Le groupe PSA a signé une convention avec l'Éducation nationale afin de valoriser les métiers de la construction automobile. Parmi les différentes initiatives s'inscrivant dans le cadre de cette convention, des véhicules Citroën ont été remis à plusieurs lycées professionnels, afin de permettre aux jeunes de suivre une formation calquée sur la réalité du terrain.

La Mutuelle des étudiants a lancé en 2003 dans les lycées une campagne intitulée « Le respect, c'est mutuelle » pour agir sur les pratiques et les mentalités des lycéens en matière de sexualité et par rapport à l'autre. Les interventions ont lieu à l'appui des cours d'éducation civique, juridique et sociale.

La distribution d'échantillons ne peut se faire dans les établissements scolaires que pour des produits touchant à la santé et via les infirmières scolaires ; par contre, à la sortie, tout est possible.

En revanche, auprès des clubs sportifs, il est usuel d'ajouter aux supports pédagogiques ou aux interventions la fourniture de matériels et d'équipements sportifs.

Cas pratique : la démarche de l'Institut national de la propriété industrielle

L'Institut national de la propriété industrielle (l'I.N.P.I.) s'est fixé pour objectif de faire prendre conscience de l'importance de la propriété industrielle dans la valeur patrimoniale d'une entreprise et sa dynamique de développement face à la concurrence. Un programme d'intervention auprès des jeunes de première en enseignement général ou de premier cycle en enseignement spécialisé a été conçu par Junium. Il entreprend de sensibiliser les jeunes au rôle des dépôts de marques, dessins et modèles et brevets dans les avancées stratégiques des entreprises innovantes. Il permet aussi à l'I.N.P.I. d'aborder les dangers de la contrefaçon et du piratage et les enjeux de la lutte contre ces délits tant au niveau de leurs utilisateurs que de leurs auteurs. Le programme comporte un volet de conférences-débats ainsi qu'un ensemble de cas pratiques à travers un guide T.P.E. (les travaux personnels encadrés, une nouvelle démarche pédagogique mise en place par l'Éducation nationale voici deux ans), véritable outil d'accompagnement pour l'enseignant.

Après huit années de déploiement, près de 240 000 élèves touchés, la propriété industrielle occupe une place plus importante dans les programmes scolaires et des formations spécifiques pour les enseignants sont à l'étude, témoignant d'une véritable intégration des objectifs de l'I.N.P.I. par l'Éducation nationale.

Ceci peut être étendu à d'autres structures de l'éducation non formelle. C'est même très précisément ce que recommandait le Conseil national de la consommation – organisme dépendant du ministère des Finances – dans une directive du 23 janvier 2001 : « *dans une société en perpétuelle évolution, l'éducation à la consommation du jeune enfant jusqu'à l'âge adulte devient une nécessité pour lui permettre une meilleure intégration dans la vie économique et sociale.* ***Cette éducation – qui se pratique déjà avec succès au Québec et en Suède – devra prendre en compte*** *tous les secteurs de la vie quotidienne sans exclusive ;* ***alimentation, hygiène, sécurité, relations économiques,... mais aussi : publicité, gestion de budget, nouvelles technologies de l'information, transports,... Il faut pour cela utiliser tous les lieux de réflexion pour les jeunes consommateurs en devenir que représente l'Éducation nationale d'une part mais aussi tout le secteur de l'éducation populaire avec ses clubs sportifs, ses centres de vacances et de loisirs*** *(4 millions de jeunes chaque année pour les centres sans hébergement et 1,6 avec hébergement d'une durée moyenne de vingt jours).* »

C'est précisément sur les publics jeunes que toutes les nouvelles techniques de communication hors média ont vu le jour : le street-marketing, le buzz-marketing, le marketing viral... Férus d'innovation, les jeunes obligent ceux qui s'adressent à eux à être créatifs en permanence ; pour les stimuler, les surprendre et les guider vers demain. Multi-facettes dans leurs aspirations et occupations, ils autorisent des segmentations sophistiquées et superposées, qui en appellent à des techniques de mise en contact très pointues. Très joueurs enfin, ils stimulent la mise en place d'outils promotionnels complexes, impliquant tous les nouveaux supports de communication, pour les accompagner tout au long de la démarche de communic'action ; de l'attitude positive à l'achat et la consommation.

Il y a une absolue nécessité de changer le regard de tous sur la jeunesse et sur l'éducation – pour passer de la conception de « jeunesse problème » à celle de « jeunesse ressource » comme nous y invite la Commission européenne – le plus rapidement possible.

LICENSING

Les sources de licences envisageables sont de plus en plus nombreuses. Il peut s'agir de **personnages de fiction** – bandes dessinées, dessins animés ou séries télévisées (de plus en plus), ambassadeurs de marques – **d'idoles** – sport, musique,... –, de **stars** – cinéma, télévision, mode, design – de **marques phare**, d'**événements génération** particulièrement courus,...

Pour être exploitables, ces « référents » doivent être, d'abord actuels – sur le fond et sur la forme – ensuite véritablement porteurs de valeurs attractives pour la population ciblée et enfin en phase avec la personnalité de la marque ; des maîtres à se conduire, à retenir pour leur exemplarité, comme Lagaff, Elie Semoun, David Douillet, Britney Spears, Céline Dion, Eminem, Brad Pitt, et... bien d'autres ! Au-delà de la notoriété de la licence, il faudra surtout se préoccuper de son évaluation qualitative ; appréciation, proximité et complicité par rapport à la cible. C'est ainsi que Britney Spears a été associée à Pepsi, McDonald's, AOL, Tommy Hilfinger, Clairol, Polaroïd et Mattel et que les sœurs Williams ont assuré la promotion de Avon, Puma, Reebok, Sega et Wrigley's.

Même si traditionnellement les licences sont surtout utilisées dans les secteurs de l'édition, la papeterie et les fournitures scolaires, du textile et de la chaussure, des jeux et jeux vidéo, de la décoration et des produits alimentaires – solides et liquides –, il n'y a pas de raison structurelle empêchant d'y recourir pour de très nombreuses catégories de produits ou services ; à condition de respecter les précautions évoquées précédemment. Aux U.S.A., les licences sont considérées comme le moyen le plus efficace pour toucher durablement les Tweens.

Actuellement, 75 % des 11/24 ans utilisent régulièrement au moins un article signé d'une licence.

CO-BRANDING

Il s'agit d'une démarche assez similaire à la précédente, mais limitée au champ du marketing et consistant à faire « **booster** » **une campagne par une marque locomotive pour la cible** (soit une marque et une chaîne de TV ou une station de radio, soit deux marques).

L'intérêt est double ; non seulement un moindre coût de notoriété mais aussi – et peut-être surtout – une valorisation de l'opération qui devient à la fois plus « soft » et moins commerciale et, très important, plus orientée consommateur puisque couvrant 2 « passions vivantes », balisées par 2 référents jeunes.

Les exemples de réussite sont nombreux : Orangina et playstation, McDonald's et AOL, Disney et Kodak, ou SFR et N.R.J. !

ÉVÉNEMENTIEL ET SPONSORISATION

Tout est événement

Dior, résolument déterminée à rajeunir sa clientèle, déplace les manifestations inscrites dans la tradition que sont les défilés de mode sur des territoires plus en affinité avec les jeunes, comme une gare désaffectée par exemple.

L'ouverture d'un nouveau magasin de vêtements sera traitée de manière événementielle, en diffusant des invitations à gagner via différents médias, avec présence de « people », production d'artistes, expositions éphémères,... Ce sera la mise en place ponctuelle d'installations sportives spécifiques, ainsi que pratiquée par exemple par Nike à Issy-les-Moulineaux en juin 2002 pendant la Coupe du monde de football, ou de parcours de skate en centre-ville, ou de snow-skate en station de ski.

Certaines marques de boissons, de vêtements ou de chaussures de sport vont régulièrement se côtoyer sur des « opportunités de culture jeunes ».

- **concerts musicaux** ;
- **événements sportifs** : Coupe du monde de foot, Tour de France, Roland Garros ;
- **manifestations thématiques** : fête de la Musique, Festival B.D. d'Angoulême, Techno Parade, Gay Pride, nuit de la Glisse, festival de Cannes, fête du Cinéma.

L'événement à la recherche de son public

D'autres marques organisent de véritables « tours » des plages l'été, avec animations et distributions d'échantillons à la clé ; par exemple Unilever pour Miko. Quiksilver et sa marque Roxy organisent un Surf Now Tour qui a parcouru les plages d'Europe durant l'été 2003. Aujourd'hui, les tournées ont tendance à débuter avant l'été. L'opération « Orangina, bande de secoués » s'est déroulée du 28 mai au 30 juin 2002 dans 25 villes de France. Miko a réalisé une campagne en 2003 sur cette même période. Car à force de viser la période des vacances et les stations les plus fréquentées, c'est un véritable embouteillage événementiel auquel on assiste sur les plages. Et enfin la surprise est plus grande et l'impact plus fort quand l'événement vient bouleverser le rythme et les habitudes sur le lieu de vie principal.

L'événement en tant que point d'appui des produits dérivés

Les stations F.M. musicales ont créé leurs propres événements : comme les N.R.J. Music Awards pour Energie.

La télé-réalité, qui fait ses plus grosses conquêtes d'audience auprès des jeunes, n'a plus pour seul objectif de créer de l'audience et d'améliorer la vente des espaces publicitaires encadrant l'émission. C'est un **tremplin de création de supports et produits dérivés payants** : le Web avec accès privilégiés, les appels à voter via S.M.S., les services mobiles spécifiques montés avec des partenaires, les C.D. et D.V.D., etc. Chaque émission-jeu devient une marque à part entière qui recrute des partenaires pour habiller ou équiper les participants.

La première édition de *Star Academy* a déclenché 9,8 millions d'appels téléphoniques, 5 millions de S.M.S. et généré la vente de plus de 3 millions de C.D. single.

L'événement qui recrute

Les D.R.H. des grandes entreprises viennent de plus en plus faire leur marché sur les outils de communication qui fonctionnent auprès des jeunes pour dynamiser leurs campagnes de recrutement. Les groupes qui veulent séduire les jeunes élites étudiantes organisent de grands événements destinés à attirer les jeunes et les inciter à rejoindre l'entreprise. Ces manifestations sont toujours plus prestigieuses : c'est Akka Technologies, société de conseil en ingénierie, qui a mis en place il y a trois ans un challenge qui se déroule sur un week-end, chaque année, à Serre-Chevalier ; les étudiants sont recrutés à travers une campagne d'affichage dans les écoles européennes cibles et sont 1 500 à se présenter pour être parmi les 150 invités à skier tous frais payés. C'est Unilever qui organise une soirée du « *You day* » (déclinaison de la marque employeur « *You U* ») au musée de la pub, en ayant mis en œuvre un *teasing* de 8 000 flyers dans les écoles, avec un site spécifique et une campagne d'affichage à l'appui. C'est Carrefour qui invite un après-midi de mars 2003 près de 2 000 étudiants à visiter la Convention mondiale des directeurs réunie à l'occasion des quarante ans du groupe sur 25 000 m2 au Bourget, avec concours et voyages d'études à la clé.

COMPAGNONNAGE ET FIDÉLISATION

Cette démarche concerne d'abord **le parrainage** qui est beaucoup mieux accepté par la jeune génération comme créateur de liens thématiques complémentaires entre le parrain et le filleul ; l'initiation, les rites de passage… et la perspective de gains qui doivent bien entendu être choisis à bon escient et surtout bénéficier équitablement aux deux ; généralement sur la base deux tiers (pour le parrain) et un tiers (pour le filleul).

De la même façon, pour que les relations positives entre le consommateur et la marque soient durables, il est indispensable que les 2 parties y trouvent leur avantage. C'est ce que doivent proposer aux adolescents aussi bien **les clubs** – qui conviennent plutôt aux adonaissants, en mal de reconnaissance et d'appartenance mais aussi d'espaces physiques à partager, – que les formules de **fidélisation à court terme – carte de fidélité** qui doit permettre à la fois des bons plans sur la base des achats antérieurs et permettre une certaine responsabilisation – **et à moyen terme – contrat pour l'avenir** avec des projets réciproques (visite, stages, bourses,...).

STREET-MARKETING

Les spots

Le street-marketing consiste à investir la rue pour aller au-devant des jeunes. Les techniques utilisées pour la mise en main sont **le tractage** (remise de *leaflets,* d'invitations, de coupons de réduction,...) dont l'objectif est de générer du trafic sur point de vente ou sur site Internet, **l'échantillonnage** ou la distribution de ***consumer magazines***. Les zones privilégiées sont les sorties des collèges et des lycées, les facs et les grandes écoles, les sorties de métro, les zones piétonnes, les abords des cafés, bars, fast-foods, cinémas, night-clubs, les salles de concert, et d'une manière générale tous les territoires et événements jeunes.

Les supports

La rue est également utilisée pour laisser **une information éphémère** (en principe, afin de ne pas braquer les services de voirie) par agrafage d'affichettes, apposition de tags, qui sont autant de clins d'œil aux jeunes : « sachez repérer et décrypter les messages qui ne s'adressent qu'à vous, d'une manière plutôt transgressive, donc proche de vos rapports avec l'ordre. » La ville de Paris consacre un budget annuel de 30 millions d'euros au nettoyage de ces affichages ou graffitis. L'affichage sauvage est passible d'amendes, lesquelles, particulièrement à Paris très active dans l'application de son règlement sanitaire, sont d'emblée intégrées dans le budget global des campagnes. Les autres villes françaises, moins affectées pour l'instant, n'ont pas encore entrepris une lutte aussi systématique contre l'affichage sauvage.

Certains réseaux spécialisés proposent des interventions à des dates jeunes clés : le jour des résultats du bac fait par exemple l'objet d'un « package » street-marketing et les marques (et les banques) se pressent devant les panneaux d'affichage des résultats. Pour que ça fonctionne bien, celui qui distribue le tract doit ressembler à celui qui le reçoit. Les agences spécialistes du street-marketing consacrent beaucoup d'énergie au recrutement et à l'animation de leurs réseaux.

C'est enfin la rue elle-même et les Smart qui sillonnent les endroits jeunes pour vanter les qualités de la nouvelle protection féminine Nana Micro (« si vous voyez cette nouvelle protection string, c'est que vous roulez trop près »), ou inviter à découvrir le dernier forfait Orange. Les agences spécialisées sur ce type de support recrutent des particuliers, en tenant compte de leur profil et de leurs itinéraires favoris : à Rouen, ce sont des conductrices mères de famille qui ont fait campagne pour McDonald's avec un très vif succès à la sortie des écoles !

Les objectifs

Le « *Teen Peer to Peer Marketing* » a commencé en 1956 aux U.S.A. avec le lancement d'un *soft drink* – Hines Root Beer – dans les écoles secondaires et les universités. Mais c'est surtout avec les sneakers Converse, au début des années 1980, que la technique s'est considérablement perfectionnée. C'est souvent comme cela que sont lancés les « *hip* », c'est-à-dire les derniers produits branchés !

Une campagne de street-marketing intervient en complément d'une autre campagne, pour servir des objectifs de recrutement. Une marque comme Calvin Klein, qui a longtemps travaillé son image avec des top models illustrant un certain art de vivre, a choisi de lancer son dernier parfum « Crave » également par voie de street-marketing. C'est assez nouveau pour un parfum (son flacon antichoc se démarque aussi en s'apparentant à la coque d'un téléphone portable).

La rue est usuellement le territoire des secteurs interdits de médias (boissons alcoolisées, cigarettes), et des boissons, vêtements, marques de sport, labels musicaux, opérateurs téléphoniques. La distribution d'échantillons par cette voie par une marque plutôt conservatrice dans ses campagnes de communication et proposant des produits peu implicants pour les jeunes peut contribuer à radicalement modifier sa perception par les jeunes, comme celle conduite par Scotch 3M sur des produits colle (bâton de colle repositionnable, pastilles double face, dévidoir de ruban adhésif prédécoupé) dans les plus grandes villes. La campagne a également permis à Scotch® 3M d'obtenir une meilleure exposition dans les linéaires de certaines grandes surfaces, qui ont apprécier l'originalité de la démarche.

Le *street* peut aussi se décliner en partenariat avec des points de vente : on dégustera des Magnum de Miko distribués par des hôtesses en night-club, avant de récupérer un échantillon Durex pour couvrir la fin de sa soirée ; on se verra remettre sa presse cinéma pendant le Festival de Cannes dans un sac aux couleurs des glaces Gervais, on dégustera son pop-corn en salle multiplex dans un gobelet présentant le dernier modèle de mobile Nokia, assis dans un fauteuil agrémenté d'un appui-tête où figure le dernier modèle d'un scooter italien.

Les nouveaux réseaux : anecdotiques ou précurseurs ?

De nouveaux réseaux se multiplient, avec une durée de vie inégale : l'affichage dans les toilettes des bars et boîtes de nuit cible les jeunes à partir de quinze ans, pour des opérations de proximité, visant à drainer les clients sur un point de vente proche.

Les concepteurs de jeux vidéo intègrent désormais et commercialisent des espaces publicitaires dans leurs jeux. Cela peut sembler naturel pour le foot ou les courses automobiles de voir des bandeaux publicitaires sur le pourtour du terrain ou le long du circuit. Les panneaux publicitaires apparaissent désormais dans les paysages urbains actuels ou futuristes où évoluent les héros ou les avatars.

Les chiens font maintenant campagne dans les grandes villes, pour Sony Ericsson habillés de manteaux représentant le T300, un nouveau modèle de portable. Pour le lancement du nouveau jeu vidéo « Red

Faction 2 » de l'éditeur THQ, ils étaient tatoués de peinture alimentaire. C'est un nouveau moyen, humoristique, de toucher les publics jeunes en jouant sur la proximité et l'affectivité. Mais son caractère véritablement décalé et farfelu ne lui permet pas de réel essor, au risque de diluer la notoriété accordée aux produits ayant retenu ce support. Cela relève plus de l'événementiel que d'une nouvelle génération de supports.

Quand la rue renvoie sur le média

Nintendo, s'inspirant du courant ouvert par les *Star Academy* et *Pop Star*, a organisé une vaste campagne de recrutement de joueurs dans 10 grandes villes : jour et nuit, des équipes sillonnent les rues et les soirées branchées pour repérer les candidats au casting des nouvelles têtes d'affiche. Les candidats sont filmés en train de jouer, visibles sur un site dédié à l'opération et sélectionnés après vote des internautes. Les campagnes d'affichage seront ensuite déployées localement au niveau de chacune des 10 villes, avec sa tête d'affiche choisie dans la ville en question. Le support d'une opération de communication devient un acte de communication lui-même avec son propre plan médias, qui implique en amont le public du produit à deux niveaux : candidats et électeurs, offrant en outre prise à un mécanisme de bouche à oreille important.

De nouvelles techniques sont apparues, qui ont pour point commun le fait de **placer au centre d'une stratégie – généralement de conquête – l'individu, qui va devenir média, acteur et relais de la campagne.**

BUZZ-MARKETING

La rumeur

On est là en pleine stratégie de conquête à partir d'une niche, en espérant qu'elle jouera son rôle aspirationnel vis-à-vis du reste de la cible. On fait le choix d'être rare tout en prétendant ne pas voir les publics auxquels on s'adresse réellement. On va donc recruter les

« **early adopters** » de tous bords – ceux qui font les tendances – leur remettre le dernier modèle d'un produit ou un produit dérivé qui va attirer l'attention, susciter l'envie, et déplacer naturellement les foules là où on peut se le procurer en nombre, en ayant suivi le parcours consacré par les agences spécialistes : *early adopters* puis *late adopters* – les suiveurs – qui feront du produit un phénomène branché et contamineront le grand public ! Le mécanisme repose sur celui de la rumeur, mais dont le point de départ est une personnalité à laquelle on a envie de ressembler, parce qu'elle incarne à un instant donné le « temps d'avance ». Ce sera un D.J., un barman, un jeune artiste,...

Le people-sandwich

Le « *personality endorsement* » est une variante du buzz-marketing. Cela consiste à faire porter par une personnalité reconnue des vêtements ou un produit visible lors d'une apparition publique, sur scène, sur un plateau télé, ou à faire en sorte qu'elle en parle. Ce peut être un animateur radio qui s'acquitte de cette mission. La personnalité devra être choisie en accord avec les affinités de la population visée. La marque norvégienne Helly Hansen a secoué de ses épaules la sciure de bûcheron qui freinait son ascension le jour où un rappeur new-yorkais, LL Cool Jay, a porté en public une doudoune Helly Hansen. Cette technique est particulièrement développée aux États-Unis. En France, tous les créateurs de marques de street-wear appartenant au mouvement hip-hop ont su faire porter leurs collections par leurs potes rappeurs dans leurs clips ou scène (Com8, Dia).

MARKETING VIRAL

Clics en série

Le marketing viral est également une variante du buzz-marketing. Le mécanisme s'appuie sur la rumeur, mais compte sur sa **propagation via le Web ou le téléphone par le biais des S.M.S**. La première initiative remarquée fut celle qui orchestra la promotion du film *Le projet Blair Witch* aux États-Unis exclusivement sur Internet ; avec un succès extraordinaire puisqu'un investissement de 35 000 dollars dans la fabrication du film et 100 000 dollars en marketing (photocopie de l'affichette et dédommagement des étudiants) a rapporté 100 000 000 de dollars d'entrées. Spielberg s'en est également inspiré pour lancer son film *Artificial Intelligence*, en initiant un vaste jeu de piste sur Internet à travers plusieurs sites de forums de discussion, ou de pseudo-témoignages d'experts.

Libres espaces

Les campagnes de marketing viral s'appuient sur une animation flash ou un film en général à l'humour décapant afin de donner envie aux destinataires du fichier animé de le transférer à leur tour à leur propre réseau, enclenchant un effet de chaîne. Et permettant ainsi la constitution de bases de données qualitatives. Ce mécanisme sert souvent de support à des jeux-concours avec parrainage à la clé. Le Web, moins encadré, autorise aussi des messages plus subversifs que les autres supports. Certains constructeurs automobiles comme BMW ont trouvé là un moyen de ré-aborder des arguments de vente liés à la vitesse que le B.V.P. leur interdit d'exprimer à travers les médias réglementés.

Les dix règles du marketing viral (selon M. Lindstrom)

Ces recommandations résultent de l'analyse des réussites de Billalong, FUBU, Vans,... sans oublier, bien entendu, Nickelodeon et Pokemon !

1. **Identifier une « communauté cible » ;**
2. **Repérer ses comportements les plus significatifs et ses règles ;**
3. **Identifier des circuits de distribution alternatifs ;**
4. **Sélectionner les leaders de la communauté ;**
5. **Construire un programme de marketing de « pair à pair » autour des leaders ;**
6. **Mettre en avant les jeunes plus que la marque ;**
7. **Accompagner la communauté dans des initiatives originales ;**
8. **Développer des outils de marketing viral permettant aux jeunes de promouvoir vos produits ;**

9. **Organiser des fuites vers l'extérieur sur les réussites de la communauté ;**
10. **Promouvoir la marque en dehors de la communauté initiale.**

JEUX ET CONCOURS

La traque au contact

De nombreux annonceurs positionnés de longue date sur les publics jeunes déclinent toutes les actions possibles pour établir régulièrement des contacts « *one to one* » avec ces jeunes. Ils s'essayent aujourd'hui aux actions promotionnelles qui combinent la rue, le Net et les S.M.S. L'objectif de telles opérations est bien évidemment **la constitution de bases de données contacts**, tout en entretenant une image de dynamisme et de proximité avec les publics jeunes. Une contrainte de mise en œuvre : les campagnes de marketing mobile doivent se faire auprès de destinataires ayant accepté le principe de ce type d'opérations : c'est l'opt-in (en moyenne, ils ont accepté de recevoir chaque mois 8 messages commerciaux en rapport avec leurs centres d'intérêt).

Le taux de retour d'une campagne S.M.S. est de 5 à 15 %, soit deux à trois fois plus qu'avec les autres supports de marketing direct.

Des mécanismes toujours plus sophistiqués

Des **invitations à jouer** sont directement remises aux jeunes, qui renvoient sur un site dédié à l'opération sur lequel un deuxième niveau de jeu va donner accès à un certain nombre de **dotations**. Les joueurs peuvent aussi être invités à jouer sur le site à travers les médias traditionnels, ou directement sur les packs. Via S.M.S. + (la messagerie mobile surtaxée), le joueur s'inscrit au jeu en envoyant un premier message puis est de la même manière invité à se connecter à un site dédié à l'opération promotionnelle. L'intérêt des sites spécifiques est d'autoriser la mise en place de jeux relativement sophistiqués. Mais s'agissant d'opérations ponctuelles, l'annonceur sera cependant limité dans les fonctionnalités qu'il veut bien y introduire pour ne pas y consacrer des budgets démesurés.

Participer, c'est déjà consommer

D'autres mécanismes de jeux invitent enfin le joueur à jouer exclusivement via S.M.S. en lui délivrant des informations ou des indices en fonction desquels il devra faire des choix.

L'inconvénient de ce dernier mécanisme est que les S.M.S. + ont un coût pour l'utilisateur, qui peut devenir relativement élevé selon l'usage qui en est fait. Le S.M.S.+ est un message émis par un particulier à une entreprise qui supporte un service payant : vote, sondage, téléchargement de sonneries, annuaire, informations spécialisées, petites annonces. Les jeux-concours représentent à eux seuls 40 % du trafic S.M.S.+, avec pour cible principale les jeunes. Certains annonceurs dédommagent les utilisateurs sur la base d'un forfait fixé par partie (Orange) ou indiquent d'emblée que les S.M.S. ne seront pas surtaxés (McDonald's Hit Music Only), d'autres se montrent moins soucieux des conséquences financières de leurs opérations sur le budget des abonnés.

Alors qu'il représente 49,6 % des investissements hors média tous publics [1], le marketing direct à destination des 11/24 ans est encore assez peu développé, faute de disposer de fichiers conséquents permettant d'adresser des mailings et des catalogues.

Lorsque ces fichiers existent (élèves en fin de secondaire, étudiants,...) et qu'ils sont régulièrement actualisés, ils permettent des opérations très efficaces car très en phase avec le public visé.

PROMOTION

Elle intéresse les 11/24 ans, même s'ils ont des approches différentes pour les différents mécanismes (cf. illustration N° 2).

1. Source : France Pub/IREP pour 2001.

On a vu au chapitre 4 que les envies des adolescents dépassent fréquemment leurs capacités de financement ; il est donc logique qu'ils soient **sensibles aux réductions** ; celles-ci ne sont efficaces que si elles sont suffisamment significatives (en valeur absolue plus qu'en pourcentage) pour permettre d'acheter un autre article convoité : **acheter moins (cher) pour acheter plus (d'articles)** et si elles sont opportunistes ; durée limitée, à des périodes justifiées – à la rentrée, avant Noël,... – et bien entendu sur des produits encore attractifs mais en voie de banalisation.

Dans la même perspective, il faut relever **le grand intérêt des 11/24 ans pour les jeux de hasard et les loteries** ; 62 % y ont participé au cours des douze derniers mois, surtout les plus âgés (71 % chez les 18/24, essentiellement sur Banco, Millionnaire et Morpion de la Française des Jeux). Les motivations sont un exact reflet de l'itinéraire de l'adolescence ; tester sa bonne fortune, gagner éventuellement beaucoup d'argent et retrouver le goût du jeu.

Les **collections occupent encore une place non négligeable surtout chez les plus jeunes** : 43 % des 11/17 ans en ont « une en cours » sur des thématiques assez ciblées ; cartes téléphoniques, cannettes, vignettes/images de sportifs,... pour les garçons vs. timbres, échantillons de parfum,... pour les filles. Le pourcentage chute à 18 % de participation pour les adu-lescents ; compte tenu de ce qui a été dit dans les premiers chapitres (1 et 2) sur la réalité adolescente aujourd'hui et la perspective de projet ouverte (chapitre 10), nous sommes convaincus qu'il y a encore beaucoup de possibilités de développement pour les collections ; à condition – comme toujours – d'être véritablement novateurs !

Très logiquement, les dotations qu'ils préfèrent sont en ligne avec leurs centres d'intérêt (tels qu'expliqués au chapitre 3).

Si pour ce qui est des petits cadeaux, les souhaits des plus jeunes et ceux de leurs aînés sont très homogènes, il n'en va pas de même pour les dotations importantes ; manifestement, les plus âgés sont pressés de prendre leur indépendance et de s'installer à leur propre compte (cf. illustration N° 3).

PACKAGING

Le premier vecteur de communication hors média est **le packaging. C'est le média de proximité par excellence.**

Le pack visuel

Dans un linéaire, un pack doit réussir à attirer sa cible, surtout lorsqu'il est dans un rayon où les jeunes s'attardent peu.

C'est le cas de Soif de Yop qui cible les plus âgés en reprenant le graphisme aux lettres dégoulinantes des films d'horreur, de Perrier Fluo dont les couleurs remplissent la promesse du nom du produit, de la gamme de produits de soins capillaires Fructis de Garnier vert acidulé. Les céréales Crisp'X de Kellogg's se distinguent sur les linéaires en arborant des couleurs techno et le X magnifié renvoie aux tailles de vêtements qui ont leurs faveurs (XXL), aux sports X-trêmes et à la série américaine X'Files. Leur forme même fait de ces céréales de véritables ovnis. On est à l'opposé de l'authentique. Elles ont été lancées en 2000 en ciblant les jeunes en rupture avec les habitudes de l'enfance, avec un réel succès.

Dans l'idéal, le pack doit se suffire à lui-même pour interpeller sa cible. Il est aussi **l'indispensable trait d'union entre la pub et le produit, l'identité visuelle pivot de la mémorisation.**

Le pack sensuel

Le pack est également l'élément final de la quête du plaisir, juste avant la consommation du produit. En offrant le premier contact physique avec l'objet convoité, il prolonge le désir. L'acte d'achat est véritablement consommé seulement au moment de la prise en main et de l'ouverture du pack, qui peut revêtir l'importance d'un rituel. Il y a une relation véritablement sensuelle qui accompagne aujourd'hui la manipulation du pack. Les industriels l'ont d'ailleurs stimulée, en travaillant les designs et en jouant sur les matières, ou en détournant certaines de leurs utilisations traditionnelles. C'est l'exemple des parfums Emporio d'Armani, habillés d'une enveloppe mate et métallisée, similaire à celle des paquets de café ou de riz (ou des cartouches d'encre pour imprimante à jet d'encre). Les packagings translucides et mats, à la texture lisse se multiplient : soins visage, soins capillaires, cosmétiques, gels douche, savons, produits de rasage.

Le pack-objet

Dans d'autres cas, **le pack devient écrin** : c'est le parfum Noa de Cacharel, dans une boîte qui se déploie en corolle pour révéler un froissement de papier de soie avant d'arriver à la bulle nacrée enfermant le parfum. Le pack Mobicarte pour France Telecom a bouleversé le paysage de la téléphonie mobile en se présentant sous forme de cannette intitulée MCT (prononcé Mcity), renvoyant ainsi aux codes des univers jeunes.

Absolut Vodka inverse les rôles entre la publicité et le pack : la bouteille reste rigoureusement la même au fil des ans. En revanche, toutes les campagnes presse écrite ou affichage déclinent des bouteilles habillées par des couturiers, des designers, des artistes, accessoirisées selon les endroits de la nuit qu'elles fréquentent, les célébrations ou occasions qu'elles arrosent.

Autant de signes qui peuvent renforcer la connivence qu'une marque s'efforce de construire avec les publics jeunes, mais qui ne pourront jamais compenser les défaillances éventuelles du produit. Le pack ne peut faire des promesses que le produit ne tient pas.

COMMUNICATION SUR LE LIEU DE VENTE

Les nouveaux concepts

Les surfaces de vente de vêtements, de sportswear, de chaussures de sport ont progressivement entrepris d'intégrer les codes jeunes : décoration minimaliste et high-tech, ambiance sonore omniprésente, espace vidéo, bornes interactives,... mais aussi vendeurs cool – à disposition en cas de besoin d'informations, de services ou de conseil – et horaires adaptés aux disponibilités des jeunes.

Et pour les filles, cabines d'essayage gigantesques pour accueillir toute la bande de copines, accessoires pour mobiles ou peluches et maquillage à paillettes et surtout le podium où l'on devient la reine du moment grâce à une performance karaoké ou un défilé de mode, avec retransmission en direct dans tout le magasin, invitation de D.J. à venir mixer,... Les rayons sont réapprovisionnés et ré-agencés régulièrement (jusqu'à plusieurs fois par semaine), pour donner l'impression que le magasin change en permanence et augmenter la fréquence des visites.

Le point de vente devient lieu de vie ; le club des jeunes !

Plus de surface et plus de flux = plus de ventes ?

Les m^2 consacrés à l'animation prennent une place toujours plus grande pour accueillir des jeunes qui se retrouvent et passent un bon moment, mais sans forcément acheter, avec pour l'enseigne le risque de mettre à mal sa profitabilité. Virgin a pu en faire le constat depuis longtemps : le magasin des Champs-Élysées est un rendez-vous jeunes incontournable, mais le volume des ventes sur cette tranche d'âge n'est pas automatiquement proportionnel à la fréquentation du mégastore. Le concept NoBoYs du groupe Pimkie-Orsay, qui cible les jeunes filles de 10/15 ans et qui s'est d'abord développé en Allemagne, devrait s'implanter en France sur plusieurs magasins. Il compte actuellement une unité à Créteil et une autre à Metz, l'offre NoBoYs étant ailleurs diffusée dans des *corners* Pimkie ou Orsay. Même chose pour Tammy du groupe Etam qui cible les 9/15 ans et compte 2 magasins à l'enseigne, l'offre étant ailleurs diffusée dans des *corners* Etam.

Par contre aux États-Unis, ces magasins ados sont très nombreux, parfois en complément de la vente par catalogue ou sur Internet (10 millions de *Teenagers* U.S. – soit environ 18 % – ont acheté en ligne en 2002, mais plus de la moitié y recherchent des achats possibles) : American Eagle, Abercrombie & Fitch, Limited Too, *Delias*, Alloy... avec parfois une progression d'une enseigne à une autre à l'intérieur d'un même groupe ; de Baby Gap à Old Navy vers Banana Republic !

On note même qu'après le succès du premier Abbotts Kids Village, un centre commercial lancé en 1996 à Alpharetta en Géorgie est entièrement destiné aux produits pour enfants et adolescents – magasins de jeux et jouets, marchands de glace, salons de coiffure, boutique de chaussures et de vêtements, photo-store,... avec en plus des équipements comme piscine, centre vidéo et informatique, pistes de roller et de skate,... Le concept s'est aujourd'hui largement répandu dans le reste du pays.

Les événements jeunes qui animent les points de vente

Les vitrines, les bornes interactives ou les écrans vidéo relaient la communication promotionnelle déjà diffusée sur d'autres supports (*leaflets*, Internet,...) pour générer du trafic en magasin. Les thèmes jeunes – ou déclinés pour les jeunes – rythment les animations points de vente : la rentrée scolaire ou universitaire, l'installation dans son studio, Halloween, la Saint-Valentin, Poisson d'avril, la nuit de la Glisse, la nuit des Publivores, la nuit des étoiles, la préparation d'un voyage, les grandes manifestations sportives, la sortie d'un film.

Bien entendu, il faut également nourrir et justifier la dynamique de fréquentation par une actualisation permanente de l'assortiment de produits à acheter.

PLAIDOYER POUR UNE COMMUNICATION ADOLESCENTE CITOYENNE

Au moment où il arrive quasiment au terme de cet ouvrage – avant qu'il ne découvre des pistes d'optimisation pour l'avenir – nous espérons avoir convaincu le lecteur de l'absolue nécessité de changer le regard de tous sur la jeunesse et sur l'éducation – pour passer de la conception de « jeunesse problème » à celle de « jeunesse ressource » comme nous y invite la Commission européenne – le plus rapidement possible.

Changer de regard, c'est modifier nos opinions, positiver nos attitudes et transformer nos comportements ; c'est une problématique classique de communication. Cela n'a pas été fait spontanément jusqu'à maintenant ; il faut donc que les professionnels nous y incitent en étant tout à la fois efficaces pour leurs propres intérêts – c'est leur rôle et ils sont payés pour cela – et citoyens – pour construire des hommes et des femmes acteurs dans tous les domaines – en contribuant à l'épanouissement harmonieux de notre société. Peu ou prou, nous sommes tous des émules de Thomas Jefferson qui déclarait : « *je préfère les rêves du futur aux histoires du passé.* »

LES 11/25 EN CHIFFRES

Illustration N° 1

✓ Des territoires de vie différenciés selon l'âge

« Territoires »	Ado-naissants (11/14 ans)	Adolescents (15/17 ans)	Adu-lescents (18/24 ans)
Famille	+ +	+	+/-
Établissements scolaires/ universitaires	+ +	+ +	+/-
Clubs sportifs	+ +	+	+/-
Centres de loisirs Maisons des jeunes	+	+/-	-
Cafés/restaurants/boîtes	-	+	+ +
Magasins	+	+ +	+
Entreprises/administrations	Actuellement ; - - Futur ; +	Actuellement ; - Futur ; + +	Actuellement ; +/- Futur ; + +
Associations caritatives/ humanitaires	Actuellement ; - - Futur ; ++	Actuellement ; - - Futur ; +	Actuellement ; +/- Futur ; +
Rue	+	+	+ +

Illustration N° 2

✔ Les mécanismes de promotion appréciés

<table>
<tr><th>Rang</th><th>11/17 ans</th><th>18/24 ans</th></tr>
<tr><td>N° 1</td><td colspan="2">42 % Réduction de prix 71 %</td></tr>
<tr><td>N° 2</td><td colspan="2">19 % Points à collectionner 12 %</td></tr>
<tr><td>N° 3</td><td>Cadeau dans paquet</td><td>Cadeau dans paquet</td></tr>
<tr><td>N° 4</td><td>Jeu sur internet</td><td>Concours</td></tr>
</table>

Source : Institut de l'enfant/Junium. Baromètres « Teen Generation » et « Link Generation ». Actualisation, février 2004.

Illustration N° 3

✔ Petits cadeaux

Rang	11/17 ans	18/24 ans
N° 1	C.D. Audio	Place de Cinéma
N° 2	Place de cinéma	1 article acheté = 1 article offert
N° 3	Livre	Bon d'achat/chèque-cadeau
N° 4	K 7 vidéo	Bon de réduction
N° 5	Montre	D.V.D.

✔ Gros cadeaux

Rang	11/17 ans	18/24 ans
N° 1	Voyage	Chèque de 1 500 euros
N° 2	Voiture	Maison / appartement
N° 3	Scooter	Voiture
N° 4	Ordinateur	Voyage
N° 5	Chèque de 1 500 euros	Ordinateur

Source : Institut de l'enfant/Junium. Baromètres « Teen Generation » et « Link Generation ».

EN BREF

« Donner du sens à la vie d'adulte », comme nous l'avons réclamé à plusieurs reprises, c'est fournir une dynamique d'insertion et de progrès, à la fois pour les adolescents et pour les adultes. Cette dynamique « génération ambition.com » sera citoyenne si elle respecte les 10 principes suivants :

1. Adopter une véritable approche stratégique – dans le temps et l'espace – avec des déclinaisons tactiques ; ne pas se contenter de faire « des coups » ;
2. Rechercher les leviers d'action dans les passions des jeunes ;
3. S'adapter en permanence aux attitudes et comportements des jeunes, dans tous les domaines ; consommation, achats, média,...
4. Structurer une éducation économique avec un positionnement prix pertinent ;
5. Afficher des engagements de co-éducation pour la marque, l'enseigne, l'institution ;
6. Développer un projet partagé « jeune/produit-service/marque » ;
7. Segmenter et cibler aussi précisément que possible ;
8. Mettre en place une communication émotionnelle sur les médias ; avec 50 % du budget ;
9. Organiser un système de communication communautaire et de communic'action hors média ; 50 % du budget ;
10. Tester au maximum et évaluer régulièrement auprès du public ; les idées, les créations, les résultats,... pour optimisation permanente.

SYNTHÈSE

LES CLÉS DE L'ELDOR'ADO !

De tous temps et quasiment en tous lieux – Égypte, Grèce, Rome et plus récemment Europe et France – **la société adulte s'est complue à critiquer les jeunes**, qui sont pourtant ses enfants, en multipliant les jugements de valeur sur les personnes – « le problème jeune » – et en ne proposant jamais rien d'autre qu'un utopique retour en arrière, vers ce qui aurait été un paradis perdu.

IL EST INTERDIT D'INTERDIRE... : SUITE ET FIN

S'il est une génération qui devrait avoir la décence de ne pas tenir ce genre de discours anti-jeune, qui va souvent de pair avec des positions passéistes, racistes et xénophobes, c'est bien celle des « papy/mamy-boomers » qui détiennent depuis des lustres tous les pouvoirs ; politique, économique, social, culturel, médiatique... et familial.

En effet, tout **ce que l'on reproche**, depuis quelques années, **aux jeunes** – qualifiés péjorativement de Génération Bof – **découle** très naturellement et très logiquement **de ce qui a été voulu et mis en place par les « soixante-huitards » ; hommes politiques, intellectuels, chefs d'entreprises, médias, syndicalistes,... comme parents, enseignants ou éducateurs :**

- **la remise en cause des valeurs dites « traditionnelles »** ; le travail, le mérite, la patience, la générosité et la solidarité,... mais aussi l'autorité.
- **la contestation des institutions et des symboles** ; l'État/la patrie (la nationalité, le drapeau, la police, la justice,...), la religion, le savoir/la science/l'art,... mais également la famille (monoparentale, recomposée, intergénérationnelle,...).
- **la disparition du « bon sens » et de « la gestion de bon père de famille »** ; la morale (la responsabilité, les devoirs en même temps que les droits,...), les relations de causalité (l'investissement, l'anticipation, la construction progressive,...),... tout comme « l'économie domestique » (l'équilibre recettes/dépenses, le capital à gérer, l'assurance,...).

La génération des papy-boomers a eu beaucoup de chance ; elle a bénéficié de nombreuses opportunités rendues possibles à la fois par l'extraordinaire croissance économique des cinquante dernières années et par la remise en cause de multiples tabous, interdits ou blocages : il serait malhonnête qu'elle refuse les mêmes droits à ses propres enfants, petits-enfants, filleul(e)s, neveux ou nièces... ou simplement voisins !

BILAN : LA DOULOUREUSE MASSIFICATION ET INSTITUTIONNALISATION DE LA JEUNESSE FRANÇAISE

La jeunesse d'aujourd'hui n'est plus ce qu'elle était autrefois. La période de jeunesse est devenue le sort commun de tous les jeunes, alors qu'elle était auparavant le privilège des couches sociales favorisées, comme le rappelle bien l'adage populaire : « à vingt ans on est un adulte chez les ouvriers et un enfant chez les bourgeois. » Cette massification a donné à « la question jeune » une ampleur et une acuité inconnues dans le passé. C'est ce que la Commission du commissariat général au Plan, présidée par Dominique Charvet, a appelé « l'état de jeunesse » en constatant après 2 années d'auditions nombreuses et de réflexion approfondie, combien « *il était un produit direct de l'action publique* ». Le rapport qui en découle – intitulé « Jeunesse, le devoir d'avenir » – dresse un constat très négatif de l'évolution observée au cours des trente dernières années.

L'inflation des politiques publiques « jeunes »

La priorité officiellement accordée aux jeunes au cours des trois dernières décennies s'est traduite par un effort financier considérable de la part de la collectivité nationale. Entre 1975 et 1998, la dépense intérieure d'éducation (D.I.E., regroupant les coûts de fonctionnement et de développement du système éducatif en France métropolitaine) a été multipliée par 1,8 – pour s'élever à 7,2 % de la richesse nationale (P.I.B.) – alors que les effectifs chutaient de 3,45 %. Ces 110 milliards d'euros représentent annuellement un coût de 5 700 euros par élève ou étudiant et une contribution de 1 590 euros pour chaque Français. En 2002, **le budget de l'Éducation nationale a représenté 23 % du budget de la nation !**

De la même façon, les dépenses publiques en faveur de l'emploi et de la formation des jeunes ont presque triplé en douze ans, pour atteindre 21 milliards de francs en 1997 (3,2 milliards d'euros) contre 7,8 milliards de francs (1,189 milliard d'euros) en 1985, en francs courants !

Cette priorité apparaît également à travers **le nombre croissant de jeunes touchés par les politiques publiques**. En 1975, l'intervention de l'État en direction des 16/25 ans impliquait environ 2 millions de jeunes (scolaires, chômeurs, service national) ; elle concerne aujourd'hui près de 6 millions de ces jeunes, auxquels il conviendrait d'ajouter les 40 % de jeunes actifs dont l'emploi bénéficie d'une forme d'aide. **La proportion des jeunes de 16 à 25 ans qui relèvent d'une intervention publique, à un titre ou à un autre, s'élevait en 2000, à 75 %.**

Malheureusement, cet investissement massif s'est cantonné à des préoccupations de réparation et de compensation ; d'instituteur qu'était l'État, il tend aussi à devenir animateur et médiateur. Par contre, l'institutionnalisation de la jeunesse s'accompagne aussi d'une **« familialisation » du traitement des problèmes de ressource des jeunes** : accès au R.M.I., versements des prestations familiales, bourses,...

Comme le dit le rapport, déjà cité, du Commissariat au Plan « *l'émergence des jeunes comme une catégorie en soi de l'action publique s'accompagne de la montée en puissance de représentations négatives des jeunes et de la jeunesse, perçus de manière de plus en plus prégnante comme un ensemble de problèmes à traiter, voire comme un facteur de risque pour la société* » (cf. l'utilisation du critère « proportion de jeunes dans la population totale des quartiers » comme indicateur de risque pour classer ces quartiers dans la politique de la ville !).

La « démocratisation ségrégative » de l'école

La formation initiale joue un rôle de plus en plus marqué dans le parcours des jeunes ; à la fois en termes quantitatifs – 68 % d'une classe d'âge arrivent au niveau du baccalauréat – et en durée moyenne de scolarisation – dix-neuf ans en moyenne aujourd'hui soit 2,3 années de plus qu'en 1980.

Les sorties du système éducatif sans qualification reconnue restent néanmoins à un niveau inacceptable. Aucune entreprise ne pourrait fonctionner avec un taux de non-qualité de 20 à 25 %. C'est pourtant ce qu'il se passe, depuis des lustres, avec l'Éducation nationale ; aussi bien par rapport à ses propres critères (160 000 jeunes quittent chaque année le système scolaire sans la moindre qualification reconnue par un diplôme alors qu'ils ont passé dix ans sur les bancs de l'école !) que pour l'insertion professionnelle (cf. les chiffres du chômage jeune rappelés par l'illustration N° 1). Le rapport Moisan-Simon de 1997 a montré que la politique de « discrimination positive » dans le cadre des Z.E.P. (zones d'éducation prioritaire) n'a **pas fait sensiblement régresser l'échec scolaire.**

Par ailleurs, l'organisation actuelle des enseignements aboutit à une accentuation marquée de la spécialisation sociale entre les différentes séries de baccalauréat : « *plus une série présente un recrutement populaire, plus son recrutement se prolétarise, si bien que les écarts sociaux entre les séries bourgeoises et les filières populaires augmentent inexorablement.* » [1] Ceci explique les stratégies familiales d'activation de « la compétition scolaire » et de « pratiques consuméristes » pour maximiser « l'investissement » scolaire.

C'est d'ailleurs ce que constate Antoine Prost quand il écrit : « *la double mise en œuvre dans les années 1960 d'une politique de croissance et de la démocratisation de la sélection a conduit en fait à ouvrir un enseignement resté très élitiste à l'ensemble de la population, plutôt qu'à chercher à imaginer et construire un véritable enseignement de masse.* » [2] Comme le dit Éric Verdier, dans notre pays la « *noblesse scolaire* » aurait remplacé la noblesse de sang car elle prétend réaliser « *une synthèse entre l'organisation hiérarchique de notre société et l'idéal républicain d'une élite légitimée par le savoir* » [3].

Le handicap éducatif de l'insertion professionnelle des jeunes

C'est depuis 1977 que la politique de l'emploi est devenue, avec celle de l'éducation, le volet essentiel des interventions publiques en direction des jeunes ; 50 % d'une classe relèvent désormais, dans les cinq ans qui suivent la sortie du système éducatif, d'une des

1. P. Merle, *Le concept de démocratisation de l'institution scolaire,* Population – INED, 2000.
2. A. Prost, *Éducation, société et politique : une histoire de l'enseignement en France de 1945 à nos jours,* Éditions du Seuil, 1992.
3. É. Verdier, « L'insertion des jeunes à la française : vers un ajustement structurel ? », *Travail et Emploi*, 1996.

nombreuses facettes de cette politique. Les résultats sont pourtant tout aussi catastrophiques dans ce domaine !

Depuis très longtemps **en France, le taux de chômage des 18/25 ans est 2 fois et demi supérieur à celui de l'ensemble de la population des 18/60 ans** en âge de travailler (cf. illustration N° 1).

Par ailleurs, le relèvement global du niveau de qualification a abouti dès le début des années 1990 à faire **baisser très sensiblement le taux d'activité des jeunes sans pour autant favoriser la mobilité sociale ni rapprocher efficacement les jeunes de l'emploi. Ce taux d'activité se situe actuellement à 1 sur 4**, contre 1 sur 2 il y a vingt ans. La France se caractérise d'ailleurs par de très faibles taux d'activité aux 2 extrémités de la trajectoire professionnelle : les jeunes, comme on vient de le voir, mais aussi les « 55 et + » – avec des niveaux comparables – ce qui amène logiquement à se poser beaucoup de questions sur le système de financement des retraites prévu par la réforme Fillion avec 40 ans, voire 42, d'activité professionnelle et de cotisations : sur les bases statistiques actuelles moyennes d'entrée et de sortie de l'activité professionnelle – 22,6 ans et 57,6 – on arrive à peine aujourd'hui à trente-cinq années ! Dans ce domaine également, la France représente une exception puisque le taux d'activité des jeunes allemands est 2 fois supérieur au nôtre ; pour l'Angleterre et les U.S.A., ce ratio s'élève à 2 sur 3.

Le rapport du Commissariat au Plan relève aussi que, malgré ce qui précède, **pour 80 % des jeunes l'accès à l'emploi se fait sous des formes « atypiques »** : intérim, C.D.D., emplois aidés. La stabilisation dans l'emploi est très progressive et ne s'opère en moyenne qu'à l'approche de trente ans. Parlant de « *transition professionnelle* », José Rose souligne combien elle varie selon la nature et le niveau du diplôme et aboutit à un « *véritable éclatement des sorts sociaux* » [1]. On ne peut donc que relever **le décalage sensible** – dans les 2 sens du terme – **entre un effort éducatif important consenti par les familles, les jeunes et l'État et ses effets inégaux sur le marché du travail, qui obéit à ses logiques propres.**

1. J. Rose, *Les jeunes face à l'emploi*, Desclée de Brouwer, 1998.

Il n'est donc pas surprenant que **les jeunes soient sur-représentés dans les populations en grande difficulté**, comme le soulignent le rapport de l'Observatoire national de la pauvreté et de l'exclusion sociale [1] ou la publication de Claude Grignon [2] : **le taux de pauvreté des 20/29 ans** (proportion des jeunes dont le revenu est inférieur à la moitié du revenu médian de l'ensemble de la population) **a augmenté de 64 % entre 1990 et 1998 pour passer de 11 à 18 %.** Les perspectives d'avenir n'apparaissent pas non plus très équitablement reparties. Certains jeunes risquent de rester à l'écart des opportunités de progression sociale. Le sentiment d'un **blocage de « l'ascenseur social »** et de marginalisation, n'est certainement pas étranger au développement d'une vision négative de l'avenir, par rapport aux perspectives passées des générations des Trente Glorieuses.

On comprend donc que la Commission conclut son analyse en déclarant : « *La rupture inquiétante est moins celle qui opposerait les jeunes aux adultes (le conflit intergénérationnel, encore qu'il ne soit pas certain que l'autosatisfaction ambiante quant à la force de « la famille à la française » soit justifiée : financement des retraites, prise en charge du quatrième âge, traitement du chômage, insécurité,...) qu'une dynamique intra-générationnelle qui commencerait à se mettre subrepticement en place, et qui ne ferait qu'accentuer ses effets dans les années à venir* », en opposant :

- **ceux qui ont bénéficié de tous les avantages du « système »** : formation longue, accès rapide à l'emploi, transfert familial et héritage patrimonial,...
- **et ceux qui n'en ont pas profité et qui connaissent des processus cumulatifs et progressifs de marginalisations** : économique, sociale, géographique, politique,...

Nos trente-cinq années de pratique des jeunes – environ 35 000 par an – et de leurs éducateurs, comme l'exploitation quotidienne de nos baromètres socio-culturo-économiques pour des créations de

1. Documentation Française, 2000.
2. C. Grignon, « Les étudiants en difficulté, pauvreté et précarité », Observatoire de la vie étudiante, mai 2000.

produits/services ou campagnes de communication, nous amènent à faire nôtres nombre de réflexions présentées par le Commissariat général au Plan. On peut donc bien dire que **la « fracture jeune » existe réellement en France !**

Il faut également souligner que l'analyse de la situation actuelle de notre pays dans ce domaine est intégralement validée – et considérée comme une excellente base de départ pour la réflexion/action – par tous les organismes concernés par cette problématique ; qu'il s'agisse des syndicats de salariés (C.F.D.T., C.G.T., F.O., C.F.E./C.G.C.), d'enseignants (U.N.S.A., F.S.U.) ou d'étudiants (U.N.E.F.-I.D.) ou de jeunes (A.N.A.C.E.J.), des organisations d'éducation populaire (le collectif C.N.A.J.E.P., la J.O.C.), des associations familiales (U.N.A.F.) et de parents d'élèves (F.C.P.E.), ou des organisations patronales (C.G.P.M.E.).

Réussir l'éducation : pour une problématique efficace et pérenne de construction dynamique des futurs adultes

Le numéro du *Monde* daté du 5 juin 2003 comportait un article intéressant sur l'avenir de la démocratie en Italie, signé par Leoluca Orlando, ancien maire de la ville de Palerme et actuel président de l'Institut pour la renaissance italienne, qu'il concluait par une remarquable vision prospective : « ***Quand les jeunes de Palerme et les banquiers de Francfort auront les mêmes*** *rêves, les mêmes* ***projets*** *et les mêmes comportements, alors* ***le monde*** *(et pas simplement l'Italie ou l'Europe !)* ***sera, réellement et durablement, meilleur.*** »

Cette formule illustre la nécessité d'une démarche d'éducation structurée autour d'un mouvement d'émancipation de la personne éduquée ; en ce sens, elle ne saurait être réduite ni à la pure transmission des connaissances, ni au simple apprentissage des normes et des règles et pas non plus à la satisfaction des besoins (à court ou long terme, appréciés par qui,... ?) d'un « usager jeune ». Émanciper, c'est « mettre en capacité » à penser pour agir – par soi-même, pour soi et pour les autres – en développant à la fois autonomie et responsabilité. Capacité mais aussi volonté, désir et satisfaction à se prendre en charge, à découvrir et assumer son « rôle ».

L'éducation est d'abord une relation. Elle suppose la rencontre entre un projet de transmission et une capacité d'appropriation ; du même coup, la transmission ne peut pas être simplement un déversoir – comme elle l'est encore trop souvent – elle doit **devenir un « métabolisme »**, comme dans la démarche de communication qui ne devient efficace et pérenne que dans la mesure où il y a « re-action collective » entre l'émetteur et le « consomm'acteur » (qui est beaucoup plus qu'un simple récepteur ; il recrée le message en passant – ou en ne passant pas – à l'acte). De ce fait, **l'éducation devient nécessairement projet ; aucun éducateur** – parent, enseignant, animateur, formateur,... mais aussi journaliste, publicitaire, homme de marketing, distributeur,... – **ne devrait s'engager authentiquement dans cette relation sans avoir une représentation de l'avenir. Toute initiative d'éducation doit être résolument tournée vers demain...** et non pas obnubilée par hier !

Les pistes que nous proposons ici sont authentiques dans leur formulation, réalistes pour leur mise en œuvre et fiables quant à leur efficacité pour l'avenir (cf. illustration N° 2).

Les nécessaires « déspécification » et « requalification » de la question jeune

Dominique Charvet a écrit : « *Face au monde d'aujourd'hui – et surtout de demain – jeunes, parents, enseignants et éducateurs partagent une sensibilité d'immigré dans cette société en évolution permanente ; même si cette étrangeté du monde ne porte pas sur les mêmes sujets ni au même moment pour les uns et pour les autres.* » Il faut d'urgence redéfinir les frontières entre formation et travail, entre vie sociale et vie personnelle,... pour aborder la seule vraie question pour demain ; non pas « la place » des jeunes dans nos sociétés – attentes de considération et de dignité qu'expriment encore nombre de jeunes – mais bien celle du « rôle » qu'ils doivent y avoir – en devenant des acteurs concrets du changement – à partir de leurs compétences et de leurs potentialités.

Une « stratégie jeune(s) » doit être structurante et de long terme parce qu'il s'agit en fait de préparer l'avenir, à travers ces nouvelles générations. Il faut accepter d'investir dans demain et de devoir passer du simple réactif au structurel dynamique. En s'impliquant dans la construction de son propre devenir – se former, acquérir des expériences professionnelles, culturelles, sociales, disposer de ressources propres – chaque jeune contribue à l'élaboration de l'avenir commun ! C'est encore D. Charvet qui souligne : « *la fonction doublement révélatrice de la jeunesse ; d'abord parce qu'elle visite en permanence le monde où elle arrive, mais aussi parce qu'elle sert, comme débutante, de masse de manœuvre ou de fer de lance, au nouveau qui surgit.* »

Dans le réseau des « villes éducatrices » – un label « villes éducatives », moins impératif, aurait été plus pertinent à notre sens – les jeunes sont conviés à s'approprier les héritages, traditions, connaissances, mais aussi à leur donner une signification nouvelle et à contribuer à développer de nouveaux savoirs et de nouvelles pratiques dans des interactions avec les autres générations.

Pour une éducation permanente qualifiante, plutôt qu'une formation initiale statutaire

La « civilisation du savoir » ne peut être durable et partagée que dans une posture et une dynamique de « société apprenante ». « *L'éducation instituée est devenue un besoin absolu et un horizon permanent. La société éducative est destin et notre lot* » affirme A. Kerlan. Les ruptures de linéarité – junior = formation, puis major = activité, et enfin senior = retraite – impliquent de trouver en permanence les moyens de se fonder et de s'instituer à travers l'individualisation des parcours proposés, mais aussi leur contractualisation.

Le monde bouge de plus en plus vite et l'espérance de vie ne cesse d'augmenter – un tiers des petites filles nées aujourd'hui seront centenaires, d'aucuns estiment qu'en 2020 il ne sera pas exceptionnel de vivre jusqu'à cent vingt ans –, il est donc facile de comprendre qu'une formation initiale, aussi poussée soit-elle – Bac + 9, multiplication des diplômes,... – ne peut constituer une assurance tous risques en termes de connaissances, de compétences, de reconnaissance sociale et d'emploi. Pour nous tous, mais encore plus pour les plus jeunes d'entre nous, il faudra savoir, vouloir et pouvoir s'interroger sur soi et questionner le monde et la vie ; en un mot apprendre en permanence pour découvrir, comprendre et agir !

Nous faisons nôtre la leçon de Paul Ricœur pour qui : « *Les projets les plus forts sont ceux qui parviennent à* ***trouver de l'inaccompli dans la tradition d'un individu ou d'une société*** *– en l'espèce le lien de l'éducation avec la démocratie – cet inaccompli constituant un réservoir de sens à renouveler.* » [1]

Ceci s'applique bien entendu non seulement à l'institution scolaire mais aussi à tout processus de communication et de transmission de sens (attitudes et comportements). Non seulement il est essentiel d'enchaîner très rapidement la démarche de fidélisation après la croisade de la conquête, mais il faut également prévoir de reconquérir régulièrement. C'est ce que font en permanence McDonald's, Coca-Cola, Nike, Sony,... ou Levi's qui savent combien il est dangereux de s'endormir sur ses lauriers.

La co-éducation ; multiplication des compétences et des moyens, et diversité des approches

Comme l'écrit Jacques Généreux – professeur à Sciences-po : « *Le nouvel enjeu des politiques publiques en matière sociale est de remplacer une logique d'assistance par une philosophie de la responsabilité individuelle. Pour réussir – enfin – le fameux pari de l'égalité des chances, l'État doit recentrer son action sur la création d'un environnement familial et éducatif et sur la formation de reconversion permanente de tous. L'État ne pourra plus défendre les salariés et les chômeurs contre les inéluctables effets de la compétition, mais il doit mieux les y préparer et les inciter à s'y engager pour devenir les acteurs de leur réussite.* » [2]

La perception moderne de la démocratie dans nos sociétés contemporaines induit quasiment une assurance de résultat. « **L'obligation éducative partagée** » ne peut plus se contenter du droit à l'éducation pour les enfants – obligation scolaire jusqu'à tel âge, gratuité plus ou moins large, accès aux loisirs et aux vacances,... – elle implique désormais le « **devoir d'éducation** » pour les ex-éducateurs

1. P. Ricœur, *Autour du politique*, Éditions du Seuil, 1991.
2. J. Généreux, *Les vraies lois de l'économie*, Éditions du Seuil, 2002. Il est intéressant qu'une telle proposition émane d'un membre du Conseil national du Parti Socialiste, par ailleurs auteur de *Quel renouveau socialiste*, Textuel, 2003.

traditionnels – enseignants, moniteurs, formateurs, journalistes, hommes d'église... – qui doivent se transformer du même coup en « **entrepreneurs éducatifs** » – comme savent le faire les publicitaires et les marchands qui sont de plus acceptés comme des adultes référents. Plus personne aujourd'hui ne pouvant raisonnablement prétendre au monopole des territoires, des compétences et des moyens – l'école est nue, l'éducation populaire est souffrante et la consommation infirme –, il faut envisager les synergies entre toutes les situations éducatives et fédérer un maximum de coachs.

La nécessité de la « **continuité éducative** » – dans le temps comme dans l'espace (les étapes du développement, les différentes facettes de la vie,...) – renforce encore le besoin de complémentarité dans **l'exemplarité** que réclament tous les spécialistes de bonne foi !

Les jeunes co-acteurs du changement

Roland Ries a écrit : « *L'éducation doit répondre aux besoins du monde de demain dans lequel chacun sera de moins en moins absorbé, comme ce fut le cas durant l'ère industrielle, par la nécessité de produire toujours plus. Le rôle de l'éducation sera de moins en moins d'usiner des jeunes, de les profiler pour qu'ils s'intègrent dans des systèmes programmés. L'éducation doit former des citoyens actifs capables de maîtriser le progrès technologique, de réclamer du sens à la vie individuelle et collective, de respecter l'équilibre de la planète, de faire régner la paix et de réduire la violence et les inégalités : de forger un vrai projet de société dans une logique de développement durable.* » [1]

Déjà en 1989, dans la loi d'orientation de l'éducation, le ministre de l'époque affirmait qu'à l'avenir « ***l'élève devait être placé au centre du dispositif éducatif*** ». Il aurait dû dire « l'apprenant » dans sa globalité, c'est-à-dire en prenant en compte les motivations, les compétences, les attentes, mais aussi les difficultés, les contraintes et les inquiétudes du jeune.

La multiplication de dispositifs spécifiques de consultation méconnaît souvent que ce qui fait problème, ce ne sont pas les qualités des jeunes

1. R. Ries, in *La Revue Française de Pédagogie,* septembre 1998.

mais les relations des jeunes aux autres. « L'injonction » au projet, à la participation, à la prise de responsabilité ne fonctionne que pour certains – elles constituent souvent un mauvais substitut aux réponses qu'exigeraient des besoins (un emploi, une formation, des ressources) ou des aspirations fortes (compter pour quelque chose, être respecté) clairement exprimés par les jeunes ; elle se trouve déphasée quand les jeunes s'expriment par le retrait plutôt que la proposition ou la protestation ; ce qui est fréquent. La conduite continue du dialogue avec les jeunes devient alors beaucoup plus efficace.

Miser sur un certain auto-apprentissage par les jeunes implique de travailler en profondeur sur « la posture de transmission » des adultes – la rencontre des principes d'autorité et de liberté –, mais aussi sur la rencontre des temps – le passé venant nourrir la construction de l'avenir –, et sur des situations positives et des dramaturgies **interactives**.

Les adultes référents ; la valeur de l'exemplarité pour les adolescents

Tous les éducateurs devraient avoir continuellement à l'esprit le superbe texte écrit par le poète persan Khalil Gibran et intitulé *Vos enfants* :

> ***« Vos enfants ne sont pas vos enfants***
> ***Ils sont les fils et les filles***
> ***De l'appel de la vie à elle-même.***
> ***Ils viennent à travers vous, mais non de vous***
> ***Et bien qu'ils soient avec vous,***
> ***Ils ne vous appartiennent pas. »***

Tout est dit dans ce premier couplet pour les parents, les enseignants, les éducateurs, les marques, les distributeurs, les élus,… : **personne ne peut se considérer propriétaire, mais tous doivent se comporter comme des « coachs ».**

Le deuxième couplet précise les directions d'action possibles :

> *« Vous pouvez leur donner votre amour (votre soin, votre temps,…)*
> *Mais non pas vos pensées*
> *Car* ***ils ont leurs pensées propres****.*
> *Vous pouvez accueillir leur corps*
> *Mais pas leurs âmes*
> *Car* ***leurs âmes habitent la maison de demain***
> *Que vous ne pouvez visiter, pas même dans vos rêves.*
> *Vous pouvez vous efforcer d'être comme eux*
> *Mais ne tentez pas de les faire comme vous*
> *Car* ***la Vie ne va pas en arrière,***
> ***Ni ne s'attarde avec hier***
>
> *Vous êtes les arcs par qui vos enfants*
> *Comme des flèches vivantes sont projetés.*
> *L'archer voit le but sur* ***le chemin de l'infini***
> *Et il vous tend de sa puissance*
> *Pour que ses flèches puissent* ***voler vite et loin****. »*

Pour que le regard de la société sur la jeunesse se transforme positivement, il est absolument indispensable que s'engage, rapidement une réflexion en profondeur et un débat permanent sur les évolutions rapides – sociales, familiales et économiques – touchant les jeunes, avec pour objectif constant de modifier les pratiques « des archers… et des arcs » (les hommes et les structures).

C'est la raison d'être des plates-formes de dialogue qui suivent – « 10 propositions » spécifiques et cohérentes – destinées aux principaux « éduc'acteurs » ; pour qu'ils cherchent, chacun dans leur domaine mais en synergie plutôt qu'en opposition, à mieux réussir aujourd'hui l'adolescence des jeunes dont ils ont la charge, leur permettant ainsi de devenir demain des adultes autonomes et responsables. Propositions seulement – et non pas commandements ou règles d'or – car nous ne prétendons à aucun monopole des idées. Il s'agit simplement de contributions concrètes pour lancer un chantier – et pas simplement un débat – qui devrait être très ouvert, mais aussi le plus engagé possible dans l'action – à court, moyen et long termes – pour déboucher sur une véritable « charte du dialogue pour les adolescents » (vers l'Eldor'ado !).

Le programme de « l'adolescence ambition »

Pour être efficace et pérenne, ce programme doit, à notre sens, comporter 2 volets :

- d'une part, comment **mieux armer les 11/25 ans par rapport aux défis de demain** ; pour cela, il faudra que les principaux acteurs que sont les jeunes, leurs parents, les enseignants, les autres éducateurs spécialisés ainsi que le monde professionnel et les entreprises, optimisent leurs pratiques en permanence ;
- d'autre part, comment **positiver le regard de la société sur les jeunes** en améliorant l'environnement actuel. Ceci dépend à la fois des médias et des instances politiques ; nationales, européennes et internationales comme locales.

DIX CLÉS POUR LES JEUNES

« Croire en sa jeunesse ; la croisade de l'adolescence »

Il s'agit tout simplement de faire de la jeunesse un acteur décisif des transformations sociales à venir.

1. Chercher à être acteur ; cultiver ses/projet(s) dès la sixième (onze ans)

- s'attacher à réussir sa vie, plutôt que réussir dans la vie !
- jeunes entrepreneurs : prendre des initiatives, faire le point,...
- développer les engagements extrascolaires.

2. Travailler sur sa socialisation et son « employabilité personnelle »

- valoriser les épreuves (pour soi) et les preuves (reconnaissance par les autres).
- chercher à travailler systématiquement en équipe.
- écrire des poèmes, peindre, créer des scénarios de film, mixer de la musique, effectuer des reportages photos,...
- chercher à aménager des espaces ; réels ou virtuels.

3. Apprendre à se connaître

- s'écouter ; au physique comme au mental !
- se respecter ; le capital santé, avenir,...
- se découvrir et affirmer ses valeurs pour questionner le monde.
- pratiquer et optimiser l'auto-évaluation.

4. Savoir se mettre en mouvement (à l'école, dans la société,...)

- le rêve, l'idéal, l'ambition dynamique ; l'envie/la volonté de...
- transformer ses passions en leviers d'action.

5. Refuser la sélection et la ségrégation

- mettre le scolaire en perspective : pas un but mais un moyen, un outil.
- multiplier les champs d'expression : culturel, sportif, solidaire,...
- diversifier les modes d'implication ; sport collectif et sport individuel.

6. Être amoureux à 11 ans et à 25 ans

- les sentiments : l'amour.
- le couple.

7. Cultiver les outils de la confiance en soi

- tirer profit de ses performances dans tous les domaines ; scolaire et extrascolaires.
- les « objets fétiches ».
- les collections.
- la signature.
- l'arbre généalogique remontant, le blason, la devise,...

8. Modéliser les outils de la confiance en demain

- définir des objectifs, établir des budgets (temps, finances,...).
- mesurer les résultats ; en qualitatif et en quantitatif.
- l'agenda, les plannings.
- pratiquer les jeux de hasard – avec modération – ; loto,...

9. Développer les outils de la confiance dans les autres

- le droit à l'expérience professionnelle, validée.
- optimiser sa pratique du débat.
- développer les techniques de négociation.
- savoir reconnaître le besoin d'aide.
- savoir se faire aider : par qui, comment, les « remerciements » ?

10. Savoir s'engager en responsabilité

- citoyenneté ; délégué, capitaine d'une équipe sportive, se porter garant,...
- multiplier les labels ; B.A.F.A., brevet de secourisme,...
- travailler « l'éducation des conséquences » : le passage de l'autonomie à la responsabilité.

DIX PROPOSITIONS DE « REQUALIFICATION POUR DES PARENTS MODERNES »

Vos enfants sont les fils et les filles de l'appel de la vie à elle-même

François de Singly souligne que la famille représente l'institution qui s'est le plus modernisée au cours des dernières décennies ; il faut néanmoins la conforter comme milieu de transmission des valeurs, comme temps de construction de soi et comme cadre d'émancipation : les racines et les ailes !

1. L'adolescence, la vraie priorité pour des parents responsables

- la période de tous les changements ; une révolution, dans l'espace et le temps.
- la moins « guidée » ; les vrais enjeux, les solutions...

2. Un engagement parental fort pour un vrai projet éducatif

- partagé, en synergie, entre le père et la mère.
- ambitieux pour faire grandir le jeune.
- évolutif selon les étapes et les circonstances : des « règles » différentes de l'ado-naissance à l'adu-lescence.
- favoriser les rituels de reconnaissance de construction.
- se mettre dans la tête et dans la peau du jeune.
- présence active dans la communauté éducative de l'école et dans le projet professionnel du jeune.

3. Féconder des vocations ; ambition pour certains, reconnaissance pour les autres

- les aider à se découvrir ; les tests tremplin, « quotient émotionnel »(Q.E.) autant que « quotient intellectuel » (Q.I.),...
- systématiser « les bilans de compétences » ; découverte, bilan forces – pour exploitation – et faiblesses – pour correction –.
- encourager les passions du jeune pour en faire des domaines d'expertise ; « libérez des énergies ».
- coaching de la formulation, la construction puis l'expérimentation du projet.

4. Accepter la socialisation économique précoce, pour préparer une socialisation professionnelle pertinente
• dès onze ans de l'argent de poche et des petits jobs ; ne pas récompenser – ou pénaliser – financièrement les résultats scolaires. • favoriser le trésor des « créations individuelles et des collections ». • prôner un rapport évolutif aux « produits must » et aux « marques in ». • admettre les idoles de la socialisation économique ; en changeant régulièrement, elles entraînent les jeunes vers le haut et l'autonomie.
5. Une parentalité cool = claire, stimulante et généreuse
• l'injonction est inefficace : à remplacer par l'autorité de l'exemplarité ! • mise en responsabilité, et en capacité, des jeunes. • comprendre et excuser les écarts ; critiquer éventuellement la démarche jamais la personne ; une démarche de « coaching ». • dialoguer en permanence : écouter et témoigner ! • ne pas imposer nos problèmes, nos fantasmes et surtout ne pas « revisiter » notre adolescence.
6. Se perfectionner en permanence : « L'école des parents »
• réinventer le langage commun ; les mots, les gestes, les attitudes qui rapprochent ou qui séparent. • respecter la sphère privée du jeune ; territoire, temps, intimité,... • apprendre à stimuler les envies des jeunes et à coacher leurs projets. • s'informer sur les défis de demain ; les opportunités et pas simplement les craintes. • constituer et mobiliser les réseaux parentaux ; « un jeune, un métier, un jour ».

7. Chercher à anticiper en permanence
- produire du sens pour demain et pas simplement reproduire.
- le « capital jeune » à gérer.
- une nouvelle ambition, un nouveau challenge.

8. Éviter « la diplômite »
- la sélection et le diplôme ne garantissent rien ; ni à moyen ni à long termes.
- l'équilibre de vie, nécessaire à tous les âges, est essentiel à l'adolescence.
- « passe ton bac pour quoi ? » et non « passe ton bac d'abord ».
- valoriser les autres « brevets » ; B.A.F.A. secourisme, capitanat, junior entreprises, projets culturels ou citoyens,...

9. Favoriser la socialisation générationnelle
- la bande, le groupe, le réseau.
- « l'installation » en couple à dix-huit ans.

10. Développer une culture familiale centrifuge – aller vers les autres – et non centripète
- écouter plus les ado-naissants et moins materner les adulescents.
- éviter la co-habitation familiale trop tardive et/ou trop fréquente.
- l'adolescence est une croisade et pas un fleuve tranquille.
- un intergénérationnel dynamique.
- l'ouverture, la tolérance ; favoriser la complémentarité des différents milieux éducatifs : formels, non formels et informels.
- multiplier les expériences internationales.

DIX PISTES POUR DES ENSEIGNANTS ÉDUC'ACTEURS

Les révolutions éducatives de 1789, 1989 et... 2000 : pour mettre – définitivement – l'apprenant au cœur du système éducatif

1. L'éducation permanente ; le vrai service public, au service de l'individu et de la collectivité • une nouvelle définition de l'adultité. • la réelle démocratisation. • une citoyenneté active.
2. Le devoir d'éducation vis-à-vis des élèves : une orientation positive et une qualification pour chacun (plus simplement, vingt années de scolarisation en moyenne) • transmission des savoirs (maîtrise, responsabilité, choix : savoir interroger la vie et questionner le monde) et plus simplement d'un contenu. • recherche des compétences chez tous les élèves ; surtout les plus jeunes et les moins favorisés. • un viatique pour les 20 % de non-diplômés ; une seconde chance. • s'attaquer aux inégalités face au changement ; l'utilisation systématique des N.T.I.C. • développer « l'employabilité » permanente de chaque jeune. • évaluation des résultats de chaque établissement et de chacun des enseignants ; selon des critères à définir.
3. Pour une pédagogie de la réussite pour chacun, et non pas disciplinaire • des exhortations positives ; « il n'y a pas de raison que tu n'y arrives pas » plutôt que « peut mieux faire ». • valoriser l'initiative ; comme tremplin vers la création. • le goût d'apprendre, la confiance dans les autres, la confiance en demain. • valoriser les progrès, apprendre à rebondir sur ses échecs. • la sécurisation généralisée des parcours personnalisés ; contrats individuels ou de groupe. • la reconnaissance des « pédagogies alternatives » (comme dans les enseignements élémentaire ou supérieur) : un enseignement secondaire moins uniforme dans son contenu et sa forme.

4. Une authentique démarche d'Educ'Action : organisation et médiation des savoirs

- aider à construire un « projet éducatif personnel ».
- positiver l'image des enseignements technique et professionnel.
- des situ'actions éducatives ; reportages en équipes, débat,...
- une dramaturgie structurante ; un challenge, un résultat valorisant,...
- des rythmes – année, semaine, jour – calés sur ceux des jeunes et pas des adultes.

5. Pour une éducation identitaire

- des règles d'évaluation différentes selon les niveaux d'enseignement ; collective au collège, auto-évaluation personnelle et par les pairs ensuite.
- valorisation du groupe de pairs.
- « libre arbitre » et culture du débat, plutôt qu'esprit critique personnel.
- l'autorité de l'exemplarité.

6. Un double engagement des enseignants dans la communauté éducative

- scolaire ; une discipline.
- éducatif ; une responsabilité culturelle, sportive, citoyenne, humanitaire.

7. Programmes ; équilibre entre les exigences internationales, les examens nationaux et les ouvertures territoriales

- acceptation de la personnalisation des ambitions et des parcours ; comme en Allemagne, Belgique, Suisse, Pays-Bas,...
- valorisation des acquis périscolaires.
- reconnaissance des périodes de réflexion/réorientation ; année sabbatique, stages à l'étranger,...

8. Un double enrichissement des cursus

- introduction de disciplines de construction aux différentes étapes du processus de développement de l'adolescent ; psychologie/sociologie, philosophie/morale, architecture/décoration, biologie/cosmétologie,...
- restaurer/instaurer des rituels de passage – entrée au collège, aux lycées professionnel ou technologique,... : des épreuves structurantes et une reconnaissance sociale.

9. La co-éducation = un fonctionnement en équipe éducative pluriprofessionnelle • collaboration avec les autres enseignants ; un vrai projet d'établissement ! • intégration d'autres spécialistes scolaires ; infirmières, professeurs d'E.P.S., conseillers d'orientation. • ouverture à la cité et aux intervenants extérieurs ; professionnels, économiques, culturels, politiques,… • co-opération avec les parents, co-acteurs de la formation de leurs enfants.
10. Formation permanente des enseignants • actualisation disciplinaire. • modernisation pédagogique ; intégration des nouvelles technologies. • formation à l'évaluation ; docimologie. • imprégnation dans la culture jeune.

DIX PISTES DE RÉFLEXION/ACTION POUR DES ÉDUCATEURS COOL

Rêver sa vie, vivre ses rêves

Ils ont un rôle essentiel à jouer dans la construction du futur adulte, car c'est en grande partie eux qui conditionnent la personnalité du jeune et ses territoires de socialisation : ils proposent une alternative au scolaire, dans des domaines de réalisation concrète – dans les secteurs sportif, culturel, humanitaire, citoyen, économique,... –, ils stimulent les jeunes en permanence sans les sanctionner, mais en cherchant au contraire à mieux les armer tout en leur accordant une forme de reconnaissance sociale.

1. Aller à la rencontre des jeunes en permanence (ne pas se contenter de répondre à une demande)

- un élément de structuration.
- un facteur essentiel de démocratisation.
- les aider à se découvrir et à s'insérer dans un projet.

2. Un coaching personnalisé mais global

- les valeurs du sport, du spectacle,...
- épanouir des personnalités.
- féconder des vocations.
- travailler systématiquement sur les 2 aspects de la quête identitaire : l'individu et son insertion.
- à l'écoute ; un adolescent qui se cache est dans une situation inquiétante !
- l'autorité de l'exemplarité.

3. Une pédagogie de la socialisation

- maîtrise de soi ; respiration, yoga, savoir se présenter, se mettre en valeur,...
- les règles du travail en équipe ; répartition des tâches, compte à rebours, horaires.

4. S'adapter aux contraintes des jeunes

- leurs rythmes de vie ; année, semaine, journée.
- leurs milieux de vie ; familial, social,...

5. Favoriser l'autogestion • pour les mettre en capacité d'agir. • pour les responsabiliser.
6. Pratiquer la co-éducation • collaboration étroite avec les familles, pour comprendre le jeune et optimiser ses réalisations. • partenariat avec les établissements scolaires. • travail en réseau systématique : autour des jeunes.
7. Repositionner l'éducation populaire : l'employabilité et l'emploi des jeunes • détection des compétences. • ouverture des choix : alternatives. • préparer les équilibres de vie : personnel/professionnel.
8. Faciliter l'insertion professionnelle • une autorité exemplaire ; les règles du jeu, l'entraînement, la hiérarchie. • les carrières possibles ; les conditions d'accès,... • l'évolution dans la filière, les réseaux,...
9. Valoriser la dimension internationale • les idoles ; des modèles à vivre qui s'entretiennent et se renouvellent. • les pratiquants. • les repères mythiques ; lieux, manifestations/tournois,...
10. L'exemplarité de l'éducateur : se perfectionner en permanence • Formation permanente dans son domaine. • Connaissance des autres milieux de socialisation : mode, alimentaire,... • Suivi de la culture jeune.

DIX PROPOSITIONS POUR UN LABEL ENTREPRISE JEUNES

Le monde professionnel a également une responsabilité particulière dans la mesure où il doit jouer sur les 2 aspects ; armer les jeunes pour qu'ils soient acteurs demain et positiver la contribution des jeunes à l'avenir. Il s'agit de parvenir à devenir, dans la société apprenante de demain, un lieu de formation sans cesser d'être un lieu compétitif de production pour autant !

1. Collaboration avec un/des établissement(s) d'enseignement (pour les élèves et les enseignants) en systématisant les approches

- « la marque employeur » ; les embauches de jeunes de la filière, de l'entreprise, les compétences recherchées, l'accueil, les formations internes, le bilan social, les parcours de qualification,...
- « la marque citoyenne » ; les relations intergénérationnelles, le développement durable,...

2. Définir le contenu du concept de « l'employabilité » des jeunes

- les savoirs, savoir-faire et savoir-être initiaux.
- les attitudes évolutives.

3. Organisation de « journées portes ouvertes »

- pour les enfants du personnel, de la ville,...
- centrées sur l'entreprise créatrice de richesses, sur le milieu de vie,...
- mise à disposition de la direction des relations humaines pour les jeunes et les enseignants.
- présentation de parcours professionnels d'« anciens jeunes ».

4. Faciliter l'information sur les carrières professionnelles

- échange « un jeune, un métier, un jour » entre enfants et parents dans l'entreprise, dans la cité,...
- proposition de petits jobs, de stages,...

5. Des critères de recrutement modernes • juste le bon niveau académique pour les ans qui viennent. • intégrer des critères de recrutement non académique ; engagement, voyages,…
6. Systématiser la formation permanente • l'envie de progresser. • la possibilité de le faire.
7. Un conseil d'orientation junior • médiateur par rapport à l'avenir ; interprétation des tendances émergentes, validation des communications,… • mesure d'impact, tableau de bord,… • un territoire d'exercice précis et un budget spécifique.
8. Exemplariser le coaching • le double tutorat ; technique et humain. • recrutement en réseau ; avec parrainage.
9. Savoir fidéliser les jeunes • court terme ; une/des réalisation(s) familles/jeune(s) dans l'entreprise : crèche, école des parents,… • moyen, long termes ; formation, bourses, prêt d'honneur,…
10. Parrainage d'une « start-up » jeunes, dans le même secteur professionnel • assistance de gestion ; juridique, financière,… • sous-traitance.

UNE PLATE-FORME DE RÉFLEXION POUR LES MÉDIAS

La « jeunesse ressource »

Les médias ont à l'évidence une double influence :

sur la perception que les jeunes ont d'eux-mêmes, de leurs pairs et de leurs différents éducateurs ; depuis leurs parents jusqu'aux hommes politiques ;

sur l'image que notre société – tout un chacun – porte sur les jeunes et leurs opinions, attitudes et comportements.

1. Halte à la posture « jeunesse problème(s) »

- limiter les « marronniers » ; les sujets bateau (délinquance, chômage,...) à des dates convenues (la rentrée scolaire, Noël, le Bac,...).
- ne pas tomber systématiquement dans le scandaleux et le catastrophisme.

2. La responsabilité éducative des journalistes

- pas des enseignants ; éviter le « prêt à penser » et les jugements de valeur.
- pas des juges ; s'abstenir de jugements – souvent systématiques et réducteurs – sur les personnes.

3. Favoriser le débat d'idées

- des témoignages d'adultes référents.
- des « tribunes jeunes ».
- des « espaces de dialogue » entre jeunes.
- des échanges intergénérationnels.

4. Fournir des repères

- des dossiers complets et objectifs à propos des événements importants pour la construction d'un adulte.
- des tableaux de bord et des baromètres évolutifs sur les thématiques jeunes.
- replacer les résultats d'études ponctuelles dans leur contexte authentique.

5. Contribuer à la confiance des jeunes en eux-mêmes • développer les outils de la connaissance de soi ; tests, simulation, bilan,... • proposer des méthodologie de questionnement du monde et de la vie. • stimulation par des dossiers novateurs. • des « success stories jeunes ».
6. Éclairer la confiance en demain • des dossiers récurrents sur les vrais enjeux de l'éducation ; pour les jeunes et leurs éducateurs. • valoriser la formation permanente. • contribuer aux mesures d'impact jeunes à vingt ans ; les réclamer, les démarrer, les valoriser.
7. Favoriser la confiance dans les autres • valoriser les succès d'équipes. • faciliter les échanges générationnels ; courrier des lecteurs,... • mettre en place un échange intergénérationnel.
8. Une dimension internationale systématique • enrichissement des références ; l'esprit critique dynamique ! • renforcement des solidarités. • contribuer à la mobilité géographique.
9. Systématiser les conseils jeunes • pour les journalistes ; des référents jeunes, des coachs adultes, des témoins référents. • pour les structures ; des conseils d'orientation jeunes.
10. Formation permanente des journalistes • actualisation de la culture jeune. • futurologie appliquée.

DIX PROPOSITIONS POUR LES ÉLUS, LES ADMINISTRATIONS ET LES COLLECTIVITÉS

Investir dans la jeunesse, le devoir d'avenir

L'État et les collectivités territoriales doivent être les garants de l'avenir, individuel comme collectif. Il faut promouvoir, mettre en place et optimiser en permanence un nouvel environnement éducatif ; riche en apprentissages !

1. Une programmation à long terme ; « la stratégie jeunes »

- une loi – cadre pour la jeunesse ; des objectifs précis, planifiés et clairs.
- une dynamique d'obligation de résultats.
- un budget pluriannuel (4 ou 5 ans minimum).
- des dispositifs de mesure des résultats et de corrections des actions ; tableau de bord, plans glissants évolutifs,...

2. Conceptualisation de l'éducation et la formation tout au long de la vie

- la refondation de « l'adultité » : le brevet d'adulte, les rituels et la reconnaissance politique, sociale et professionnelle,...
- l'actualisation de la formation première.
- une formation continue réellement qualifiante.
- la réorganisation de l'activité professionnelle et l'évolution du droit du travail.
- l'adaptation des modalités d'indemnisation et de rémunération des jeunes.
- favoriser « l'éducation à distance » ; nouvelles technologies,...

3. Démocratie pratique de l'éducation

- promouvoir et organiser la participation des jeunes aux décisions les concernant.
- un corollaire, à organiser, de l'éducation/formation permanente.
- les institutions doivent s'adapter aux challenges/défis des savoirs/savoir-faire/savoir-être de demain.

- le respect des rythmes de vie des jeunes ; les seuils de développement, les spécificités individuelles, une année/semaine/journée adaptées.
- chaque jeune devient le chef d'orchestre de ses projets ; définition des objectifs et gestion temporelle.
- « le dialogue en actions » ; une représentation, des pouvoirs réels, un budget.

4. Actualisation des missions des institutions éducatives

- « adolescentiser » le collège d'enseignement secondaire ; pas unique mais multiple : enseignement pratique de psychologie, de sociologie, d'architecture, de droit, d'histoire des religions, systématiser les débats et le travail en équipe et notation collective ainsi que ; « les ateliers du moi » sur le type de ce qui se fait avec « La main à la pâte » pour la culture scientifique.
- « projetiser » les lycées : activer « l'entreprise éducative » par le cycle ; initiatives, responsabilité et assurance ; « les ateliers des projets ».
- « insérer » les adu-lescents : résidences universitaires ou de jeunes actifs, pépinières de projets.
- concevoir les nouvelles formes de régulation sociale à mettre en œuvre.

5. Valorisation des éduc'acteurs

- optimisation de la formation initiale ; psychologie/sociologie, animation, évaluation/docimologie, ouverture à la vie,...
- information permanente ; actualité jeunes, défis pour demain, coûts, résultats, expériences étrangères,...
- formation continue ; actualisation des compétences.
- personnalisation des parcours des éducateurs ; de l'Éducation nationale à l'éducation populaire ou à l'entreprise, et... vice versa !

6. Modéliser l'avenir
• conceptualisation de la « société apprenante » et validation. • ouvrir les perspectives d'avenir pour les jeunes ; informations utiles et fiables. • généralisation des incitations à l'initiative ; prêts d'honneur, bourses. • favoriser la mobilité ; politique du logement, sécurisation des parcours professionnels et des initiatives, ouverture des droits à la formation, chômage et retraite précoce. • instaurer un « service volontaire social jeune ».
7. Institutionnaliser les « mesures d'impact jeunes »
• « la jeunesse ressource ». • des budgets d'investissement ; au-delà même de ce que représente la population jeune. • obligation de mesurer les conséquences des décisions prises et susceptibles d'avoir des répercussions sur les jeunes : cf. le plan Fillon pour les retraites, l'objectif de 80 % de bacheliers, la suppression du service national, la réduction des crédits de recherche, l'application du principe de précaution dans certains domaines (O.G.M.,...). • création d'un médiateur jeunes (différent du défenseur des enfants !).
8. Défamilialisation des ressources des jeunes et mutualisation intergénérationnelle ; un « statut jeune »
• lier les aides financières à la situation et non plus à l'âge. • ne plus pénaliser la jeunesse dans les contrats et les tarifs d'assurances. • inciter les banquiers à ne plus privilégier les jeunes favorisés pour les prêts. • verser directement aux jeunes les aides publiques, après leur dix-huit ans.

9. Assurer la promotion, la gestion et l'optimisation de la co-éducation
• multiplier et renforcer les liens entre les 4 pôles de l'éducation ; familial, scolaire, professionnel, citoyen, aux niveaux local, régional et national. • création d'espaces de rencontre ; entretiens de l'adolescence,... et renforcement de ceux qui existent ; Réseau « villes éducatrices »,...
10. S'ancrer dans l'international
• un rôle de pilote pour la France au sein du dispositif « Un nouvel élan pour la jeunesse européenne ». • développer la coopération internationale ; « service international », les jeunes pour le progrès,...

LES 11/25 EN CHIFFRES

Illustration N° 1

En mars 2003, les chiffres respectifs étaient de 21,2 % pour les premiers (entre 1 jeune sur 4 et 5, sans identité – ni dignité – professionnelles, alors qu'ils viennent juste d'être formés !) contre 9,1 % pour les seconds et seulement 6,7 % pour les plus de cinquante ans. Rappelons que les derniers chiffres correspondants pour d'autres pays (novembre 2002) étaient de 5,5 et 2,9 % pour les Pays-Bas, 7,3 et 5,3 % pour le Japon, de 9,3 et 8,4 % pour l'Allemagne et de 12,2 et 5,9 % pour les U.S.A. À l'évidence, le fait d'avoir été formé récemment est plus un handicap en France que chez nos voisins, plus ou moins lointains !

Illustration N° 2

- **Authentiques,** puisque basées sur une double expérience ; d'abord les trente années d'études et de recherche en France et l'étranger – Institut de l'enfant, Youth Opinion International, Esomar – pour l'analyse et la synthèse dans tous les secteurs concernant directement ou indirectement les jeunes (produits, services, publicité, promotion, marques, engagement culturel, sportif ou humanitaire,...) et plus récemment les cinq années de modélisation projective et de construction de stratégies, avec Junium et Génération 2020, pour des grands groupes internationaux et des administrations de par le monde.
- **Réalistes et fiables,** car correspondant à des propositions d'action que l'on retrouve de façon consensuelle – il est grand temps d'arrêter de s'étriper pour défendre des positions partisanes et corporatistes sur le dos des générations futures, de nos enfants – dans les plates-formes d'action de tous les acteurs/partenaires de la construction des futurs adultes ; syndicats d'enseignants (U.N.S.A., F.S.U.), associations familiales et de parents d'élèves (U.N.A.F., F.C.P.E., U.N.A.P.E.L.), mouvements d'étudiants ou de jeunesse (U.N.E.F.-I.D., J.O.C., A.N.A.C.E.J., Guilde européenne du raid), fédérations patronales (association pour le Progrès du Management, Jeunesse et Entreprises). Il est positif de constater que ces instances, que beaucoup de choses séparent quant au passé et au présent, se rejoignent pour l'essentiel sur le futur.
- **Validées pour l'avenir**, dans une perspective aussi bien française qu'internationale, comme la concrétisation et le prolongement de

préconisations faites en mars 2001 par le rapport du Commissariat général au Plan – « Jeunesse, devoir d'avenir », abondamment cité précédemment – et en octobre 2001 par le Livre blanc de la Commission européenne – « Un nouvel élan pour la jeunesse européenne ».

CONCLUSION

Ainsi, il s'agit de modifier en profondeur absolument tous les aspects de notre système éducatif dont Henri Lachman, P.-D.G. de Schneider Electric, déclarait que *« sa transformation représentait le grand défi de la France pour les prochaines années »* [1]. Pour se donner un maximum de chances d'être réalistes demain, il convient incontestablement d'être utopistes aujourd'hui ! Après tout, comme disait Oscar Wilde : *« Le principal charme du passé, c'est qu'il est passé ! »* Gorki était encore plus sévère quand il affirmait : *« Le passé est un carrosse qui ne mène nulle part. »*

Faute de le faire, notre société se sclérosera progressivement et ratera le chemin de la modernité comme l'a fait l'Empire romain à partir du IIe siècle, juste après son apogée. Aldo Schiavone met en cause le comportement de son « aristocratie » dès lors qu'elle a commencé à privilégier l'acquisition de richesses plutôt que l'investissement et à faire passer l'oisiveté avant le travail [2].

Après avoir connu la période des « Trente (années) Glorieuses » jusqu'aux années 1970 – avec la société de consommation comme principale boussole – puis celle des « Trente Peureuses » depuis – du fait du développement de l'incertitude, – il serait souhaitable que l'on s'oriente désormais vers celle des « Trente Heureuses » (pour reprendre la formulation de Gérard Mermet) – qui devrait voir l'avènement d'une « société éducative ». Cela suppose une double

1. Dans un interview au journal *Le Monde* en date du 27 juin 2003.
2. A. Schiavone, *L'Histoire brisée : la Rome antique et l'Occident moderne,* Belin, 2003.

vision positive : à la fois sur l'avenir et sur les jeunes générations. L'interrogation philosophique positive partagée doit être interrogation sur nos valeurs et la valeur réelle de celles-ci ; à l'aune du futur.

Dans une réflexion menée pour l'Unesco et validée par des experts – universitaires et praticiens – des 5 continents –, Edgar Morin nous donne quelques pistes de réflexion fort utiles quand il observe : « *Le paradoxe du XXe siècle ; il a produit des progrès gigantesques dans tous les domaines de la connaissance scientifique, ainsi que dans beaucoup de domaines de la technique. Dans le même temps, il a produit une nouvelle cécité aux problèmes globaux, fondamentaux et complexes, et cette cécité a pu générer d'innombrables erreurs et illusions, et d'abord chez les scientifiques, techniciens et spécialistes. La parcellisation et la compartimentation des savoirs rendent incapables de comprendre ce qui est tissé ensemble. L'être humain du XXIe siècle devra être accepté dans sa diversité. En effet, l'homme de la rationalité* (homo sapiens) *est aussi celui de l'affectivité, du mythe et du délire* (homo demens). *L'homme du travail* (homo faber) *est également celui du jeu* (homo ludens). *L'homme économique* (homo economicus) *cohabite avec celui de la consumation* (homo consumans) *de même que celui qui est conscient des nécessités utilitaires* (homo prosaicus) *coexiste avec celui de la poésie, de la participation de l'amour et de l'extase* (homo poeticus). » [1]

Il continue en affirmant : « *La possibilité du génie vient de ce que l'être humain n'est pas complètement prisonnier du réel, de la logique du code génétique, de la culture et de la société. La recherche, la découverte s'avancent dans la béance de l'incertitude et de l'indécidabilité. Le génie surgit dans la brèche de l'incontrôlable, justement là ou rôde la folie. La création jaillit dans la liaison entre les profondeurs obscures psychoaffectives et la flamme vive de la conscience… Pour accepter cela, il faut réformer les mentalités, ce qui nécessite de façon réciproque une réforme de l'éducation… La mondialisation au service de l'humain est celle de la compréhension. Nous devrons lier l'éthique de la compréhension entre les personnes avec l'éthique de l'ère planétaire qui demande de mondialiser la compréhension. Les cultures doivent*

1. E. Morin, *Les sept savoirs nécessaires à l'éducation du futur*, Éditions du Seuil, 2000.

apprendre les unes des autres et l'orgueilleuse culture occidentale, qui s'est longtemps posée en culture enseignante, doit aussi devenir une culture apprenante. Comprendre, c'est aussi, sans cesse, apprendre et ré-apprendre. »

Ceci nous ramène, avec A. Kerlan [1], à l'étymologie des termes latins *« educere »* – faire sortir de, conduire loin de, diriger vers – *« instruere »* – construire, solidifier – *« insignare »* – mettre une marque sur – et *« formare »* – donner l'être, la forme –. Ils vont beaucoup plus loin que les notions de soins et de nourriture contenues dans le mot *« educare »*. Rappelons-nous que le fameux programme Napster, qui a révolutionné – pour toujours d'après les spécialistes – l'industrie musicale et ses compagnies géantes Sony, Emi, Universal,... – a été conçu en 1999 par le jeune Shawn Fanning, qui n'avait que dix-huit ans à l'époque et qui venait d'abandonner les bancs de l'université.

C'est d'ailleurs ce que reconnaît Nelson Mandela à New York en 2002 dans la brochure de l'Unicef sur « L'adolescence, une étape capitale » en déclarant à ses jeunes compatriotes : « chers adolescents, je vois la vivacité de vos regards, l'énergie de vos corps et l'espoir qui vous anime. Je sais que c'est de vous, et non de moi, que dépend l'avenir de notre pays. C'est vous, et non pas moi, qui remédierez à nos problèmes et améliorerez ce qui va bien dans le monde. »

L'éducation de demain doit se tenir dans la différence entre ce qui est et ce qui devrait être ; ce « mieux », qui existe naturellement au sein de tout être jeune, doit se trouver également au cœur de l'éducation pour en devenir le moteur permanent car il construit doublement de l'avenir. Nous terminerons ce livre en laissant la parole à O. Reboul : « Apprendre et éduquer, c'est parvenir à mieux faire, mieux comprendre, mieux être et mieux vivre, or qui dit mieux dit valeur. La joie présente du mieux contient l'avenir comme horizon immanent. » [2]

N.B. : Nous comptons sur les lecteurs pour qu'ils nous fassent part des expériences constructives dont ils pourraient avoir connaissance et que nous pourrions intégrer à notre réflexion et modélisation.

1. A. Kerlan, *Philosophie pour l'éducation*, E.S.F., 2003.
2. O. Reboul, *Les valeurs de l'éducation*, P.U.F., 1992.

BIBLIOGRAPHIE

Les incontournables

ARENDT H. (1972), La crise de la culture, Gallimard.

BETTELHEIM B. (1991), Pour être des parents acceptables, Pluriel/Poche.

BIGÉ L. (2001), L'homme réunifié, Éditions du Rocher.

BRÉE J. (1993), Les enfants, la consommation et le marketing, P.U.F.

BRUNER, JS. (1983), Le développement de l'enfant. Savoir faire, savoir dire, Paris, PUF.

CHARTIER C. (2002), « Pourquoi les ados font la loi », N°2655, l'Express.

CHOQUET M., LEDOUX S. et MENKE H. (1988), La santé des adolescents Approche longitudinale des consommations de drogues et des troubles somatiques et psychosomatiques. 327 adolescents suivis de 16 à 18 ans, La Documentation Française, Institut national de la santé et de la recherche médicale, Analyses et Prospective.

DODSON F. (1972), Tout se joue avant six ans (tr. Fr. How to parent), Collection « Réponses », Robert Laffont.

DOLTO F. (1988), La cause des adolescents, Pocket, Robert Laffont.

DRU J-M. (2001), La disruption, Éditions d'Organisation.

DURU BELLAT M. (1990), L'école des filles. Quelle formation pour quels rôles sociaux, L'Harmattan.

DUVAL P., ESTIVILL M-T. (1998), Annuaire guide de la psychologie, Le Journal des Psychologues, Collection Hommes et Perspectives.

DUVIGNAUD J., CORBEAU J.-P., ASTIER BRUNET Ch. (1975), La planète des jeunes, Stock, Les grands sujets.

ERIKSON E.H. (1972), Adolescence et crise La quête de l'identité, traduction de l'américain de Nass J. et Louis-Combet C., Flammarion, Nouvelle bibliothèque scientifique.

EXCOUSSEAU J-L. (2002), La mosaïque des générations, Éditions d'Organisation.

GARDNER H. (1996), Les intelligences multiples Pour changer l'école : la prise en compte des différentes formes d'intelligence, Paris, Retz.

GIROUD Fr. (1958), La nouvelle vague Portraits de la jeunesse, Gallimard, L'air du temps.

GOUDAILLER J-P., Comment tu tchatches ?, Éditions Maisonneuve et Larose.
GRAND'MAISON J. (1992), Le drame spirituel des adolescents, Montréal, Fides.
HÉRITIER F. (1997), Deux sœurs et leur mère : anthropologie de l'inceste, O. Jacob.
HÉRITIER F. (1981), L'exercice de la parenté, Seuil.
HÉRITIER F. (1996), Masculin-féminin - Volume 1, La pensée de la différence, O. Jacob.
HOFSTEDE, Vivre dans un monde multiculturel, Éditions d'Organisation.
KANT E. (1974), Réflexions sur l'éducation, Éditions Vrin.
KERLAN A. (2003), Philosophie pour l'éducation, E.S.F. Éditeur.
KESTEMBERG E. (1980), La crise de l'adolescence, Revue française de psychanalyse.
LAGRANGE H. (1999), Construction de l'identité masculine, L'Harmattan.
LINDSTROM M. (2003), Brandchild, Kogan Page.
MALINOWSKI B. (1969), La sexualité et sa répression dans les sociétés primitives, Petite Bibliothèque Payot.
MALINOWSKI B. (1975), Trois essais sur la vie sociale des primitifs, Petite Bibliothèque Payot.
McNEAL J. (1986), Children as Consumers ; Insight and Implications.
McNEAL J. (1992), Kids as Consumers, Lexington Books.
McNEAL J. (1999), The kids Market ; Myths and Realities, Paramount Market Publishing.
MEAD M. (2001), Mœurs et sexualité en Océanie, traduction de l'américain de Chevassus G., Pocket.
MEAD M. (1988), L'Un et l'autre sexe, traduction de l'anglais de Ancelot C., Etienne H., Gallimard.
MORIN E. (2000), Les sept savoirs nécessaires à l'éducation du futur, Éditions du Seuil.
PERNOUD L. (2004), J'élève mon enfant, Horay.
PIAGET J. (2001), La psychologie de l'adolescence, Colin.
PIAGET J. (1932), Le jugement moral chez l'enfant, P.U.F.
QUANT A. (2003), Branded, Perseus Press.
REBOUL O. (1992), Les valeurs de l'éducation, P.U.F.
RENAUD A., La libération des enfants, Éditions Bayard Calmann Lévy, 2003.
RODRIGUEZ-TOME H., JACKSON S., BARIAUD F. (1997), Regards actuels sur l'adolescence, croissance de l'enfant – genèse de l'homme, PUF.
RUFFO M. (2000), Œdipe toi-même !, Le Livre de Poche, Éditions Anne Carrière.
SÉRIEYX H. (2002), Les jeunes et l'entreprise : des noces ambiguës, Éditions Eyrolles.
SUTHERLAND A., THOMPSON B., Kifluence, McGraw-Hill, 2003.
TAPIA C. (1994), Intégrer les jeunes dans l'entreprise, Éditions d'Organisation.
TAYLOR C. (1994), Le malaise de la modernité, Cerf Éditeur Montréal.
VAN GENNEP A. (1991), Les rites de passage, Paris, Édition Piccard.
WINNICOT (1975), Jeu et réalité, l'espace potentiel, Gallimard.

Pour aller plus loin

ALDOUS (1978), Family Careers, Wiley.

ARIES P., L'enfant et la famille sous l'ancien régime, Seuil.

BECKER C. (2002), Du ricard dans mon coca, Éditions d'Organisation.

BÉLANGER R. (1988), Parents d'adolescents, Ottawa, Édition Robert Bélanger.

BRACONNIER A. (1989), Les adieux à l'enfance, Calmann-Lévy.

BRISSET C. (2001), Les enfants face aux images et messages violents.

BUZYN E. (1995), Papa, maman, laissez-moi le temps de rêver, Paris, Albin Michel.

BUISSON F. (2003), Le nouveau dictionnaire de pédagogie, Hachette.

CLOUTIER R. et al. (1994), Ados, familles et milieu de vie : la parole aux ados, Beauport, Publications MNH.

COURTECUISSE (1992), Les années métamorphosent, Stock.

CREPON P., HOMEYER P., RACLE G., ZANONI M. (1993), Rythmes de vie et scolarité, Paris, Retz.

DAGNAUD M. (2002), Exposition des enfants à la publicité.

DE CLOSETS F. (1998), Le bonheur d'apprendre, et comment on l'assassine, Seuil.

DE LA GARANDERIE A. (1982), Pédagogie des moyens d'apprendre : les enseignants face aux profils pédagogiques, Paris, Éditions du Centurion.

DELAGRAVE M. (1998), L'adolescence pour qu'elle ne soit pas une maladie de parents, Le médecin du Québec, vol. 33, N°7.

DELAGRAVE M. (1995), Les ados : mode d'emploi à l'usage des parents, Beauport, Publications MNH.

DESMARAIS J.M. Anticiper et vivre le changement, Éditions d'Organisation.

DODSON F. Aimer sans tout permettre, Robert Laffont.

DOLTO F. Paroles pour l'adolescent, le complexe du homard.

DOLTO F. (1997), Le sentiment de soi Aux sources de l'image du corps, Paris, Gallimard.

DUVALL E.M., MILLER B.C. (1985), Marriage and Family Development, Harper & Row.

FLESSAS J., LUSSIER F. (1995), Épreuve de simultanéité verbale ; les styles cognitifs en quatre quadrants, Montréal, Service des publications de l'hôpital Ste-Justine.

FRANCOIS J. (1983), « À moi... ! » Plaidoyer et témoignages pour une écoute des adolescents, Éditions du Scarabée, Pédagogies Nouvelles, Centre d'entraînement aux méthodes d'éducation active.

GÉNÉREUX J. (2002), Les vraies lois de l'économie, Éditions du Seuil.

GÉNÉREUX J. (2003), Quel renouveau socialiste, Textuel.

GERAUD R. (1962), Jeunesse privée d'étoiles, Préface d'A. Sauvy, Plon.

GOLEMAN D. (1997), L'intelligence émotionnelle : comment transformer ses émotions en intelligence, Paris, Robert Laffont.

GUICHARD J., HUTEAU M. (1997), Regards actuels sur l'adolescence, Presses Universitaires de France.

GUILLEBAUD J-C. (2001), La refondation du monde, Éditions du Seuil.

JASPERS K. (1965), Introduction à la philosophie, traduction française Jeanne Hersch, Paris, Plon, U.G.E.

JOUBREL H. (1960), Jeunesse en danger, Arthème Fayard, Les idées et la vie.

JOUSSELIN J. (1959), Jeunesse fait social méconnu La place des jeunes dans la civilisation française d'aujourd'hui, Privat / P.U.F., Nouvelle recherche.

KEMP D. (1995), Aider son enfant à vivre une adolescence douce, Éditions Quebecor.

KOHLBERG L. (1977), L'échelle d'altruisme, Harvard Educational Review.

KRIEGEL B. (2002), Violence à la télévision.

LAJEUNESSE-PILLARD N. (1989), Regard sur l'abandonnisme Les adolescents sans image en autrui, Erès, Travail social d'aujourd'hui.

LALANNE A. (2003), Faire de la philosophie à l'école élémentaire, E.S.F.

LOUPAN C.B. (1996), Tous les enfants sont doués, Robert Laffont.

MAJNONI d'INTIGNANO B. (1998), L'usine à chômeurs, Éditions Plon.

MARCELLI D., BRACONNIER A. (1988), Psychopathologie de l'adolescent, préface de D. Widlöcher, Masson.

MARSEILLE J. (2001), Le grand gaspillage, Éditions Plon.

MASTER J.E. (1980), Identity in adolescence – Handbook of adolescent psychology, Wiley.

MENDOUSSE P. (1938), L'âme de l'adolescent Alcan, Bibliothèque de Philosophie Contemporaine.

MERLE P. (2000), Le concept de démocratisation de l'institution scolaire, Population – INED.

MIMOUN S, RICCA E. (2001), Ados, amour et sexualité : version garçon / version fille, Albin Michel.

MONTAGNER H. (1983), Les rythmes de l'enfant et de l'adolescent, Paris, Stock / Laurence Pernoud.

POMMEREAU X. (2001), Souffrances et violences à l'adolescence : qu'en penser ?, que faire ?, ESF.

PROST A. (1992), Éducation, société et politique : une histoire de l'enseignement en France de 1945 à nos jours, Éditions du Seuil.

RICŒUR P. (1991), Autour du politique, Éditions du Seuil.

ROSE J. (1998), Les jeunes face à l'emploi, Desclée de Brouwer.

ROTENBERG K.J. (1995), Disclosure processes in children and adolescents, Cambridge University Press.

RUFFO M., SCHILTE C. (2000), Comprendre les adolescents, Hachette.

RUSHKOFF D. (1996), Playing the Future ; What We Can Learn from Digital Kids, HarpersCollins Publishers Inc.

SCHIAVONE A. (2003), L'Histoire brisée : la Rome antique et l'Occident moderne, Belin.

SLOTERDIJK P. (1987), Critique de la raison cynique, Bourgois.

TESTU F. (1989), Chronopsychologie et rythmes scolaires, Paris, Masson.

TOZZI M. (2000), Discuter philosophiquement à l'école primaire, CNDP / Hachette.

YOUNIS J., Altruism and aggression ; biological and social origins, Cambridge University Press, 1986.

INDEX

SOMMAIRE DÉTAILLÉ

Composé par : Compo-Méca sarl
64990 Mouguerre

Achevé d'imprimer : Clausen &Bosse
N° d'éditeur : 2952
Dépôt légal : mars 2004

Imprimé en Allemagne